ÉCRITS SUR L'ÉCONOMIE
sous la direction d'André Tiran
17

Recherche sur la nature et les effets du papier de crédit en Grande-Bretagne

Henry Thornton

Recherche sur la nature et les effets du papier de crédit en Grande-Bretagne

Traduction et édition critique par Stanislas Standaert

PARIS
CLASSIQUES GARNIER
2021

Stanislas Standaert, professeur honoraire de l'université de Mons, a entre autres enseigné la macroéconomie et la finance internationale en Algérie, au Sri Lanka, aux Pays-Bas et en Belgique.

ISBN 978-2-406-11200-6 (livre broché)
ISBN 978-2-406-11201-3 (livre relié)
ISSN 2117-3575

PRÉSENTATION

Le *Papier de crédit* de Thornton est un texte fondateur de la théorie moderne de la monnaie, – une monnaie non convertible, gérée par une banque centrale qui n'hésite pas à affronter les crises par une politique active. Ce texte mérite d'être lu pour lui-même. Tout comme la nouvelle traduction, la présentation qui suit vise à faciliter au lecteur l'exploration des richesses de l'ouvrage. Il ne s'agit pas pour autant de recenser toutes les contributions théoriques qu'il recèle, et encore moins d'enrôler l'auteur dans tel ou tel courant doctrinal ultérieur. La seule « secte » où il se serait peut-être reconnu est celle de Clapham, que nous évoquerons dans un instant, et sans doute aurait-il réprouvé l'étiquette de « secte » qui lui sera accolée. Après quelques informations historiques dans les trois premières sections, nous proposerons dans les trois suivantes une rapide visite guidée du livre – au risque de privilégier telle ou telle interprétation par le plan de la visite. Les trois dernières sections évoquent quelques développements postérieurs à la parution, ainsi que la traduction. Mentionnons d'emblée deux monographies essentielles : celle de Philippe Beaugrand (1981) sur l'économiste, et celle de Standish Meacham (1964) sur les autres aspects de la vie de Thornton.

HENRY THORNTON AVANT LE *PAPIER DE CRÉDIT*

Né en 1760 à Clapham[1] dans une opulente famille de négociants internationaux, Henry Thornton se tourne rapidement vers la banque. Il épouse Marianne Sykes en 1796. Ce fut un mariage heureux dont

1 À l'époque un village du Surrey, maintenant un quartier de Londres.

ils eurent neuf enfants. Le plus connu est leur fille Marianne, dont le romancier E.M. Forster, un de leurs descendants, écrira une biographie qui nous apprend beaucoup sur leur vie familiale (Forster, 1956). Henry et sa femme moururent coup sur coup en 1815, et leurs enfants furent recueillis par des amis de la famille.

La réflexion économique n'a occupé qu'une petite partie de la vie d'Henry Thornton, qui était un banquier prospère et un évangélique fervent. Établi dans la *City*, c'était le correspondant londonien d'un grand nombre de maisons de province (Acaster, 1974-1975). À ce titre, il était un observateur privilégié du système financier britannique, comme il le laisse entendre avec quelque fausse modestie dans l'introduction au *Papier de crédit*. Il appartenait l'élite financière de son temps. Son frère aîné Samuel (1754-1838), qui devint gouverneur de la Banque d'Angleterre peu avant la publication du *Papier de crédit*, était le troisième Thornton à avoir été administrateur de cette institution. Son frère Robert sera administrateur et président de la Compagnie des Indes Orientales.

L'engagement évangélique d'Henry, transmis par son père, le distinguait cependant d'une grande partie de l'establishment financier. Plusieurs courants de « retour aux fondamentaux » traversaient le protestantisme anglais de cette époque – ces fondamentaux incluant au premier chef la prière et l'amour du prochain. Contrairement au Méthodisme, le mouvement évangélique auquel participait Thornton s'inscrivait à l'intérieur de l'Église d'Angleterre (Halévy, 1913).

Comme ses frères, Henry résidait à Clapham, qui était alors une banlieue verte (et chic) de Londres. C'était un membre éminent de ce qu'on appellera plus tard la « secte » de Clapham, un groupe d'évangéliques militants se réunissant à Clapham, notamment dans la bibliothèque de sa propriété. Élie Halévy les décrit comme « des laïques, qui servent d'intermédiaire entre le clergé évangélique, d'une part, et, d'autre part, le monde politique et le monde des affaires auxquels eux-mêmes appartiennent[2] ». Un engagement politique s'inscrivait dans le prolongement de l'engagement religieux, et c'est ainsi qu'Henry se fait élire député à la Chambre des Communes dès 1782 – il avait 22 ans[3]. Il sera jusqu'à sa mort député indépendant de Southwark, un quartier de Londres, qui était une circonscription à droit de vote étendu avec une vie politique

2 Halévy (1913, p. 411). Voir aussi Wolffe (2015).

3 Ses deux frères furent aussi députés.

active, aux antipodes de celle que représentera un David Ricardo quelques années plus tard. De l'argent, un mandat politique, une passion religieuse : tous les ingrédients sont réunis pour qu'Henry puisse jouer un rôle dans des initiatives « philanthropiques ». La plus connue est le mouvement contre la traite des esclaves, où Thornton jouera un rôle important aux côtés de son cousin et ami Lord Wilberforce (1759-1833), le leader au Parlement de ce qu'on surnommera le « Parti des Saints ». Il s'agit un effort de longue haleine, qui a notamment débouché en 1807 sur l'adoption d'une loi interdisant la traite des esclaves[4]. C'est dans ce contexte que Thornton s'est engagé dans la *Sierra Leone Company*, dont il présida le conseil d'administration de 1791 à 1808. Cette compagnie visait à créer une colonie d'anciens esclaves noirs engagés du côté britannique lors de la guerre d'Indépendance des États-Unis (Schama, 2015). Comme simples exemples d'autres engagements de Thornton, on mentionnera la fondation en 1799 de la *Society for Missions to Africa and the East*, ou encore son association au *Christian Observer*, un mensuel dans la mouvance de la « secte » de Clapham fondé en 1802, l'année de publication du *Papier de crédit*.

Quoique sans étiquette, Thornton votera en général avec le Premier ministre William Pitt, qui domine la scène politique de son temps[5]. Thornton n'est pas un va-t'en-guerre ; on ne lui imagine pas de sympathies pour l'Ancien régime français ou les despotes continentaux. Ce n'est pas un radical : il se situe « à droite » d'un contemporain comme Jeremy Bentham (1748-1832). Il est opposé au suffrage universel, quoique réceptif à des réformes électorales. Il explique son soutien à la création du *Christian Observer* par le souci d'offrir un « purgatif salutaire comme

4 Le film *Amazing Grace* de Michael Apted (2006), qui fait intervenir entre autres Henry et Marianne Thornton, y est largement consacré. Le *Committee for Effecting the Abolition of the Slave Trade* fut créé en 1787. La « Société des amis des Noirs », qui sera notamment animée par les futurs girondins Brissot et Condorcet, fut créée à Paris en 1788 sur son exemple. De nombreux financiers britanniques tiraient profit de l'esclavage, y compris des administrateurs de la Banque d'Angleterre comme Daniel Giles, gouverneur au moment de la suspension des paiements en 1797.

5 William Pitt « le Jeune » (1759-1806), un tory, fut Premier ministre de 1783 à mars 1801, puis de 1804 à sa mort en 1806. Il était aussi Chancelier de l'Échiquier et, à ses heures, architecte puisqu'il aurait dessiné la bibliothèque de la propriété de Thornton (Forster, 1956, p. 17). Y trônaient un buste de Pitt, et un autre de Charles Fox (1749-1806), son opposant whig. L'opposition whig, faible et divisée à cette époque, était plutôt plus ouverte aux idées révolutionnaires, plus opposée à la guerre, et plus favorable à une gestion budgétaire et monétaire orthodoxe.

antidote » aux écrits d'auteurs parmi lesquels il mentionne Voltaire et Rousseau, mais aussi Hume et Adam Smith[6].

C'est sans doute sa double qualité de banquier et de politicien qui l'a propulsé dans le rôle d'expert économique. C'est comme expert qu'il sera interrogé par les deux commissions d'enquête sur la suspension des paiements en espèces par la Banque d'Angleterre créées en 1797 par les Communes et les Lords[7]. Plus tard, c'est encore pour son expertise qu'il siégera en 1804 dans la commission des Communes sur la livre irlandaise, ou qu'il participera en 1810 et 1811 à la rédaction du *Bullion Report* et aux débats qui s'ensuivirent. Nous n'évoquerons que brièvement ces activités de Thornton et ces débats qui sont relatés dans toutes les histoires des théories monétaires des XVIIIe et XIXe siècles[8], pour nous concentrer sur la décennie qui précède le *Papier de crédit* : 1793-1802.

En lisant la suite, le lecteur pourra utilement se référer à la Chronologie, ainsi qu'à quatre graphiques joints dans l'Annexe I, et portant respectivement sur l'actif et le passif de la Banque d'Angleterre, les prix et la balance des paiements ; il sera néanmoins attentif au fait que la plupart des chiffres présentés n'étaient pas accessibles aux contemporains.

1793-1802 (ACTE I) : JUSQU'À LA SUSPENSION

La France révolutionnaire déclare la guerre à la Grande-Bretagne en février 1793. Cette guerre dominera la décennie précédant la parution du *Papier de crédit*, et son terme, la Paix d'Amiens, signée le 27 mars 1802, coïncidera avec cette parution[9].

On sait que l'économie britannique était à l'époque la plus avancée d'Europe sur le plan industriel, et le secteur financier n'était pas en reste (Floud *et al.*, 2014). Thornton comparera la diffusion de la

6 Meacham (1964, p. 91). Thornton vise ici Hume et Smith comme philosophes, non comme économistes.

7 Nous dirons souvent plus simplement « la Suspension » et « la Banque ».

8 Par exemple : Viner (1937), Rist (1938), Fetter (1965), Guggenheim (1978), Boyer des Roches (1992, 2003), Diatkine (2002), Murphy (2008) et Arnon (2011).

9 *The Monthly Magazine ; or British Register* (vol. 13, 1802, p. 245), la date de mars.

monnaie de papier à « la substitution, par exemple, de fonte au fer ou à l'acier forgés ; du transport par voie navigable au transport terrestre ; de machines à vapeur au labeur des hommes et des chevaux[10] ». La guerre ne bridera pas le dynamisme de l'économie britannique. À certains égards, il s'agira pour la Grande-Bretagne d'un conflit de basse intensité, puisqu'il y aura dans la période qui nous intéresse peu d'engagements terrestres de forces britanniques. Les conséquences économiques n'en furent pas moins très lourdes, puisque la Grande-Bretagne a financé ses alliés (notamment autrichiens), et a subi les répercussions de la paralysie partielle du commerce international. Tout ceci obère les finances publiques. Mais jusqu'en 1797, la fiscalité n'est pas significativement alourdie, et on observe une hausse importante du déficit primaire et de l'endettement public[11].

Sur le plan monétaire, la Banque d'Angleterre émettait au départ des billets convertibles en or. Le système bancaire britannique comportait aussi des banques qu'on peut qualifier « de second rang », comparables aux banques commerciales d'aujourd'hui : les banques londoniennes (comme celle de Thornton), qui n'émettaient pas de billets, et les banques de province qui étaient certes des banques d'émission, mais dont les billets jouaient un rôle semblable aux dépôts auprès de banques commerciales[12].

La Banque se voyait exposée à des retraits d'or. Ils pouvaient être dus à une demande intérieure liée à une crise de confiance (drainage interne) ou à un déficit de la balance des paiements (drainage externe). Ils provoquaient une pénurie de liquidités, y compris de billets, mettant à mal le système financier, et indirectement l'économie tout entière.

En 1793, une ruée sur la Banque, provenant d'un drainage interne précipité par la déclaration de guerre, avait été tuée dans l'œuf par une opération originale de prêt par l'État de billets de l'Échiquier (des bons du Trésor) au secteur privé (p. 295). Cette intervention fut couronnée de succès. L'idée en avait été soufflée à Pitt par un Comité réunissant des figures connues de la *City*, et comprenant notamment le banquier

10 Chapitre VII, p. 295 ; une référence sans nom d'auteur renvoie à la traduction ci-dessous.

11 Voir O'Brien (1967) et Antipa et Chamley (2019) sur les relations entre politiques budgétaire et monétaire à cette époque.

12 Au moins en Angleterre, ces banques « particulières » comptaient au maximum six associés, seule la Banque d'Angleterre étant une société anonyme. Avant la Suspension, elles ne pouvaient pas faire escompter des lettres de change par la Banque d'Angleterre (Duffy, 1982, p. 67).

d'affaires Francis Baring, que nous retrouverons plus loin, et des administrateurs de la Banque comme Samuel Thornton. Pour justifier la pusillanimité de la Banque, qui n'intervenait pas en première ligne, ce dernier expliquera plus tard au Parlement que la Banque « n'avait pas l'habitude de faire le type d'avances nécessaires dans la crise[13] ».

Par la suite, la Banque a été exposée à un drainage externe, notamment en raison de prêts aux Alliés et de récoltes catastrophiques en 1794-1795, qui ont accru les importations de blé (Nolen, 1977). Dans un premier temps, la Banque d'Angleterre avait été mise sous pression pour participer à l'effort de guerre, mais en 1795-1796, la Banque d'Angleterre réduisit ses crédits au Gouvernement et à l'économie dans son ensemble. Un resserrement monétaire ne pouvait pas prendre la forme d'une hausse de taux, puisque la législation sur l'usure interdisait un relèvement du taux d'escompte de 5 % pratiqué par la Banque. Restait l'instrument du rationnement du crédit, introduit dès 1796 (Duffy, 1982).

Début 1797, la crainte d'une invasion française et des difficultés de banques de province font dangereusement baisser l'encaisse-or de la Banque. Un débarquement français dans le Pays de Galles, qui d'ailleurs tournera court, précipite la décision, le dimanche 26 février, d'enjoindre à la Banque de suspendre les paiements en espèces (c'est-à-dire la convertibilité des billets en or). Cela dit, Pitt tenait beaucoup à un « consentement général » à cette mesure : « Aussi longtemps que la circulation reposait sur du papier pris par consentement général, il pensait qu'il n'était pas recommandable qu'on le fasse prendre par contrainte, ce qui pourrait avoir un effet nocif, et était actuellement superflu[14]. » La décision fut prise en urgence par le Conseil privé du roi, court-circuitant le Parlement, sous réserve d'une approbation par ce dernier. Elle aura lieu en mai, et c'est pourquoi Thornton parlera d'une décision parlementaire. Une grande réunion de négociants et de banquiers eut lieu le lendemain de la Suspension à la *Mansion House*, la résidence du Lord-Maire, où sera adoptée une « Déclaration » publiée par le *Times* affirmant que les 3500 signataires accepteraient des billets de banque en paiement de toute somme qui leur serait due. Des « Déclarations »

13 *Cf.* Fetter (1965, p. 15). L'attitude de la Banque sera explicitement critiquée par Thornton p. 183.

14 *Cf.* le débat aux Communes du 27 mars 1797, *in The Parliamentary History* (vol. 33, 1818, col. 354). Voir O'Brien et Palma (2020) pour un aperçu historique récent.

semblables furent aussi adoptées en province. La « communication de crise » a été couronnée de succès ; *cf.* Shin (2015). On verra plus loin qu'il y avait quelques exceptions à la non-convertibilité. Au moment où Thornton écrivait, et à défaut d'un renouvellement, la Suspension était censée prendre fin au terme de la guerre, et l'opportunité de la proroger sera un des enjeux latents du *Papier de crédit*. Anticipons un peu : la Suspension ne prendra fin qu'en 1821, quelques années après la mort de Thornton et la fin des guerres napoléoniennes. Elle sera un épisode fondateur des théories monétaires modernes.

Dans la foulée de la Suspension, la Banque émettra des petites coupures d'une et de deux livres, qui sont comptabilisées séparément dans les statistiques officielles. À la suite de la Banque d'Angleterre, Thornton insistera à plusieurs reprises sur le fait qu'à ses yeux ces billets circulaient « à la place d'or exporté ou thésaurisé » et ne représentaient donc pas une addition nette à la circulation[15].

1793-1802 (ACTE II) : UNE « PARTIE DE TENNIS DANS UN MAGASIN DE PORCELAINE » ?

La Suspension a suscité bon nombre de réflexions. Mentionnons tout d'abord les deux commissions d'enquête de 1797 des Communes et des Lords, qui sont une importante mine d'informations, et ont notamment publié des statistiques monétaires rétrospectives. D'après Cope (1983, p. 135), la composition de ces commissions avait été orientée par Pitt dans un sens favorable à sa politique. Elles entendent notamment deux banquiers-députés : Walter Boyd, que nous retrouverons plus loin, et

15 Cette citation provient d'annotations manuscrites faites en 1804 d'un ouvrage de Lord King (1804), qui clarifient parfois les positions de l'auteur (Thornton, 1939c, p. 317) ; voir Rosier (1994) sur les rapports entre King et Thornton. *Cf.* aussi chap. IX (« Première supposition », p. 369). En l'absence de chiffres précis sur la circulation de pièces et de billets de banques de province, l'assertion selon laquelle les petites coupures ne représentaient pas une addition nette à la circulation est très difficile à vérifier. Le point de vue du *Bullion Report* de 1810 sera plus nuancé ; *cf.* Cannan (1919, p. 55-56) ou Coullet et Juglar (1865, vol. 1, p. 48).

Thornton. Les dépositions de ce dernier (Thornton, 1939b) préfigurent le *Papier de crédit*, en particulier ses chapitres IV et VII, et appuyent la Suspension.

Très tôt, Francis Baring approuvera la Suspension, mais sous conditions[16]. La *punchline* de son opuscule de 1797 mérite d'être citée :

> [...] la Banque devrait être restreinte et limitée quant au montant pour lequel ses billets seront émis, comme une sécurité du public par rapport aux intérêts privés de la Banque qui pourraient la pousser à des émissions excessives, et aussi pour éviter qu'ils ne deviennent, directement ou indirectement, le moyen d'introduire du papier gouvernemental comme moyen circulant du pays[17].

À défaut, le papier connaîtra une décote par rapport au numéraire, comme la décote « a finalement avalé le principal » des assignats – le spectre omniprésent de cette époque (Baring, 1967, p. 75).

Jusqu'en 1798, la situation agricole s'améliore et les dépenses de guerre à l'étranger diminuent. La Suspension n'entraîne pas initialement de rupture dans la politique de crédit de la Banque. Les crédits au secteur privé augmentent modérément, ceux au Gouvernement continuent de baisser. L'impôt (temporaire) sur le revenu levé à partir de 1799 contribue avec d'autres mesures fiscales à une amélioration du solde budgétaire primaire.

En 1799 et 1800, l'urgence de 1797 a disparu, mais de nouveaux problèmes surgissent : une disette consécutive à deux mauvaises récoltes d'affilée[18] va de pair avec une forte hausse des prix, un déficit extérieur et une dépréciation de la livre sterling. La relation entre mauvaises récoltes et disette ne faisait pas l'unanimité à l'époque. L'appareil statistique était déplorable, ce qui rendait un débat informé difficile ; l'agronome Arthur Young (1741-1820) avait pris la plume en mars 1800 pour affirmer la réalité des mauvaises récoltes et préconiser des recensements de

16 Baring (1740-1810) était un éminent banquier d'affaires et un député whig. Mais ses écrits de cette époque apportent de facto un soutien critique à Pitt de la part d'un financier expérimenté et influent. C'est lui qui financera en 1803 l'achat de la Louisiane à la France par les États-Unis.

17 Baring (1967, p. 81). C'est dans ce texte que le terme de « prêteur en dernier ressort » apparaît pour la première fois ; il n'est pas utilisé par Thornton.

18 « La question de la paix ou de la guerre n'est pas en elle-même à moitié aussi redoutable que celle de la disette avec laquelle elle est nécessairement combinée, et aux maux de laquelle je ne vois pas de remède adéquat » (lettre de Pitt à Addington du 8 octobre 1800, citée par Hague (2004, p. 399)). Voir aussi Nolen (1977).

la population et de l'agriculture (Young, 1800). Le duc de Portland, Ministre de l'Intérieur, avait en quelque sorte officialisé l'existence d'une mauvaise récolte par des déclarations qui avaient fait grand bruit fin septembre 1800. Certains mettaient en cause les accapareurs et autres spéculateurs ; on y reviendra dans l'Annexe I. D'autres incriminaient la politique d'émission de la Banque. Une des contributions les plus précoces à ces débats est une brochure anonyme de Robert Malthus (1766-1834). Qu'il nous suffise de signaler ici une thèse qu'elle énonce clairement, sans la développer : « Si la quantité de papier dès lors en circulation a beaucoup augmenté durant l'année écoulée, je serais enclin à considérer cela comme l'effet plutôt que la cause du prix élevé des denrées[19]. »

Les crédits à l'économie avaient fortement augmenté en 1799 et 1800, mais peu d'information était disponible sur les émissions, même si en novembre 1800 Samuel Thornton, devenu entretemps gouverneur, fournit aux Communes quelques indications assez vagues[20]. Le député indépendant John Nicholls, appuyé notamment par George Tierney, de l'opposition whig, dépose alors aux Communes une motion visant à créer une commission d'enquête sur l'état du monnayage, qui sera débattue le 5 décembre 1800[21]. Il la motive principalement par la raréfaction de l'or et la multiplication du papier, dont il craint qu'elles aient les mêmes effets qu'en France. C'est dans ce contexte qu'il utilise la métaphore d'une « partie de tennis dans un magasin de porcelaine »,

19 *An Investigation of the Cause of the Present High Price of Provisions*, reproduit dans Johnson (1949), et probablement rédigé et publié en octobre ou début novembre 1800. Notez le « Si » de la citation : Malthus ne savait pas si la circulation avait augmenté. La raison pour laquelle il ne croit pas qu'une hausse des émissions soit à l'origine de la hausse des prix est qu'il n'y avait pas de décote des billets par rapport aux espèces. La thèse que nous rapportons n'occupe qu'une page sur les dix de la version de 1949 ; nous ignorons si Thornton en a eu connaissance, mais on sait que la brochure (anonyme) a connu deux éditions. Nous reviendrons sur d'autres aspects de ce texte dans l'Annexe I.

20 *Cf. The Parliamentary Register* (vol. 13, 1801, p. 303) et *The Parliamentary History* (vol. 35, 1819, col. 368-369). Si on interprète ces indications à la lumière de chiffres publiés fin 1800 (*ibid.*, p. 613), elles suggèrent une circulation (hors petites coupures) de l'ordre de 12,3 millions en novembre 1800, qui semble sous-estimée d'environ 1 million. Boyd (1801, p. 14) fera allusion à ces indications.

21 Thorpe (1986) écrit de Nicholls (1744-1832) que « la véhémence, l'absence de pertinence et l'incohérence de ses discours l'ont exposé aux sarcasmes et au ridicule ». Nicholls partira en France en 1802, où il sera bientôt détenu comme ressortissant britannique sous Napoléon. Tierney (1761-1830) était un rival de Thornton dans la circonscription de Southwark ; il sera plus tard membre du *Bullion Committee*.

qu'il attribue à David Hume (1711-1776)[22]. Thornton s'oppose à cette motion, et attribue les difficultés du moment à un solde commercial défavorable, qu'il sous-entend être un facteur extérieur à la politique monétaire. Il prend la défense de la Banque : il « incline à penser que les affaires de la Banque seraient aussi bien gérées par elle-même que par une commission de la Chambre des Communes ». Et il semble se moquer de ses interlocuteurs quand il clôture son intervention, qui vise après tout à torpiller la création d'une commission, en se disant « heureux que ces sujets soient discutés, car plus ils seraient investigués, moins il apparaîtrait de raisons aux appréhensions qu'exprimaient ces Messieurs[23] ». La motion sera rejetée par un vote écrit.

Fin novembre 1800, Walter Boyd adressera une longue lettre à Pitt, dont la publication en janvier 1801 sous la forme d'un livre déclenchera une « *paper-war on Paper-money*[24] ». Attardons-nous brièvement sur son auteur. L'écossais Walter Boyd (1754 ?-1839) avait été banquier à Bruxelles (autrichienne à l'époque), puis à Paris dès 1785. Il fut un des rares actionnaires à s'opposer en 1788 à la suspension des paiements en espèces de la Caisse d'Escompte, une préfiguration de la Banque de France. En 1792, il fuit la France pour Londres et se spécialise dans le placement d'emprunts publics. Il est notamment le chef de file d'un syndicat de souscription d'un grand emprunt de Pitt en 1795. Comme agent de l'Autriche, il joue un rôle-clef dans la négociation épique des deux « emprunts impériaux » de 1795 et 1797. Il s'agissait d'emprunts autrichiens placés auprès du public britannique, mais avec une garantie de l'État britannique, qui sera d'ailleurs activée[25]. Il siégea aux Communes de 1796 à 1802 notamment. Ses relations avec la Banque d'Angleterre (tout comme avec la France) furent compliquées. La Banque était opposée aux « emprunts impériaux », dont elle percevait bien les conséquences délétères sur la balance des paiements. En 1796, Boyd

22 Hume (1987, p. 211) parle d'une partie de *cudgel* (une bastonnade).

23 *The Parliamentary History* (vol. 35, 1819, col. 719). Voir aussi *An Impartial Report* (vol. 1, 1801, p. 521-522 et p. 562-566), et *The Parliamentary Register* (vol. 14, 1801, p. 556). Notez qu'il n'y avait pas à l'époque de compte rendu officiel des débats (Vice et Farrell, 2017) ; il peut y avoir des différences entre les trois sources que nous mentionnons ici et plus loin.

24 L'expression est empruntée au *Monthly Magazine* (vol. 11, 1801, p. 576).

25 La négociation de ces emprunts est contée par Helleiner (1965). Cope (1983) nous montre un Boyd bombardant Pitt de notes arguant de l'innocuité des « emprunts impériaux », pour l'aider à défendre devant le Parlement l'octroi d'une garantie britannique.

avait pâti du rationnement de l'escompte évoqué plus haut, et défendu la création d'une alternative à l'émission de billets par la Banque. Il avait bénéficié en 1799 d'importants crédits de la Banque, avant d'être exclu par Pitt du placement d'un emprunt ; Samuel Thornton, à l'époque vice-gouverneur de la Banque, avait mis Pitt en garde contre Boyd, dont les affaires ne survivaient que grâce à l'appui de la Banque. Il fit faillite en 1800. C'est après cela que Boyd écrivit sa *Lettre*[26].

La Lettre à Pitt (Boyd, 1801) est sans doute la présentation contemporaine la plus éloquente d'un point de vue hostile à la Suspension. Son leitmotiv est que les émissions sont excessives, comme en témoigne d'après l'auteur la hausse des prix, qu'il illustre par les cours du blé à Londres. Il plaide pour un retour rapide à la convertibilité comme frein à des émissions excessives. En l'absence de chiffres sur la circulation monétaire, Boyd travaillait à l'aveugle, et se voyait contraint de raisonner « de l'effet à la cause » (*ibid.*, p. 5). Or le 4 décembre 1800, Tierney obtient que soient communiqués au Parlement des moyennes trimestrielles des billets en circulation pour les années 1797-1800[27]. Le 15 décembre, soit quelques jours avant la publication de sa *Lettre*, Boyd verra son hypothèse d'une émission de billets importante confirmée par ces chiffres qu'il pourra mentionner in extremis dans son avant-propos. Son livre connaîtra un grand succès, et s'attirera en février une réponse cinglante de Baring (1801), à laquelle il portera une réplique dans la 2e édition de sa *Lettre* qui paraîtra dès fin février[28].

Sur ces entrefaites, Pitt démissionne pour des raisons sans rapport avec sa politique économique, et est remplacé par un proche, Henry Addington (1757-1844). Peu après, le 23 mars 1801, le député Nicholls soumet aux Communes une motion visant à ce la Banque informe le Parlement de ses plans en matière de distribution de dividendes ; il cherchait, *in fine*, à soumettre le paiement de dividendes par la Banque

26 Il regagnera la France fin 1802, après la Paix d'Amiens, et y sera détenu en tant que ressortissant britannique de 1803 à 1814, tout comme Nicholls. On lira à son propos Clapham (1944, vol. 2., p. 16 *sq.*), Helleiner (1965), Cope (1983) et Thorne (1986).

27 *An Impartial Report* (vol. 4, 1800, p. 267). Ces chiffres ont été publiés par *The Parliamentary Register* (vol. 13, 1801, p. 613).

28 Bentham (1843, p. 361). Notons que Boyd se prévaut dans son livre de convergences de vues avec Thornton qui, comme lui, avait été appelé comme expert par le Parlement en 1797 : « La coïncidence remarquable des opinions de deux personnes, qui alors ne se connaissaient même pas, sur un sujet de nature si abstraite, frappa bon nombre des amis des deux parties » (Boyd, 1801, p. 78).

au contrôle du Parlement, qui l'avait sauvée de la faillite en approuvant la Suspension. Participent au débat, outre Nicholls, Boyd et Tierney, Henry Thornton et Samuel Thornton, toujours gouverneur de la Banque, mais présent à titre de député[29]. Les demandes de Tierney et de Nicholls procèdent de la même opposition à la Banque que celle de Boyd. Pour étayer sa demande, Nicholls souligne la hausse des émissions, qu'il trouve inflationniste, et qu'il explique au moins en partie par l'appât du gain des actionnaires, qui crée ce qu'on appellerait aujourd'hui un conflit d'intérêt, une idée qu'on retrouve chez Baring (1967) et Boyd (1801). Il évalue le montant des billets en circulation à 16 millions, ce qui correspond à des chiffres diffusés peu avant[30]. Samuel Thornton rétorque que les chiffres auxquels Nicholls fait allusion sont influencés par des effets saisonniers (le paiement par la Banque des intérêts « de Noël » sur la dette publique). Il ajoute que le montant de la circulation serait inférieur d'1,5 millions à celui d'avant janvier, et que la « moyenne actuelle » (fin mars 1801) serait de l'ordre de 12,3 millions au plus, y compris les petites coupures[31]. Samuel était-il de bonne foi ? Henry était-il dupe ?

29 *The Parliamentary Register* (vol. 14, 1801, p. 553-557) ; *An Impartial Report* (vol. 1, 1801, p. 562-566).

30 Voir le compte rendu du *Parliamentary Register.* Les chiffres sont des moyennes mensuelles pour les mois de novembre à janvier, communiquées au Communes le 6 février (*Journals of the House of Commons*, vol. 56, 1801, p. 28), et publiées par *The Parliamentary Register* (vol. 14, 1801, p. 713) ; la moyenne de janvier s'élevait à 16 365 200 £. Ils ne sont pas mentionnés par Boyd ni Baring dans leurs publications de février 1801. Contrairement aux chiffres communiqués en décembre 1800, ce montant relatif au mois de janvier, qui semble être le dernier chiffre officiel publié avant le *Papier de crédit*, n'est pas mentionné par Thornton. Il n'y a pas de rapport direct entre le débat du 23 mars et les chiffres communiqués en décembre, contrairement à ce que laisse entendre Hayek (1939, p. 45).

31 *Cf. The Parliamentary Register* (vol. 14, 1801, p. 556). Ceci pose deux problèmes. Les deux affirmations du gouverneur, qui sont probablement improvisées, ne semblent pas cohérentes. Une baisse d'1,5 millions par rapport à 15,3 millions, le chiffre communiqué début 1801 pour décembre (*ibid.*, p. 713), mettrait le montant total en circulation à 13,8 millions environ. Henry Thornton (1802) ne reprendra d'ailleurs pas le total de 12,3 millions, qui pourrait être une erreur du *Register* ; il coïncide, peut-être fortuitement, avec le chiffre déjà suggéré par le gouverneur en novembre 1800. En revanche, Henry Thornton soustraira les 1,5 millions de la moyenne renseignée en décembre 1800 pour la période du 25 septembre au 6 décembre, ce qui donne environ 14 millions, soit un chiffre du même ordre de grandeur que 13,8 millions (p. 373). Le second problème est que cet ordre de grandeur auquel semblent souscrire les deux Thornton paraît bas, aussi bien si on le compare aux chiffres pour janvier (*cf.* note précédente), que si on se fie aux informations publiées bien plus tard, mais connues en principe du gouverneur, qui renseignent pour les trois premiers trimestres de 1801 des moyennes trimestrielles qui s'élèvent

La question est ouverte[32]. On sait seulement que la motion de Nicholls a été rejetée, et qu'Henry reprendra dans le *Papier de crédit* l'affirmation de son frère Samuel quant à la baisse des émissions de 1,5 millions (p. 373).

Le débat de mars 1801 aux Communes porte aussi sur les effets de la hausse supposée des émissions. Écoutons Henry Thornton :

> Concernant l'assertion que l'émission accrue de papier de la Banque était la cause de la cherté des denrées, il ne nierait pas qu'elle puisse avoir quelque fondement; mais il affirmerait que son effet est loin d'être aussi important qu'allégué [par Nicholls]; et concernant la dépréciation du papier de la Banque provenant d'un change défavorable au pays, elle n'était à présent que de 12 %, et résultait non pas d'une quelconque mauvaise gestion de la Banque, mais de la différence entre exportations et importations; ces dernières ayant dépassé les premières à cause de l'importation extraordinaire de denrées[33].

Quant à lui, Samuel Thornton ne cache pas sa désapprobation de l'évaluation par Nicholls de l'effet des émissions :

> M. Samuel Thornton réprouva toute assertion sans réserve sur ce sujet [l'effet sur les prix] et espérait que l'effet de la circulation accrue sur l'augmentation du prix des denrées au point imaginé par l'honorable gentleman [M. Nicholls] ne serait naturellement pas diffusé[34].

---

respectivement à 16,4, 15,8 et 15,3 millions (House of Commons, 1832, Annexe 82). Il est vrai que la circulation baissera, passant de 16,2 millions le 28 février (13,6 hors petites coupures) à 14,6 millions le 31 août (12,1 millions, hors petites coupures), un chiffre bien inférieur à la moyenne du deuxième trimestre (*ibidem*, Annexe 5). Peut-être Samuel Thornton pratiquait-il une forme précoce de *forward guidance*? Ce débat du 23 mars n'est pas relaté par la *Parliamentary History*, et les chiffres communiqués par le gouverneur ne sont pas rapportés dans le compte rendu de l'*Impartial Report*. Dans le *Papier de crédit*, Thornton se félicitera que la Banque n'ait pas substantiellement réduit ses émissions « à l'époque de la Ligue du Nord », soit début 1801, et vraisemblablement avant le 1er avril, date de la victoire de l'amiral Nelson sur cette Ligue (bataille de Copenhague); *cf.* chap. IX, p. 393.

32 Elle n'avait pas échappé à Francis Horner (1802, p. 200; 2002, p. 160). On notera que Horner (2002, p. 160, N.d.T. 11) ne mentionnera qu'en 1803 les chiffres de janvier 1801 (16,4 millions).

33 *Cf. The Parliamentary Register* (vol. 14, 1801, p. 556). Hayek (1939, p. 45) cite ce même passage, et observe : « Il y a lieu de douter que cette relation condensée du discours d'Henry Thornton rende justice à son argumentation ». Il regrette de n'avoir pas pu consulter le compte rendu d'*An Impartial Report*. Les termes de ce dernier sont plutôt moins précis sur ce point particulier; *cf. An Impartial Report* (vol. 1, 1801, p. 566). Cette source laisse entendre que les « 12 % » mentionnés par Thornton ont trait aux prix des denrées, alors qu'ils se rapportent vraisemblablement à la dépréciation, comme l'indique le *Register*.

34 *An Impartial Report* (*loc. cit.*).

On s'attendrait à ce que Boyd soutienne Nicholls ; or il adopte un profil bas et opine que le Parlement n'a pas à intervenir dans la politique de dividende de la Banque[35].

La *paper-war* et les débats parlementaires de 1801 mettent plusieurs choses en évidence. Tout d'abord, ils sont menés à l'aide d'informations distillées au compte-gouttes par la Banque d'Angleterre[36]. Ensuite, les participants, peu nombreux, se situent au confluent de la politique, des affaires et de la réflexion économique. Ils sont liés (ou opposés) par des enjeux parfois bien étrangers à des préoccupations « scientifiques ». Un Boyd avait des raisons personnelles de critiquer Pitt et la Banque d'Angleterre ; Samuel Thornton pouvait croire qu'il était dans l'intérêt supérieur d'un pays en guerre de minimiser l'ampleur des émissions, et on peut penser que cela l'a conduit à prendre quelques libertés avec les faits. L'agressivité de Baring (1801) vis-à-vis de Boyd pourrait-elle s'expliquer par une rivalité professionnelle entre banquiers d'affaires ? Enfin, il est frappant que tous les participants semblent partager une sagesse conventionnelle dont Baring (1801, p. 6) écrit : « Ce n'est pas une découverte nouvelle ; cela a été l'alphabet ou le premier principe de chaque financier ou négociant depuis plus d'un siècle ». Il s'agit de l'idée, vague à souhait, qu'inflation et dépréciation doivent trouver leur source dans une circulation excessive. C'est pour cela que Boyd tient tellement à montrer que la circulation a augmenté, et qu'il demandera à Baring comment il peut arriver à des conclusions opposées aux siennes, tout en reconnaissant explicitement que son propre point de départ théorique est correct (Boyd, 1801, p. ix et xiii-xiv). C'est pour la même raison que Samuel Thornton, et dans une large mesure son frère après lui, affirme que la circulation n'a pas ou que très peu augmenté. Et c'est sans doute pourquoi un Nicholls, comme Boyd, invoque Adam Smith. Peut-être fallait-il un saut qualitatif

35 Sa discrétion pouvait provenir de ce qu'il était en faillite, et aussi de ce qu'il ne voulait pas se compromettre en volant au secours de Nicholls, perçu comme fantasque. D'après *An Impartial Report*, Boyd aurait « illustré » les propos d'Henry Thornton. Cope (1983), qui n'évoque pas cet épisode, montre que Boyd avait beaucoup à gagner de bonnes relations avec le nouveau cabinet Addington. La 2e édition de la *Lettre à Pitt* publiée après la prise de fonction d'Addington avait d'ailleurs corrigé quelques critiques voilées de la première à l'égard du nouveau Premier ministre.

36 Pour Baring (1801, p. 17) la publication annuelle de statistiques monétaires est une alternative à l'imposition par le Parlement de limites aux émissions ; il s'empresse d'ajouter que les chiffres communiqués en décembre 1800 lui suffisent pour 1801.

théorique, y compris une prise de distance par rapport à Smith, pour faire progresser le débat[37] ?

Enfin, ces escarmouches ont sans doute encouragé Thornton à affiner ses arguments pour aboutir un an plus tard au *Papier de crédit*, qui aurait principalement été rédigé courant 1801 (Murphy, 2003, p. 22). Peut-être se voulait-il au départ une brochure polémique de plus, un rien plus élaborée que ses interventions au Parlement. Comme Thornton l'explique dans son introduction, ce texte a progressivement revêtu la forme d'un traité. Ceci explique pour beaucoup les méandres du livre. Voici ce qu'en disait la recension contemporaine de Francis Horner (1778-1817), par ailleurs louangeuse[38] :

> Mais les différentes discussions sont agencées de façon si maladroite qu'elles ne s'éclairent pas mutuellement, et que l'on ne peut jamais parvenir à une vue globale du plan : l'ordre de l'investigation est si mal défini qu'une recherche est parfois abordée de façon prématurée, parfois différée de façon inopportune ; et l'auteur, conscient de cette imperfection, a été fréquemment contraint de répéter la même étude en différents endroits.

Hayek (1939) et Hicks (1967) soulignent cependant que les problèmes sont évoqués dans l'ordre chronologique de leur survenance, ce qui offre une manière de fil conducteur.

Quatre dimensions s'entremêlent dans l'ouvrage : la présentation d'institutions, une dimension proprement théorique, l'analyse d'épisodes historiques récents et un aspect polémique, plus explicite quand Thornton commente les grandes figures de l'économie de son temps (avant tout Adam Smith), et moins quand il réagit à des intervenants contemporains comme Boyd. Après quelques chapitres introductifs, il passe rapidement à l'offensive contre une politique déflationniste et en faveur de la Suspension, avant de défendre des positions anti-inflationnistes beaucoup plus conventionnelles, au moins en apparence. Il a pu s'exposer au reproche d'être incohérent, et un commentateur récent l'a, un peu par provocation, taxé de schizophrénie (Murphy, 2003, p. 33). Le caractère inachevé de l'ouvrage, que suggère par exemple l'absence de correspondance des sommaires en tête de chapitre avec la structure réelle de certains d'entre

---

37 Au même moment Jeremy Bentham se passionnait pour ces questions, à propos desquelles il avait correspondu avec Baring, et rédigeait des manuscrits qui ne seront pas publiés avant le XXe siècle (Bentham, 1952-1954).

38 *Cf.* Horner (1802, p. 174 ; 2002, p. 138) et Depoortère (2002).

eux, pourrait aussi s'expliquer par le fait que la publication ait été précipitée par la Paix d'Amiens. Ce traité sonnait le glas de la Suspension, à moins que le Parlement ne la proroge à nouveau. Le *Papier de crédit* devait paraître rapidement pour pouvoir peser sur le débat qui ne manquerait pas de s'ouvrir, et que nous évoquerons plus loin.

Pour éviter ces écueils, nous proposons d'abord dans les trois sections suivantes quelques balises aidant à naviguer dans le texte, en privilégiant ses contributions théoriques à la théorie monétaire[39]. Après un aperçu sélectif de considérations sur les institutions et les instruments financiers, nous passerons aux conceptions plus conventionnelles sur la politique monétaire, qui sont concentrées dans les derniers chapitres (VIII à XI). Ceci nous aidera à apprécier la portée de ses thèses plus hétérodoxes, qui occupent surtout les chapitres IV à VII. Chemin faisant, nous découvrirons la terminologie utilisée par Thornton et la traduction ; un glossaire y est aussi consacré en fin de volume.

À la fin du chapitre X (p. 459), Thornton résume son credo monétaire (même si, au désespoir de certains de ses commentateurs, il omet d'avouer s'il est un crypto-keynésien, ou un bullioniste[40] masqué…) ; c'est un passage qu'on lira utilement dès après l'introduction. On y trouvera le balancement caractéristique entre opposition à l'inflation et à la déflation, qu'il ne faut pas voir comme un signe d'indécision, mais plutôt un souci d'adapter les politiques sans dogmatisme, d'après les circonstances du moment.

LES INSTITUTIONS ET LES INSTRUMENTS FINANCIERS

Les institutions et les instruments financiers font l'objet des chapitres I à III, et de certaines sections des chapitres ultérieurs. Sont ainsi passées en revue les façons dont se sont développées les banques en général (III), et la Banque d'Angleterre (IV) et les banques de province (VII) en

39 Le plan de la visite est à peu de chose près celui de Horner (1802 ; 2002). Pour une discussion plus orientée vers la théorie bancaire, voir Diatkine (2003).

40 Adepte de la convertibilité.

particulier. Les instruments financiers discutés sont principalement les lettres de change (II) et les billets (III). Les contemporains étaient familiers des lettres de change, et il y a donc beaucoup de sous-entendus dans le texte ; on essayera de les dissiper dans l'Annexe II.

LE MOYEN CIRCULANT

Une notion-clef est l'agrégat monétaire étendu de Thornton : le « moyen circulant » (*circulating medium*). C'est sans doute délibérément qu'il utilise ce terme plutôt que celui de « moyen de circulation » (*means of circulation*). À nos yeux, ce choix est lié à son rejet de la dichotomie entre « circulateur » et « objet de circulation » qui conduit Boyd à ne pas inclure les effets de commerce dans son agrégat monétaire (p. 131). L'agrégat monétaire étendu de Thornton est au fond « la quantité "de la chose qui circule", c'est-à-dire de la chose qui est capable de circulation » (p. 117) ; le fait qu'une chose ne soit pas « ostensiblement » destinée à circuler, comme les effets de commerce (p. 107) ne la disqualifie pas comme moyen circulant. Il y a une connexion étroite entre la prédilection de Thornton pour le terme de « moyen circulant », l'extension de son agrégat monétaire, et son insistance sur la variabilité de la vitesse de circulation du moyen circulant suivant les sortes considérées.

En 1797, le terme de « moyen circulant » était nouveau[41]. Il est remarquable que son utilisation ait été évoquée aux Communes[42]. Le 22 mars, le leader de l'opposition Fox « souhaitait que ces Messieurs, au lieu de s'amuser avec des termes nouveaux comme "moyen circulant" et autres semblables, montrassent un exemple, ancien ou moderne, où le papier, ayant été forcé à circuler par l'autorité de l'État, avait été reçu de la même manière que l'or et l'argent ». Dans sa réplique Pitt remarque que le moyen circulant « lui apparaissait comme consistant en toute chose qui répondait aux grands objectifs des échanges et du commerce, que ce soit en espèces, papier ou tout autre terme qui puisse être utilisé ». C'est une définition thorntonienne avant la lettre, qui met dans le même sac (et implicitement sur le même pied), le numéraire et des instruments qui ne sont pas automatiquement convertibles en

41 Ceci est confirmé par un « *ngram* » de Google Books. L'utilisation du terme ira croissant en Grande-Bretagne jusqu'au milieu du XIXe, pour diminuer ensuite.

42 *The Parliamentary History* (vol. 33, 1818, col. 340-344).

numéraire. Fox répond qu'il « n'avait pas d'objection particulière à l'utilisation du terme de moyen circulant, excepté qu'il préférait des termes anciens aux nouveaux ». Il poursuit : « En parlant d'un moyen circulant, ces Messieurs faisaient erreur en supposant que le papier était un moyen circulant. Il n'était pas une chose pareille. Les moyens circulants étaient les métaux précieux [...] ». On parle ici d'un débat entre des champions de la rhétorique politique de leur temps, et Fox ne sera pas suivi, ni en termes de votes aux Communes, ni dans sa définition du moyen circulant. Ce terme fera une carrière de vocable technique, relativement neutre, mais Thornton, le premier auteur à l'utiliser systématiquement dans un ouvrage économique, ne pouvait pas ignorer la coloration qu'il avait en 1797.

Le moyen circulant regroupe tous les instruments capables d'effectuer des paiements répétés en passant de main en main. L'or monnayé[43] et les billets de banque en font évidemment partie, mais aussi les lettres de change et les billets à ordre, parce qu'ils sont endossables[44]. Quid des dépôts bancaires ? Thornton observe bien que c'est « à peu près la même chose » que du papier bancaire, c'est-à-dire des billets (p. 225). Il n'y a pas pour lui de différence de « substance » entre un billet de la Banque d'Angleterre et un dépôt auprès de la Banque (p. 213, n. g). C'est bien pourquoi il utilise de façon qui peut prêter à confusion, et contre les usages de la Banque, le terme de « Dépôts » pour désigner aussi bien les billets que les dépôts dans le bilan de la Banque (*ibid.*). Ces dépôts sont-ils pour autant des moyens circulants ? C'est sans doute le fait qu'ils ne sont pas physiquement transférables qui retient Thornton de les inclure dans le moyen circulant : il faut en effet une lettre de change pour les mobiliser, ou encore un transfert dans les livres du banquier[45].

43 Thornton parle de pièces (*coin, pieces*), espèces (*specie* et dans certains cas *cash*), guinées (*guineas*) ou numéraire (*money*). L'or (*gold*) peut se référer à l'or monnayé, aux lingots (*bullion*), voire aux deux en même temps. Une pièce d'or d'une guinée valait 21 shillings, soit 1,05 £. Il existait certes des pièces d'argent (les shillings) et de cuivre, mais « les pièces d'or sont les principales pièces anglaises, et les seules pièces effectivement en circulation dont l'étalon soit maintenu » (Thornton, 1939c, p. 319). La quantité de pièces en circulation n'est pas connue avec précision, mais s'élevait à l'époque qui nous intéresse à environ quatre fois la quantité de billets de la Banque d'Angleterre (Palma, 2018).

44 Vus sous l'angle adopté par Thornton, on peut pour simplifier les assimiler à des chèques.

45 P. 127. Après tout, ce n'est pas si différent de Boyd, pour qui les dépôts bancaires « peuvent être considérés comme des billets de banque *virtuellement*, mais non *réellement* en circulation, vu que tous ces crédits [dépôts] pourraient avoir été convertis en billets

La liste des moyens circulants n'est pas limitative. Surtout, elle peut changer sous l'effet des politiques monétaires : une restriction du crédit débouchant sur une pénurie de billets suscitera le développement d'alternatives[46].

La vitesse de circulation des moyens circulants[47] diffère de l'un à l'autre en raison de coûts d'utilisation variables. Ces coûts sont de nature diverse : transport et manipulation dans le cas du numéraire, perte d'intérêts dans le cas des lettres de change[48]. La vitesse de circulation fluctue aussi au cours du temps, principalement en raison de variations du « niveau de confiance ». Ces idées ne sont pas complètement nouvelles, mais Thornton les expose de façon particulièrement brillante au chapitre III, et les utilise notamment contre Adam Smith.

Thornton regroupe parfois plusieurs moyens circulants. Les plus liquides (dirait-on aujourd'hui) sont les pièces et les billets, désignés par *cash* (argent liquide[49]) ou *ready money* (argent comptant). Les moyens circulants de papier sont désignés par les termes *paper credit* (papier de crédit) ou *circulating paper* (papier circulant). *Paper money*[50] ou *paper currency* (monnaie de papier) désignent en général les seuls billets de banque (*bank paper*)[51]. *Paper credit* signifie littéralement « crédit du papier », et cette traduction sera préférée

---

de banque, au bon plaisir des personnes créditées dans les livres des banquiers » (Boyd, 1801, p. 11, italiques de Boyd ; voir aussi p. 21-22). Il considère qu'il faudrait tenir compte de ces dépôts pour évaluer précisément l'évolution de la circulation (Boyd, 1801, p. IV de l'avant-propos de la 1re édition). Si cette information avait été publiquement disponible en 1801, elle aurait montré que la somme des billets et dépôts auprès de la Banque avait augmenté beaucoup plus vite que les seuls billets entre 1794-1796 et 1801, une information beaucoup plus favorable au point de vue de Boyd qu'à celui de Thornton.

46 Voir à ce propos la description des procédures de compensation entre banques p. 133.

47 Qui n'est rien d'autre que leur *currency*, c'est-à-dire leur caractère « courant », ou liquide (p. 279). Circuler ne signifiait-il pas au départ courir en cercle ?

48 L'idée du taux d'intérêt comme coût d'opportunité du moyen circulant est introduite dans le contexte de la comparaison des vitesses de circulation des différents moyens circulants (chap. III, p. 111) ; elle ne joue pas de rôle important dans les variations de vitesse de circulation au cours du temps parce que les lois sur l'usure plafonnent le taux d'intérêt.

49 Le terme de *cash* (dérivé d'« encaisses ») est donc ambigu puisqu'il désigne parfois les seules espèces. Son acception large est très proche du français familier ; *cf.* p. 109. Il est même utilisé p. 127 pour des transferts entre comptes bancaires.

50 Ce terme intervient principalement dans les discussions de Hume et de Smith, qui l'utilisent. Il est aussi employé par des auteurs britanniques contemporains comme Boyd au sens péjoratif de papier-monnaie. Thornton préfère dans ce cas la périphrase « papier des banques gouvernementales du Continent ».

51 Dans les cas exceptionnels où *money* désigne des billets, nous avons traduit par « monnaie ».

dans certains cas[52]. En particulier, nous traduirons la notion récurrente de *failure of paper credit* par « discrédit du papier ».

Un Jean-Baptiste Say (1767-1832) faisait au même moment une distinction tranchée entre « billets de confiance » (convertibles) et « papier-monnaie » (non convertible)[53]. Pour comprendre pourquoi cette distinction ne se retrouve pas telle quelle chez Thornton, il faut s'intéresser de plus près à la question des changes.

CHANGE, PRIX DE MARCHÉ DU LINGOT ET PRIX DE L'OR À LA MONNAIE

Le change est défini comme le prix en monnaie étrangère de lettres de change sur Londres, c'est-à-dire de promesses de payer à Londres des livres sterling sous forme de billets ou de pièces. Par exemple, le change sur Hambourg est le prix d'une livre sterling en schillings hambourgeois. Au lieu d'avoir recours au marché des changes, on peut changer des livres en achetant des lingots au prix du marché, qu'on expédiera à l'étranger pour les convertir en monnaie étrangère. En l'absence de frictions – on y reviendra plus loin –, et pour une valeur en or donnée de la monnaie étrangère, on s'attend à une correspondance étroite entre ces deux prix de marché, le prix en livres sterling de l'or-lingot augmentant à mesure que le change de la livre baisse[54].

La Monnaie définit quant à elle un prix « officiel » de l'or, soit la valeur de frappe des pièces qu'elle monnaye à partir d'une once d'or[55]. Thornton utilisera une hausse de l'écart entre le prix de marché de l'or (il s'agit du lingot) et son prix à la Monnaie comme un indicateur de dépréciation du moyen circulant[56].

52 Les deux traductions paraissent admissibles pour le titre. Nous avons opté pour *Papier de crédit* car c'est le vocable le plus utilisé.

53 Say (1803 ; 2006).

54 Cette connexion n'allait pas de soi à l'époque. En témoigne indirectement une lettre que Pitt écrit en 1795 à l'ambassadeur d'Autriche à Londres, à propos des « emprunts impériaux » : « si, au lieu des envois en numéraire et en lingots [...] il [le Département des Finances viennois] avait fait passer [vos] remises en lettres de change, [...] la nation n'aurait pas eu les yeux aussi ouverts sur l'exportation de son numéraire et de son métal » (cité par Helleiner (1965, p. 54) ; en français dans le texte).

55 La Monnaie était un service officiel de frappe (et de certification) des pièces de monnaie, où tout un chacun pouvait gratuitement faire monnayer ses lingots.

56 Thornton (1939d, p. 356 *sq.*) exposera en 1811 les raisons « techniques » de privilégier le prix de marché de l'or aux changes comme mesure de déséquilibre ; on en fera abstraction par la suite.

Quid du taux de conversion entre pièces et billets ? En ne faisant pas de distinction entre pièces et billets, nous avons supposé un taux de conversion d'un pour un, ce qui correspond à l'idée que le numéraire (l'or monnayé) est l'étalon du papier circulant. Avant de poursuivre, soulignons la distinction entre la convertibilité comme état de fait, et comme ancrage de la politique monétaire.

Dans les faits, après la Suspension, on ne pouvait pas convertir des billets en pièces à la Banque d'Angleterre, avec quelques exceptions importantes pour la perception du public, en particulier pour certaines petites coupures introduites après la Suspension[57]. Par exemple, les petites coupures émises en 1797 étaient convertibles en numéraire depuis 1798. Thornton lui-même interviendra aux Communes le 31 mars 1797 pour soutenir un amendement introduit par Pitt à la loi consacrant la Suspension, et autorisant le remboursement partiel en numéraire de dépôts en numéraire auprès de la Banque effectués après la Suspension[58]. L'argumentation de Thornton est si technique qu'il est difficile de croire que son plaidoyer n'ait pas été concerté avec Pitt. L'amendement sera adopté.

Dans les transactions n'impliquant pas la Banque, pièces et billets étaient « interchangeables », c'est-à-dire couramment échangeables au prix de l'or à la Monnaie[59]. Cette interchangeabilité, un serpent de mer du *Papier de crédit*, est un élément-clef, mais fragile, du système monétaire britannique après la Suspension. C'est elle qui donne un contenu concret à l'étalon-or comme ancrage de la politique monétaire, à défaut d'une « vraie » convertibilité :

> [I]l faut principalement voir les pièces d'or comme un étalon servant à régler aussi exactement que possible la valeur de toutes les lettres de change et de la monnaie de papier ; et [...] la conclusion principale, et à vrai dire la seule,

57 Fetter (1965, p. 80-81) explique que cette politique de rachat « par morceaux » était le résultat d'« accidents historiques, de pensée confuse et de relations publiques » (ce dernier aspect n'étant pas à négliger). Voir aussi Boyd (1801, p. 14 et 32) et Thornton (p. 207).

58 *The Parliamentary History* (vol. 33, 1818, col. 364-366).

59 *Interchange* (substantif et verbe) est un terme que Thornton réserve *de facto* à ces échanges entre pièces et billets de la Banque d'Angleterre. Quand il est difficile d'utiliser le terme « interchangeable », nous le traduirons par « échange réciproque » ou « échanger réciproquement », à défaut de pouvoir utiliser l'ancien français « interchangier ». Le terme « interchangeable » était inconnu en français en 1802 ; la première traduction française utilise donc de nombreuses périphrases différentes, d'ailleurs souvent pertinentes, pour traduire *interchange* et *interchangeable*.

> est de faire tout ce qui est raisonnablement possible pour que le numéraire soit effectivement utilisé comme un tel étalon[60].

C'est l'interchangeabilité qui distingue les billets de Banque d'Angleterre du papier des « banques gouvernementales du Continent » qui connaissent une décote par rapport au numéraire[61]. Il est donc important de comprendre comment elle peut disparaître et comment la préserver. Imaginons que le prix de marché de l'or dépasse son prix à la Monnaie alors qu'il y a interchangeabilité entre pièces et billets, une situation que King (1804, p. 45) qualifiera de dépréciation « intermédiaire ». Il est alors profitable d'échanger des billets contre des pièces, puis de faire fondre les pièces en lingots. À la longue, l'encaisse-or de la Banque devrait disparaître à la suite de telles opérations d'arbitrage, ce à quoi remédie la Suspension. De plus, un marché noir de pièces d'or contre billets devrait bientôt apparaître, consacrant la décote des billets. Comme souvent, les remarques de Thornton à ce propos sont dispersées au fil des chapitres, la formulation la plus nette se trouvant au chapitre x[62].

La solution est d'éviter un déséquilibre « excessif » sur le marché des changes, et de s'assurer qu'assez de numéraire circule dans le pays. L'enchaînement causal à travers lequel Thornton appréhende ces questions peut être schématisé comme suit :

[Émissions de billets OU autres causes →] Prix
→ Changes et écart entre les « deux prix » de l'or → Décote

Faisons provisoirement abstraction des causes des variations de prix. Les liaisons entre prix, changes et écart entre les prix de l'or, et parfois décote, sont surtout traitées aux chapitres v (à partir de la section « Du cours du change »), viii (« Effet sur le cours du change ») et xi (« L'influence du papier de crédit sur le prix en lingots des marchandises »). Le lecteur

60 Chap. iv, « L'interchangeabilité… », p. 151 et 153.

61 Thornton parle d'escompte ou d'agio quand les billets s'échangent contre moins que leur valeur faciale en numéraire. Nous traduisons par « décote » pour éviter toute ambiguïté.

62 P. 443. Le chapitre iv met en avant le rôle des anticipations relatives aux politiques monétaires futures dans l'apparition d'une décote (p. 145). Le chapitre v insiste sur l'effet de l'anticipation d'un retour futur à la convertibilité sur les anticipations de change (p. 249). La section du chapitre vii « Deuxième inconvénient… » (p. 315 *sq.*) est difficile à comprendre sans avoir à l'esprit le souci qu'a Thornton de préserver l'interchangeabilité.

prêt à fausser compagnie à notre auteur pourrait commencer par la présentation, plus simple, du chapitre VIII. Celles des chapitres XI et V peuvent être abordées respectivement dans le contexte de la politique monétaire « par beau temps » et « par gros temps », qu'on envisagera plus bas.

TROIS AUTRES THÈMES INSTITUTIONNELS

Mentionnons quelques autres thèmes à caractère institutionnel, sans prétention à l'exhaustivité[63].

La théorie des effets réels élabore l'idée selon laquelle le fait que des billets soient créés à l'occasion de l'escompte d'effets réels, c'est-à-dire émis à l'occasion d'une transaction commerciale effective, constitue un principe de régulation de la création monétaire (Humphrey, 1982). Thornton présente dès la fin du chapitre III les outils d'une critique cinglante de cette théorie, mais ne les applique que beaucoup plus tard à la politique monétaire, aux chapitres X (p. 431, 433, 437 notamment) et IX (p. 395). Ces passages peuvent sans doute être omis en première lecture ; aussi importants soient-ils dans l'histoire des idées, ils ne jouent aucun rôle dans le reste du livre.

Thornton développe une théorie cohérente de l'offre de billets de banques de province. Cette théorie se base sur l'idée d'un arbitrage spatial entre la province et Londres, dont on trouvera deux versions au chapitre VIII[64]. Elle est un maillon important de sa conception de la politique monétaire. On peut la voir comme une théorie d'une zone monétaire, puisqu'après tout une zone monétaire se caractérise par

63 Contentons-nous de signaler l'analyse d'une demande spéculative de monnaie dans le contexte d'opérations d'arbitrage international (chap. X, « Preuve de la nécessité... »).

64 Section « Comment la limitation... ». Le chapitre VIII peut se lire en partie comme une suite du chapitre VII, consacrée à réfuter l'inconvénient que présenteraient les banques de province de favoriser l'inflation. Thornton résumait ses conclusions comme suit en 1804 : « [L'émission de billets de province] est limitée par la circonstance que les billets [de province] sont échangeables en traites sur Londres ou en papier de la Banque d'Angleterre. La valeur du papier de province en Grande-Bretagne se conforme donc nécessairement à la valeur du papier de la Banque d'Angleterre, quelle qu'elle soit, et si la valeur du papier de la Banque d'Angleterre est maintenue (comme elle peut l'être par la limitation de sa quantité et l'exclusivité de la circulation dont elle bénéficie à Londres) la valeur du papier de province doit aussi être maintenue. Si *A* (le papier londonien) est égal à *B* (les pièces qui ont cours), et si *C* (le papier de province) est égal à *A*, *C* doit aussi être égal à *B*. » (Thornton, 1939c, p. 320).

des changes fixes entre régions géographiquement séparées. Cela dit, Thornton ne croyait pas à une relation mécanique entre émissions de la Banque d'Angleterre et émissions des banques de province (*cf.* par exemple p. 309).

Un thème récurrent de l'ouvrage est l'indépendance de la Banque d'Angleterre. La Banque était une entreprise privée, bénéficiant d'une charte renouvelable accordée par le Parlement, ce qui pouvait s'avérer un moyen de pression sur elle[65]. Les commissions d'enquête de 1797 avaient bien montré qu'elle était exposée aux pressions gouvernementales, et qu'elle lui offrait une certaine résistance. La Suspension l'avait rendue encore plus vulnérable aux pressions politiques en lui accordant somme toute le privilège supplémentaire de n'avoir pas à honorer les demandes de remboursement de billets. Les débats de 1801 avaient montré qu'on pouvait soupçonner ses dirigeants de conflit d'intérêt entre leurs intérêts privés et leurs responsabilités vis-à-vis du « public ». Même si les réponses de Thornton ne sont pas toujours convaincantes, elles reconnaissent implicitement la réalité du problème, une idée assez nouvelle pour être soulignée par Horner dans sa recension[66].

LA POLITIQUE MONÉTAIRE PAR BEAU TEMPS

On trouve dans le *Papier de crédit* (principalement aux chapitres VIII, X et XI) deux ensembles de thèses qui ont trait respectivement à l'effet sur les prix d'une hausse des émissions, et à l'évolution à long terme de la balance des paiements et des prix. Elles ont en commun de ne pas se rapporter à des situations de crise. Prises en conjonction avec le principe normatif du numéraire comme étalon de la livre-papier, elles

65 *Cf.* p. 269, n. 10.

66 Voir Horner (1802, p. 196 ; 2002, p. 157). Un thème connexe est l'argumentation de Thornton en faveur d'un monopole de la Banque comme émetteur principal, sans doute en raison de tentatives de créer un émetteur londonien concurrent, auxquelles Boyd avait été mêlé en 1796 ; *cf.* les p. 159, 161, 181 et 397. Bentham aussi avait préconisé le lancement d'une nouvelle monnaie à la même époque (Sigot et Deleplace, 2012). L'analyse de Thornton est prémonitoire du cas belge, où deux banques d'émission « principales » ont rivalisé de 1835 jusqu'à une crise financière en 1848, qui a conduit à la création en 1850 d'une « vraie » banque centrale (Chlepner, 1926).

sont conventionnelles en ce qu'elles vont dans le sens d'une modération des émissions. Elles le sont moins dans la mesure où elles ne préconisent pas expressément la convertibilité, ni des normes quantitatives d'émission spécifiques comme une proportion entre encaisses métalliques et émissions. Comme Thornton l'écrira en 1804 : « Une circulation de papier qui n'est pas convertible en espèces maintiendra autant sa valeur qu'une circulation de papier convertible, pourvu que dans les deux cas sa quantité soit également limitée, et que le crédit de la Banque d'émission soit également parfait. » (Thornton, 1939c, p. 315).

ÉMISSIONS DE BILLETS ET HAUSSES DE PRIX

Les chapitres VIII et X contiennent trois présentations de l'effet inflationniste de la création monétaire dans un environnement « normal », – ou par beau temps. Cet effet inflationniste est une explication possible d'une dépréciation du moyen circulant, qui finirait par menacer l'interchangeabilité entre pièces et billets. Ceci appelle une politique monétaire prudente, dont l'outil privilégié est le rationnement du crédit. Ces deux chapitres ne font guère allusion à des épisodes historiques contemporains, ce qui peut expliquer que John Hicks parle d'une approche prospective (Hicks, 1967, p. 181). Le chapitre IX, complément inséparable du chapitre VIII, nous montrera cependant que Thornton s'interroge sur l'applicabilité de ses thèses au passé récent : les prix élevés des années 1800-1801.

Les trois présentations se concentrent sur l'effet d'une augmentation des prêts de la Banque, qui provoque une augmentation du papier en circulation[67]. Conformément à la théorie de la demande de monnaie de l'auteur, « on ne peut en aucun cas s'attendre à ce qu'il y ait une correspondance exacte entre la quantité de papier et le prix des marchandises » (p. 333).

La première présentation, au début du chapitre VIII, procède explicitement de bases microéconomiques, et résume les répercussions des émissions sur les prix, et sur le cours du change et son comparse, l'écart entre le prix de marché du lingot et son prix « officiel », le prix à la Monnaie. C'est une bonne introduction aux développements du chapitre V

67 Cette augmentation se fait à taux d'intérêt donné ; il y a donc une demande latente de prêts non satisfaite, qui sera explicitée dans la troisième présentation.

qui analysent les effets sur le change de perturbations sans rapport avec les émissions (« Du cours du change », p. 225 *sq.*).

La deuxième présentation prend la forme d'un exemple numérique d'une augmentation en escalier des prêts, qui se traduit par un triplement de la circulation de billets (chap. X, p. 415). Thornton admet que cette injection de liquidités peut provoquer une hausse de l'activité, qu'il évalue à titre d'exemple comme du même ordre que l'injection. Nous y reviendrons, mais nous en faisons pour le moment abstraction. Son argument est ici que la hausse de l'activité qu'il imagine ne suffira pas à employer les liquidités additionnelles, compte tenu de la vitesse de circulation du moyen circulant ; ces liquidités seront donc absorbées par une hausse de prix.

Hayek (1939) a vu dans la troisième présentation (chap. X, p. 449) une anticipation d'idées développées cent ans plus tard par Knut Wicksell (1936). En effet, Thornton considère expressément des prêts additionnels dans un contexte où le taux de profit commercial (qu'on est tenté d'interpréter comme le taux d'intérêt naturel de Wicksell) dépasse le taux d'intérêt de la Banque, plafonné à 5 % en raison de la législation contre l'usure. Cette situation stimule la demande. Mais la hausse de la demande est absorbée par une hausse des prix, qui finit par s'essouffler.

Il y des nuances entre ces différents scénarios, qui accordent une place plus ou moins importante à une hausse de l'activité, et sont plus ou moins explicites quant au calendrier du processus. Mais peut-être ces nuances importent-elles peu, car il est clair que Thornton était pessimiste quant à la possibilité d'impulser des hausses d'activité par la création monétaire. D'abord, parce que tout comme Wicksell, il suppose une situation proche du plein emploi dans le cas où il envisage le plus clairement une hausse de la production ; il souligne dans sa deuxième présentation que d'éventuelles nouvelles activités évinceront au moins en partie les activités antérieures[68]. Ensuite parce qu'il a en tête la conception, classique s'il en est, d'un fonds des salaires prédéterminé (p. 423). L'épargne forcée devient alors un mécanisme permettant une hausse de la production. En clair, le retard de l'ajustement des salaires

68 Thornton ne dit pas si les nouvelles activités consistent à produire la même chose qu'avant, de la même façon, ou sont innovatrices et plus productives. Mais l'expansion semble rendue possible en partie par l'exploitation de ressources inexploitées (« les personnes précédemment oisives », p. 419), et un dynamisme accru des entrepreneurs.

aux prix permet de comprimer la consommation par travailleur, et d'augmenter l'activité. Mais ce retard finit par être résorbé. Un mécanisme semblable stimule les entrepreneurs dont l'« ardeur » est excitée par des perspectives de profit qui s'avéreront illusoires, la hausse des coûts rattrapant celle des prix de vente. L'effet expansionniste de la création monétaire est donc éphémère, en écho de la position de Hume qui inspire manifestement Thornton[69].

L'inflation compromet le maintien de la valeur du papier en lingots, et indirectement le respect de l'étalon. On ne sera donc pas étonné que l'opportunité de limiter le papier, un des thèmes principaux du chapitre X, soit discutée de façon récurrente. Thornton soulève aux chapitres VIII et IX la question préalable de savoir si la Banque d'Angleterre est capable de réguler indirectement les émissions des banques de province. Nous avons déjà vu que la réponse était positive ; ceci tend à exonérer les banques de province d'une quelconque responsabilité dans l'inflation[70]. Thornton commence par discuter l'opportunité de limiter le papier dans le contexte d'une critique de la littérature existante, principalement la position d'Adam Smith (chap. X). Il poursuit avec un énoncé de sa propre position (p. 439 *sq.*), où il lie clairement la nécessité de limiter le papier à celle de préserver sa valeur en lingots (une idée élaborée au chapitre XI – nous y reviendrons dans le contexte des « prix en lingots »). C'est donc assez naturellement qu'il préconise une forme de ciblage du change (p. 441). Mais trois questions au moins restent en suspens : la Banque doit-elle se montrer active, ou peut-on compter sur un ajustement spontané ? C'est à cette occasion que Thornton réfute la théorie des effets réels. Ensuite, quels sont les instruments d'une politique active ? Le chapitre X répond que c'est le rationnement des prêts, à défaut de pouvoir utiliser l'instrument du taux d'intérêt, loi sur l'usure oblige[71]. Enfin, le lecteur se demandera ce qui incite la Banque à se comporter de façon conforme à l'intérêt général. Thornton a répondu par avance à cette question lors de sa discussion de l'indépendance de la Banque au chapitre IV[72].

---

69 Il reviendra sur cette idée dans son second discours aux Communes de mai 1811 (Thornton, 1939d, p. 355).

70 Ici Thornton rejoint Boyd. La position d'un Bentham est toute autre.

71 Voir à ce propos Mésonnier (2007).

72 Et le chapitre VI ajoutera la précision importante que la profitabilité de la Banque est une condition de son efficacité.

Nous avons laissé de côté le chapitre IX, qui se présente comme un simple complément au chapitre VIII, où il s'agit de vérifier quatre hypothèses simplificatrices du chapitre précédent, un chapitre théorique exempt d'allusions empiriques. On y lira l'affirmation que même si les quatre hypothèses ne sont pas parfaitement vérifiées, les conclusions du chapitre VIII restent intactes (p. 391). Mais la question empirique des causes de l'inflation et de la dépréciation de la livre est bien un enjeu latent du chapitre, et singulièrement celle du rôle des émissions de la Banque au cours des deux années écoulées (1800-1801). On y reviendra plus loin.

BALANCE DES PAIEMENTS ET PRIX EN LINGOTS

Ce n'est qu'aux chapitres X et XI que Thornton explicite sa théorie des prix d'équilibre international de long terme, mais le paysage est planté dès la section « Sur la balance commerciale » du chapitre V. Il s'y débat avec la distinction entre balance commerciale et balance des paiements, mais ce n'est pas là l'aspect le plus intéressant : il énonce l'idée qu'un déficit durable du concept particulier de balance des paiements qu'il a en tête, – le solde à financer par endettement ou par des exportations d'or –, est impossible. En effet, « il est évident qu'il y a une limite tant à la dette que les étrangers permettront aux négociants britanniques d'accumuler, qu'à la quantité de lingots britanniques qui est exportable » (p. 223). Le chapitre V n'explique pas quels prix caractérisent cet équilibre de long terme, et passe sans transition aux changes dans des situations de déséquilibre de court terme, que nous évoquerons dans la section suivante[73].

Thornton formule au chapitre X l'idée d'une égalisation internationale du prix des biens en termes d'or, quel que soit le régime monétaire (or, or et papier, papier)[74]. Cette idée est élaborée à l'entame du chapitre XI sous la forme d'une théorie des « prix en lingots » des biens. Pour la comprendre, il est utile d'avoir à l'esprit l'identité suivante :

$$\left(\frac{Lingots}{Biens}\right) \equiv \left(\frac{Papier}{Lingots}\right)^{-1} \left(\frac{Papier}{Biens}\right).$$

73 Thornton parle quant à lui de situations « permanentes » ou « temporaires ».

74 *Cf.* p. 439. Cette idée, qui remonte à Hume, qu'il cite d'ailleurs longuement au chapitre suivant, se retrouvera dans son premier discours aux Communes de mai 1811 (Thornton, 1939d et 2001).

Le membre de gauche désigne le prix mondial des biens exprimé en lingots. Le membre de droite est le produit de deux facteurs : l'inverse du prix de marché du lingot exprimé en papier (de dimension papier/lingots), et le prix intérieur des biens exprimé en papier (livres sterling)[75]. Le premier facteur est au fond le cours de la livre-papier exprimé en lingots. L'identité débouche sur une version de la parité de pouvoir d'achat. Pour un prix en lingots des biens donné[76], les deux facteurs du membre de droite (change et prix des biens en papier) doivent évoluer en sens inverse l'un de l'autre. Autrement dit, le prix de marché de l'or (et l'écart entre ce dernier et le prix de l'or à la Monnaie) doit évoluer en parallèle avec les prix intérieurs, eux-mêmes liés à la quantité de billets. Quid de la causalité entre membres de gauche et de droite ? Essayons de traduire en termes modernes ce qu'en dit Thornton.

Imaginons d'abord une hausse du prix des biens en papier provoquée par des émissions de billets « extravagantes », comme dirait Thornton. Si la Grande-Bretagne est en position de monopole, et pour un prix de marché du lingot donné, elle pourra dans un premier temps répercuter cette hausse sur le prix mondial en lingots : la causalité va initialement de droite à gauche (p. 473). Mais Thornton souligne que ces monopoles sont fragiles : tôt ou tard le solde commercial britannique souffrira, et le cours du change (et son alter ego, l'écart entre le prix de marché de l'or et son prix à la Monnaie) en seront affectés. Si, comme le suppose Thornton, la Banque d'Angleterre veut préserver les changes, elle sera forcée d'ajuster le tir et de modérer ses émissions ; il postule donc une certaine fonction de réaction de la part de la Banque. Bien entendu, c'est en définitive pour sauvegarder l'interchangeabilité entre billets et

---

75 Thornton fait le plus souvent abstraction des pièces. Si elles sont incluses dans le moyen circulant, l'interchangeabilité entre billet et pièces est préservée. Une version plus complète de l'identité s'écrit :

$$\left(\frac{Lingots}{Biens}\right) \equiv \left(\frac{Lingots}{Pièces}\right)\left(\frac{Pièces}{Papier}\right)\left(\frac{Papier}{Biens}\right).$$

Le premier facteur du membre de droite de l'équation du texte a été décomposé en deux : l'inverse du prix de marché du lingot en pièces, et le taux de conversion (Pièces/Papier), qui est unitaire en vertu de l'interchangeabilité entre papier et pièces. Cette identité s'applique aussi au cas d'un régime de papier-monnaie (comme les assignats), mais le ratio (Lingots/Pièces) est alors fixe, tandis que le ratio (Pièces/Papier) devient variable.

76 Il y a une tendance à l'égalisation internationale des prix en lingots (p. ###). Pour autant, ces prix ne sont pas entièrement déterminés par le reste du monde, comme on le verra bientôt.

pièces, qui incarne la fonction d'étalon du numéraire, que les changes doivent être préservés (à moyen terme, sinon à court terme, pour utiliser une terminologie que Thornton ne connaissait pas). L'élasticité de la demande mondiale joue d'ailleurs un rôle dans la détermination des prix en lingots :

> le prix en lingots des articles en Grande-Bretagne se conforme au prix en lingots à l'étranger ; mais [...] dans la formation de ce prix en lingots à l'étranger, le prix britannique a une certaine part d'influence : et j'ai considéré que cette influence était proportionnée au degré de notre monopole dans l'approvisionnement des marchés extérieurs[77].

Si l'on juxtapose les observations qui précèdent avec celles du début du chapitre V (« De la balance commerciale »), on semble bien avoir les ingrédients d'une théorie de la détermination simultanée des prix en lingots et de la balance des paiements[78].

C'est à la lumière du chapitre XI qu'il faut lire la longue note du chapitre IV, qui traite des effets « temporaires » et « permanents » d'une contraction des émissions. Elle dit en somme qu'une contraction monétaire provoquera à court terme une baisse de prix, mais qu'à long terme : « La valeur générale et permanente des billets de banque doit être la même que la valeur générale et permanente de l'or, contre lequel ils sont échangeables, et la valeur de l'or en Angleterre est réglée par sa valeur générale et permanente dans le monde entier[79] ». C'est en somme un résumé compact des chapitres X et XI. Thornton insiste ici aussi sur l'« endogénéité » de la masse monétaire effective : si la Banque d'Angleterre n'émet pas davantage, des moyens circulants alternatifs apparaîtront, à moins que des innovations n'accélèrent la circulation des billets existants[80].

77 P. 479. Si la Grande-Bretagne n'a pas de monopole, les choses risquent de se passer encore plus vite, puisque qu'il deviendra tout bonnement impossible d'exporter, à moins que le change ne baisse. À vrai dire, Thornton ne le dit pas, mais il y fait discrètement allusion en écrivant « si nous supposons que l'exportation habituelle se poursuit » (p. 473).

78 Voir Perlman (1986) pour une tentative de modélisation.

79 P. 211, n. e ; Thornton n'utilise pas la notion de « prix en lingots » dans cette note, et ne fait pas intervenir le marché des changes, qui n'apparaît d'ailleurs pour la première fois qu'au chapitre suivant. Voir aussi chap. VIII, p. 363.

80 La même idée se retrouve au chapitre IX (« Troisième supposition », p. 379). Thornton y insiste sur l'influence (« imparfaite et indirecte ») de l'écart entre les deux prix de l'or sur les billets des banques de province.

QUELLE RELATION CAUSALE ENTRE ÉMISSIONS ET PRIX ?

Nous avons jusqu'ici privilégié les émissions comme cause de la hausse des prix, et indirectement de la hausse du prix du lingot. Mais un thème récurrent du *Papier de crédit* est qu'une hausse des prix peut aussi être la cause d'une hausse des émissions, – on retrouve l'hypothèse de Malthus en 1800. Voilà un point « difficile et sujet à controverse » (p. 403) ! Au chapitre XI, dans le cadre de sa théorie des « prix en lingots », Thornton affirme que cette seconde hypothèse peut être retenue « quand l'extension du papier n'est pas telle qu'elle ait pour effet de réduire sa valeur en-dessous de celle du lingot » (p. 477). Et il justifie ce test par un cas d'école de causalité inversée : une hausse des prix en lingots à l'étranger entraîne à la longue dans notre pays une hausse des prix-papier, le prix du lingot en papier restant inchangé (*ibidem*). Dans ce cas, la hausse des prix entraînera une hausse de la circulation sans hausse du prix du lingot. Ce même test empirique est formulé comme suit au chapitre IX :

> [...] pour autant que les prix se maintiennent de manière *permanente* au-dessus de ce point [de « maintien de l'ensemble des changes »], c'est la quantité accrue à l'excès de billets de la Banque d'Angleterre qui est à considérer comme la cause du prix élevé des marchandises, plutôt que le prix élevé des biens qu'il faudrait prendre pour la cause de la quantité accrue de billets de la Banque d'Angleterre[81].

Quelles pouvaient avoir été les causes de la hausse des prix, autres qu'une augmentation de la circulation ? Thornton pense d'abord aux mauvaises récoltes. Au chapitre IX, il parle de « la guerre » et évoque « une suspension de la demande étrangère de produits manufacturés britanniques, ou une augmentation de la demande britannique d'articles étrangers » (cette dernière étant liée à la disette) ; il ajoute au chapitre XI de nouveaux impôts et la hausse du prix des matières premières importées[82].

---

81 P. 383. Notez le terme « *permanent* » (italiques de Thornton), absent du chapitre XI.

82 *Cf.* p. 381, 391 et 475. « Guerre » est ici un mot fourre-tout : il peut se référer aux dépenses de guerre à l'étranger, à l'« interruption des exportations », au renchérissement des importations ou encore à la nécessité d'augmenter les impôts pour financer la guerre... Certaines des circonstances évoquées affectent en priorité les prix intérieurs (mauvaises récoltes), d'autres d'abord la balance des paiements (pertes de marchés d'exportation). Elles sont plus ou moins temporaires suivant le cas ; mais à la veille de la Paix d'Amiens, la guerre pouvait raisonnablement être perçue comme temporaire. Leur ressemblance

Comment trancher empiriquement entre les deux lectures de l'épisode des années 1800-1801[83]. Thornton souligne la difficulté de l'entreprise : « aucune estimation de ce genre [de l'effet des émissions sur les prix] ne peut être formée avec confiance, en raison du nombre de circonstances, certaines d'entre elles très difficiles à apprécier, qui affectent la question. » (p. 389). Reconnaissons que la question n'était pas simple : il n'y avait pas d'indice général des prix, Thornton rechignait à utiliser des indicateurs disponibles comme le prix du blé (on y reviendra dans l'Annexe I), et les derniers chiffres publics sur les émissions dataient du début de 1801. Deux démarches étaient possibles pour prouver que les émissions n'avaient pas causé la hausse des prix, ce qui est le propos de Thornton : l'approche directe consistait à montrer que les émissions n'avaient pas été excessives ; l'approche indirecte consistait à partir de l'idée du chapitre XI que, quand bien même les émissions avaient pu augmenter, elles n'étaient que la conséquence des hausses de prix, ce que des changes inchangés étaient censés montrer.

La voie indirecte, en tous cas sous sa forme énoncée au chapitre XI, semble compromise puisque les changes se sont fortement dégradés au cours des deux années écoulées. Une partie du chapitre IX est consacrée à la voie directe : Thornton ferraille contre Boyd, et défend la thèse que la circulation de billets n'avait pas augmenté depuis avant la Suspension. Ceci demandait un acte de foi dans le « lapin sorti du chapeau » de Samuel Thornton, l'affirmation invérifiable début 1802 d'une baisse des émissions d'1,5 millions[84]. La solution de Thornton est double : il réaffirme avec force que les émissions n'avaient pas augmenté, et il réinterprète le test du chapitre XI d'une façon qui le vide largement de son contenu. En effet, que signifie « permanent » dans la formulation du test au chapitre IX ? Une note nous l'explique p. 403 :

> Par le terme « de manière permanente », j'entends cependant un degré de permanence tel qu'il permette de montrer que la chute de nos changes, et la hausse du prix du lingot, ne peuvent pas être rapportées à aucun événement

---

avec une hausse des prix en lingots étrangers (le « cas d'école » du chapitre XI) ne va pas de soi.

83 Ces lectures ne sont d'ailleurs pas mutuellement exclusives.

84 Chap. IX, « Deuxième supposition ». On sent Thornton réticent à admettre que la circulation avait beaucoup augmenté en 1800. Mais en invoquant une baisse des émissions en 1801 pour expliquer que la circulation serait revenue au niveau antérieur à la Suspension, il l'admet implicitement.

extraordinaire et passager, comme celui d'une ou même de deux récoltes particulièrement mauvaises ; car ces dernières peuvent être qualifiées à juste titre de circonstances temporaires, bien que leur influence puisse s'étendre sur une période d'un ou deux ans.

Conclusion :

Nos deux récoltes déficitaires, et les interruptions qu'a connues notre commerce d'exportation, expliquent à suffisance les récentes fluctuations de nos changes. À ces égards, il y a eu à l'évidence beaucoup dans notre situation qui a été remarquable ; tandis que, comme on l'a prouvé dans le présent chapitre, il n'y a rien qui doive être jugé extraordinaire dans la quantité de papier émise par la Banque d'Angleterre[85].

Il est assez clair que Thornton tâtonne. La note citée plus haut ajoute : « En général, on peut peut-être aussi admettre qu'une émission excessive de papier n'a pas été la cause principale d'une chute du change, s'il s'avère après coup que le change peut se rétablir sans aucune réduction substantielle de la quantité de papier[86]. » Ironiquement, c'est à peu près ce qui se passera en 1802, après la publication de son ouvrage. En 1811, Thornton parlera à propos de cette période d'une « tendance à l'excès » (des émissions), tout en soulignant le rôle de la disette (Thornton, 1939d, p. 349).

Le lecteur aura remarqué que, chemin faisant, le temps s'est gâté, puisqu'on parle de guerre et de mauvaises récoltes ; il est temps de considérer les menaces qui planent sur l'encaisse-or de la Banque.

---

85 P. 391 et 393. Il ajoute un peu plus loin que la Banque a pu commettre des erreurs, mais qu'il est heureux qu'elle n'ait pas réduit fortement ses émissions début 1801. Sous-entend-il qu'elle les aurait trop augmenté ? D'autre part, Thornton pense que la vitesse de circulation a augmenté à cette époque (Chapitre IX, « Quatrième supposition »). Ceci permettrait de réconcilier une circulation inchangée avec une augmentation de la valeur des transactions, due à la hausse des prix.

86 P. 403, n. c. Notez qu'il est ici question de cause « principale », ce qui sous-entend qu'il peut y avoir plusieurs causes.

LA POLITIQUE MONÉTAIRE PAR GROS TEMPS

Les problèmes posés par un épuisement de l'encaisse-or de la Banque en raison d'un drainage interne sont principalement évoqués aux chapitres IV (à partir de la section « La suspension des paiements... »), et VII (« Premier inconvénient »). Le drainage externe est étudié au chapitre V, à partir de la section « Tendance d'un change défavorable... ». Le chapitre VI sera lu avantageusement après les sections qu'on vient d'énumérer. Ces contributions de Thornton sont souvent traitées dans le contexte des théories du « prêteur en dernier ressort[87] ».

DRAINAGE INTERNE

Au détour d'une présentation de la Banque d'Angleterre, le chapitre IV offre une première introduction aux positions plus hétérodoxes de Thornton[88]. Il y entremêle une narration d'épisodes de crise avec des considérations plus générales. Pour aborder ce chapitre, il est utile de commencer par jeter un coup d'œil au bilan de la Banque d'Angleterre, décrit à partir de la p. 195.

La Suspension s'explique notamment par un drainage interne. Cette demande intérieure d'or provient ici d'une panique (ou « alarme ») étrangère à la politique monétaire. Voici comment Thornton décrira en 1804 l'épisode provoqué par le choc de la déclaration de guerre de 1793 :

> La ruée sur la Banque ne provenait pas à proprement parler d'un manque de confiance dans celle-ci [...]. Elle provenait du discrédit jeté sur les billets des banques de province, et d'une demande d'or consécutive aux demandes de remboursement des billets de banques de province, demande que la Banque est dans l'obligation de satisfaire, de par les circonstances particulières dans lesquelles elle se trouve. Elle provenait aussi de la préférence donnée à l'or, même sur du papier de la Banque d'Angleterre, au moment d'une alarme d'invasion, une préférence ne provenant pas cependant d'une défiance, mais de l'idée qu'au cas où l'ennemi débarquerait ou prendrait possession du pays, l'or serait l'espèce de bien la plus portable, et aussi le moyen [circulant] ayant cours de la façon la plus universelle[89].

---

87 Voir par exemple le numéro spécial des *Cahiers d'Économie Politique* présenté par Boyer-Xambeu *et al.* (2003).

88 La section du chapitre III « Preuve de ce fait... » en offrait un avant-goût.

89 Thornton (1939c, p. 314).

Ce drainage va mécaniquement de pair avec une réduction de la circulation de billets – à moins que la Banque d'Angleterre n'augmente ses prêts. Une grande partie du chapitre IV est consacrée à un exposé brillant des conséquences délétères sur l'économie « réelle » d'une telle contraction de la circulation (ou, si l'on veut, d'une telle déflation). Cette contraction est inévitable en cas de drainage interne si l'on souhaite, conformément à la doctrine d'Adam Smith, maintenir une forme de proportion entre billets et encaisse-or de la Banque. Bien entendu, le drainage ne peut pas perdurer, car la Banque finira par tomber à court d'or.

La contraction de la circulation peut être contrecarrée par de nouveaux prêts, qui ne mettront cependant pas fin au drainage. Celui-ci s'explique par la panique, et non par les prêts, quels qu'en soient les bénéficiaires (État ou secteur privé). La seule façon d'arrêter le drainage est de suspendre les paiements.

Nous recommandons de lire la section du chapitre VII consacrée au discrédit du papier (« Le premier inconvénient... ») dans la foulée de chapitre IV. On y trouvera une description fascinante du processus par lequel une rupture de la confiance dans les banques de province (le « discrédit du papier ») provoque une contraction de la circulation avec son cortège de conséquences réelles. Ce sont dans ces deux chapitres (IV et VII) qu'on découvrira la formulation la plus nette de positions anti-déflationnistes[90] ; ils indiquent incidemment que la pénurie de liquidités peut, en entravant les exportations, induire un drainage externe.

DRAINAGE EXTERNE

Le chapitre V est principalement consacré au cours du change et surtout, comme Thornton le signale dans une discrète note (p. 255, note b), à l'effet d'un drainage externe qui ne trouve pas son origine dans des émissions excessives, mais dans des perturbations d'ordre extra-économique. Une mauvaise récolte en constitue l'archétype, mais Thornton mentionne aussi le cas d'« interruptions » du commerce extérieur. Ces perturbations sont mentionnées dès la section sur « La balance du commerce », et qualifiées d'emblée de temporaires[91]. On aura

---

90 *Cf.* chap. IV (« La sévérité de la pression est-elle le remède ? », p. 163 *sq.*), et chap. VII (« Premier inconvénient », p. 297).]

91 La terminologie varie. Thornton parle parfois simplement de « solde très défavorable ».

reconnu les explications « alternatives » d'une dégradation des changes que nous avons évoquées dans la section précédente.

Une petite dégradation du solde extérieur se traduira par une baisse des changes sans pour autant provoquer des sorties d'or[92]. Ce n'est que si la baisse du change franchit un seuil critique que l'exportation de lingots devient profitable. Il faut en effet payer des frais de transport et d'assurance pour acheminer les lingots à l'étranger, avant de les fondre en monnaies étrangères. Si l'on suppose un pair de 1 (la monnaie étrangère a la même teneur en or que la livre) et des frais de transport nécessaires pour obtenir une unité de monnaie étrangère s'élevant à a, l'exportation d'or devient intéressante à partir d'un cours de change de la livre inférieur au pair d'environ a[93]. La disponibilité de lingots diminuera au fur et à mesure des exportations. Thornton s'intéresse donc à un cas encore plus extrême : il considère (p. 227) une situation de crise où il n'y a plus de lingots disponibles, et où il faut fondre des pièces d'orfèvrerie ou des monnaies d'or pour en faire des lingots. La fonte de monnaies d'or anglaises est interdite, mais la loi peut être contournée. Il faudra alors payer $1 + b$ livres par unité de monnaie étrangère, et $b > a$, reflétant le prix de marché de l'or en livres et les frais connexes (fonte, transport...). Le cours du change s'alignera sur ces conditions par arbitrage, et sera inférieur au pair d'environ b. Il y a donc une relation étroite entre le cours du change et le prix du lingot.

Une solution à la dépréciation est bien de réduire les émissions de billets. Les billets de la Banque deviendraient plus rares, le cours du change des billets (et des pièces britanniques avec lesquelles ils sont réputés interchangeables) s'améliorerait, et l'écart entre les « deux prix » de l'or s'amenuiserait. Problème : on retrouve les problèmes que provoque une pénurie de liquidités, et que Thornton a déjà soulignés au chapitre IV à propos du drainage interne.

> C'est pourquoi cela pourrait bien être la bonne politique et le devoir de la Banque de permettre que continue pour un temps, et dans une certaine mesure, ce change défavorable qui fait sortir l'or de ses coffres, et le fait quitter

92 La discussion d'une dégradation du solde extérieur du chapitre V est explicitement conduite dans une perspective d'équilibre international, ce qui donne lieu à des développement originaux sur la demande internationale de réserves (« De la manière dont on peut penser... »), qui peuvent être omis en première lecture.

93 C'est le mécanisme des points d'or, décrit par Boyer des Roches (2008). Baring (1967, p. 26-27) en donne des exemples numériques détaillés.

> le pays ; et elle doit nécessairement, dans ce cas, augmenter ses prêts dans la même mesure que son or diminue[94].

Même si ce n'est pas élaboré au chapitre V, et implicite au chapitre IV (p. ex. p. 165 *sq.*), ce change défavorable doit finir par favoriser les exportations.

Peut-on pour autant augmenter impunément les émissions ? Non, car cela compromettrait l'interchangeabilité des pièces et des billets, et donc le rôle de la monnaie d'or comme étalon de la livre-papier. Si le prix de marché du lingot dépasse de beaucoup le prix de l'or à la Monnaie, personne ne sera disposé à céder des guinées pour des billets au prix « officiel ». Mais Thornton privilégie le cas de perturbations externes temporaires : « l'absence de son or [...] n'est pas un mal qui puisse être durable » (p. 251). Pour autant, il n'exclut pas « des circonstances de nature si importante et extraordinaire, qu'elles empêchent le retour de l'or à une date proche ou prévisible » (*ibid.*). Il est confiant dans un rétablissement rapide des changes (chap. V, « De la probabilité de retour de l'or », p. 241 *sq.*). Il écrira beaucoup plus loin, quand il résume ses thèses monétaires en conclusion du chapitre X, qu'il faut « pencher en faveur d'une diminution [des émissions], si l'or part à l'étranger, et que les changes dans leur ensemble restent *longtemps* défavorables. » (p. 459 ; nos italiques). Ce message est à lire en filigrane dans le chapitre V. Il est tentant d'appliquer ces remarques à la politique de la Banque en 1800-1801, et peut-être Thornton lui-même l'avait-elle à l'esprit quand il écrit[95] : « Nous avons il y a peu été placés entre deux dangers ; entre celui d'une monnaie de papier dépréciée d'une part, et celui d'une interruption du crédit de notre papier, et de la stagnation qui en résulte de notre commerce et de nos manufactures, de l'autre. » On sait que la livre était fortement dépréciée pendant ces deux années. En 1800, la Banque a mené une politique très accommodante, augmentant fortement ses crédits à l'économie. La circulation de billets a légèrement baissé, mais la « base monétaire » a augmenté, alors que l'encaisse-or baissait[96]. On sait que

94 P. 239. On peut bien sûr se demander si une simple stabilisation de la circulation de billets de la Banque d'Angleterre suffit. D'une part des perturbations comme une mauvaise récolte sont de nature à hausser les prix. D'autre part, un risque de drainage interne apparaît, que Thornton souligne lui-même à la même page.

95 Chap. X, p. 393. L'allusion, un peu plus loin, à la Ligue du Nord active à cette époque plaide en faveur de cette interprétation.

96 Nous définissons la base monétaire comme la somme des billets et des dépôts auprès de la Banque. On se base ici sur les bilans de fin février, également utilisés dans l'Annexe I.

la récolte avait été mauvaise une deuxième fois d'affilée, et que les prix flambaient. Dans le courant de 1801, la politique s'est inversée[97] : baisse des crédits et de la base monétaire, mais bien plus modérée qu'en 1796. La Banque aurait-elle appliqué les principes de modération de Thornton ?

La Suspension permet de protéger l'encaisse-or de la Banque lors d'une dégradation du solde extérieur. Une reprise des paiements en espèces pourrait d'ailleurs provoquer par ricochet un drainage interne provenant d'une sorte de demande de précaution de numéraire par les banques de province pour « se prémunir contre l'éventualité que la Banque ne s'ouvre davantage que nécessaire de façon permanente » (p. 253).

Les dernières pages du chapitre VII (sur le « deuxième inconvénient » des banques de province) sont intéressantes, car on voit Thornton hésiter. La contrainte d'interchangeabilité le pousse à souhaiter qu'on rétablisse l'interdiction faite aux banques de province d'émettre des petites coupures. Mais ceci entrerait en conflit avec l'objectif de dégager un maximum d'or pour pouvoir soutenir les changes, auquel l'interdiction contribuait. Placé devant ce dilemme, il donne la priorité au soutien des changes sur l'interchangeabilité[98].

Le chapitre VI, qui porte sur l'allocation des actifs de la Banque, peut probablement être omis en première lecture. Ce chapitre, le seul auquel l'introduction ne fait pas allusion, pourrait bien avoir été ajouté en fin de parcours en complément aux chapitres IV et V. Le lecteur se plaira à imaginer que c'est Samuel Thornton qui l'a inspiré : c'est en effet une justification du fait que la Banque ne disposait pas d'encaisses-or suffisantes lors de la Suspension.

Les chiffres communiqués à l'époque au Parlement (*cf. supra*), et qui sont des moyennes trimestrielles, donnaient à voir une augmentation de la circulation de billets.

97 C'est ce qu'annonçait à sa manière Samuel Thornton lors du débat aux Communes du 23 mars 1801.

98 Ajoutons deux remarques. L'autorisation provisoire (initialement pour moins de deux mois !) d'émettre des petites coupures était une mesure d'accompagnement de la Suspension. En 1802, quand la fin de la Suspension a été envisagée, il est probable que des scénarios intermédiaires aient été étudiés, prolongeant la Suspension proprement dite, mais mettant fin à d'autres mesures. Addington fait d'ailleurs allusion à des scénarios alternatifs dans son discours du 9 avril 1802 en faveur du prolongement de la Suspension (*An Impartial Report*, vol. 2, 1802, p. 344-351). C'est sans doute dans ce contexte qu'il faut lire la remarque de Thornton, où il suggère d'ailleurs qu'il s'aventure trop loin sur le terrain réglementaire. D'autre part, ce passage où Thornton préconise d'entraver directement les émissions des banques de province contraste avec ceux où il défend la thèse que la Banque d'Angleterre est parfaitement en mesure de réguler les émissions des banques de province de façon indirecte.

THORNTON APRÈS LE *PAPIER DE CRÉDIT*

On ne trouve pas dans le *Papier de crédit* de prise de position noir sur blanc sur l'opportunité de mettre fin à la Suspension dès la fin de la guerre, d'où l'intérêt de suivre les interventions de Thornton aux Communes en 1802 et 1803[99]. On ignore si Thornton était présent lors des débats sur la continuation de la Suspension les 9 et 21 avril 1802[100]. La proposition du Premier ministre Addington, qui sera adoptée sans opposition, était de la proroger pour un an. Son argumentation était toute thorntonienne : y mettre fin n'apportait aucun avantage immédiat, mais entraînait des risques importants dans un environnement de changes défavorables et de concurrence accrue sur les marchés extérieurs. Il détaille en particulier le risque de ruée bancaire. Même Boyd se rallie à cette proposition : « La question se posait si la restriction des paiements en espèces n'avait pas augmenté le moyen circulant plus qu'on en avait initialement eu l'intention, mais quelle que puisse être son opinion personnelle, il ne s'opposerait pas maintenant à la mesure[101]. »

Quelques jours après (le 26 avril), à l'occasion d'un débat aux Communes sur la Banque d'Irlande, Thornton remarque que :

---

99 Voir cependant p. 251 : « Le retour de l'or doit être promu, non tant par une mesure législative visant cet objectif immédiat… ». Thornton observe aussi un peu plus loin, à propos du dernier renouvellement de la Suspension avant 1802, qu'il « se fondait donc sur les circonstances particulières de ce temps, et non sur aucun principe impliquant nécessairement la permanence ou même une longue continuation de la suspension » (p. 253).

100 *An Impartial Report*, vol. 2, 1802, p. 344-351 et 432-439 ; *The Parliamentary History*, vol. 36, 1820, col. 540-548.

101 *An Impartial Report*, vol. 2, 1802, p. 351. Boyd préconise cependant que la Banque communique son bilan : « À son avis, il ne pourrait résulter aucun inconvénient de la production d'un tel compte, qui ne pourrait révéler aucun secret qu'il serait important de dissimuler » (*ibid.*). Ce sera apparemment la dernière intervention parlementaire de Boyd avant sa réélection aux Communes quelque vingt ans plus tard. Il cherchait à gagner la France en vue de récupérer ses avoirs perdus lors de la Révolution, et écrira à son ami William Huskisson (1770-1830) qu'il n'avait pas de quoi se payer la traversée (Cope, 1983, p. 166) ; Huskisson l'aidera financièrement. Les deux amis s'étaient sans doute rencontrés pendant les années parisiennes de Boyd. En 1790, à vingt ans, Huskisson avait prononcé un discours critique des assignats au « Club de 1789 » fréquenté notamment par Mirabeau et Condorcet ; *cf.* Huskisson (1790). Nous le retrouverons plus tard.

> la restriction des paiements en espèces de la Banque d'Angleterre était une mesure qui n'allait de pair avec aucune sorte de danger. La Banque d'Angleterre se composait d'un ensemble très respectable d'hommes, qui ressentaient toute la disposition voulue à restreindre la circulation excessive de leurs billets, qui avaient la maîtrise de toute la circulation de papier de la métropole, et étaient, en leur capacité d'entreprise, totalement indépendants du Gouvernement.

Il ajoute : « Quand la Banque d'Angleterre en viendra à reprendre ses paiements, comme elle le fera certainement après l'expiration de la présente restriction [...][102]. »

Un an plus tard, la situation internationale se dégrade, et la guerre avec la France reprendra en mai 1803. Les 7 et 12 février 1803 a lieu aux Communes un débat sur une proposition d'Addington de prolonger la Suspension une fois de plus[103]. Baring intervient pour l'appuyer ; Thornton se déclare :

> pleinement conscient des grands inconvénients qu'entraînerait le retrait de la restriction. Ce n'était pas le moment d'adopter une telle mesure. En même temps, il était sensible aux prérogatives parlementaires en la matière. Il convenait que la Banque ne pouvait pas être ouverte avec sécurité [aux remboursements de billets], à moins que le change ne soit favorable au pays ; mais il était d'avis qu'il fallait saisir l'occasion de la première période favorable [pour l'ouvrir].

La position de Thornton est constante : le retour à la convertibilité (la *resumption*) est l'objectif final, le calendrier est une question d'opportunité. C'est toujours le cas en mai 1811, quand les Communes débattent du *Bullion Report* sur les causes du haut prix du lingot[104]. Thornton avait participé à sa rédaction avec Huskisson et Horner, qui présidait la commission. Ce rapport, qui sera rejeté par un vote des Communes, préconisait une régulation des émissions en fonction du prix du lingot et des changes, ainsi qu'un retour à la convertibilité dans un délai de deux ans. Deux discours (avant et après le vote) permettent à Thornton de préciser son point de vue (Thornton, 1939d et 2001). Il était manifestement réservé quant au calendrier proposé (Thornton, 1939d, p. 350), mais avait voté en faveur du rapport, probablement parce qu'il s'agissait d'un texte de

102 *An Impartial Report*, vol. 2, 1802, p. 452.

103 *The Parliamentary History*, vol. 36, 1820, col. 1147-1162.

104 *Cf.* Cannan (1919) ou Coullet et Juglar (1865, vol. 1), et la discussion détaillée de Beaugrand (1981).

compromis qui intégrait nombre de ses idées[105]. Contentons-nous de commenter un passage qui peut donner l'impression qu'il renie une position du *Papier de crédit*. Thornton évoque l'idée que dans un contexte de changes défavorables « une émission accrue de papier serait le moyen de corriger le change, au lieu de lui porter préjudice. [...]. C'est une erreur à laquelle il avait été enclin à un moment, mais il avait admis avoir tort après un examen plus complet de la question. » (*ibid.*, p. 353)[106]. Le *Papier de crédit* dit clairement qu'une baisse de la circulation en-dessous d'un certain niveau initial peut nuire aux exportations, et partant, aux changes[107]. Une inversion de la baisse est bénéfique si elle permet de revenir au point de départ, voire au-delà, en cas de panique. Penser que toute augmentation de la circulation améliorera les changes est un paralogisme dont on ne trouve pas de trace dans le *Papier de crédit*, mais auquel il pouvait ouvrir la porte ; on verra plus loin que Jean-Baptiste Say s'engouffrera dans la porte ouverte. Thornton conclut : « Tout au plus était-il disposé à admettre qu'en procédant à la limitation de notre papier en vue d'améliorer les changes, nous devions éviter une sévérité de la pression telle que l'industrie manufacturière serait gravement interrompue » (*ibid.*, p. 353). On retrouve bien, quoiqu'en mineur, le Thornton du *Papier de crédit*[108].

On peut enfin se demander pourquoi Thornton reste si attaché à l'or, lui qui chante les louanges de la substitution du papier à l'or, et

105 Il précisera lors d'un débat aux Communes le 8 décembre 1812 qu'il avait voté pour le retour à la convertibilité dans un délai de deux ans « en ayant certainement en vue que, si au terme de cette période on le trouvait impraticable pour quelque raison que ce soit, le délai devrait être allongé d'année en année jusqu'à ce que la société [la Banque] ait les moyens de rembourser tous ses billets... » (*The Parliamentary Debates*, vol. 23, 1812-1813, col. 233-234). Le *Bullion Report* ouvrait d'ailleurs la porte à une telle interprétation.

106 D'après Piero Sraffa (Ricardo, 1951, vol. 3, p. 83), l'erreur en question aurait été celle de croire à l'idée de Locke qu'un prix élevé de l'or était « simplement une preuve d'une balance commerciale défavorable ». Ceci n'est pas corroboré par le discours de Thornton ; cette idée est d'ailleurs explicitement critiquée au chapitre X. Thornton réagissait à un discours de Lord Castlereagh du 7 mai 1811, où celui-ci avait défendu une version extrême des thèses « hétérodoxes » de Thornton (*The Parliamentary Debates*, vol. 19, 1811, col. 986 *sq.*).

107 *Cf.* p. 165 *sq.* et 241.

108 Évoquant les années 1800 et 1801, il écrit encore : « La Banque ne limitait pas ses émissions à cette époque, ce qu'elle aurait certainement fait si elle avait été tenue d'effectuer des paiements en espèces » (Thornton, 1939d, p. 349 ; *cf.* aussi p. 343 ou Thornton, 2001, p. 153). Les émissions ont peut-être augmenté en 1800 davantage qu'il n'était prêt à l'admettre en 1801 et 1802. Ont-elles baissé en 1801 dans une mesure qu'il trouve rétrospectivement insuffisante ?

à qui il arrive souvent de raisonner en supposant que le papier est le seul moyen circulant. Sans doute est-il sensible au rôle de l'or dans les échanges internationaux[109]. Le philosophe allemand Johann Gottlieb Fichte (1762-1814) venait de publier en 1800 *L'État commercial fermé*, l'épure d'un État autarcique qui se passe d'or, mais tourne délibérément le dos aux échanges internationaux (Fichte, 1980 ; Standaert, 1981). Thornton ne connaissait pas Fichte, mais il n'aurait sans doute guère apprécié. Cent ans plus tard, Knut Wicksell défendra à son tour un « système idéal » sans or, mais devra consacrer de longues pages aux obstacles sur la route vers ce système, qui ont surtout trait aux échanges internationaux (Wicksell, 1935). Thornton pensait certainement que l'anticipation d'un retour à la convertibilité devait faciliter le bon fonctionnement de la Suspension. Il est aussi probable qu'une suspension permanente devait lui paraître politiquement (sinon intellectuellement) inconcevable. Surtout, Thornton devait considérer la Suspension comme une rupture de contrat[110].

LE *PAPIER DE CRÉDIT* APRÈS THORNTON

Comment le *Papier de crédit* a-t-il été accueilli par la critique lors de sa publication ? Nous avons déjà mentionné la recension par Horner, et on connaît au moins trois autres recensions fouillées, et globalement positives, par des contemporains anonymes[111]. Les ouvrages de King (1804 ; 1re édition en 1803) et de Wheatley (1803) ne sont pas des comptes rendus ; ils défendent souvent des positions plus proches de Boyd que de Thornton. Malthus (1803, p. 404) reproche à Thornton de sous-estimer l'effet inflationniste des émissions provinciales, mais élabore sa thèse de 1800 que les émissions des banques de province

109 *Cf.* p. 441. Mais il n'est pas attaché à la convertibilité parce que le lingot aurait un pouvoir d'achat stable ; il dit explicitement le contraire (Chapitre XI, « Utilisation accrue du lingot… »).

110 Voir les remarques à la fin du chapitre VII sur l'injustice et l'inégalité entraînées par la dépréciation du papier, et la péroraison de son second discours de mai 1811 (Thornton 1939d, p. 360).

111 *Monthly Review*, vol. 38, mai 1802, p. 30-44 ; *Anti-Jacobin Review & Magazine*, vol. 12, juillet 1802, p. 258-266 ; *British Critic*, 1804, vol. 24, p. 523-538 et 609-624, et 1805, vol. 25, p. 24-33.

étaient « une conséquence plutôt qu'une cause du prix élevé des denrées » (en 1800 et 1801).

Il existe un commentaire de Thornton par Bentham (Bentham, 1998). C'est l'occasion d'évoquer les travaux de celui-ci, même s'ils n'ont pas été publiés à l'époque, car ils sont exactement contemporains du *Papier de crédit* et portent sur les mêmes questions. Bentham a écrit son manuscrit monétaire *The True Alarm* pendant la *paper-war* de 1801 « en opposition et référence à [l'alarme] de M. Boyd[112] ». Contrairement à Thornton, Bentham met en cause les banques de province pour leur rôle dans l'inflation, et préconise une réglementation bancaire stricte. Il relit Thornton en mars 1804 et écrit : « je vois peu d'idées dans mes papiers qu'on ne puisse trouver à un endroit ou un autre dans leurs livres [de Thornton et Wheatley]. Ce que je pourrais espérer faire ne serait guère mieux que substituer de la méthode au chaos… » (Bentham, 1843, p. 413). D'après Halévy, Bentham aurait alors abandonné ses recherches monétaires[113].

La question de la dépréciation du moyen circulant passe à l'arrière-plan de l'actualité jusqu'en 1809. L'ouvrage de Thornton sera longuement critiqué en 1810 par David Ricardo (1772-1823), singulièrement pour ses aspects « hétérodoxes » ; il marquera profondément le débat autour du *Bullion Report* (1810) – mais ceci est une autre histoire[114].

Deux éditions du *Papier de crédit* ont été publiées du vivant de Thornton : l'édition originale et une édition américaine en 1807. John Ramsay McCulloch a republié le texte en 1857. La version publiée en 1939 par Hayek avec quelques autres textes de Thornton est conforme à l'édition originale (à quelques coquilles près). Les éditions ultérieures reproduisent l'édition de Hayek.

---

112 Lettre de Bentham à Nicholas Vansittard, Secrétaire au Trésor, datée du 20 avril 1801, *in* Ricardo (1951, vol. 3, p. 262). Son traducteur Étienne Dumont ajoute quelques années plus tard que Bentham « ne voulait se joindre aux alarmistes et augmenter l'effroi que pour se faire écouter en proposant les remèdes. Alarme était le principe – sécurité était le résultat. » (*ibidem* ; en français dans le texte). Cette source reproduit en partie la traduction par Dumont du manuscrit de Bentham, qui a été perdu. *The True Alarm* (Bentham, 1954, vol. 3) est une rétro-traduction à partir de la version française, qui devrait être incluse dans la version finale de Bentham (2019).

113 *Cf.* Halévy (1996, vol. 2, p. 143). Voir aussi Stark (1954), Sigot (1998), Sigot (2001) et Berdell et Mondschean (2020). Ces derniers comparent explicitement Bentham et Thornton.

114 *Cf.* Ricardo (1951, vol. 3 ; 1991) et les commentaires « thorntoniens » de Malthus (1811). Voir aussi Peake (1995), Skaggs (1995) et Deleplace (2017). Rassurez-vous, Thornton, Malthus et Ricardo se parlaient. On y revient plus en détail dans l'Annexe III.

Le *Papier de crédit* a été rapidement traduit en français, peut-être à l'instigation de Bentham qui l'avait recommandé en juin 1802 à son traducteur genevois Étienne Dumont[115]. La traduction a d'abord été publiée dans plusieurs livraisons de la *Bibliothèque Britannique* (décembre 1802-avril 1803), puis, en 1803, sous forme de livre (Thornton (1802-1803) et Thornton (1803a) ; il n'y a pas de différence entre ces deux versions). La *Bibliothèque Britannique* était une sorte de *Reader's Digest* d'orientation libérale pour intellectuels francophones du Continent, qui fit connaître en Europe bon nombre de scientifiques et intellectuels britanniques (Bickerton, 1986). La traduction, ou du moins la responsabilité de celle-ci, semble avoir été assurée par Charles Pictet-de Rochemont, co-éditeur de la *Bibliothèque*[116]. Beaugrand (1981, p. 8) la qualifie à juste titre de « lointaine et resserrée » : elle est plus courte que l'original d'environ un tiers. L'éditeur précisait qu'il s'agissait d'éviter « les redites inutiles et fatigantes ». Une traduction allemande paraîtra la même année[117]. Les aspects institutionnels de l'ouvrage devaient probablement intéresser le public continental ; l'éditeur genevois fait d'ailleurs allusion à la création récente (1800) de la Banque de France pour appâter le lecteur.

Quel accueil les économistes de langue française ont-ils réservé à Thornton ? Say et Sismondi, qui publient tous deux leur premier ouvrage économique important en 1803, connaissaient leur contemporain. Dès la 2e édition de son *Traité*, en 1814, Say cite un passage-clef du chapitre IV où Thornton décrit la séquence réduction excessive des émissions – faillites – ruée bancaire[118]. Il commente :

> Ce sont des conséquences forcées [exagérées], mises en avant pour soutenir un paradoxe. Quand un papier de confiance, par sa multiplication, a déprécié l'agent de la circulation, et, par suite, fait disparaître le numéraire métallique,

115 Bentham (1843, p. 389).

116 *Cf.* Pappe (1971, p. 21), qui ajoute : « Les textes étaient sélectionnés et traduits par les éditeurs eux-mêmes, avec l'aide de leurs épouses et de leurs filles, toutes fort cultivées. » C'est à tort que Hayek (1939) attribue la traduction à Dumont.

117 Le traducteur Ludwig Jakob écrit dans son introduction : « À plusieurs reprises je me suis accordé la liberté de justifier Smith contre les objections de l'auteur... » (Thornton, 1803b, p. vii).

118 P. 175. En réalité, Say déforme le texte original et la traduction de 1803, et parle d'une simple « réduction dans la masse des billets circulans », alors que cette traduction mentionne correctement une « réduction excessive ».

> c'est une folie de s'imaginer que l'agent de la circulation sera moins déprécié si on le multiplie davantage[119].

C'est là précisément la surinterprétation possible du *Papier de crédit* que Thornton critiquait en 1811.

Jean Charles Léonard Simonde de Sismondi (1773-1842), consacre un chapitre entier de ses *Nouveaux Principes d'Économie Politique* aux « crises qui changent le papier des banques en papier-monnaie », c'est-à-dire en pratique à la Suspension et à Thornton, un « écrivain ministériel[120] ». Ce chapitre est globalement critique des thèses de Thornton, mais admet cependant que dans le cas où le discrédit des entreprises commerciales provoque un drainage interne, et en l'absence de « doute sur la solidité du gouvernement ou de la banque », une émission nouvelle, « si elle ne fait que remplacer tout juste les billets et les espèces retirés de la circulation, ne contribuera point à décréditer le papier, et pourra sauver les commerçans d'une crise fâcheuse[121] ». Mais contrairement à Thornton, il semble penser que lors d'une crise typique, on doutera de la solidité du gouvernement ou de la Banque.

À la suite de Say, les économistes libéraux français tiendront Thornton en piètre estime. En témoigne le *Dictionnaire de l'Économie Politique*, qui à propos du *Papier de crédit* cite Adolphe Blanqui : « C'est un plaidoyer spécieux en faveur du papier-monnaie ; mais il renferme sur le crédit des considérations profondes que Ricardo lui-même n'aurait pas désavouées[122]. » Ce commentaire illustre à sa façon comment Ricardo a évincé Thornton dans la mémoire des économistes, en France comme ailleurs[123].

---

119 Nous citons ici la 5e édition (Say, 1826, vol. 2, p. 145-146) ; *cf.* aussi Say (2006). Il y a de légères différences de formulation entre éditions, et les précédentes parlent d'« erreur » et non de « folie ». Thornton n'a jamais écrit que le moyen circulant serait moins déprécié si on le multipliait davantage. Charles Fox avait déclaré aux Communes en 1797 : « Dire que le papier [...] a plus de valeur en proportion de son abondance, et non de sa rareté [...], c'était des propositions si incohérentes avec un raisonnement sensé, qu'il était gêné de faire appel à des principes qui étaient aussi clairs que les propositions les plus simples des mathématiques. » *Cf. The Parliamentary History* (vol. 33, 1818, col. 340).

120 Sismondi (1819, t. 2, p. 119-137) ; *cf.* aussi Sismondi (2012-2018). Pour l'anecdote, l'éditeur genevois de la traduction du *Papier de crédit* y avait glissé une publicité ciblée (en note du chapitre VIII) pour l'ouvrage *De la richesse commerciale* de Sismondi qu'il venait de publier.

121 *Op. cit.* p. 126. Sismondi parle d'une émission de billets de l'Échiquier, comme en 1793, mais son raisonnement s'appliquerait aussi à une émission de la Banque.

122 Coquelin et Guillaumin (1864, t. 2, p. 735).

123 Un autre exemple est Wicksell, qui n'aurait découvert Thornton qu'en 1909, longtemps après ses principaux travaux monétaires ; *cf.* Gårdlund (1958, p. 275).

Beaucoup plus tard, Charles Rist (1938) et Friedrich von Hayek (1939) contribueront à mieux le faire apprécier. Le regain d'intérêt pour Thornton dans l'entre-deux-guerres doit sans doute beaucoup à l'abandon de l'étalon-or qui a poussé des conjoncturistes comme Norman Silberling à étudier des épisodes analogues dans le passé (Silberling, 1919).

REMARQUES SUR LA TRADUCTION ET LE TEXTE ANGLAIS

Nous avons globalement respecté le découpage du texte original en phrases ; corrélativement, et comme l'auteur, nous utilisons abondamment des points-virgules pour rythmer le texte.

L'auteur fait précéder les chapitres de sommaires que nous reproduisons tels quels[124]. Dans la mesure du possible, les intertitres se basent sur ces sommaires. Mais dans certains cas, les intertitres sont dus au traducteur, soit parce que le sommaire était trop succinct, soit parce qu'il se conforme imparfaitement à la structure du texte. La table des matières utilise ces intertitres éventuellement modifiés. *Caveat lector !* Les notes de l'auteur sont indiquées par des caractères alphabétiques, et se trouvent en fin de chapitre. Les notes de bas de page sont dues au traducteur. Par défaut, il en va de même des passages entre crochets dans le corps du texte et les notes de l'auteur.

Les traductions de citations faites par l'auteur sont nouvelles, sauf dans le cas des citations d'Adam Smith, où nous nous sommes librement inspirés de la traduction de Charles Pictet-de Rochemont (Thornton, 1803a), ou de celle de Germain Garnier, revue par Adolphe Blanqui (Smith, 1991 ; la première édition est contemporaine du *Papier de Crédit*)[125]. Thornton cite parfois de façon approximative ; en cas de divergence nous

124 La table des matières du texte anglais, qui figurait après l'Introduction, a été déplacée en fin de volume.

125 Certaines formulations ont été adaptées, notamment dans un souci d'harmonisation avec le reste du texte : c'est ainsi que nous parlons de « monnaie de papier » plutôt que de « papier-monnaie ». Outre les références de l'édition critique de Smith (Smith, 1976), nous mentionnerons celles de la traduction « Garnier-Blanqui » (Smith, 1991) et de l'excellente traduction par Philippe Jaudel, Jean-Michel Servet *et al.* (Smith, 2000-2005).

suivons Thornton, en mentionnant entre crochets ou en note les écarts par rapport à la version originale du texte cité.

La version anglaise du texte est conforme à l'édition originale de 1802. Elle mentionne cependant la pagination de l'édition de 1939 par Friedrich von Hayek, qui est de loin la plus utilisée dans la littérature secondaire. Quelques coquilles de l'édition de 1939 sont mentionnées en note du texte anglais.

La traduction doit beaucoup à la relecture critique du texte par M. Claude Orsini. Qu'il en soit chaleureusement remercié ! Merci enfin à Marianne, Simon et Adrien pour leur soutien critique.

CHRONOLOGIE

Les événements se rapportant directement à Henry Thornton sont indiqués en italiques.

1760 *Naissance de Henry Thornton à Clapham.*
1772 Naissance de David Ricardo.
1776 Adam Smith publie *La Richesse des Nations* ; décès de David Hume.
1780 *Employé dans le négoce de son père.*
1782 *Élu député (M.P.) de Southwark, ce qu'il restera jusqu'à sa mort.*
William Pitt (le Jeune) Chancelier de l'Échiquier, et à partir de 1783, Premier ministre.
1783 Fin de la guerre d'Indépendance des États-Unis.
1784 *Entre dans la banque londonienne Down and Free, dont il deviendra associé.*
1790 Décès d'Adam Smith.
1792 *S'installe à Clapham.*
1793 21 janvier : exécution de Louis XVI.
1er février : la France déclare la guerre à l'Angleterre.
9 mai : prêt de billets de l'Échiquier pour résoudre la crise financière.
1794 Importantes avances de la Banque d'Angleterre au Gouvernement.
1795 Premier « Prêt impérial » à l'Autriche, négocié par Walter Boyd.
1796 *Mariage avec Marianne Sykes.*
1797 Janvier-février : forte baisse de l'encaisse-or de la Banque d'Angleterre.
26 février : Suspension des paiements en espèces de la Banque d'Angleterre.
1799 Samuel Thornton devient gouverneur de la Banque d'Angleterre (jusqu'en 1801).
9 novembre : coup d'État du 18 brumaire.

1800 Création de la Banque de France.
Disette, forte hausse des prix et dépréciation de la livre.

1801 Janvier : Walter Boyd publie sa *Lettre à Pitt.*
Février : publications des *Observations* de Baring ; 2e édition de la *Lettre à Pitt.*
Mars : Addington remplace Pitt (jusqu'en 1804).

1802 *Mars : Publication du « Papier de crédit ».*
25 mars : Paix d'Amiens.

1803 12 mai : rupture de la Paix d'Amiens.
Traductions française et allemande du « Papier de crédit ».
Say et Sismondi publient leurs premiers ouvrages économiques.

1807 *Publication à Philadelphie d'une édition américaine du « Papier de crédit ».*
Vote de la loi abolissant la traite des esclaves.

1810 Ricardo publie *Le cours élevé du lingot, preuve de la dépréciation des billets de banque.*
Corédacteur du « Bullion Report » avec Horner et Huskisson.

1811 Le Parlement rejette les conclusions du Bullion Report.
Thornton publie deux « Discours sur le Bullion Report » (prononcés aux Communes).

1815 *16 janvier : meurt de tuberculose.*
18 juin : bataille de Waterloo.

1821 Rétablissement des paiements en espèces de la Banque d'Angleterre.

AN ENQUIRY INTO THE NATURE AND EFFECTS OF THE PAPER CREDIT OF GREAT BRITAIN

by Henry Thornton, Esq., M.P.

RECHERCHE SUR LA NATURE ET LES EFFETS DU PAPIER DE CRÉDIT DE GRANDE-BRETAGNE

par Henry Thornton

[67]

INTRODUCTION

The first intention of the Writer of the following pages was merely to expose some popular errors which related chiefly to the suspension of the cash payments of the Bank of England, and to the influence of our paper currency on the price of provisions. But in pursuing his purpose, many questions occurred which it seemed important to discuss, partly on account of their having some bearing on the topics under consideration, and partly because they appeared to be of general importance, and had either been left unexplained, or had been inaccurately stated by those English writers who have treated of paper credit. This work has, therefore, assumed, in some degree, the character of a general treatise.

The first Chapter contains a few preliminary observations on commercial credit. The object of the two following Chapters is distinctly to describe the several kinds of paper credit; to lay down some general principles respecting it; and, in particular, to point out the important consequences which result from the different degrees of rapidity in the circulation of different kinds of circulating medium, and also in the circulation of the same medium at different periods of time.

The nature of the institution of the Bank of England is then explained; the necessity of maintaining the accustomed, or nearly the accustomed, quantity of its notes, however great may be the fluctuations of its cash, is insisted on; and the suspension of its cash payments is shewn to have resulted neither from a deficiency in its resources, nor from a too great extension of its loans to government, nor from rashness or improvidence in its directors, but from circumstances which they had little power of controuling: this event being one to which a national establishment, like the [68] Bank of England, is, in some situations of the country, unavoidably subject.

INTRODUCTION

L'intention première de l'auteur des pages qui suivent était simplement d'exposer quelques erreurs populaires qui se rapportent principalement à la suspension des paiements en espèces de la Banque d'Angleterre[1], et à l'influence de notre monnaie de papier sur le prix des denrées. Mais en poursuivant son but, beaucoup de questions se sont posées qu'il a semblé important de discuter, en partie parce qu'elles portaient sur les sujets étudiés, et en partie parce qu'elles apparaissaient comme étant d'intérêt général, et avaient été laissées inexpliquées, ou énoncées de manière inexacte par les auteurs anglais qui ont traité du papier de crédit. Ce travail a donc pris, à un certain degré, le caractère d'un traité général.

Le premier chapitre contient quelques observations préliminaires sur le crédit commercial. L'objet des deux chapitres suivants est de décrire clairement les diverses espèces de papier de crédit ; d'établir quelques principes généraux qui y ont trait ; et en particulier, d'indiquer les conséquences importantes qui résultent des différentes vitesses de circulation de différentes espèces de moyen circulant, et aussi du même moyen à différentes périodes.

La nature de l'institution de la Banque d'Angleterre est ensuite expliquée ; on souligne la nécessité de maintenir la quantité habituelle, ou presque habituelle, de ses billets, aussi grandes que puissent être les fluctuations de la quantité d'espèces qu'elle détient ; et on montre que la suspension de ses paiements en espèces n'a résulté ni d'une insuffisance de ses ressources, ni d'une extension trop grande de ses prêts au Gouvernement, ni de l'imprudence ou de l'imprévoyance de ses administrateurs, mais de circonstances qu'elle n'avait guère le pouvoir de contrôler. Il s'agissait en effet d'un événement auquel, dans certaines situations du pays, un établissement national comme la Banque d'Angleterre est inévitablement exposé.

1 La suspension des remboursements en numéraire, c'est-à-dire en pièces d'or, des billets émis par la Banque avait été décrétée en février 1797.

The manner in which an unfavourable balance of trade affects the course of exchange, and in which an unfavourable exchange creates an excess of the market price above the mint price of gold, and a profit on the exportation of our coin, are the subjects of a succeeding Chapter.

The circumstances, also, which have led to the multiplication of our country banks, and the several advantages and disadvantages of those institutions, are fully stated.

The earlier parts of the work having tended to shew the evil of a too great and sudden diminution of our circulating medium, some of the latter Chapters are employed in pointing out the consequences of a too great augmentation of it. The limitation of the amount of the notes of the Bank of England is shewn to be the means of restricting the quantity of the circulating paper of the kingdom, of preventing a rise in the price of commodities in Great Britain, and of thus extending our exports and restraining our imports, and rendering the exchange more favourable. Some objections to the limitation of the Bank of England paper are likewise stated and answered.

The last Chapter treats of the influence of paper credit on the price of all the articles of life: a subject, the difficulties of which are in some degree removed by the antecedent discussions.

In the course of this enquiry, several passages in the work of Dr. A. Smith on the Wealth of Nations are animadverted on, as are also some observations made by Mr. Hume in his Essays on Money and on the Balance of Trade, and by Sir James Stewart in his book on Political Œconomy, as well as some remarks in the writings of Locke and Montesquieu.

La manière dont une balance commerciale défavorable affecte le cours du change, et celle dont un change défavorable crée un excédent du prix de marché de l'or sur son prix à la Monnaie, et un profit sur l'exportation de nos pièces de monnaie[2], font l'objet d'un chapitre ultérieur.

Les circonstances qui ont conduit à la multiplication de nos banques de province, et les divers avantages et inconvénients de ces institutions, sont aussi entièrement précisés.

Alors que les parties précédentes du travail ont tendu à montrer le tort que cause une diminution trop grande et soudaine de notre moyen circulant, certains des chapitres suivants sont consacrés à indiquer les conséquences d'une augmentation trop grande de celui-ci. On montre que la limitation de la quantité des billets de la Banque d'Angleterre constitue le moyen de restreindre la quantité du papier circulant du Royaume, d'empêcher une hausse du prix des marchandises en Grande-Bretagne, et d'augmenter de ce fait nos exportations et de restreindre nos importations, et de rendre le change plus favorable. De même, on formulera quelques objections à la limitation du papier de la Banque d'Angleterre, et on y répondra.

Le dernier chapitre traite de l'influence du papier de crédit sur le prix de tous les articles de la vie : un sujet dont les difficultés ont jusqu'à un certain point été retirées par les discussions précédentes.

Au cours de cette recherche, plusieurs passages de l'ouvrage d'Adam Smith sur la *Richesse des Nations*[3] seront critiqués, de même que quelques observations faites par M. Hume dans ses essais *Sur la Monnaie* et *Sur la Balance commerciale*[4], et par Sir James Stewart dans son livre sur l'*Économie Politique*[5], et que quelques remarques dans les écrits de Locke[6] et de Montesquieu[7].

---

2 Par la suite, on parlera simplement de « pièces ».

3 Adam Smith (1723-1790), philosophe et économiste écossais (Thornton parle en général du « Dr. A. Smith »). Nous nous référerons à la « *Glasgow edition* » (Smith, 1976) d'*An Inquiry into the Nature and Causes of the Wealth of Nations* (1re édition en 1776), ainsi qu'à Smith (1991) et Smith (2000-2005). Thornton utilisait la 4e édition de 1786.

4 David Hume (1711-1776), philosophe et historien écossais. Les essais mentionnés ont été initialement publiés en 1752 dans les *Political Discourses*. Thornton utilisait les *Essays, Moral, Political and Literary*, dont diverses éditions ont été publiées à partir de 1753. Nous nous référerons à Hume (1987). On peut aussi consulter Hume (1955) et Hume (2001).

5 Sir James Stewart (ou Steuart) (1707-1780) est un économiste écossais, auteur d'*An Inquiry into the Principles of Political Œconomy* (1767), traduit dans Steuart (1789-1790). Il en existe une édition critique : Steuart (1966).

6 John Locke (1632-1704) est un philosophe anglais.

7 Charles-Louis de Montesquieu (1689-1755) est un penseur politique français.

The mode in which the subjects of coin, of paper credit, of the balance of trade, and of exchanges (subjects intimately connected with each other), have been treated by those writers, was suggested by the circumstances of more early times: and we ought not to be surprised, if, in treatises necessarily in some degree theoretical, or [69] written for the purpose of establishing a particular truth, certain incidental observations should not be just, nor even if some main principles should have been laid down in terms not sufficiently guarded.

A person who presumes to differ from the authorities which have been mentioned, and who proposes to correct the public opinion on the important subject of our paper credit, ought, undoubtedly, to be very cautious lest he should propagate new errors while he is endeavouring to remove the old. A sense of the duty of mature consideration has caused some delay in the publication of the following work. That its leading doctrines are just, the writer feels a confident persuasion. That it may have imperfections, and some, perhaps, which greater care on his part might have corrected, he cannot doubt. But he trusts, that a man who is much occupied on the practical business of life, will be excused by the public, if he should present to them a treatise less elaborate, and, in many respects, more incomplete, than those on which he has found it necessary to remark Future enquirers may possibly pursue, with advantage, some particular topics on which he has felt a certain degree of distrust.

It may not be irrelevant or improper to observe, that the present work has been written by a person whose situation in life has supplied information on several of the topics under discussion, and that much use has been made of those means of correcting the errors of former writers which recent events have afforded.

La façon dont ces auteurs ont traité les sujets des pièces, du papier de crédit, de la balance commerciale, et des changes (des sujets intimement liés les uns aux autres), a été suggérée par les circonstances de temps plus anciens : et nous ne devons pas nous étonner si, dans des traités qui sont nécessairement à un certain degré théoriques, ou écrits dans le but d'établir une vérité particulière, certaines observations incidentes ne sont pas justes, ni même si quelques grands principes ont été posés en des termes insuffisamment prudents.

Une personne qui prend la liberté de différer des autorités qui ont été mentionnées, et qui propose de corriger l'opinion publique sur le sujet important de notre papier de crédit, doit assurément être très attentive à ne pas propager de nouvelles erreurs tandis qu'elle s'efforce d'éliminer les anciennes. Un sens du devoir d'une mûre considération a entraîné un certain retard dans la publication du présent ouvrage. Que ses principales doctrines soient justes, l'auteur en est intimement persuadé. Qu'il puisse avoir des imperfections, dont certaines, sans doute, qu'un plus grand soin de sa part pourrait avoir corrigées, il n'en doute pas. Mais il a bon espoir qu'un homme qui est beaucoup occupé par les affaires pratiques de la vie sera excusé par le public, s'il lui présente un traité moins élaboré, et, à bien des égards, plus inachevé, que ceux sur lesquels il a trouvé nécessaire de faire des remarques. Des chercheurs futurs pourront peut-être avantageusement approfondir quelques sujets particuliers sur lesquels il a ressenti un certain manque de confiance.

Il n'est sans doute pas dénué de pertinence, ni inapproprié, d'observer que le présent ouvrage a été écrit par une personne dont la situation dans la vie lui a donné accès à des informations sur plusieurs des sujets discutés, et qu'il a beaucoup été fait usage des moyens offerts par les événements récents de corriger les erreurs des auteurs précédents.

[75]

CHAP. I

Of Commercial Credit.—Of Paper Credit, as arising out of it.—Of Commercial Capital.

Commercial credit may be defined to be that confidence which subsists among commercial men in respect to their mercantile affairs. This confidence operates in several ways. It disposes them to lend money to each other, to bring themselves under various pecuniary engagements by the acceptance and indorsement of bills, and also to sell and deliver goods in consideration of an equivalent promised to be given at a subsequent period. Even in that early and rude state of society, in which neither bills nor money are as yet known, it may be assumed, that if there be commerce, a certain degree of commercial credit will also subsist. In the interchange, for example, of commodities between the farmer and the manufacturer, the manufacturer, probably, will sometimes deliver goods to the farmer on the credit of the growing crop, in confidence that the farmer will come into possession of the fruits of his labour, and will be either compelled by the law of the land, or induced by a sense of justice, to fulfil his part of the contract when the harvest shall be over. In a variety of other cases it must happen, even in the infancy of society, that one man will deliver property to his neighbour without receiving, on the spot, the equivalent which is agreed to be given in return. It will occasionally be the interest of the one party thus to wait the other's convenience: for he that reposes the confidence will receive [76] in the price an adequate compensation for the disadvantages incurred by the risk and the delay.

CHAPITRE I

Du crédit commercial. – Du papier de crédit, en ce qu'il provient du crédit commercial. – Du capital commercial.

DU CRÉDIT COMMERCIAL

Le crédit commercial peut être défini comme la confiance qui existe entre les hommes d'affaires quant à leurs affaires commerciales. Cette confiance agit de différentes façons. Elle les dispose à se prêter de l'argent les uns aux autres, à prendre divers engagements pécuniaires en acceptant et endossant des lettres de change[1], et aussi à vendre et livrer des biens contre la promesse d'un équivalent à recevoir dans une période ultérieure. Même dans l'état primitif et grossier de la société, où ni les lettres de change ni le numéraire ne sont encore connus, on peut supposer que s'il y a du commerce, il existera aussi un certain degré de crédit commercial. Par exemple, dans l'échange de marchandises entre le cultivateur et le fabricant, il arrivera sans doute que le fabricant livre des biens au cultivateur sur le crédit de la récolte à venir, confiant que l'agriculteur entrera en possession des fruits de son travail, et sera forcé par la loi du pays, ou incité par un sens de la justice, à remplir sa partie du contrat quand la récolte aura eu lieu. Dans beaucoup d'autres cas, il doit arriver, même dans l'enfance de la société, qu'un homme fournisse des avoirs à son voisin sans recevoir, sur le champ, l'équivalent convenu en échange. Ce sera à l'occasion dans l'intérêt d'une des parties d'attendre ainsi le moment convenant à l'autre : car celui qui accorde sa confiance recevra dans le prix une compensation adéquate pour les inconvénients provoqués par le risque et le retard subis.

1 La terminologie des lettres de change (ou traites) est présentée dans l'Annexe II.

In a society in which law and the sense of moral duty are weak, and property is consequently insecure, there will, of course, be little confidence or credit, and there will also be little commerce.

This commercial credit is the foundation of *paper credit;* paper serving to express that confidence which is in the mind, and to reduce to writing those engagements to pay, which might otherwise be merely verbal. It will hereafter be explained in what manner, and to how very great a degree, paper credit also spares the use of the expensive article of gold; and how the multiplication of paper securities serves to enlarge, confirm, and diffuse that confidence among traders, which, in some measure, existed independently of paper, and would, to a certain degree, remain, though paper should be abolished.

If there may be a convenience in giving credit in the infancy of society, when the interchange of commodities is small, there may be, at least, the same convenience when goods begin to be multiplied, when wealth is more variously distributed, and society is advanced.

The day on which it suits the British merchant to purchase and send away a large quantity of goods, may not be that on which he finds it convenient to pay for them. If it is made necessary for him to give ready money in return, he must always have in his hands a very large stock of money; and for the expence of keeping this fund (an expence consisting chiefly in the loss of interest) he must be repaid in the price of the commodities in which he deals. He avoids this charge, and also obtains time for preparing and adjusting his pecuniary concerns, by buying on credit; that is to say, by paying for his goods not by money, but by the delivery of a note in which he promises the money on a future day.

Dans une société où le droit et le sens du devoir moral sont faibles, et où par conséquent la propriété est peu sûre, il y aura naturellement peu de confiance et de crédit, et il y aura aussi peu de commerce.

DU PAPIER DE CRÉDIT, EN CE QU'IL PROVIENT DU CRÉDIT COMMERCIAL

Ce crédit commercial est le fondement du *papier de crédit* ; du papier permettant d'exprimer la confiance qui est dans l'esprit, et de fixer par écrit les engagements à payer qui, sans cela, seraient simplement verbaux. On expliquera ci-après de quelle manière, et à quel degré important, le papier de crédit épargne aussi l'usage de l'article coûteux qu'est l'or ; et comment la multiplication des titres de papier permet d'étendre, de confirmer, et de diffuser la confiance entre commerçants, qui, dans une certaine mesure, existait indépendamment du papier, et, à un certain degré, subsisterait même si le papier devait être aboli.

S'il peut être commode d'accorder du crédit dans l'enfance de la société, quand les échanges de marchandises sont modestes, il devrait y avoir au moins la même commodité à le faire quand les marchandises commencent à être multipliées, quand la richesse est plus diversement répartie, et que la société est avancée.

Le jour où il convient au négociant britannique d'acheter et d'expédier une grande quantité de biens, peut ne pas être celui où il trouve expédient de les payer. S'il est contraint de payer en argent comptant[2], il faut qu'il ait toujours un très grand stock de numéraire entre les mains ; et pour les frais de conservation de ce fonds (des frais consistant principalement en une perte d'intérêts), il doit être remboursé sur le prix des marchandises dont il fait commerce. Il évite cette charge, et obtient aussi le temps de préparer et d'ajuster ses affaires pécuniaires, en achetant à crédit ; c'est-à-dire, en payant les biens, non pas en numéraire, mais en remettant un billet où il promet le numéraire pour un jour futur.

2 L'« argent comptant » est ici le numéraire ; mais ce terme désignera en général le numéraire et les billets de banque.

He is thus set more at liberty in his speculations: his judgement as to the propriety of buying or not buying, or of selling or not selling, and also as to the time of doing either, may be more freely exercised.

The general principle, according to which the length of the [77] customary credit in different trades has adjusted itself, seems clearly to have been that of mutual advantage and convenience. For example, if we suppose the merchant importers of any particular article for home consumption to be generally rich, and the retailers of it to be poor—that is, to have a capital insufficient to enable them to keep the assortment and stock of goods necessary in their retail commerce—the credit customarily given by the importers, and taken by the retail traders, will naturally be long. In other words, it will be the custom of the importers to lend part of their capital to the retail dealers, in consideration of an advantage in the price proportionate to the benefit conferred by the loan. Sometimes two or more customs prevail, as to the period of credit, in the same trade; and to each custom there are individual exceptions. The deviations from the rule obviously arise out of that principle of mutual advantage and convenience on which the rule itself has been founded.

The option of buying and of selling on longer or shorter credit, as it multiplies the number of persons able to buy and to sell, promotes free competition, and thus contributes to lower the price of articles. A variety of degrees in the length of credit which is afforded, tends more especially to give to some of the poorer traders a greater power of purchasing, and cherishes that particular sort of competition most adapted to lower prices, namely, the competition of dealers likely to be contented with a very moderate rate of gain. Opulent merchants sometimes complain of the intrusion of dealers who possess a small capital and take long credit, for this very reason, that such dealers reduce the profits of trade.

But the custom of taking and giving long credit has its inconveniences as well as its advantages. It encreases the amount of the bad debts incurred in the course of commercial transactions. The apprehension of loss, is, therefore, continually operating on the mind of the lender as a restraint on the custom of giving credit, while the compensation he receives for the use of the capital which he supplies, acts as an encouragement to the practice.

Il dispose ainsi de plus de liberté dans ses spéculations : il peut exercer plus librement son jugement quant à l'opportunité d'acheter ou de ne pas acheter, de vendre ou de ne pas vendre, et aussi quant au moment de faire l'un ou l'autre.

Le principe général, d'après lequel s'est ajustée la durée coutumière du crédit dans les différents commerces, semble clairement avoir été celui de l'avantage mutuel et de la commodité. Par exemple, si nous supposons que les négociants importateurs d'un article destiné à la consommation intérieure sont, en général, riches ; et que les détaillants sont pauvres, – c'est-à-dire que leur capital ne suffit pas à maintenir l'assortiment et le stock de biens nécessaires à leur commerce de détail –, le crédit habituellement accordé par les importateurs et pris par les détaillants, sera naturellement de longue durée. Autrement dit, il sera d'usage que les importateurs prêtent une partie de leur capital aux détaillants, moyennant une hausse du prix des marchandises en proportion de l'avantage conféré par le prêt. Parfois, deux usages ou plus ont cours dans le même commerce quant à la durée du crédit ; et à chaque usage il y a des exceptions individuelles. Les déviations de la règle proviennent évidemment de ce principe d'avantage mutuel et de commodité, sur lequel la règle elle-même a été fondée.

L'option d'acheter et de vendre avec un crédit plus long ou plus court, comme elle multiplie le nombre de personnes en mesure d'acheter et de vendre, favorise la libre concurrence, et contribue ainsi à abaisser le prix des articles. Une variété de degrés dans la durée du crédit accordé, tend plus spécialement à donner à certains des commerçants plus pauvres un plus grand pouvoir d'achat, et favorise la sorte particulière de concurrence la plus propice à des prix plus bas, à savoir la concurrence de revendeurs susceptibles de se contenter d'un gain d'un taux très modéré. Les négociants opulents se plaignent parfois de l'intrusion de revendeurs qui possèdent un petit capital et prennent des crédits longs, pour la raison même que de tels revendeurs réduisent les profits du commerce.

Mais la coutume de recevoir et d'accorder des crédits longs a ses inconvénients comme ses avantages. Elle augmente le montant des créances irrécouvrables contractées dans le cours des transactions commerciales. La crainte d'une perte agit donc continuellement sur l'esprit du prêteur comme un frein à la coutume d'accorder du crédit, alors que la compensation qu'il reçoit pour l'usage du capital qu'il fournit agit comme un encouragement à cette pratique.

The subsisting state of credit may, in general, be considered as resulting [78] out of a comparison made both by lenders and borrowers of the advantages and disadvantages which each discover that they derive from giving and taking credit.

Mercantile confidence, however, is not always dealt out in that proportion in which there is reasonable ground for it. At some periods it has risen to a most unwarrantable height, and has given occasion to the most extravagant and hurtful speculations. Of these the cases of the Ayr bank, and of the South Sea scheme, are instances. Evils of this kind, however, have a tendency to correct themselves. In a country possessed of commercial knowledge and experience, confidence, in most instances, will not be misplaced.

Some persons are of opinion, that, when the custom of buying on credit is pushed very far, and a great quantity of individual dealings is in consequence carried on by persons having comparatively little property, the national commerce is to be considered as unsupported by a proper capital; and that a nation, under such circumstances, whatever may be its ostensible riches, exhibits the delusive appearance of wealth.

It must, however, be remembered, that the practice of buying on credit, in the internal commerce of the country, supposes the habit of selling on credit also to subsist; and to prevail, on the whole, in an exactly equal degree. In respect to the foreign trade of a country, the practice of dealing on credit indicates poverty or riches, in proportion as the credit generally taken is longer or shorter than the credit given. The custom which tradesmen have of selling to the consumers on credit, is also an indication of wealth in the commercial world: the traders must possess a surplus of wealth, either their own or borrowed, which bears an exact proportion to the amount of debts due to them by the consumers.

On peut en général considérer l'état du crédit existant comme le résultat d'une comparaison, faite à la fois par les prêteurs et les emprunteurs, des avantages et des inconvénients dont chacun d'eux découvre qu'ils découlent du fait d'accorder ou de recevoir un crédit.

Cependant la confiance commerciale n'est pas toujours accordée dans la mesure où il y a pour elle un fondement raisonnable. Elle s'est élevée dans certaines périodes à une hauteur injustifiable, et a donné lieu aux spéculations les plus extravagantes et dommageables. Les cas de la banque d'Ayr et de la bulle des Mers du Sud en sont des exemples[3]. Les maux de cette sorte ont cependant tendance à se corriger. Dans un pays doté de connaissance et d'expérience commerciales, la confiance, dans la plupart des cas, ne sera pas déplacée.

Quelques personnes sont de l'opinion, que quand l'usage d'acheter à crédit est poussé très loin, et que par conséquent une grande quantité de transactions individuelles sont effectuées par des personnes ayant comparativement peu d'avoirs, il faut considérer que le commerce national ne s'appuie pas sur un capital approprié ; et qu'une nation, dans de telles circonstances, quelle que soit sa richesse ostensible, affiche l'apparence illusoire de la richesse.

Rappelons-nous, cependant, que la pratique des achats à crédit dans le commerce intérieur du pays suppose qu'existe aussi l'habitude de vendre à crédit ; et suppose que cette dernière soit répandue, dans l'ensemble, à un degré exactement égal. Pour ce qui est du commerce étranger d'un pays, la pratique du commerce à crédit indique la pauvreté ou la richesse, selon que le crédit reçu est en général plus long ou plus court que le crédit accordé. La coutume qu'ont les commerçants de vendre à crédit aux consommateurs est aussi une indication de richesse dans le monde commercial. En effet, les commerçants doivent posséder un surplus de richesse, que ce soit la leur propre ou une richesse empruntée, qui soit en proportion exacte du montant des dettes qui leur sont dues par les consommateurs.

3 La banque d'Ayr (en Écosse) connut une faillite spectaculaire en 1772. Adam Smith l'évoque longuement dans la *Richesse des Nations* ; *cf.* Smith (1976, II.ii.73 *sq.* ; 1991, t. 1, p. 398 *sq.* ; 2000, p. 322 *sq.*). La Compagnie de la mer du Sud, compagnie anglaise spécialisée dans la guerre de course, fit faillite en 1720.

Thus that practice of trading on credit which prevails among us, so far as it subsists between trader and trader, is an indication neither of wealth nor of poverty in the mercantile body; so far as it respects our transactions with foreign countries, is an indication of extraordinary wealth belonging to the merchants of Great Britain; and so far as it respects the trade between the retailer and [79] the consumer, implies a deficiency of wealth in the consumers, and a proportionate surplus of it among commercial men. The existing customs imply, that, on the whole, there is among our traders a great abundance of wealth.

It may conduce to the prevention of error, in the subsequent discussions, to define, in this place, what is meant by commercial capital. This consists, first, in the goods (part of them in the course of manufacture) which are in the hands of our manufacturers and dealers, and are in their way to consumption. The amount of these is necessarily larger or smaller in proportion as the general expenditure is more or less considerable, and in proportion, also, as commodities pass more or less quickly into the hands of the consumer. It further consists in the ships, buildings, machinery, and other dead stock maintained for the purpose of carrying on our manufactures and commerce, under which head may be included the gold found necessary for the purposes of commerce, but at all times forming a very small item in this great account. It comprehends also the debts due to our traders for goods sold and delivered by them on credit; debts finally to be discharged by articles of value given in return.

La pratique du commerce à crédit qui est répandue parmi nous, pour autant qu'elle existe entre commerçant et commerçant, n'indique ainsi ni la richesse ni la pauvreté dans la corporation des marchands ; pour autant qu'elle se rapporte à nos transactions avec les pays étrangers, c'est une indication de la richesse extraordinaire des négociants de Grande-Bretagne ; et pour autant qu'elle se rapporte au commerce entre détaillant et consommateur, elle implique une insuffisance de la richesse des consommateurs, et un surplus proportionnel de richesse parmi les hommes d'affaires. Les coutumes existantes impliquent que, dans l'ensemble, il y a chez nos commerçants une grande abondance de richesse.

DU CAPITAL COMMERCIAL

Définir ici ce qu'on entend par capital commercial peut conduire à prévenir des erreurs dans les discussions qui suivront. Ce capital consiste tout d'abord en biens (dont une partie en cours de fabrication) qui sont entre les mains de nos fabricants et revendeurs, et sont en voie d'être consommés. Le montant de ces biens sera nécessairement plus grand ou plus petit suivant que la dépense totale est plus ou moins considérable, et aussi suivant que les produits aboutissent plus ou moins vite entre les mains du consommateur. Le capital commercial consiste encore en navires, bâtiments, machines, et autres fonds morts[4] conservés afin de poursuivre nos manufactures et notre commerce, rubrique sous laquelle on peut aussi inclure l'or qu'on trouve nécessaire aux fins du commerce, mais qui constitue à tout moment un poste très petit dans ce grand compte. Il comprend aussi les dettes dues à nos commerçants pour des biens vendus et livrés par eux à crédit ; des dettes à acquitter finalement par des articles de valeur[5] donnés en échange.

4 Il s'agit de capital fixe. Nous utilisons ici « fonds » pour « *stock* » ; Adam Smith faisait une distinction entre « *capital* » et « *stock* », qui ne semble pas jouer de rôle chez Thornton.

5 La notion d'« article » est très large, et peut recouvrir des biens, des titres ou des moyens circulants.

Commercial capital, let it then be understood, consists not in paper, and is not augmented by the multiplication of this medium of payment. In one sense, indeed, it may be encreased by paper. I mean, that the nominal value of the existing goods may be enlarged through a reduction which is caused by paper in the value of that standard by which all property is estimated. The paper itself forms no part of the estimate.

This mode of computing the amount of the national capital engaged in commerce, is substantially the same with that in which each commercial man estimates the value of his own property. Paper constitutes, it is true, an article on the credit side of the books of some men; but it forms an exactly equal item on the debit side of the books of others. It constitutes, therefore, on the whole, neither a debit nor a credit. The banker who issues twenty thousand pounds in notes, and lends in consequence twenty thousand [80] pounds to the merchants on the security of bills accepted by them, states himself in his books to be debtor to the various holders of his notes to the extent of the sum in question; and states himself to be the creditor of the accepters of the bills in his possession to the same amount. His valuation, therefore, of his own property, is the same as if neither the bills nor the bank notes had any existence. Again; the merchants, in making their estimate of property, deduct the bills payable by themselves which are in the drawer of the banker, and add to their estimate the notes of the banker which are in their own drawer; so that the valuation, likewise, of the capital of the merchants is the same as if the paper had no existence. The use of paper does not, therefore, introduce any principle of delusion into that estimate of property which is made by individuals. The case of gold, on the other hand, differs from that of paper inasmuch as the possessor of gold takes credit for that for which no man debits himself.

Le capital commercial, comprenons-le donc bien, ne consiste pas en papier, et n'est pas augmenté par la multiplication de ce moyen de paiement. En un sens, il est vrai, il peut être augmenté par le papier. Je veux dire que la valeur nominale des biens existants peut être gonflée par une réduction, causée par le papier, de la valeur de l'étalon à l'aide duquel tout avoir est estimé[6]. Mais le papier lui-même ne fait pas partie de l'estimation de ce capital.

Ce mode de calcul du montant du capital national engagé dans le commerce, est le même en substance que celui par lequel chaque homme d'affaires estime la valeur de ses propres avoirs. Il est vrai que le papier constitue un poste à l'actif des livres de certaines personnes ; mais il forme un poste exactement égal au passif des livres d'autres. Il ne constitue donc, dans l'ensemble, ni un actif ni un passif. Le banquier qui émet vingt mille livres en billets, et prête en conséquence vingt mille livres aux négociants sur la sûreté de lettres de change qu'ils acceptent, se déclare dans ses livres débiteur des divers porteurs de ses billets à concurrence de la somme en question ; et il se déclare créancier des accepteurs des lettres de change en sa possession pour le même montant[7]. Son évaluation de ses propres avoirs est donc la même que si ni les lettres de change ni les billets n'avaient aucune existence. Encore une fois : quand les négociants estiment leurs avoirs, ils déduisent les lettres de change payables par eux qui sont dans les tiroirs du banquier, et ajoutent à leur estimation les billets du banquier qui sont dans leurs propres tiroirs ; de sorte que, de la même façon, l'évaluation du capital des négociants est la même que si le papier n'avait aucune existence. L'utilisation de papier n'introduit donc aucun principe d'illusion dans l'estimation des avoirs par les individus. Par ailleurs, le cas de l'or est différent de celui du papier dans la mesure où le propriétaire de l'or le voit comme un actif alors qu'il ne figure au passif de personne.

6 C'est-à-dire le numéraire ; Thornton considère une situation où le papier est interchangeable avec des pièces d'or au « prix de l'or à la Monnaie », mais où les pièces se déprécient par rapport aux lingots ; *cf.* chap. IV, p. 151 *sq.*

7 Voir l'Annexe II sur les lettres de change. Notez que l'égalité entre dettes et créances dont parle Thornton est respectée au moment de l'émission de billets à la suite de l'escompte de traites, mais pas nécessairement par après. Les billets ne sont pas prêtés à proprement parler ; *cf.* p. 213, n. g.

The several commercial capitals of traders, as estimated in their books, would, unquestionably, be found, if deducted from their other property and added together, to correspond, in amount, with a general estimate of the commercial stock of the country, calculated under the several heads already stated.

It is true, that men, in estimating their share in the public funds of the country, add to their estimate a debt due to them which no *individual* deducts from his valuation. On this head, it may be observed, that the nation is the debtor. But the commercial capital, which has been described, exists independently of capital in the public funds. The man in trade has property in trade. If he has property in the stocks, he has the property in trade in addition to it. In speaking, therefore, of the commercial capital, whether of the nation or of an individual, the idea that any part of it is composed either of the paper credit or of the stocks of the country, is to be totally excluded.

On constaterait sans aucun doute que les différents capitaux commerciaux des commerçants, tels qu'estimés dans leurs livres, si on les séparait de leurs autres avoirs et qu'on les additionnait, correspondent, quant à leur montant, à une estimation du stock commercial total du pays, calculée sous les diverses rubriques mentionnées plus haut.

Il est vrai que les gens, quand ils estiment leur part dans les fonds publics du pays, ajoutent à leur estimation une dette qu'on leur doit, et qu'aucun *individu* ne déduit de son évaluation. Sur ce point, on peut observer que la nation est le débiteur. Mais le capital commercial que nous avons décrit existe indépendamment du capital placé dans les fonds publics. L'homme engagé dans le commerce a des avoirs dans le commerce. S'il est propriétaire de rentes[8], il détient ses avoirs commerciaux en addition de ces titres. Quand on parle de capital commercial, que ce soit de la nation ou d'un individu, l'idée qu'une partie quelconque de celui-ci se compose du papier de crédit ou des rentes du pays, doit donc être totalement exclue.

8 Il s'agit de rentes sur l'État, qui sont des titres de dette publique à long terme comme des obligations perpétuelles. Voir O'Brien (1967) sur les titres de dette publique existant à l'époque.

CHAP. II

Of Trade by Barter.—Of Money—Of Bills of Exchange and Notes.—Of Bills and Notes, considered as discountable Articles.—Of fictitious Bills, or Bills of Accommodation.

Society, in its rudest state, carries on its trade by the means only of barter. When most advanced, it still conducts its commerce on the same principle; for gold and silver coin, bankers' notes, and bills of exchange, may be considered merely as instruments employed for the purpose of facilitating the barter. The object is to exchange such a quantity of one sort of goods for such a quantity of another, as may be deemed, under all circumstances, a suitable equivalent[a].

Barter being soon felt to be inconvenient, the precious metals are resorted to as a measure of value, they being, at once, portable, steady in their price, and capable of subdivisions. The state fixes a stamp upon them, in order thus to certify the quantity and fineness of each piece.

CHAPITRE II

Du commerce de troc. – Du numéraire. –
Des lettres de change et des billets à ordre. – Des lettres de change et des billets à ordre considérés comme des effets escomptables. –
Des lettres de change fictives, ou de complaisance.

DU COMMERCE DE TROC

Dans l'état le plus grossier de la société, le commerce s'effectue au moyen du seul troc. Quand la société est plus avancée, elle conduit toujours son commerce selon le même principe ; car les pièces d'or et d'argent, les billets des banquiers et les lettres de change peuvent être considérés comme de simples instruments employés afin de faciliter le troc. L'objet en est d'échanger une quantité d'une espèce de bien contre une quantité d'une autre espèce, telle que l'une soit jugée en toutes circonstances un équivalent convenable de l'autre[a].

DU NUMÉRAIRE

Comme on trouve rapidement le troc peu commode, on a recours aux métaux précieux comme une mesure de valeur, car ils sont à la fois transportables, stables quant à leur prix, et divisibles. L'État leur appose une empreinte pour certifier la quantité et la finesse de chaque pièce.

The precious metals, when uncoined (or in the state of bullion) are themselves commodities; but when converted into money they are to be considered merely as a measure of the value of other articles. They may, indeed, be converted back into commodities; [82] and it is one recommendation of their use as coin, that they are capable of this conversion.

We shall now advert to some of the simplest forms in which it may be supposed that paper credit will first exist.

To speak first of bills of exchange.

It is obvious, that, however portable gold may be in comparison of any other article which might be made a measure of value, to carry it in quantities to a great distance must prove incommodious. Let it be supposed, that there are in London ten manufacturers who sell their article to ten shopkeepers in York, by whom it is retailed; and that there are in York ten manufacturers of another commodity, who sell it to ten shopkeepers in London. There would be no occasion for the ten shopkeepers in London to send yearly to York, guineas for the payment of the York manufactures, and for the ten York shopkeepers to send yearly as many guineas to London[1]. It would only be necessary for the York manufacturers to receive from each of the shopkeepers, at their own door, the money in question (for we may assume a sufficient quantity to be usually circulating in the place): giving in return letters which should acknowledge the receipt of it;

1 Thornton (1939a) omet le passage entre « to send yearly » (1re mention) et « as many ».

Quand les métaux précieux sont non monnayés (ou à l'état de lingots), ils sont eux-mêmes des marchandises ; mais une fois convertis en numéraire ils doivent être considérés simplement comme une mesure de la valeur d'autres articles. Ils peuvent, en effet, être convertis à nouveau en marchandises ; et c'est un des attraits de leur utilisation comme pièces, qu'ils puissent être ainsi convertis.

DES LETTRES DE CHANGE
ET DES BILLETS À ORDRE

Nous parlerons maintenant de certaines des formes les plus simples sous lesquelles on peut imaginer que le papier de crédit fera son apparition.

Commençons par les lettres de change[1].

Il est évident qu'aussi transportable que puisse être l'or, en comparaison de tout autre article dont on pourrait faire une mesure de valeur, en transporter en grandes quantités sur une longue distance doit s'avérer malcommode. Supposons qu'il y ait à Londres dix fabricants qui vendent leur marchandise à dix marchands de York, qui la revendent au détail ; et qu'il y ait à York dix fabricants d'une autre marchandise, qui la vendent à dix marchands londoniens. Il n'y a pas lieu pour les dix marchands de Londres d'envoyer chaque année à York des guinées[2] en paiement des manufactures de York, ni pour les dix marchands de York d'envoyer chaque année autant de guinées à Londres. Il suffit que les fabricants de York reçoivent de chacun des marchands, à leur propre porte, le numéraire en question (car nous pouvons supposer qu'une quantité suffisante en circule habituellement dans la place) ; qu'ils donnent en échange des lettres qui doivent reconnaître l'avoir reçu :

1 La terminologie des lettres de change est présentée dans l'Annexe II qui prend comme point de départ le paragraphe qui suit. Nous utiliserons par la suite de façon interchangeable les termes de « lettre de change » et de « traite ».

2 La guinée était une pièce d'or frappée jusqu'en 1799, et valant 1,05 livres sterling (21 shillings d'argent). Il existait aussi des pièces d'or d'une valeur de frappe de plusieurs guinées, et de fractions de guinées. La guinée a longtemps été utilisée comme unité de compte. « Numéraire », « espèces », « pièces » et « guinées » peuvent être considérés comme des synonymes dans le présent ouvrage.

and which should also direct the money, lying ready in the hands of their debtors in London, to be paid to the London shopkeepers[2], so as to cancel the debt in London in the same manner as that at York. The expence and the risk of all transmission of money would thus be saved; and the traders in question would of course be, on the whole, enabled to sell their article at a price proportionably lower than that which they would otherwise require. Letters ordering the transfer of the debt, are termed, in the language of the present day, bills of exchange. They are bills by which the debt of one person is exchanged for the debt of another; and the debt, perhaps, which is due in one place for the debt due in another.

To speak next of *Promissory Notes.*

When goods are delivered in consideration of an equivalent in money to be received at a subsequent period, it becomes desirable that, for the sake of precisely recording the day on which payment is to be made, and the exact amount of the sum, a note, expressing [83] each of these particulars, should be given. The term "value received" is introduced into the note, as also into every bill of exchange; that expression being deemed necessary in law to make the bill or the note binding.

Bills of exchange and notes have been hitherto considered as created only for those simple purposes for which they seem originally to have been drawn, and which are professed by the form always used in drawing them. Both these sorts of paper must now be spoken of as possessing an additional character, namely, that of being *Discountable Articles*, or articles which there is an opportunity of converting, at any time, into money;

2 *Sic.*

et qui doivent aussi donner instruction que le numéraire, qui est disponible entre les mains de leurs débiteurs londoniens, soit payé aux fabricants londoniens, afin d'éteindre la dette à Londres de la même manière que celle à York[3]. Les frais et les risques de tout transport de numéraire seront épargnés ; et par conséquent, les commerçants en question seront aussi, dans l'ensemble, mis en mesure de vendre leurs articles à un prix proportionnellement plus bas que celui qu'ils demanderaient sans cela. Des lettres ordonnant le transfert de la dette sont appelées dans le langage d'aujourd'hui des lettres de change. Ce sont des lettres au moyen desquelles la dette d'un individu est échangée contre la dette d'un autre ; et quelquefois la dette due dans une ville contre la dette due dans une autre.

Passons maintenant aux *billets à ordre.*

Lorsqu'on livre des biens en vue d'un équivalent en numéraire à recevoir à une date ultérieure, il devient souhaitable qu'afin d'enregistrer précisément le jour où le paiement doit avoir lieu, et le montant exact de la somme, un billet contenant chacune de ces précisions soit donné. On y introduit aussi l'expression « valeur reçue », comme dans toute lettre de change[4] ; cette expression étant jugée nécessaire en droit pour que la lettre de change ou le billet à ordre lient les parties.

DES LETTRES DE CHANGE ET DES BILLETS À ORDRE CONSIDÉRÉS COMME DES EFFETS ESCOMPTABLES

Nous avons considéré jusqu'ici les lettres de change et les billets à ordre comme servant uniquement aux simples fins pour lesquelles ils semblent avoir été tirés à l'origine, et qui se manifestent par la formulation toujours utilisée quand on les tire. Mais il faut parler maintenant d'un caractère additionnel de ces deux sortes de papier, à savoir celui d'être des *articles escomptables*, c'est-à-dire qu'à tout moment, il y a une possibilité de les convertir en numéraire ;

3 Thornton parle erronément de « marchands » londoniens au lieu de « fabricants ». La traduction suit ici John Stuart Mill (1973, III.xi, p. 515), qui cite longuement Thornton.

4 La valeur reçue se réfère ici aux biens livrés, et dans l'exemple plus haut, au paiement des marchands de York aux fabricants de York.

such a discount or deduction from the amount of the bill or note as is equal to the interest upon it, during the period for which it has to run, being paid as the price of the conversion. The bills of exchange, which were described as drawn from York on London, and as serving to transfer debts, would equally answer that purpose at whatever date they might be payable. It is customary, however, to make almost all bills payable at a period somewhat distant. Country bankers, for instance, and shopkeepers, who often act in this respect as bankers, indemnify themselves for the trouble and expence attending the drawing of bills, not by a commission, but by a protraction of the time at which the bills are to become payable. Thus is created a paper credit, which shall remain in existence for perhaps one or more months, and may serve, during any part of that time, as a discountable article.

Promissory notes were before represented as drawn on the occasion of the sale of goods, and made payable at a distant period. In returning to the more careful consideration of them, we shall discover the existence of the same disposition to multiply paper credit.

When a merchant in this country sells his goods on credit, it is, perhaps, not very important to him that he should receive from the buyer a promissory note (or an accepted bill, which is the same thing), if the only object of taking the note or bill is the ascertainment of the exact amount of the debt, and of the period of payment. [84] It is true that the law gives superior facility to the recovery of debts for which promissory notes have been given. Nevertheless, if the sum be small, and the party in credit, all these advantages, in the present high state of confidence, would, in many cases, be thought scarcely to compensate even the trifling expence of the note stamp. The debt will be a book debt, if no note be taken; and, as such, may be sufficiently secure.

Notes, even for goods sold and delivered, are therefore to be considered as given chiefly for the sake of a convenience of another kind, which the seller finds in having them. The note, like the bill of exchange just spoken of, is a discountable article. It may be turned, if circumstances require, into money; or into bank notes, which answer the same purpose.

le prix de cette conversion est un escompte, ou déduction du montant de la lettre de change ou du billet à ordre, égal à l'intérêt sur ce montant durant le temps qu'il lui reste à courir. Les lettres de change, qu'on a décrites comme tirées de York sur Londres, et servant à transférer des dettes, rempliraient également cette fonction quelle que soit la date à laquelle elles sont payables. Il est habituel, cependant, de rendre presque toutes les lettres de change payables à une échéance quelque peu éloignée. Les banquiers de province, par exemple, et les marchands, qui agissent souvent à cet égard comme des banquiers, s'indemnisent pour les embarras et les frais associés au tirage des lettres de change, non par une commission, mais en retardant la date à laquelle les lettres deviennent payables. On crée de la sorte un papier de crédit, qui demeurera en existence pendant peut-être un mois ou plus, et qui peut servir d'article escomptable pendant n'importe quelle partie de ce temps.

Les billets à ordre ont été présentés plus haut comme tirés à l'occasion de la vente de biens, et payables à une période éloignée. En les réexaminant de façon plus attentive, nous découvrirons l'existence de la même disposition à multiplier le papier de crédit.

Quand un négociant de ce pays vend ses biens à crédit, il n'est sans doute pas très important pour lui de recevoir de l'acheteur un billet à ordre (ou une lettre de change acceptée, ce qui revient au même), si la seule raison de prendre le billet à ordre ou la lettre de change est de s'assurer du montant exact de la dette et de la date de paiement. Il est vrai que la loi accorde plus de facilités au recouvrement de créances pour lesquelles on a donné des billets à ordre. Néanmoins, si la somme est petite, et que la contrepartie a du crédit, tous ces avantages, au niveau élevé actuel de confiance, compenseraient à peine la dépense dérisoire du timbre du billet à ordre[5]. En l'absence de billet à ordre, la créance sera purement comptable ; et, en tant que telle, elle peut être suffisamment sûre.

Il faut donc considérer que, même quand ils sont donnés pour des marchandises vendues et livrées, les billets à ordre le sont principalement en vue d'un avantage d'un autre type, que le vendeur trouve à les avoir. Le billet à ordre, tout comme la lettre de change dont nous venons de parler, est un article escomptable. Il peut être transformé en numéraire si les circonstances le requièrent ; ou en billets de banque, qui remplissent la même fonction.

---

5 Un droit de timbre était perçu sur les lettres de change et les billets à ordre.

It is not, perhaps, fully intended to turn the note or bill into money; they are taken rather as a provision against a contingency. The holder is rendered secure against the effect of disappointments in the receipt of cash. It is in this manner that his credit is fortified, and that he is enabled to fulfil with punctuality his pecuniary engagements; for there is a certain sort and quantity of bills and notes, on the turning of which into money, at the common rate of discount, the holder, if he be a man of credit, may almost as confidently rely on the changing of a bank note into guineas, or of a guinea into silver.

The interest which traders have in being always possessed of a number of notes and bills, has naturally led to a great multiplication of them; and not only to the multiplication of notes given for goods sold, or of regular bills of exchange, but to the creation of numerous other notes and bills. Of these, some are termed notes and bills of accommodation: and the term fictitious is often applied to them. It may be useful to describe them particularly.

It was before shewn, that the principal motive for fabricating what must here be called the real note, that is, the note drawn in consequence of a real sale of goods, is the wish to have the means of turning it into money. The seller, therefore, who desires to have a note for goods sold, may be considered as taking occasion to ingraft on the transaction of the sale, the convenient condition of [85] receiving from the buyer a discountable note of the same amount with the value of the goods.

On n'a sans doute pas pleinement l'intention de convertir le billet à ordre ou la lettre de change en numéraire ; ils sont plutôt pris comme précaution contre un risque. Le détenteur est assuré contre l'effet de déconvenues dans la réception d'argent liquide[6]. C'est de cette façon qu'il fortifie son crédit, et qu'il est mis à même de remplir ponctuellement ses engagements pécuniaires ; car il existe une certaine sorte et quantité de lettres de change et de billets à ordre, que le détenteur, s'il est un homme de crédit, peut espérer convertir en numéraire au taux d'escompte habituel, avec presque autant de confiance qu'il peut compter changer un billet de banque en guinées, ou une guinée en pièces d'argent.

DES LETTRES DE CHANGE FICTIVES, OU DE COMPLAISANCE[7]

L'intérêt pour les commerçants d'avoir toujours en leur possession un certain nombre de billets à ordre et de traites, a naturellement conduit à leur multiplication ; et non seulement à la multiplication de billets à ordre donnés pour des biens vendus, ou de traites régulières, mais aussi à la création de beaucoup d'autres billets à ordre et traites. Certains d'entre eux sont appelés billets à ordre ou traites de complaisance ; et l'épithète de « fictif » leur est souvent appliquée. Il peut être utile de les décrire en détail.

On a montré plus haut que le motif principal d'émettre ce qu'on doit ici appeler un effet réel, c'est-à-dire, un effet tiré en conséquence d'une vente réelle de biens, est le souhait d'avoir le moyen de le convertir en numéraire. On peut donc considérer que le vendeur qui désire obtenir un effet pour des biens vendus, saisit l'occasion de greffer sur la transaction de vente, la condition commode de recevoir de l'acheteur un effet escomptable du même montant que la valeur des biens.

6 C'est-à-dire de numéraire ou de billets de banque.

7 Dans ce qui suit, Thornton parle indifféremment de traites (acceptées) et de billets à ordre (*notes*), qui sont deux variétés d'effets de commerce. Elles sont formellement distinctes, mais équivalentes en substance, comme Thornton le soulignera plus loin. Nous traduirons « *note* » par « effet » quand il semble évident que Thornton vise à la fois les traites et les billets à ordre.

A fictitious note, or note of accommodation, is a note drawn for the same purpose of being discounted, though it is not also sanctioned by the circumstance of having been drawn in consequence of an actual sale of goods. Notes of accommodation are, indeed, of various kinds. The following description of one may suffice.

A, being in want of 100*l.*, requests B to accept a note or bill drawn at two months, which B, therefore, on the face of it, is bound to pay; it is understood, however, that A will take care either to discharge the bill himself, or to furnish B with the means of paying it. A obtains ready money for the bill on the joint credit of the two parties. A fulfills his promise of paying it when due, and thus concludes the transaction. This service rendered by B to A is, however, not unlikely to be requited at a more or less distant period by a similar acceptance of a bill on A, drawn and discounted for B's convenience.

Let us now compare such a bill with a real bill. Let us consider in what points they differ, or seem to differ; and in what they agree.

They agree, inasmuch as each is a discountable article; each has also been created for the purpose of being discounted; and each is, perhaps, discounted in fact. Each, therefore, serves equally to supply means of speculation to the merchant. So far, moreover, as bills and notes constitute what is called the circulating medium, or paper currency, of the country (a topic which shall not be here anticipated), and prevent the use of guineas, the fictitious and the real bill are upon an equality; and if the price of commodities be raised in proportion to the quantity of paper currency, the one contributes to that rise exactly in the same manner as the other.

Un effet fictif, ou de complaisance, est un effet tiré dans le même but qu'il soit escompté ; bien qu'il ne soit pas aussi sanctionné par la circonstance d'avoir été tiré en conséquence d'une vente effective de biens. Il existe, à vrai dire, diverses sortes d'effets de complaisance. Qu'il suffise d'en décrire une.

A, qui a besoin de 100 £, prie *B* d'accepter un billet à ordre[8] ou une traite qu'il tire à deux mois, et que *B* est donc, à première vue, tenu de payer ; il est néanmoins entendu qu'*A* prendra soin d'acquitter l'effet lui-même, ou de fournir à *B* de quoi le payer. *A* obtient de l'argent comptant pour la traite sur le crédit conjoint des deux parties[9]. À l'échéance, *A* remplit sa promesse de payer, et clôture ainsi la transaction. Il n'est pas improbable qu'*A* paye de retour le service rendu par *B* plus ou moins longtemps après, en acceptant de la même façon une traite sur *A*, tirée et escomptée pour la commodité de *B*.

Comparons maintenant une telle traite à une traite réelle. Considérons en quels points elles diffèrent, ou semblent différer ; et en quoi elles concordent.

CONCORDANCES ENTRE EFFETS RÉELS ET EFFETS DE COMPLAISANCE

Ces traites concordent en ce qu'elles sont toutes deux des articles escomptables ; chacune a aussi été créée en vue d'être escomptée ; et chacune sera, peut-être, bel et bien escomptée. Chacune permet donc également de fournir au négociant des moyens de spéculation. Jusqu'ici, d'ailleurs, comme les traites et les billets à ordre constituent ce qu'on appelle le moyen circulant, ou la monnaie de papier[10], du pays (un thème que nous n'anticiperons pas ici), et évitent l'utilisation de guinées, la traite fictive et la traite réelle sont à égalité ; et si le prix des marchandises était haussé en proportion de la quantité de monnaie de papier, l'une y contribuerait exactement de la même manière que l'autre.

---

8 C'est-à-dire de le souscrire.

9 *A*, le tireur, est donc aussi le porteur (bénéficiaire) de la traite, jusqu'à ce qu'il la fasse escompter par un tiers.

10 Dans la suite de l'ouvrage, « monnaie de papier » et « moyen circulant » ne sont pas synonymes.

Before we come to the points in which they differ, let us advert to one point in which they are commonly supposed to be unlike; but in which they cannot be said always or necessarily to differ.

"Real notes," it is sometimes said, "represent actual property. There are actual goods in existence, which are the counterpart [86] to every real note. Notes which are not drawn, in consequence of a sale of goods, are a species of false wealth, by which a nation is deceived. These supply only an imaginary capital; the others indicate one that is real."

In answer to this statement it may be observed, first, that the notes given in consequence of a real sale of goods cannot be considered as, on that account, *certainly* representing any actual property, Suppose that A sells one hundred pounds worth of goods to B at six months credit, and takes a bill at six months for it; and that B, within a month after, sells the same goods, at a like credit, to C, taking a like bill; and again, that C, after another month, sells them to D, taking a like bill, and so on. There may then, at the end of six months, be six bills of 100*l.* each existing at the same time; and every one of these may possibly have been discounted. Of all these bills, then, one only represents any actual property.

In the next place it is obvious, that the number of those bills which are given in consequence of sales of goods, and which, nevertheless, do not represent property, is liable to be encreased through the extension of the length of credit given on the sale of goods. If, for instance, we had supposed the credit given to be a credit of twelve months instead of six, 1,200*l.* instead of 600*l.* would have been the amount of the bills drawn on the occasion of the sale of goods; and 1,100*l.* would have been the amount of that part of these which would represent no property.

In order to justify the supposition that a real bill (as it is called) represents actual property, there ought to be some power in the bill-holder to prevent the property which the bill represents, from being turned to other purposes than that of paying the bill in question. No such power exists; neither the man who holds the real bill, nor the man who discounts it, has any property in the specific goods for which it was given: he as much trusts to the general ability to pay of the giver of the bill, as the holder of any fictitious bill does.

Avant d'en venir aux points sur lesquels elles diffèrent, attirons l'attention sur un aspect par lequel on prétend en général qu'elles sont dissemblables ; mais par lequel on ne peut pas dire qu'elles diffèrent toujours ni nécessairement.

« Des effets réels » dit-on parfois, « représentent des avoirs effectifs. Il existe effectivement des biens qui sont la contrepartie de chaque effet réel. Les effets qui ne sont pas tirés en conséquence d'une vente de biens, sont une espèce de fausse richesse, par laquelle une nation est trompée. Ces effets n'offrent qu'un capital imaginaire ; les autres en indiquent un qui est réel. »

En réponse à cette affirmation, observons d'abord qu'on ne peut pas considérer que les effets donnés en conséquence d'une vente réelle de biens représentent à ce titre *avec certitude* un quelconque avoir effectif. Supposons qu'*A* vende à *B* pour 100 livres de biens, à l'échéance de six mois, et reçoive pour cela une traite à six mois ; et que dans un délai d'un mois *B* vende les mêmes biens à la même échéance à *C*, et reçoive une traite semblable ; et que *C*, un mois après, les vende à *D* pour une traite semblable, et ainsi de suite. Au terme de six mois, il peut alors y avoir six traites de 100 £, chacune en existence au même moment ; et chacune d'entre elles peut éventuellement avoir été escomptée. Alors, de toutes ces traites, il n'y en a qu'une qui représente quelque avoir effectif.

Ensuite, il va de soi que le nombre des traites données à l'occasion de ventes de biens, et qui cependant ne représentent pas un avoir, est susceptible d'être augmenté en prolongeant le crédit accordé lors de la vente des biens. Par exemple, si nous avions supposé un crédit de douze mois au lieu de six, le montant des traites tirées à l'occasion de la vente des biens se serait élevé à 1 200 £ au lieu de 600 £ ; et la partie de celles-ci ne représentant aucun avoir se serait élevée à 1 100 £.

Pour justifier l'idée qu'une traite réelle (comme on dit) représente un avoir effectif, il faudrait que le porteur de la traite ait le pouvoir d'empêcher que les avoirs qu'elle représente ne soient utilisés à d'autres fins que celle de payer la traite en question. Un tel pouvoir n'existe pas ; ni le porteur de la traite réelle, ni celui qui l'escompte, n'ont aucun droit de propriété sur les biens spécifiques pour lesquels elle a été donnée : ils comptent autant sur la capacité générale de payer du donneur de la traite, que le porteur de n'importe quelle traite fictive[11].

11 Dans le cas d'une traite réelle, « donner » peut vouloir dire remettre au vendeur du bien sous-jacent à la transaction, ou céder à un tiers. Dans le cas d'une traite fictive, « donner » a uniquement ce dernier sens.

The fictitious bill may, in many cases, be a bill given by a person having a large and known capital, a part of which [87] the fictitious bill may be said, in that case, to represent. The supposition that real bills represent property, and that fictitious bills do not, seems, therefore, to be one by which more than justice is done to one of these species of bills, and something less than justice to the other.

We come next to some points in which they differ.

First, the fictitious note, or note of accommodation, is liable to the objection that it professes to be what it is not. This objection, however, lies only against those fictitious bills which are passed as real. In many cases, it is sufficiently obvious what they are. Secondly, the fictitious bill is, in general, less likely to be punctually paid than the real one. There is a general presumption, that the dealer in fictitious bills is a man who is a more adventurous speculator than he who carefully abstains from them. It follows, thirdly, that fictitious bills, besides being less safe, are less subject to limitation as to their quantity. The extent of a man's actual sales form some limit to the amount of his real notes; and, as it is highly desirable in commerce that credit should be dealt out to all persons in some sort of regular and due proportion, the measure of a man's actual sales, certified by the appearance of his bills drawn in virtue of those sales, is some rule in the case, though a very imperfect one in many respects.

A fictitious bill, or bill of accommodation, is evidently, in substance, the same as any common promissory note; and even better, in this respect,—that there is but one security to the promissory note, whereas, in the case of the bill of accommodation, there are two.

La traite fictive peut bien souvent être donnée par une personne disposant d'un capital important et connu, dont on peut dire, dans ce cas, que la traite fictive représente une partie. L'idée que les traites réelles représentent des avoirs, et que les traites fictives n'en représentent pas, semble donc faire plus que justice à une de ces espèces de traites, et quelque peu moins que justice à l'autre.

DIFFÉRENCES ENTRE EFFETS RÉELS ET EFFETS DE COMPLAISANCE

Venons-en à quelques points sur lesquels elles diffèrent.

Premièrement, l'effet fictif, ou de complaisance, est exposé à l'objection qu'il prétend être ce qu'il n'est pas. Cette objection ne s'applique cependant qu'aux traites fictives qu'on fait passer pour réelles. Bien souvent, ce qu'elles sont est assez évident[12]. En deuxième lieu, la traite fictive est moins susceptible d'être payée ponctuellement que la traite réelle. Il y a une présomption générale que le négociant en traites fictives est un spéculateur plus aventureux que celui qui s'en abstient prudemment. Il s'ensuit, en troisième lieu, que les traites fictives, outre qu'elles sont moins sûres, sont moins sujettes à être limitées quant à leur quantité. L'étendue des ventes effectives de quelqu'un forme une limite au montant de ses effets réels. Et comme il est fort à désirer dans le commerce, que le crédit soit accordé à chaque personne suivant une sorte de proportion régulière qui lui revient, la mesure de ses ventes effectives, certifiée par l'apparition de ses traites tirées en vertu de ces ventes, constitue dans ce cas une sorte de règle, quoique très imparfaite à bien des égards.

À l'évidence, une traite fictive, ou de complaisance, est en substance la même chose que n'importe quel billet à ordre ordinaire ; et même mieux, en ceci qu'elle présente deux sûretés[13], alors que le billet à ordre n'en offre qu'une.

12 Voir à ce propos l'Annexe II.

13 A savoir les garanties du tireur et du tiré, après acceptation par ce dernier.

So much jealousy subsists lest traders should push their means of raising money too far, that paper, the same in its general nature with that which is given, being the only paper which can be given, by men out of business, is deemed somewhat discreditable when coming from a merchant. And because such paper, when in the merchant's hand, necessarily imitates the paper which passes on the occasion of a sale of goods, the epithet fictitious has been cast upon it; an epithet which has seemed to countenance the confused and mistaken notion, that there is something altogether [88] false and delusive in the nature of a certain part both of the paper and of the apparent wealth of the country.

Bills of exchange are drawn upon London to a great amount, from all parts, not only of Great Britain, but of the world; and the grounds on which they have been drawn in a great degree elude observation. A large proportion of them, no doubt partakes of the nature of bills of accommodation. They have, however, in general, that shape communicated to them, whatever it may be, which is thought likely to render them discountable; and it is not difficult, as the preceding observations will have shewn, to make of some real, and, at the same time, of many seeming, transactions of commerce as a ground for drawing, and as a means of multiplying such bills.

The practice of creating a paper credit, by drawing and redrawing, has been particularly described by Dr. Adam Smith; and is stated by him to have a tendency which is very ruinous to the party resorting to it. This practice, however, is often carried on at much less expence to those engaged in it than Dr. Smith imagines. A, for instance, of London, draws a bill at two months on B, of Amsterdam, and receives immediate money for the bill.

On se méfie tellement que les commerçants ne poussent trop loin leurs moyens de lever des fonds, que du papier de même nature générale que celui qui est donné par des personnes qui ne sont pas dans les affaires, car c'est le seul qu'elles peuvent donner, est jugé comme quelque peu déshonorant quand il vient d'un négociant. Et parce qu'un tel papier, quand il se trouve entre les mains du négociant, imite nécessairement le papier qui se transmet à l'occasion de la vente de biens, on lui a collé l'épithète de « fictif » ; une épithète qui semble encourager l'idée confuse et erronée, qu'il y a quelque chose d'entièrement faux et illusoire dans la nature d'une partie à la fois du papier et de la richesse apparente du pays.

On tire des traites sur Londres en grande quantité, de toutes les parties de la Grande-Bretagne mais aussi du monde entier ; et les fondements sur lesquels elles ont été tirées échappent en grande mesure à l'observation. Il n'est pas douteux qu'une grande proportion d'entre elles participe de la nature des traites de complaisance. On leur communique cependant en général cette forme, quelle qu'elle soit, qu'on pense susceptible de les rendre escomptables ; et il n'est pas difficile, comme les observations précédentes l'auront montré, de faire de quelques transactions réelles et, en même temps, de beaucoup de soi-disant transactions un fondement pour tirer, et un moyen de multiplier de telles traites.

DES TIRAGES CROISÉS

La pratique de créer un papier de crédit en tirant et retirant a été décrite en détail par Adam Smith[14] ; et il affirme qu'elle tend à ruiner la partie qui y recourt. Cependant, elle se fait souvent à beaucoup moins de frais pour ceux qui s'y adonnent qu'il ne l'imagine. Par exemple, *A*, de Londres, tire à deux mois sur *B*, d'Amsterdam, et reçoit immédiatement du numéraire contre sa traite[15].

---

14 *Cf.* Smith (1976, II.ii.66 *sq.* ; 1991, p. 393 *sq.* ; 2000, p. 317 *sq.*). On parle parfois de « papier de circulation ».

15 *A* est le porteur de la traite, qu'il fait immédiatement escompter par un tiers.

B enables himself to pay the bill by drawing, when it is nearly due, a bill at two months on A for the same sum, which bill he sells or discounts; and A again finds the means of payment by again drawing a bill, at two months, on B. The transaction is, in substance, obviously the same as if A and B had borrowed, on their joint security, the sum in question for six months. The ground on which transactions of this sort have been stated by Dr. Adam Smith to be ruinous is, that of the heavy expence of a commission on every bill drawn, which is paid by him who raises money in this manner. If, for instance, one-half per cent. is the commission, and the bills are drawn at two months, and a discount of five per cent. per annum is paid, the money is raised at an interest of eight per cent. Such transactions, however, are often carried on alternately for the benefit of each of the two parties; that is to say, at one time the [89] transaction is on the account of A, who pays a commission to B, at another it is on the account of B, who pays a commission to A. Thus each party, on the whole, gains about as much as he pays in the shape of such commissions; and the discount in turning the bill into money, which is the same as that on any other bill, may, therefore, be considered as the whole expence incurred. Money may be raised in this manner at an interest of only five per cent. In the case recently proposed, the drawing and re-drawing were imagined to be only between A, of London, and B, of Amsterdam. This practice, however, is often carried on between three or more parties drawing from three or more places. In such case, the draft is drawn on the place on which the existing course of exchange shews that it will best answer to draw it. An operation of this sort may obviously be carried on partly for the purpose of raising money, and partly for that of profiting by a small turn in the exchange. Transactions which are the converse to this, are, on the other hand, entered into by those who happen to possess ready money. They remit, if the exchange seems to favour their remittance, and draw in consequence of having remitted. To determine what bills are fictitious, or bills of accommodation, and what are real, is often a point of difficulty.

B est en mesure de payer la traite en tirant, à l'approche de l'échéance, une traite à deux mois sur *A*, pour la même somme, traite qu'il vend ou fait escompter ; et à nouveau *A* trouve le moyen de payer en tirant une nouvelle traite à deux mois sur *B*. À l'évidence, la transaction est en substance la même que si *A* et *B* avaient emprunté solidairement pour six mois la somme dont ils avaient besoin. La raison pour laquelle Adam Smith affirme que de telles transactions sont ruineuses, ce sont les coûts élevés de la commission sur chaque traite tirée, que paye celui qui lève des fonds de cette manière. Si, par exemple, la commission est d'½ %, que les traites sont tirées à deux mois, et qu'on paye un escompte de 5 % par an, les fonds sont levés à un intérêt de 8 %. Cependant, de telles transactions sont souvent effectuées alternativement à l'avantage de chacune des deux parties ; c'est-à-dire que tantôt la transaction se fait pour le compte de *A*, qui paye une commission à *B*, et tantôt pour le compte de *B*, qui paye une commission à *A*. Donc dans l'ensemble, chaque partie touche à peu près autant qu'elle paye sous la forme de telles commissions ; et l'escompte lors de la conversion de la traite en numéraire, qui est le même que sur n'importe quelle autre traite, peut donc être considéré comme la totalité de la dépense encourue. Des fonds peuvent être levés de cette façon à un intérêt de 5 % seulement. Dans l'exemple qu'on vient de proposer, on avait imaginé que le tirage et retirage avaient lieu seulement entre *A*, de Londres, et *B*, d'Amsterdam. Cependant, cette pratique a souvent lieu entre trois parties, ou plus, qui tirent de trois places, ou davantage. Dans ce cas, la traite est tirée sur la place dont le cours de change du moment promet le plus grand profit. Une opération de cette sorte peut évidemment être effectuée en partie dans le but de lever des fonds, et en partie pour profiter d'une petite variation de change. Ceux qui se trouvent disposer d'argent comptant s'engagent dans des transactions inverses. Lorsque le change semble favoriser l'opération, ils remettent des traites à leurs correspondants, puis ils tirent en conséquence de leurs remises[16]. Il est souvent bien difficile de déterminer quelles traites sont fictives, ou de complaisance, et quelles traites sont réelles.

16 Il s'agit d'opérations d'arbitrage sur les changes, expliquées par exemple par Pierre Sénébier (1797).

Even the drawers and remitters themselves frequently either do not know, or do not take the trouble to reflect, whether the bills ought more properly to be considered as of the one class or of the other; and the private discounter, or banker, to whom they are offered, still more frequently finds the credit of the bills to be the only rule which it is possible to follow in judging whether he ought to discount them.

Même ceux qui tirent et qui remettent ne savent souvent pas eux-mêmes, ou ne se donnent pas la peine de se demander s'il convient de considérer les traites comme appartenant à l'une ou à l'autre de ces deux classes ; et l'escompteur particulier, ou le banquier, à qui elles sont offertes n'ont de plus en plus souvent pas d'autre règle qu'ils puissent suivre pour juger s'ils doivent les escompter, que le crédit des traites.

NOTES

a By the term suitable equivalent, is not intended that equivalent which an impartial umpire, determining according to the strict rule of equity, might dictate. The equivalent obtained by men dealing in the way of barter is not exactly of this sort; for that power which the proprietors of a scarce and necessary commodity have over the consumers of it, will always lead them to demand a much higher price than the production of it may have cost.

In Africa, for example, where the mode of barter prevails, the price of rice is at some times equal to about two pounds, and at others to about sixteen pounds per ton. It cannot be supposed that the variations in the crops of different seasons can bear any proportion to this variation of prices. Monopoly also is an evil which is incident to trade as trade. It is, indeed, more particularly apt to exist in the infancy of commerce.

NOTES DE L'AUTEUR

a Le terme d'équivalent convenable ne vise pas l'équivalent que pourrait dicter un arbitre impartial, statuant selon la règle stricte de l'équité. L'équivalent obtenu par les hommes pratiquant le troc n'est pas exactement de cette sorte ; car le pouvoir que les propriétaires d'une marchandise rare et nécessaire ont sur les consommateurs de celle-ci, les mènera toujours à exiger un prix beaucoup plus élevé que celui que sa production a pu leur coûter.

En Afrique, par exemple, où le troc est répandu, le prix du riz est tantôt égal à environ deux livres, et tantôt à environ seize livres par tonneau. On ne peut pas imaginer que les variations de récolte des différentes saisons puissent être aucunement en proportion de cette variation des prix. Le monopole est aussi un mal associé au commerce en tant que commerce. Il est, en effet, plus particulièrement susceptible d'exister dans l'enfance du commerce.

CHAP. III

Of circulating Paper—of Bank Notes—of Bills considered as circulating Paper—different Degrees of Rapidity in the Circulation of different Sorts of circulating Medium, and of the same Sort of circulating Medium at different Times.—Error of Dr. A. Smith.—Difference in the Quantities wanted for effecting the Payments of a Country in Consequence of this Difference of Rapidity.—Proof of this taken from Events of 1793.—Fallacy involved in the Supposition that Paper Credit might be abolished.

We proceed next to speak of circulating paper, and first of *Notes payable to Bearer on Demand*, whether issued by a public bank or by a private banker.

When confidence rises to a certain height in a country, it occurs to some persons, that profit may be obtained by issuing notes, which purport to be exchangeable for money; and which, through the known facility of thus exchanging them, may circulate in its stead; a part only of the money, of which the notes supply the place, being kept in store as a provision for the current payments. On the remainder interest is gained, and this interest constitutes the profit of the issuer.

CHAPITRE III

Du papier circulant – des billets de banque – des lettres de change considérées comme du papier circulant – différentes vitesses de circulation des diverses sortes de moyen circulant, et de la même espèce de moyen circulant, à différents moments. – Erreur d'Adam Smith. – Différence dans les quantités requises pour effectuer les paiements d'un pays, en conséquence de cette différence de vitesse. – Preuve de ce fait dans les événements de 1793. – Erreur de l'idée qu'on pourrait abolir le papier de crédit.

DU PAPIER CIRCULANT

DES BILLETS DE BANQUE

Passons maintenant à une discussion du papier circulant, et tout d'abord des *billets payables au porteur à vue*, qu'ils soient émis par une société de banque ou par un banquier particulier[1].

Lorsque la confiance s'élève à une certaine hauteur dans un pays, il vient à l'esprit de certaines personnes qu'il est profitable d'émettre des billets qui se présentent comme échangeables en numéraire, et qui grâce à la facilité connue de les échanger de la sorte, peuvent circuler à sa place. Une partie seulement du numéraire que remplacent les billets est conservée en réserve comme une provision pour les paiements courants. Un intérêt est perçu sur le reste[2], et c'est là le profit de l'émetteur.

1 La Banque d'Angleterre était la seule société (anonyme) de banque en Angleterre ; les banques « particulières » comptaient au maximum six associés.

2 Qui est prêté.

Some powerful and well accredited company will probably be the first issuers of paper of this sort, the numerous proprietors of the company exerting their influence for the sake of the dividends which they expect, in giving currency to the new paper credit. The establishment of a great public bank has a tendency to promote the institution of private banks. The public bank, obliged to provide itself largely with money for its own payments, becomes a reservoir of gold to which private banks may resort with little difficulty, expence, or delay, for the supply of their several necessities.

Dr. A. Smith, in his chapter on Paper Credit, considers the national stock of money in the same light with those machines [91] and instruments of trade which require a certain expence, first, to erect, and afterwards to support them. And he proceeds to observe, that the substitution of paper, in the room of gold and silver coin, serves to replace a very expensive instrument of commerce with one much less costly, and sometimes equally convenient. "Thus," he says, "a banker, by issuing 100,000*l.* in notes, keeping "20,000*l.* in hand for his current payments, causes 20,000*l.* in gold and silver to perform all the functions which 100,000*l.* would otherwise have performed; in consequence of which, 80,000*l.* of gold and silver can be spared, which will not fail to be exchanged for foreign goods, and become a new fund for a new trade, producing profit to the country."[a]

Dr. Smith, although he discusses at some length the subject of Paper Circulation, does not at all advert to the tendency of bills of exchange to spare the use of bank paper, or to their faculty of supplying its place in many cases.

In the former Chapter it was shewn that bills, though professedly drawn for the purpose of exchanging a debt due to one person for a debt due to another, are, in fact, created rather for the sake of serving as a discountable article, and of forming a provision against contingencies;

Quelque société puissante et disposant de beaucoup de crédit sera probablement la première à émettre du papier de cette sorte, les nombreux propriétaires de la société exerçant leur influence pour donner cours au nouveau papier de crédit, en vue des dividendes qu'ils en attendent. L'établissement d'une grande société de banque a tendance à promouvoir la création de banques particulières. La société de banque, obligée de se pourvoir largement en numéraire pour ses propres paiements, devient un réservoir d'or auquel les banques particulières peuvent recourir avec peu de difficultés, de frais, ou de retards, pour satisfaire leurs différents besoins.

Adam Smith, dans son chapitre sur le papier de crédit, envisage le fonds national de numéraire à l'instar de ces machines et instruments de travail, qui requièrent d'abord certains frais d'établissement, et ensuite des frais d'entretien. Et il poursuit en observant que la substitution de papier à des pièces d'or et d'argent permet de remplacer un instrument de commerce très onéreux par un autre qui l'est beaucoup moins, et qui est parfois tout aussi commode.

> Ainsi, dit-il, un banquier, en émettant 100 000 £ en billets, tout en conservant 20 000 £ sous la main pour ses paiements courants, amène 20 000 £ d'or et d'argent à remplir toutes les fonctions que 100 000 £ auraient remplies sans cela ; en conséquence de quoi, 80 000 £ d'or et d'argent peuvent être épargnées, qui ne manqueront pas d'être échangées pour des biens étrangers, et de devenir un nouveau fonds pour un nouveau commerce, produisant un profit pour le pays[3, a].

DES LETTRES DE CHANGE CONSIDÉRÉES COMME DU PAPIER CIRCULANT

Quoiqu'Adam Smith discute assez longuement le sujet de la circulation du papier, il ne fait nulle mention de la tendance des lettres de change à épargner l'usage de papier bancaire, ni de leur faculté d'en tenir lieu dans bien des cas.

Nous avons montré dans le chapitre précédent que les lettres de change, quoiqu'ostensiblement tirées dans le but d'échanger une dette due à une personne contre une dette due à une autre, sont en fait plutôt créées pour servir d'article escomptable, et constituer une provision pour les imprévus ;

3 Ce passage est un condensé plutôt qu'une citation de passages de la *Richesse des Nations* ; *cf.* Smith (1976, II.ii.29 et 32 *sq.* ; 1991, p. 375 *sq.* ; 2000, p. 299 et 301).

and that, by being at any time convertible into cash (that is, into either money or bank notes) they render that supply of cash which is necessary to be kept in store much less considerable.

But they not only spare the use of ready money; they also [92] occupy its place in many cases. Let us imagine a farmer in the country to discharge a debt of 10*l.* to his neighbouring grocer, by giving to him a bill for that sum, drawn on his cornfactor in London for grain sold in the metropolis; and the grocer to transmit the bill, he having previously indorsed it, to a neighbouring sugar-baker, in discharge of a like debt; and the sugar-baker to send it, when again indorsed, to a West India merchant in an outport, and the West India merchant to deliver it to his country banker, who also indorses it, and sends it into further circulation. The bill in this case will have effected five payments exactly as if it were a 10*l.* note payable to bearer on demand. It will, however, have circulated in consequence chiefly of the confidence placed by each receiver of it in the last indorser, his own correspondent in trade; whereas, the circulation of a bank note is owing rather to the circumstance of the name of the issuer being so well known as to give to it an universal credit. A multitude of bills pass between trader and trader in the country in the manner which has been described; and they evidently form, in the strictest sense, a part of the circulating medium of the kingdom.[b]

Bills, however, and especially those which are drawn for large sums, may be considered as in general circulating more slowly than either gold or bank notes, and for a reason which it is material to explain.

et qu'étant à tout moment convertibles en argent liquide (c'est-à-dire en numéraire ou en billets de banque), les lettres de change réduisent beaucoup la provision d'argent liquide qu'il est nécessaire de garder en caisse.

Mais les lettres de change n'épargnent pas seulement l'usage d'argent comptant ; elles le remplacent aussi dans bien des cas. Imaginons qu'un cultivateur en province rembourse une dette de 10 £ à l'épicier voisin en lui donnant une lettre de change pour cette somme, tirée sur son marchand de grains londonien pour du grain vendu dans la métropole ; et qu'après l'avoir endossée, l'épicier transmette la lettre de change à un raffineur de sucre voisin, en remboursement d'une dette semblable ; que le raffineur l'envoie à son tour, après l'avoir endossée, à un négociant en denrées coloniales établi dans un port de mer, et que le négociant la remette à son banquier de province, lequel l'endosse aussi et la fait circuler plus loin. Dans ce cas, cette lettre de change aura effectué cinq paiements, exactement comme si c'était un billet de 10 £ payable à vue au porteur. Cependant, elle aura principalement circulé en conséquence de la confiance que chaque receveur plaçait dans le dernier endosseur, son propre correspondant commercial[4] ; alors que la circulation d'un billet de banque est plutôt due à la circonstance que le nom de l'émetteur est si bien connu qu'il lui confère un crédit universel. Une multitude de lettres de change passent d'un commerçant à l'autre dans le pays, de la manière qu'on a décrite ; et elles font à l'évidence partie, au sens le plus strict, du moyen circulant du Royaume[b].

DES DIFFÉRENTES VITESSES DE CIRCULATION DES DIVERSES SORTES DE MOYEN CIRCULANT, ET DE LA MÊME ESPÈCE DE MOYEN CIRCULANT, À DIFFÉRENTS MOMENTS

DES DIFFÉRENTES VITESSES DE CIRCULATION DES DIVERSES SORTES DE MOYEN CIRCULANT

On peut néanmoins considérer que les lettres de change, surtout celles qui sont tirées pour de fortes sommes, circulent en général plus lentement que l'or ou les billets de banque, et ce pour une raison qu'il est essentiel d'expliquer.

4 Le receveur est le bénéficiaire de l'endossement.

Bank notes, though they yield an interest to the issuer, [93] afford none to the man who detains them in his possession; they are to him as unproductive as guineas. The possessor of a bank note, therefore, makes haste to part with it. The possessor of a bill of exchange possesses, on the contrary, that which is always growing more valuable. The bill, when it is first drawn, is worth something less than a bank note, on account of its not being due until a distant day; and the first receiver of it may be supposed to obtain a compensation for the inferiority of its value in the price of the article with which the bill is purchased. When he parts with it, he may be considered as granting to the next receiver a like compensation, which is proportionate to the time which the bill has still to run. Each holder of a bill has, therefore, an interest in detaining it.

Bills, it is true, generally pass among traders in the country without there being any calculation or regular allowance of discount; the reason of which circumstance is, that there is a generally understood period of time for which those bills may have to run, which, according to the custom of traders, are accepted as current payment. If any bill given in payment has a longer time than usual to run, he who receives it is considered as so far favouring the person from whom he takes it; and the favoured person has to compensate for this advantage, not, perhaps, by a recompence of the same kind accurately calculated, but in the general adjustment of the pecuniary affairs of the two parties.

This quality in bills of exchange (and it might be added of interest notes, &c.) of occupying the place of bank paper, and of also throwing the interest accruing during their detention into the pocket of the *holder*, contributes greatly to the use of them. The whole trading world may be considered as having an interest in encouraging them. To possess some article which, so long as it is detained, shall produce a regular interest, which shall be subject to no fluctuations in price, which, by the custom of commerce, shall pass in certain cases as a payment, and shall likewise be convertible into ready money by the sacrifice of a small discount, is the true policy of the merchant.

Les billets de banque, quoiqu'ils rapportent un intérêt à l'émetteur[5], n'en rapportent aucun à celui qui les a en sa possession ; ils sont pour lui aussi improductifs que des guinées. Le propriétaire d'un billet de banque se hâte donc de s'en défaire. Au contraire, le propriétaire d'une lettre de change a en sa possession quelque chose dont la valeur augmente tous les jours. Quand elle est tirée, la lettre de change vaut un peu moins qu'un billet de banque car elle n'est pas due avant une date éloignée ; et on peut penser que le premier à la recevoir obtiendra une compensation pour sa moindre valeur dans le prix de l'article avec lequel la lettre de change est achetée[6]. Quand il s'en défait, on peut considérer qu'il accordera au receveur suivant une compensation semblable, en proportion du temps qu'il reste à courir à la lettre de change. Chaque porteur d'une lettre de change a donc un intérêt à la détenir.

Il est vrai qu'en général, les lettres de change se transmettent entre les commerçants de province, sans qu'il se fasse entre eux aucun calcul ou aucune déduction réglée de l'escompte ; la raison en est qu'il y a un temps restant à courir généralement entendu durant lequel ces lettres sont acceptées comme un paiement au comptant. Si une lettre de change donnée en paiement a une échéance plus éloignée que d'habitude, on considère que celui qui la reçoit fait une faveur à celui qui la donne ; et ce dernier doit compenser cet avantage, peut-être pas par un dédommagement du même type calculé avec précision, mais en ajustant l'ensemble des affaires pécuniaires des deux parties.

Cette propriété des lettres de change (auxquelles on peut ajouter les billets portant intérêt, etc.), de tenir lieu de papier bancaire, et aussi de mettre dans la poche du *porteur* l'intérêt qui court pendant leur détention, contribue beaucoup à leur usage. Le monde commercial tout entier trouve un intérêt à les encourager. Il est de bonne politique pour un négociant de posséder un article qui, aussi longtemps qu'on le détient, produira un intérêt régulier, qui n'est pas sujet à des fluctuations de prix, qui en vertu des usages du commerce, est admis dans certains cas en paiement, et qui peut être converti en argent comptant moyennant le sacrifice d'un petit escompte.

5 Indirectement, car ils sont émis lors de l'escompte de lettres de change.

6 Cette compensation est l'escompte.

Goods will not serve this purpose, [94] because they do not grow more valuable by detention; nor stocks, because, though they yield an interest, they fluctuate much in value; and, also, because the expence of brokerage is incurred in selling them, not to mention the inconveniences arising from the circumstance of their being transferable only in the books of the Bank of England. Stocks, however, by being at all times a saleable and ready money article, are, to a certain degree, held by persons in London on the same principle as bills, and serve, therefore, in some measure, like bills, if we consider these as a discountable article, to spare the use of bank notes. Exchequer bills will not fully answer the purpose, because there is a commission on the sale of these, as on the sale of stocks; and because, not to speak of some other inferior objections to them, they fluctuate, in some small degree, in price.

Bills, since they circulate chiefly among the trading world, come little under the observation of the public. The amount of bills in existence may yet, perhaps, be at all times greater than the amount of all the bank notes of every kind, and of all the circulating guineas.[c]

The amount of what is called the circulating medium of a country has been supposed by some to bear a regular proportion to the quantity of trade and of payments. It has, however, been shewn, that such part of the circulating medium as yields an interest to the holder will effect much fewer payments, in proportion to its amount, than the part which yields to the holder no interest. A number of country bank notes, amounting to 100*l.*, may, for instance, effect on an average one payment in three days; while a bill of 100*l.* may, through the disposition of each holder to detain it, effect only one payment in nine days.

Les biens ne le permettent pas, parce qu'ils n'augmentent pas de valeur quand on les détient ; ni les rentes parce que, quoiqu'elles rapportent un intérêt, elles fluctuent beaucoup en valeur ; et aussi parce qu'on encourt les frais de courtage quand on les vend, sans parler des embarras dus au fait qu'elles ne peuvent être transférées que dans les livres de la Banque d'Angleterre. Les rentes, cependant, comme elles sont un article vendable et convertible en argent comptant à tout moment, sont à un certain degré détenues par des personnes à Londres au même titre que des lettres de change, et servent donc dans une certaine mesure à épargner l'usage des billets de banque, tout comme les lettres de change si nous considérons ces dernières comme un effet escomptable. Les billets de l'Échiquier ne rempliront pas pleinement cette fonction parce qu'il y a une commission sur leur vente, comme sur celle des rentes ; et parce que, sans parler d'autres objections secondaires, ils fluctuent en prix à un faible degré[7].

Le public s'aperçoit à peine de l'existence des lettres de change parce qu'elles circulent principalement au sein du monde du commerce. Il se pourrait bien, cependant, que le montant des lettres de change en existence soit à tout moment supérieur au montant des billets de banque de toute sorte et des guinées en circulation[c].

Certains ont pensé que le montant de ce qu'on appelle le moyen circulant d'un pays était en proportion régulière de la quantité du commerce et des paiements. Nous avons cependant montré que la partie du moyen circulant qui rapporte un intérêt au porteur effectuera beaucoup moins de paiements, en proportion de son montant, que celle qui n'en rapporte pas. Par exemple, quelques billets de banque de province s'élevant à 100 £ effectueront peut-être en moyenne un paiement en trois jours ; tandis qu'une lettre de change de 100 £ pourra n'effectuer qu'un paiement en neuf jours à cause de la disposition du porteur à la détenir.

7 Contrairement aux billets de l'Échiquier, les rentes sur l'État sont des obligations de long terme dont le cours pouvait fluctuer amplement.

There is a passage in the work of Dr. Adam Smith which serves to inculcate the error of which I have been speaking; a passage on which it may be useful to comment with some particularity.

[95]

He says, "The whole paper money of *every kind* which can *easily* circulate in any country, never can exceed the value of the gold and silver of which it supplies the place, or which (the commerce being supposed the same) would circulate there, if there was no paper money."

Does Dr. Smith mean to include, in his idea of "the *whole* paper money of *every kind* which can easily circulate," all the bills of exchange of a country, or does he not? And does he also include interest notes, exchequer bills, and India bonds, and those other articles which very much resemble bills of exchange? In an earlier part of his chapter he has this observation—"There are different sorts of paper money; but the circulating notes of banks and bankers are the species which is best known, and which seems best adapted for this purpose." We are led to judge by this passage, and also by the term "paper money of *every kind*" in the passage before quoted, that it was his purpose to include bills of exchange; on the other hand, if *all* the bills of exchange of a country are to be added to the bank notes which circulate, it becomes then so manifest, that the whole of the paper must be more than equal to the amount of the money which would circulate if there were no paper, that we feel surprised that the erroneousness of the position did not strike Dr. Smith himself. He introduces, indeed, the qualifying word "easily;" he speaks of "the whole paper money of every kind which can *easily* circulate."

ERREUR D'ADAM SMITH[8]

Il y a dans l'ouvrage d'Adam Smith un passage qui permet de redire l'erreur que j'ai relevée[9] ; un passage qu'il peut être utile de commenter plus en détail.

Il écrit :

> La masse totale de monnaie de papier *de toute espèce* qui peut *aisément* circuler dans un pays quelconque ne peut jamais excéder la valeur de l'or et de l'argent dont il tient la place, ou qui y circulerait s'il n'y avait pas de monnaie de papier (le commerce étant supposé le même)[10].

Adam Smith entend-il inclure dans sa conception de « la masse totale de la monnaie de papier *de toute espèce* qui peut aisément circuler » toutes les lettres de change d'un pays, ou non ? Et inclut-il aussi les billets portant intérêt, les billets de l'Échiquier, les obligations de la Compagnie des Indes, et les autres articles qui ressemblent beaucoup aux lettres de change ? Dans une partie précédente de son chapitre, il fait cette observation : « Il y a plusieurs sortes différentes de monnaie de papier ; mais les billets circulants des banques et des banquiers sont l'espèce qui est la mieux connue et qui paraît la plus propre à remplir ce but[11]. » Ce passage, ainsi que le terme « monnaie de papier *de toute espèce* » dans le passage cité auparavant, nous conduisent à juger que son but était d'inclure les lettres de change ; d'autre part, si *toutes* les lettres de change d'un pays devaient être ajoutées aux billets de banque en circulation, il devient alors si manifeste que l'ensemble du papier doit dépasser le montant des espèces qui circuleraient en l'absence de papier, que nous sommes surpris que le caractère erroné de sa position n'ait pas frappé Adam Smith lui-même. Il introduit, en effet, le qualificatif « aisément » ; il parle de « la masse totale de la monnaie de papier de toute espèce qui peut *aisément* circuler ».

---

8 Thornton ne suit pas la séquence annoncée en tête de chapitre : le commentaire d'Adam Smith précède la section sur les différences de vitesse de circulation au cours du temps, qui introduit des idées utilisées ci-dessous. Il semble indiqué de lire la section sur « L'erreur d'Adam Smith » après la suivante, comme le suggère le sommaire.

9 Dans la section « Des lettres de change… » du présent chapitre.

10 Smith (1976, II.ii.48) ; Smith (1991, t. 1, p. 383) ; Smith (2000, p. 307). Italiques de Thornton ; ceci s'applique aussi aux autres citations de Smith dans ce chapitre.

11 Smith (1976, II.ii.27) ; Smith (1991, t. 1, p. 375) ; Smith (2000, p. 299).

But this term, as I apprehend, is meant only to refer to an easy, in contradistinction to a forced, paper circulation; for it is on the subject of a forced circulation that a great part of his observations turn. He seems, on the other hand, to have paid no regard to the distinction on which I have dwelt, of a more slow and a more rapid circulation; a thing which is quite different from an easy and a difficult circulation. He appears, in short, not at all to have reflected how false his maxim is rendered (if laid down in the terms which he has used) both by the different degrees of rapidity of circulation which generally belong to the two different classes of paper of which I have spoken, and also by the different degrees of [96] rapidity which may likewise belong to the circulation of the same kinds of paper, and even of the same guineas, at different times.

The error of Dr. Smith, then, is this:—he represents the whole paper, which can easily circulate when there are no guineas, to be the same in quantity with the guineas which would circulate if there were no paper; whereas, it is the quantity not of "the thing which circulates," that is, of the thing which is *capable* of circulation, but of the actual circulation which should rather be spoken of as the same in both cases. The quantity of circulating paper, that is, of paper capable of circulation, may be great, and yet the quantity of actual circulation may be small, or *vice versa.* The same note may either effect ten payments in one day, or one payment in ten days; and one note, therefore, will effect the same payments in the one case, which it would require a hundred notes to effect in the other.

I have spoken of the different degrees of rapidity in the circulation of *different kinds* of paper, and of the consequent difference of the quantity of each which is wanted in order to effect the same payments. I shall speak next of the different degrees of rapidity in the circulation of the *same* mediums at *different times:* and, first, of bank notes.

Mais ce terme, comme je le comprends, est censé se rapporter seulement à une circulation de papier aisée, par opposition à une circulation forcée; car c'est autour du sujet d'une circulation forcée que tourne une grande partie de ses observations[12]. D'autre part, il semble n'avoir pas prêté attention à la distinction sur laquelle je me suis étendu, entre une circulation plus lente et plus rapide; une chose très différente d'une circulation aisée ou difficile. Il semble, en bref, ne s'être pas du tout demandé à quel point sa règle est infirmée (si on la formule dans les termes qu'il a employés) à la fois par les vitesses de circulation différentes qui caractérisent en général les deux classes différentes de papier dont j'ai parlé, et par les vitesses différentes qui peuvent de même caractériser la circulation des mêmes espèces de papier, voire des mêmes guinées, à différents moments.

Voici donc l'erreur d'Adam Smith : – il présente l'ensemble du papier pouvant aisément circuler en l'absence de guinées, comme le même en quantité que les guinées qui circuleraient en l'absence de papier; alors que ce n'est pas de la quantité « de la chose qui circule », c'est-à-dire de la chose qui est capable de circulation, mais de celle de la circulation effective qu'il faudrait dire qu'elle est la même dans les deux cas. La quantité de papier circulant, c'est-à-dire de papier capable de circulation, peut être grande, et la quantité de la circulation effective petite, et vice-versa. Le même billet peut effectuer dix paiements en un jour, ou un seul en dix jours; en sorte que dans le premier cas un seul billet suffirait aux paiements qui, dans l'autre, requerraient cent billets.

DES DIFFÉRENTES VITESSES DE CIRCULATION DE LA MÊME ESPÈCE DE MOYEN CIRCULANT À DIFFÉRENTS MOMENTS

J'ai parlé des différentes vitesses de circulation de *différentes sortes* de papier, et de la différence qui en résulte dans la quantité de chacune d'entre elles dont on a besoin pour effectuer les mêmes paiements. Je vais parler maintenant des différentes vitesses de circulation des *mêmes* moyens à *différents moments*, et d'abord, des billets de banque.

---

12 Smith ne parle pas à proprement parler de « circulation forcée de papier », mais d'or « *forced abroad* » (« chassé au-dehors ») à la suite d'une émission excessive de papier; *cf.* Smith (1976, II.ii.36), Smith (1991, t. 1, p. 377) et Smith (2000, p. 301-302). Voir aussi chap. v, « Faut-il réduire les émissions... ».

The causes which lead to a variation in the rapidity of the circulation of bank notes may be several. In general, it may be observed, that a high state of confidence serves to quicken their circulation; and this happens upon a principle which shall be fully explained. It must be premised, that by the phrase a more or less quick circulation of notes will be meant a more or less quick circulation of the whole of them on an average. Whatever encreases that reserve, for instance, of Bank of England notes which remains in the drawer of the London banker as his provision against contingencies, contributes to what will here be termed the less quick circulation of the whole. Now a high state of confidence contributes to make men provide less amply against contingencies. At such a time, they trust, that if the demand upon them for a [97] payment, which is now doubtful and contingent, should actually be made, they shall be able to provide for it at the moment; and they are loth to be at the expence of selling an article, or of getting a bill discounted, in order to make the provision much before the period at which it shall be wanted. When, on the contrary, a season of distrust arises, prudence suggests, that the loss of interest arising from a detention of notes for a few additional days should not be regarded.

It is well known that guineas are hoarded, in times of alarm, on this principle. Notes, it is true, are not hoarded to the same extent; partly because notes are not supposed equally likely, in the event of any general confusion, to find their value, and partly because the class of persons who are the holders of notes is less subject to weak and extravagant alarms. In difficult times, however, the disposition to hoard, or rather to be largely provided with Bank of England notes, will, perhaps, prevail in no inconsiderable degree.

This remark has been applied to Bank of England notes, because these are always in high credit; and it ought, perhaps, to be chiefly confined to these. They constitute the coin in which the great mercantile payments in London, which are payments on account of the whole country, are effected.

Les causes qui font varier la vitesse de circulation des billets de banque peuvent être multiples. En général, on peut observer qu'un niveau élevé de confiance permet d'accélérer leur circulation ; ceci se produit suivant un principe qu'on expliquera pleinement. Notons au préalable que par l'expression « circulation plus ou moins rapide des billets », on entend une circulation plus ou moins rapide de l'ensemble des billets en moyenne. Par exemple, tout ce qui augmente la réserve de billets de la Banque d'Angleterre qui reste dans le tiroir du banquier londonien comme sa provision pour des imprévus, contribuera à ce qu'on appellera ici la circulation ralentie de l'ensemble. Or un niveau de confiance élevé conduit les gens à moins se prémunir contre des imprévus. À un tel moment, ils comptent que s'il arrivait qu'on leur réclame effectivement un remboursement qui apparaît aujourd'hui comme douteux et contingent, ils seraient capables d'y pourvoir sur le champ ; et ils répugnent à faire les frais de la vente d'un article, ou de l'escompte d'une lettre de change, pour effectuer la provision longtemps avant d'en avoir besoin. Au contraire, quand vient une période de défiance, la prudence suggère de négliger la perte d'intérêt provenant de la détention de billets quelques jours de plus.

Il est bien connu que c'est en vertu de ce principe qu'on thésaurise les guinées dans les temps d'alarme. Il est vrai qu'on ne thésaurise pas les billets dans la même mesure : en partie parce qu'on ne pense pas que, dans l'éventualité d'un désordre général, les billets soient également susceptibles de conserver leur valeur ; et en partie parce que la classe de personnes qui détient des billets est moins sujette aux alarmes irraisonnées et extravagantes. Cependant, en des temps difficiles, la disposition à thésauriser, ou plutôt à être abondamment pourvu en billets de la Banque d'Angleterre, ne sera sans doute pas peu répandue.

Nous avons appliqué cette remarque aux billets de la Banque d'Angleterre parce que ceux-ci jouissent toujours d'un crédit élevé : et il convient sans doute de la limiter principalement à ceux-ci. Ils constituent la monnaie[13] avec laquelle se font les grands paiements commerciaux à Londres, qui sont des paiements pour le compte de tout le pays.

13 Au sens métaphorique de « pièces de monnaie ».

If, therefore, a difficulty in converting bills of exchange into notes is apprehended, the effect both on bankers, merchants, and tradesmen, is somewhat the same as the effect of an apprehension entertained by the lower class of a difficulty in converting Bank of England notes or bankers' notes into guineas. The apprehension of the approaching difficulty makes men eager to do that to-day, which otherwise they would do to-morrow.

The truth of this observation, as applied to Bank of England notes, as well as the importance of attending to it, may be made manifest by adverting to the events of the year 1793, when, through the failure of many country banks, much general distrust took place. The alarm, the first material one of the kind which had for a long time happened, was extremely great. It does not appear that the Bank of England notes, at that time in circulation, [98] were fewer than usual. It is certain, however, that the existing number became, at the period of apprehension, insufficient for giving punctuality to the payments of the metropolis; and it is not to be doubted, that the insufficiency must have arisen, in some measure, from that slowness in the circulation of notes, naturally attending an alarm, which has been just described. Every one fearing lest he should not have his notes ready when the day of payment should come, would endeavour to provide himself with them somewhat beforehand. A few merchants, from a natural though hurtful timidity, would keep in their own hands some of those notes, which, in other times, they would have lodged with their bankers; and the effect would be, to cause the same quantity of bank paper to transact fewer payments, or, in other words, to lessen the rapidity of the circulation of notes on the whole, and thus to encrease the number of notes wanted. Probably, also, some Bank of England paper would be used as a substitute for country bank notes suppressed.

Donc si l'on appréhende une difficulté à convertir des lettres de change en billets, l'effet à la fois sur les banquiers, les négociants, et les commerçants est à peu près le même que celui de l'appréhension par la classe inférieure d'une difficulté à convertir en guinées des billets de la Banque d'Angleterre ou de banquiers. L'appréhension de la difficulté qui approche, rend les gens empressés à faire aujourd'hui, ce que sans cela ils feraient demain.

PREUVE DE CE FAIT DANS LES ÉVÉNEMENTS DE 1793

La vérité de cette observation appliquée aux billets de la Banque d'Angleterre, ainsi que l'importance de lui prêter attention, sont manifestes si l'on se penche sur les événements de 1793, lorsque les faillites de nombreuses banques de province avaient répandu une défiance générale[14]. Cette alarme, la première importante de ce type à se produire depuis longtemps, fut extrêmement grande. Il ne paraît pas qu'il y ait eu à ce moment-là moins de billets de la Banque d'Angleterre en circulation que d'habitude. Il est certain, cependant, qu'au moment de la panique, leur nombre devint insuffisant pour assurer la ponctualité des paiements de la métropole ; et il ne fait pas de doute que cette insuffisance a dû provenir, dans une certaine mesure, de la lenteur de la circulation des billets, qui accompagne naturellement une alarme, et que nous venons de décrire. Craignant de ne pas disposer de ses billets quand viendrait le jour du paiement, chacun s'efforçait de s'en pourvoir quelque peu à l'avance. Quelques négociants, en raison d'une anxiété naturelle quoique dommageable, gardaient sous la main certains des billets qu'en d'autres temps ils auraient déposés chez leur banquier ; avec l'effet qu'une même quantité de papier bancaire effectuait moins de transactions, ou en d'autres termes, que la vitesse de circulation des billets dans leur ensemble était réduite, et donc qu'augmentait le nombre de billets dont on avait besoin. Il est probable aussi que du papier de la Banque d'Angleterre ait servi de substitut aux billets de banques de province supprimés[15].

---

14 L'« observation » est le ralentissement de la circulation de billets de la Banque d'Angleterre en cas d'alarme. La Grande-Bretagne connut une crise financière en 1793, liée à la guerre déclarée par la France révolutionnaire le 1er février de cette année. Voir l'Annexe 101 de House of Commons (1832) à propos du nombre de faillites bancaires.

15 Car leur remboursement avait été réclamé.

The success of the remedy which the parliament administered, denotes what was the nature of the evil. A loan of exchequer bills was directed to be made to as many mercantile persons, giving proper security, as should apply. It is a fact, worthy of serious attention, that the failures abated greatly, and mercantile credit began to be restored, not at the period when the exchequer bills were actually delivered, but at a time antecedent to that æra. It also deserves notice, that though the failures had originated in an extraordinary demand for guineas, it was not any supply of gold which effected the cure. That fear of not being able to obtain guineas, which arose in the country, led, in its consequences, to an extraordinary demand for bank notes in London; and the want of bank notes in London became, after a time, the chief evil. The very expectation of a supply of exchequer bills, that is, of a supply of an article which almost any trader might obtain, and which it was known that he might then sell, and thus turn into bank notes, and after turning into bank notes might also convert into guineas, created an idea of general solvency. This expectation [99] cured, in the first instance, the distress of London, and it then lessened the demand for guineas in the country, through that punctuality in effecting the London payments which it produced, and the universal confidence which it thus inspired. The sum permitted by parliament to be advanced in exchequer bills was five millions, of which not one half was taken. Of the sum taken, no part was lost. On the contrary, the small compensation, or extra interest, which was paid to government for lending its credit (for it was mere credit, and not either money or bank notes that the government advanced), amounted to something more than was necessary to defray the charges, and a small balance of profit accrued to the public.

Le succès du remède administré par le Parlement dénote la nature du mal. Il fut ordonné de faire un prêt de billets de l'Échiquier à tous les hommes d'affaires, offrant une sûreté convenable, qui en feraient la demande[16]. C'est un fait digne d'attention sérieuse que les faillites diminuèrent beaucoup, et que le crédit commercial commença à se rétablir, non pas au moment où les billets de l'Échiquier ont effectivement été livrés, mais avant. Il mérite aussi d'être noté que, quoique les faillites aient trouvé leur origine dans une demande extraordinaire de guinées, ce n'est pas une quelconque offre d'or qui apporta le remède. La crainte d'être incapable d'obtenir des guinées qui apparut dans le pays, conduisit, par ses conséquences, à une demande extraordinaire de billets de banque à Londres ; et le manque de billets de banque à Londres devint, après un temps, le mal principal. L'anticipation même d'une fourniture de billets de l'Échiquier, c'est-à-dire d'un article que presque tout commerçant pourrait obtenir, et dont on savait qu'il pourrait ensuite le vendre, et ainsi le convertir en billets de banque, et qu'il pourrait aussi convertir en guinées après l'avoir converti en billets de banque, cette anticipation, dis-je, créa l'idée d'une solvabilité générale. Cette anticipation remédia en premier lieu à la pénurie de Londres, et diminua ensuite la demande de guinées en province, par la ponctualité qu'elle produisit dans les paiements londoniens, et la confiance universelle qu'elle inspira de la sorte. Le montant de l'avance de billets de l'Échiquier autorisé par le Parlement était de cinq millions, dont moins de la moitié furent pris. Du montant emprunté, rien ne fut perdu. Au contraire, la petite compensation, ou prime d'intérêt payée au Gouvernement pour le prêt de son crédit (car c'était simplement du crédit, et non des espèces ou des billets de banque, que le Gouvernement avançait) s'éleva à un peu plus que ce qui était nécessaire pour défrayer l'opération, et un petit solde bénéficiaire revint au Trésor public[17].

---

16 Ce « prêt en dernier ressort » de billets de l'Échiquier escomptables fut approuvé par une loi du 9 mai 1793. Il a été consenti par l'État, et non la Banque, sur la suggestion d'un comité de onze membres de la *City*, qui comprenait quatre administrateurs de la Banque, dont Samuel Thornton, le frère aîné d'Henry, et plusieurs hommes d'affaires, dont Francis Baring (1740-1810), un banquier en vue que nous retrouverons plus loin. En complément, la Banque commença l'émission de coupures de 5 £ susceptibles de remplacer les pièces thésaurisées. Voir à ce propos Clapham (1944, vol. 1, p. 263 *sq.*).

17 La prime d'intérêt s'élevait à 1,2 % (House of Commons, 1794).

For this seasonable interference, a measure at first not well understood and opposed at the time, chiefly on the ground of constitutional jealousy, the mercantile as well as the manufacturing interests of the country were certainly much indebted to the parliament, and to the government.[d]

That a state of distrust causes a slowness in the circulation of *guineas*, and that at such a time a greater quantity of money will be wanted in order to effect only the same money payments, is a position which scarcely needs to be proved. Some observations, however, on this subject may not be useless. When a season of extraordinary alarm arises, and the money of the country in some measure disappears, the guineas, it is commonly said, are hoarded. [100] In a certain degree this assertion may be literally true. But the scarcity of gold probably results chiefly from the circumstance of a considerable variety of persons, country bankers, shopkeepers, and others, augmenting, some in a smaller and some in a more ample measure, that supply which it had been customary to keep by them. The stock thus enlarged is not a fund which its possessor purposes, in no case, to diminish, but a fund which, if he has occasion to lessen it, he endeavours, as he has opportunity, to replace. It is thus that a more slow circulation of guineas is occasioned; and the slower the circulation, the greater the quantity wanted, in order to effect the same number of money payments.

Thus, then, it appears, that the sentiment which Dr. Smith leads his readers to entertain, namely, that there is in every country a certain fixed quantity of paper, supplying the place of gold, which is all that "can easily circulate" (or circulate without being *forced* into circulation), and which is all (for such, likewise, seems to be the intended inference) that should ever be allowed to be sent into circulation, is, in a variety of respects, incorrect. The existence of various hoards of gold in the coffers of bankers, and of the Bank of England, while there are no corresponding hoards of paper, would of itself forbid any thing like accurate comparison between them.

Les intérêts commerciaux et manufacturiers du pays furent certainement très redevables au Parlement et au Gouvernement de cette interférence opportune, une mesure qui fut mal comprise au départ, et rencontra une opposition à l'époque, principalement parce que certains étaient jaloux de leurs prérogatives constitutionnelles[d].

DIFFÉRENCE DANS LES QUANTITÉS REQUISES POUR EFFECTUER LES PAIEMENTS D'UN PAYS, EN CONSÉQUENCE DE CETTE DIFFÉRENCE DE VITESSE

Qu'un état de défiance cause une circulation ralentie des *guinées*, et ce au moment où on aura besoin d'une plus grande quantité de numéraire pour n'effectuer que les mêmes paiements en numéraire, c'est une position qu'il est à peine besoin de prouver. Quelques observations à ce sujet peuvent cependant ne pas être inutiles. Quand surgit une période d'alarme extraordinaire, et que le numéraire du pays disparaît dans une certaine mesure, on dit communément que les guinées sont thésaurisées. À un certain degré, cette assertion peut être littéralement vraie. Mais la rareté de l'or provient sans doute principalement de ce que des personnes extrêmement variées, banquiers de province, marchands, et autres, augmentent, certains moins et d'autres plus amplement, cette provision qu'ils avaient coutume de garder chez eux. Le stock agrandi de cette façon n'est pas un fonds que son propriétaire ne compte en aucun cas diminuer, mais un fonds que, s'il était amené à le réduire, il essayera, s'il en a l'occasion, de reconstituer. C'est ainsi qu'est provoquée une circulation ralentie des guinées ; et plus la circulation est lente, plus grande sera la quantité dont on aura besoin pour effectuer le même nombre de paiements en numéraire.

Il semble dès lors que l'opinion qu'Adam Smith veut faire adopter à ses lecteurs, à savoir qu'il existe dans chaque pays une certaine quantité fixe de papier, remplaçant l'or, qui est tout ce qui « peut aisément circuler » (ou circuler sans être *forcé* à circuler), et qui est tout ce qu'on devrait jamais autoriser à mettre en circulation (car, de même, telle semble être la conclusion visée), il semble bien que cette opinion soit incorrecte à divers égards. L'existence de divers trésors d'or dans les coffres des banquiers et de la Banque d'Angleterre, alors qu'il n'existe pas de trésors correspondants de papier, interdirait par elle-même toute comparaison exacte entre eux.

Many additional, though smaller, circumstances might be mentioned as contributing to prevent the quantity of notes which will circulate from being the same as the quantity of gold which would circulate if there were no notes; such as their superior convenience in a variety of respects, the facility of sending them by post, the faculty which they have of being either used as guineas, or of supplying the place of bills of exchange, and furnishing a remittance to distant places.

There is a further objection to the same remark of Dr. Smith. It would lead an uninformed person to conceive, that the trade of a country, and of this country in particular, circumstanced as it now is, might be carried on altogether by guineas, if bank notes of all kinds were by any means annihilated. It may already have occurred, that if bank paper were abolished, a substitute for it [101] would be likely to be found, to a certain degree, in bills of exchange; and that these, on account of their slower circulation, must, in that case, be much larger in amount than the notes of which they would take the place. But further; if bills and bank notes were extinguished, other substitutes than gold would unquestionably be found. Recourse would be had to devices of various kinds by which men would save themselves the trouble of counting, weighing, and transporting guineas, in all the larger operations of commerce, so that the amount of guineas brought into use would not at all correspond with the amount of the bills and notes suppressed. Banks would be instituted, not of the description which now exist, but of that kind and number which should serve best to spare both the trouble of gold, and the expence incurred by the loss of interest upon the quantity of it in possession. Merely by the transfer of the debts of one merchant to another, in the books of the banker, a large portion of what are termed cash payments is effected at this time without the use of any bank paper[e], and a much larger sum would be thus transferred, if guineas were the only circulating medium of the country.

On peut mentionner beaucoup d'autres circonstances additionnelles, quoique de moindre importance, qui contribuent à empêcher que la quantité de billets en circulation soit la même que la quantité d'or qui circulerait en l'absence de billets ; comme leur commodité supérieure à divers égards, la facilité de les envoyer par la poste, la faculté qu'ils ont, soit d'être utilisés comme des guinées, soit de tenir lieu de lettres de change, et d'effectuer un paiement à des endroits éloignés.

ERREUR DE L'IDÉE QU'ON POURRAIT ABOLIR LE PAPIER DE CRÉDIT

Il y a une autre objection à la même remarque d'Adam Smith. Elle conduirait une personne mal informée à imaginer que le commerce d'un pays, et en particulier de notre pays dans les circonstances présentes, pourrait entièrement se poursuivre à l'aide de guinées, si les billets de banque de toute espèce étaient de quelque façon annihilés. Il peut déjà être venu à l'esprit que si le papier bancaire était aboli, on trouverait probablement, jusqu'à un certain point, un substitut dans les lettres de change ; et qu'en raison de leur circulation plus lente, celles-ci devraient être d'un montant plus élevé que les billets qu'elles remplaceraient. Mais de plus ; si les lettres de change et les billets de banque étaient abolis, on leur trouverait sans conteste d'autres substituts que l'or. On aurait recours à divers dispositifs qui épargneraient aux hommes la peine de compter, peser et transporter des guinées, pour toutes les opérations commerciales de plus grande taille, de sorte que le montant des guinées mises en circulation ne correspondrait pas du tout à celui des lettres de change et des billets supprimés. Des banques seraient créées, non pas du type qui existe aujourd'hui, mais d'une espèce et d'un nombre qui permettraient le mieux d'éviter et les embarras de l'or, et la dépense encourue en raison de la perte d'intérêts sur la quantité qu'on en possède. On effectue de nos jours une grande partie de ce qu'on appelle des paiements en argent liquide par le simple transfert des dettes d'un négociant à un autre dans les livres du banquier, sans utiliser aucun papier bancaire[e], et si les guinées étaient le seul moyen circulant du pays, des sommes beaucoup plus importantes seraient transférées de la sorte.

Credit would still exist; credit in books, credit depending on the testimony of witnesses, or on the mere verbal promise of parties. It might not be paper credit; but still it might be such credit as would spare, more or less, the use of [102] guineas. It might be credit of a worse kind, less accurately dealt out in proportion to the desert of different persons, and therefore, in some instances, at least, still more extended; it might be credit less contributing to punctuality of payments, and to the due fulfilment of engagements; less conducive to the interests of trade, and to the cheapening of articles; and it would, perhaps, also be credit quite as liable to interruption on the occasion of any sudden alarm or material change in the commercial prospects and circumstances of the country.

Le crédit existerait toujours ; un crédit dans des livres de compte, un crédit dépendant de preuves de témoins ou de la simple promesse verbale des parties. Ce pourrait ne pas être un crédit de papier ; mais ce pourrait néanmoins être un crédit permettant d'épargner, plus ou moins, l'usage de guinées. Ce crédit pourrait être d'une espèce pire, accordé en proportion moins exacte du mérite des différentes personnes, et donc dans certains cas au moins, encore plus étendu ; ce pourrait être un crédit contribuant moins à la ponctualité des paiements et au bon respect des engagements ; un crédit moins favorable aux intérêts du commerce et à la baisse de prix des articles ; et ce crédit serait sans doute tout aussi susceptible d'être interrompu à l'occasion de toute alarme soudaine ou de tout bouleversement substantiel dans les perspectives commerciales et les circonstances du pays.

NOTES

a Dr. Smith, in confirmation of this, remarks how greatly Scotland had been enriched in the twenty-five or thirty years preceding the time at which he wrote, by the erection of new banks in almost every considerable town, and even in some country villages, the effects having been, as he affirms, precisely those which he had described. The trade of Glasgow he states to have been doubled in about fifteen years after the erection of its first bank, and the trade of Scotland to be thought to have been more than quadrupled since the first erection of its two first public banking companies. This effect, indeed, he conceives to be too good to be accounted for by that cause alone; though he deems it indisputable, that the banks have essentially contributed to the augmentation of the trade and industry of Scotland. The gold and silver of Scotland, circulating before the union, is estimated by him at full a million; the quantity since the union at less than half a million; and the paper circulating in Scotland since the union at about one million and a half.

b Mr. Boyd, in his publication addressed to Mr. Pitt on the Subject of the Bank of England Issues, propagates the same error into which many others have fallen, of considering bills as no part of the circulating medium of the country. He says, "by the words "means of circulation," "circulating medium," and "currency," (which are used as synonymous terms in this Letter) I understand always ready money, whether consisting of bank notes or specie, in contradiction to *bills of exchange*, navy bills, exchequer bills, or any negotiable paper which form no part of the circulating medium, as I have always understood that term. The latter is the circulator; the former are merely objects of circulation." . . . See note to the first page of Mr. Boyd's Letter to Mr. Pitt.

It will be seen, in the progress of this work, that it was necessary to clear away much confusion which has arisen from the want of a sufficiently full acquaintance with the several kinds of paper credit; and, in particular, to remove, by a considerable detail, the prevailing errors respecting the nature of bills, before it could be possible to reason properly upon the effects of paper credit.

c Liverpool and Manchester effect the whole of their larger mercantile payments not by country bank notes, of which none are issued by the banks of those places, but by bills at one or two months date, drawn on London. The bills annually drawn by the banks of each of those towns amount to many millions. The banks obtain a small commission on these bills.

d The commissioners named in the act state in their report, "that the knowledge that loans might have been obtained, sufficed, in several instances, to render them unnecessary; that the whole number of applications was three hundred and thirty-two, for sums amounting to £ 3,855,624; of which two hundred and thirty-eight were granted, amounting to £ 2,202,000; forty-five for sums to the amount of £.1,215,100 were withdrawn, and forty-nine were rejected for various reasons. That the whole sum advanced on loans was paid, a considerable part before it was due, and the remainder regularly at the stated periods, without apparent difficulty or distress."

NOTES DE L'AUTEUR

a En confirmation de ce qui précède, Adam Smith remarque combien l'Écosse s'est enrichie pendant les vingt-cinq ou trente années précédant l'époque où il écrivait, grâce à la création de nouvelles banques dans presque chaque ville de quelque importance, et même dans quelques villages de la campagne, les effets ayant été, comme il l'affirme, précisément ceux qu'il avait décrits. Il indique que le commerce de Glasgow a doublé en quinze ans environ après la création de sa première banque, et qu'on pense que le commerce de l'Écosse a plus que quadruplé depuis la création de ses deux premières compagnies bancaires. Il pense en effet que cet effet est trop favorable pour que cette seule cause puisse en rendre compte ; bien qu'il juge indiscutable que les banques aient contribué de façon essentielle à l'augmentation du commerce et de l'activité de l'Écosse. Il estime l'or et l'argent circulant en Écosse avant l'Union [1707] à au moins un million ; leur quantité depuis l'Union à moins d'un demi-million ; et le papier circulant en Écosse depuis l'Union à environ un million et demi. [Smith (1976, II.ii.41 *sq.*), Smith (1991, t. 1, p. 379 *sq.*) et Smith (2000, p. 303 *sq.*).]

b M. Boyd, dans sa publication adressée à M. Pitt au sujet des émissions de la Banque d'Angleterre, propage la même erreur que celle où sont tombés beaucoup d'autres, de considérer les lettres de change comme ne faisant pas partie du moyen circulant du pays. Il écrit : « par les termes "moyens de circulation", "moyen circulant" et "liquidités" (qui sont employés comme des synonymes dans cette Lettre) j'entends toujours de l'argent comptant, qu'il consiste en billets de banque ou en espèces, contrairement aux lettres de change, aux billets de la Marine, aux billets de l'Échiquier, ou à n'importe quel papier négociable qui ne fait pas partie du moyen circulant, comme j'ai toujours compris ce terme. Ce dernier est le circulateur ; les précédents sont de simples objets de circulation ». Voyez la note de la première page de la Lettre de M. Boyd à M. Pitt.

On verra dans la suite de ce travail qu'il était nécessaire de dissiper la grande confusion qui a résulté du manque de familiarité suffisante avec les différentes espèces de papier de crédit ; et en particulier d'éliminer, en entrant dans les détails, les erreurs répandues sur la nature des lettres de change, avant qu'il ne soit possible de raisonner correctement sur les effets du papier de crédit. [Voir Walter Boyd (1801, p. 1-2) ; italiques de Thornton. La lettre proprement dite a été écrite fin novembre 1800, et la 1re édition de l'ouvrage a été publiée en janvier 1801. M. Pitt est le Premier ministre William Pitt « le Jeune » (1759-1806), qui occupa cette fonction de 1783 à mars 1801 (puis de 1804 à 1806). Il était aussi Chancelier de l'Échiquier. Les billets de la Marine et de l'Échiquier sont des titres de dette publique de court terme ; voir O'Brien (1967).]

c Liverpool et Manchester effectuent la totalité de leurs paiements d'un montant élevé en lettres de change sur Londres à l'échéance d'un ou deux mois, et non en billets de banques de province, que les banques de ces places n'émettent pas. Les lettres de change tirées chaque année par les banques de chacune de ces villes s'élèvent à de nombreux millions. Les banques touchent une petite commission sur celles-ci. [*Cf.* Ashton (1945).]

d Les commissaires nommés par la loi déclarent dans leur rapport : « que la connaissance que des prêts pourraient être obtenus, a suffi, dans plusieurs cas, à les rendre inutiles ; que le nombre total des demandes a été de 322, pour des sommes s'élevant à 3 855 624 £ ; dont 238 furent accordées, pour un montant de 2 202 000 £ ; 45 demandeurs se sont désistés pour des sommes d'un montant de 1 215 100 £ ; et 49 ont été rejetés pour diverses raisons. Que la somme entière avancée par des prêts a été remboursée, une bonne partie avant l'échéance, et le reste régulièrement aux périodes indiquées, sans difficulté ni détresse apparentes. »

They observe that, "the advantages of this measure were evinced by a speedy restoration of confidence in mercantile transactions, which produced a facility in raising money that was presently felt, not only in the metropolis, but through the whole extent of Great Britain. Nor was the operation of the act less beneficial with respect to a variety of eminent manufacturers, who, *having in a great degree suspended their works*, were enabled to resume them, and to afford employment to a number of workmen who must otherwise have been thrown on the public."

e The following custom, now prevailing among the bankers within the city of London, may serve to illustrate this observation, and also to shew the strength of the disposition which exists in those who are not the issuers of bank notes to spare the use both of paper and guineas. It is the practice of each of these bankers to send a clerk, at an agreed hour in the afternoon, to a room provided for their use Each clerk there exchanges the drafts on other bankers received at his own house, for the drafts on his own house received at the houses of other bankers. The balances of the several bankers are transferred in the same room from one to another, in a manner which it is unnecessary to explain in detail, and the several balances are finally wound up by each clerk into one balance. The difference between the whole sum which each banker has to pay to all other city bankers, and the whole sum which he has to receive of all other city bankers, is, therefore, all that is discharged in bank notes or money, a difference much less in its amount than the *several* differences would be equal to. This device, which serves to spare the use of bank notes, may suggest the practicability of a great variety of contrivances for sparing the use of gold, to which men having confidence in each other would naturally resort, if we could suppose bank paper to be abolished.

Ils observent que : « les avantages de cette mesure ont été démontrés par une restauration rapide de la confiance dans les transactions commerciales, qui a produit une facilité à lever des fonds qui a été bientôt ressentie, non seulement dans la métropole, mais à travers toute l'étendue de la Grande-Bretagne. L'effet de la loi n'a pas été moins bénéfique pour un grand nombre de fabricants éminents, qui, *ayant en grande mesure suspendu leurs travaux*, furent mis à même de les reprendre, et de fournir de l'emploi à un certain nombre d'ouvriers qui sans cela auraient été réduits à l'assistance du public. » [*Cf.* House of Commons (1794) ; italiques de Thornton, qui condense parfois le texte, et omet les derniers mots (« *for support* »). Notez par ailleurs que Thornton fait allusion à des tensions entre le Premier ministre Pitt et le Parlement.]

e La coutume suivante, qui est maintenant répandue parmi les banquiers de la *City* de Londres, permet d'illustrer cette observation, et aussi de montrer la force de la disposition de ceux qui n'émettent pas de billets de banque à épargner à la fois l'usage de papier et de guinées [les banquiers londoniens n'émettaient pas de billets ; *cf.* chap. IV, « De la nature… »]. C'est la pratique de chacun de ces banquiers d'envoyer un commis à une heure convenue de l'après-midi, dans un local prévu pour eux. Chaque commis y échange les effets payables par d'autres banquiers qu'a reçus sa maison, contre ceux payables par sa maison qu'ont reçus les autres banquiers. Les soldes des différents banquiers sont transférés de l'un à l'autre dans la même pièce, d'une manière qu'il est inutile d'expliquer en détail, et les multiples soldes sont finalement combinés par les commis en un seul. La différence entre le total dû par chaque banquier à tous les autres banquiers de la *City* et le total qui lui est dû par ces derniers, est donc tout ce qui est acquitté en billets de banque ou en numéraire ; une différence d'un montant bien inférieur à celui des multiples soldes [bilatéraux]. Ce dispositif, qui permet d'épargner l'usage de billets de banque, suggère la praticabilité d'une grande variété d'inventions pour épargner l'usage d'or, auxquels des personnes ayant confiance les unes dans les autres recourraient naturellement, à supposer que le papier bancaire soit aboli. [Ce système de compensation interbancaire semble avoir été pratiqué dès 1770 environ, d'abord dans un pub de Lombard Street (« Les Cinq Cloches »), puis dans une salle louée à cet effet ; voir Matthews (1921). La procédure que Thornton trouve « inutile d'expliquer en détail » est apparemment un algorithme qui a intéressé les historiens de l'informatique ; *cf.* Campbell-Kelly (2010).]

CHAP. IV

Observation of Dr. Smith respecting the Bank of England—of the Nature of that Institution.—Reasons for never greatly diminishing its Notes—its Liability to be exhausted of Guineas—the Suspension of its Cash Payments not owing to too great Issue of Paper—nor to too great Loans.—Propriety of parliamentary Interference.

Dr Adam Smith, after laying down the principle which has been lately animadverted on, "that the quantity of paper which can easily circulate in a country never can exceed the gold and silver which would circulate if there were no paper," proceeds to observe, that the Bank of England, "by issuing too great a quantity of paper, of which the excess was continually returning, in order to be exchanged for gold and silver, was for many years together, obliged to coin gold to the extent of between eight hundred thousand pounds and a million a year. For this great coinage the bank was frequently obliged to purchase gold bullion at 4*l.* an ounce, which it soon after issued in coin at 3*l.* 17*s.* 10½*d.* an ounce, losing two and a half and three per cent. on the coinage."

CHAPITRE IV

Observation d'Adam Smith sur la Banque d'Angleterre. – De la nature de cette institution. – Raisons de ne jamais diminuer beaucoup le nombre de ses billets – son exposition à être épuisée de guinées – la suspension de ses paiements en espèces n'étant pas due à une trop grande émission de papier – ni à des prêts trop importants. – Opportunité de l'interférence du Parlement.

OBSERVATION D'ADAM SMITH SUR LA BANQUE D'ANGLETERRE

Adam Smith, après avoir posé le principe qu'on vient de commenter, que « la quantité de papier qui peut aisément circuler dans un pays ne peut jamais excéder l'or et de l'argent qui circuleraient s'il n'y avait pas de papier », poursuit en observant que :

> La Banque d'Angleterre, pour avoir émis une trop grande quantité de papier, dont l'excédent lui revenait continuellement à l'échange contre de l'or et de l'argent, a été obligée, pendant plusieurs années de suite, de faire battre de la monnaie d'or jusqu'à concurrence d'une somme annuelle de 800 000 à un million de livres [...]. Pour cet immense monnayage, la banque [...] se vit souvent obligée d'acheter, jusqu'au prix de 4 livres l'once, l'or en lingots qu'elle émettait bientôt après, sous forme de pièces de monnaie, à 3 livres 17 shillings 10 pence ½ l'once ; ce qui lui faisait une perte de 2½ à 3 % sur le monnayage d'une somme aussi énorme[1].

1 Le premier passage de Smith, cité in extenso dans le chapitre III, a été condensé par Thornton. Le second passage provient de Smith (1976, II.ii.54 ; 1991, t. 1, p. 385-386 ; 2000, p. 309-310). Ce même passage est cité de façon plus complète au chapitre VIII, « Erreurs d'Adam Smith... ». Un shilling et un penny valaient respectivement 1/20 et 1/240 de livre sterling. Le prix de l'once d'or à la Monnaie s'élevait donc à quelque 3,9 livres.

Dr. Smith probably could not be acquainted with the secret of the actual quantity of those bank notes, of the number of which he complains; he must, therefore, have taken it for granted, that they were what he terms excessive, on the ground of the price of gold being high, and the coinage great. He does not proceed, in any respect, to guard or to limit the observation in question; an observation which, when thus unqualified, may lead the reader to suppose, that whenever the bank finds itself subjected to any great demand for gold in consequence of a high price of bullion, the cause of this evil is an excess of circulating paper, and the remedy a reduction of bank notes. There is also danger, lest it should be conceived, that if the remedy should appear to fail, it can fail only because the reduction is not sufficiently great.

[104]

The point of which we are speaking is of great importance, and will be the subject of much future discussion. One object of the present and succeeding Chapter will be to shew, that, however just may be the principle of Dr. Smith when properly limited and explained, the reduction of the quantity of Bank of England paper is by no means a measure which ought to be resorted to on the occasion of every demand upon the bank for guineas arising from the high price of bullion, and that such reduction may even aggravate that sort of rise which is caused by an alarm in the country.

It will be proper, first, to describe the nature of the institution of the Bank of England, and the relation in which it stands to the public; in this detail, the event of the late stoppage of its cash payments will be particularly noticed.

Adam Smith ne pouvait probablement pas avoir connaissance du secret de la quantité effective de ces billets de banque, dont il déplore le nombre ; il doit donc avoir tenu pour acquis qu'ils étaient ce qu'il appelle « excessifs » sur la base du prix élevé de l'or, et de l'importance du monnayage. Il n'entreprend en rien de nuancer l'observation en question ou de limiter sa portée ; une observation qui, sans être nuancée davantage, peut conduire le lecteur à croire que, toutes les fois que la Banque est exposée à une grande demande d'or en conséquence du prix élevé du lingot, la cause de ce mal est un excès de papier circulant, et le remède une réduction des billets de banque[2]. Il y a aussi un risque qu'on pense que s'il apparaît que le remède échoue, il ne peut échouer que parce que cette réduction n'a pas été assez forte.

Le point dont nous parlons est d'une grande importance, et sera longuement discuté par la suite. Un objectif de ce chapitre et du suivant sera de montrer qu'aussi juste que puisse être le principe d'Adam Smith quand il est convenablement limité et expliqué, la réduction de la quantité de papier de la Banque d'Angleterre n'est nullement une mesure à laquelle il convienne d'avoir recours chaque fois que le prix élevé du lingot fait demander des guinées à la Banque, et qu'une telle réduction pourrait même bien aggraver une hausse qui serait causée par une alarme dans le pays.

Il conviendra de décrire d'abord la nature de l'institution de la Banque d'Angleterre, ainsi que ses rapports avec le public[3] : à cet égard, l'événement de l'arrêt récent de ses paiements en espèces sera particulièrement remarqué[4].

2 On pourrait préférer traduire par « réduction (ou augmentation) de la *quantité* de billets », comme dans la traduction de 1803. Nous conserverons dorénavant la formulation plus elliptique de l'auteur.

3 Au sens des autorités publiques.

4 La décision de suspendre les remboursements de billets en espèces dans l'attente d'un vote du Parlement fut prise en urgence le dimanche 26 février 1797 par le Conseil Privé à l'instigation de Pitt, en concertation avec la Banque. Le Parlement a adopté le *Bank Restriction Act* (37, Geo. III, c. 45) le 3 mai 1797, soit quelque deux mois plus tard (la *restriction* a trait aux remboursements en espèces). Cette loi fut prorogée fin 1797 jusqu'à un mois après la fin de la guerre.

Bills are drawn on London from every quarter of the kingdom, and remittances are sent to the metropolis to provide for them, while London draws no bills, or next to none, upon the country. London is, in this respect, to the whole island, in some degree, what the centre of a city is to the suburbs. The traders may dwell in the suburbs, and lodge many goods there, and they may carry on at home a variety of smaller payments, while their chief cash account is with the banker, who fixes his residence among the other bankers, in the heart of the city. London also is become, especially of late, the trading metropolis of Europe, and, indeed, of the whole world; the foreign drafts, on account of merchants living in our out-ports and other trading towns, and carrying on business there, being made, with scarcely any exceptions, payable in London. The metropolis, moreover, through the extent of its own commerce, and the greatness of its wealth and population, has immense receipts and payments on its own account; and the circumstance of its being the seat of government, and the place where the public dividends are paid, serves to encrease its pecuniary transactions: The practice, indeed, of transferring the payments of the country to London being once begun, was likely to extend itself. For, in proportion as the amount and number of payments and receipts [105] is augmented in any one particular place, the business of paying and receiving is more easily and cheaply transacted, the necessary guineas becoming fewer in proportion to the sums to be received and paid, and the bank notes wanted, though encreasing on the whole, becoming fewer in proportion also. On the punctuality with which the accustomed payments of London are effected, depends, therefore, most essentially the whole commercial credit of Great Britain. The larger London payments are effected exclusively through the paper of the Bank of England; for the superiority of its credit is such, that, by common agreement among the bankers, whose practice, in this respect, almost invariably guides that of other persons, no note of a private house will pass in payment as a paper circulation in London.

DE LA NATURE DE L'INSTITUTION DE LA BANQUE D'ANGLETERRE

Des quatre coins du Royaume on tire des lettres de change sur Londres, et on fait des remises à la métropole pour pourvoir aux paiements, tandis que Londres ne tire aucune lettre de change sur la province, ou peu s'en faut. Sous ce rapport, Londres est en quelque sorte au reste de l'île ce que le centre d'une ville est aux faubourgs. Les commerçants peuvent habiter les faubourgs, et y entreposer beaucoup de biens, et ils peuvent effectuer chez eux de nombreux petits paiements, alors que leur compte courant principal est chez un banquier qui établit son siège parmi les autres banquiers, au cœur de la *City*. Londres est aussi devenue, surtout récemment, la métropole commerciale de l'Europe, et même du monde entier ; les traites étrangères pour le compte de négociants qui vivent dans nos ports de mer et d'autres villes commerciales, et qui y font commerce, sont presque sans exception payables à Londres. De plus, en raison de l'étendue de son commerce et de l'abondance de sa richesse et de sa population, la métropole a d'immenses recettes et paiements pour son propre compte ; le fait qu'elle soit le siège du Gouvernement, et le lieu où sont payés les intérêts de la dette publique, augmente encore ses transactions pécuniaires. En effet, une fois établi l'usage de transférer à Londres les paiements de la province, il était susceptible de prendre de l'extension. Car à mesure qu'augmentent le montant et le nombre des paiements dans une place quelconque, les opérations de paiement deviennent plus faciles et meilleur marché, les guinées nécessaires devenant moins nombreuses en proportion des sommes à recevoir et à payer, et les billets de banque dont on a besoin, quoiqu'ils augmentent dans l'ensemble, deviennent aussi proportionnellement moins nombreux. Tout le crédit commercial du Royaume-Uni dépend donc de façon essentielle de la ponctualité des paiements habituels de Londres. Les paiements londoniens de plus grande taille sont exclusivement effectués en papier de la Banque d'Angleterre ; car la supériorité de son crédit est telle que, de commun accord entre les banquiers, dont l'usage à cet égard oriente presque invariablement celui des autres personnes, aucun billet de maison particulière ne sera admis en paiement comme circulation de papier à Londres.

The bank has a capital of near twelve millions, to which it has added near four millions of undivided profits or savings: all this capital and savings must be lost before the creditors can sustain any loss.

The Bank of England is quite independent of the executive government. It has an interest, undoubtedly (of the same kind with that of many private individuals), in the maintenance of our financial as well as commercial credit. It is also in the habit of lending out a large portion of its ample funds on government securities of various kinds, a comparatively small part only, though a sum not small in itself, being lent to the merchants in the way of discount. The ground on which the bank lends so much to government is clearly that of mutual convenience, as well as long habit. It is the only lender in the country on a large scale; the government is the only borrower on a scale equally extended; and the two parties, like two wholesale traders in a town, the one the only great buyer, and the other the only great seller of the same article, naturally deal much with each other, and have comparatively small transactions with those who carry on only a more contracted business. The bank, moreover, in time of peace, is much benefited by lending to government. It naturally, therefore, continues those loans, during war, which it had been used to [106] grant at all antecedent periods. It occasionally furnishes a considerable sum to the East India company. If, indeed, it lent more to the merchants during war, and less to the government, the difference would not be so great as might, perhaps, at first view be supposed. If, for instance, it furnished a smaller sum on the security of exchequer bills, that article might then be supposed to fall in price, or, in other words, to yield a higher and more tempting interest; and the bankers, in that case, would buy more exchequer bills, and would grant less aid to the merchants; they would, at least, in some degree, take up whichever trade the Bank of England should relinquish.

La Banque a un capital de près de douze millions, auquel elle a ajouté à peu près quatre millions de profits non distribués ou d'épargne : il faudrait que la Banque ait perdu tout ce capital et cette épargne, avant que ses créanciers ne puissent subir aucune perte.

LA BANQUE ET LE GOUVERNEMENT

La Banque d'Angleterre est tout à fait indépendante du pouvoir exécutif. Elle a sans aucun doute un intérêt (de même nature que celui de beaucoup de personnes privées) au maintien de notre crédit financier et commercial. Elle a aussi coutume de placer une portion importante de ses fonds abondants en titres d'État, une partie petite en comparaison, quoique la somme ne soit pas petite dans l'absolu, étant prêtée à des négociants sous la forme d'escompte. La raison pour laquelle la Banque prête tellement au Gouvernement est clairement celle de l'avantage mutuel, de même que celle d'une longue habitude. La Banque est le seul prêteur à grande échelle du pays ; le Gouvernement est le seul emprunteur à une échelle aussi étendue ; et tout comme deux commerçants en gros dans une ville, l'un le seul grand acheteur, et l'autre le seul grand vendeur du même article, les deux parties traitent naturellement beaucoup l'une avec l'autre, et effectuent des transactions petites, en comparaison, avec ceux dont les affaires sont plus restreintes. D'ailleurs, en temps de paix, la Banque tire grand avantage de ses prêts au Gouvernement. En temps de guerre, elle continue naturellement les prêts qu'elle avait l'habitude d'accorder auparavant. Elle fournit aussi à l'occasion des sommes importantes à la Compagnie des Indes Orientales. En effet, si elle prêtait plus aux négociants et moins au Gouvernement en temps de guerre, la différence ne serait pas si grande qu'on pourrait peut-être l'imaginer à première vue. Par exemple, si elle plaçait une somme moindre en billets de l'Échiquier, on peut penser que le prix de ces titres baisserait, ou autrement dit, qu'ils donneraient un intérêt[5] plus élevé et plus tentant ; et les banquiers, dans ce cas, achèteraient davantage de billets de l'Échiquier, et accorderaient moins leur concours aux négociants ; au moins dans une certaine mesure, ils prendraient en charge toute affaire à laquelle la Banque renoncerait.

5 Au sens de rendement.

The preference given by the bank to the government securities, is, therefore, no symptom of a want of independence in its directors: they are subject, in a much greater degree, to their own proprietors than to any administration. The strong manner in which the directors of the bank[a] at the time antecedent to the suspension of their cash payments, insisted on having four millions and a half paid up to them by the government—a payment which, though demanded at a very inconvenient time, was accordingly made—may be mentioned as one sufficiently striking mark of the independence of that company. There is, however, another much more important circumstance to be noticed, which is conclusive on this subject. The government of Great Britain is under little or no *temptation* either to dictate to the Bank of England, or to lean upon it in any way which is inconvenient or dangerous to the bank itself. The minister has been able to raise annually, without the smallest difficulty, by means of our funding system, the sum of no less than between twenty and thirty millions. The government, therefore, is always able to lessen, by a loan from the public, if it should be deemed necessary, the amount of its debt running with the bank. To suppose that bank notes are issued to excess, with a view to furnish means of lending money to the minister, is, in a high degree, unreasonable. The utmost sum which he [107] could hope to gain in the way of loan from the bank, by means of an extraordinary issue of bank notes, could hardly be more than four or five millions; and it is not easy to believe, that a government which can raise at once twenty or thirty millions, will be likely, for the sake of only four or five millions (for the loan of which it must pay nearly the same interest as for a loan from the public), to derange the system, distress the credit, or endanger the safety of the Bank of England[b]. This banking company differs in this most important point from every one of those national banks, which issue paper, on the continent.

La préférence que la Banque accorde aux titres d'État n'est donc pas un symptôme de manque d'indépendance de ses administrateurs : ceux-ci sont soumis à leurs actionnaires bien plus qu'à aucune administration. On peut mentionner, comme une marque suffisamment frappante de l'indépendance de cette société, la force avec laquelle, avant la suspension des paiements en espèces, les administrateurs de la Banque ont insisté pour que quatre millions et demi leur soient remboursés par le Gouvernement, – un paiement qui, quoique réclamé à un moment très peu opportun, fut dûment effectué[6, a]. Il faut cependant noter une autre circonstance beaucoup plus importante, qui est concluante à ce sujet. Le Gouvernement de Grande-Bretagne est peu ou pas *tenté* de dicter sa conduite à la Banque d'Angleterre, ni de s'appuyer sur elle d'une façon qui serait incommode ou dangereuse pour la Banque elle-même. Le Ministre[7] a réussi sans la moindre difficulté à emprunter annuellement une somme de pas moins de vingt à trente millions au moyen de notre système de financement. S'il le juge nécessaire, le Gouvernement est donc toujours en mesure de diminuer l'encours de sa dette auprès de la Banque par un emprunt au public. Il serait hautement déraisonnable de penser que les billets de la Banque sont émis à l'excès, en vue de fournir les moyens de prêter de l'argent au Ministre. La somme extrême qu'il pourrait espérer obtenir en prêt de la Banque, par une émission extraordinaire de billets, pourrait à peine dépasser cinq ou six millions. Or comment croire qu'un Gouvernement qui peut lever d'un seul coup vingt à trente millions irait bouleverser le système, ébranler le crédit et mettre en danger la sécurité de la Banque d'Angleterre, pour seulement quatre ou cinq millions (pour lesquels il doit payer presque le même intérêt que pour un emprunt au public)[b] ?Cette compagnie bancaire diffère sur ce point essentiel de chacune des banques nationales émettant du papier sur le continent.

---

6 La somme en question inclut notamment divers arriérés de paiement sur des avances consenties à partir de 1794, ce qui explique pourquoi la Banque pouvait en exiger le paiement rapide. Le remboursement a eu lieu en 1796, après des échanges de courriers aigres-doux entre la Banque et Pitt. L'échange qui suit entre la Commission d'enquête des Communes et le vice-gouverneur de la Banque Thomas Raikes est instructif. Question : « Après que la Banque eut reçu 4 500 000 £ en remboursement partiel de ses avances, pouvez-vous dire quel était le solde de ces avances ? » Réponse : « Je ne peux pas ; parce que d'autres sommes avaient été avancées entretemps. » (House of Commons, 1803, p. 128). En réalité, la hausse considérable des crédits au Gouvernement en 1794 n'a été que très légèrement réduite au cours des deux années suivantes (House of Commons, 1832, Annexe 5).

7 Il s'agit du Premier ministre William Pitt.

I understand that the banks of Petersburgh, Copenhagen, Stockholm, Vienna, Madrid, and Lisbon, each of which issues circulating notes, which pass as current payment, are all in the most direct and strict sense government banks[c]. It is also well known, that the governments residing in these several places have not those easy means of raising money, by a loan from the people, which the minister of Great Britain so remarkably possesses. Those governments, therefore, have, in times even of moderate difficulty, no other resource than that of extending the issue of the paper of their own banks; which extension of issue naturally produces a nearly correspondent depreciation of the value of the notes, and a fall in the exchange with other countries, if computed at the paper price. The notes, moreover, being once thus depreciated, the government, even supposing its embarrassments [108] to cease, is seldom disposed to bring them back to their former limits, to do which implies some sacrifice on their part at the time of effecting the reduction; but it contents itself, perhaps, with either a little lessening, or with not further adding to, the evil. The expectation of the people on the continent, therefore, generally is, that the paper, which is falling in value, will, in better times only cease to fall, or, if it rises, will experience only an immaterial rise, and this expectation serves of course to accelerate its fall. Hence it has happened, that in all the places of Europe, of which mention has been made, there exists a great and established, and generally, an increasing discount or agio between the current coin and the paper money of the kingdom. Nor, indeed, is this all: several of the governments of Europe have not only extended their paper in the manner which has been described, but have, besides this, depreciated, from time to time, their very coin; and thus there has been a two-fold cause for a rise in the nominal price of their commodities when exchanged with the current paper. There is, therefore, a fundamental difference between the nature of the paper of the Bank of England, and that of all the national or government banks on the continent. No one supposes that the English guinea contains less and less gold than heretofore, through frauds practised by government in the coinage; and as little is it to be suspected that the Bank of England paper is about to be depreciated by an excessive issue either ordered or needed by the government.

J'entends que les banques de Pétersbourg, Copenhague, Stockholm, Vienne, Madrid, et Lisbonne, qui émettent toutes des billets circulants, qui sont acceptés comme moyen de paiement courant, sont toutes au sens le plus direct et strict, des banques gouvernementales[c]. On sait aussi que les gouvernements de ces différentes places n'ont pas le moyen aisé de lever des fonds par un emprunt auprès de la population, dont dispose de façon si remarquable le Ministre de Grande-Bretagne. Même dans des temps modérément difficiles, ces gouvernements n'ont donc d'autre ressource que d'augmenter l'émission de papier de leurs propres banques ; laquelle émission accrue produit naturellement une dépréciation presque correspondante de la valeur des billets, et une chute du change avec les autres pays, si on le calcule au prix du papier[8]. D'ailleurs, une fois ces billets dépréciés, le gouvernement, à supposer même que ses embarras cessent, est rarement disposé à les ramener à leurs limites antérieures, ce qui exigerait des sacrifices de sa part au moment d'effectuer la réduction des montants émis ; mais il se contente peut-être, soit de diminuer un peu le mal, soit de ne pas l'aggraver. Les habitants du Continent anticipent donc en général que le papier qui perd sa valeur, cessera de chuter en des temps meilleurs, ou que s'il augmente, il ne connaîtra qu'une augmentation insignifiante, et cette anticipation sert bien entendu à accélérer sa chute. C'est pourquoi, dans toutes les places d'Europe que j'ai mentionnées, il existe une décote (ou agio) importante et établie, et en général croissante, de la monnaie de papier du royaume par rapport aux pièces courantes[9]. En effet, ce n'est pas tout : plusieurs gouvernements d'Europe n'ont pas seulement multiplié leur papier de la façon qu'on a décrite, mais ils ont encore réduit de temps à autre la teneur en métal de leurs propres pièces ; et il y a eu ainsi une double cause à la hausse du prix nominal de leurs marchandises quand on les échange contre le papier courant. Il y a donc une différence fondamentale de nature entre le papier de la Banque d'Angleterre et le papier de toutes les banques nationales ou gouvernementales du Continent. Personne n'imagine que la guinée contienne de moins en moins d'or qu'auparavant, parce que le Gouvernement frauderait sur le monnayage ; et on soupçonne tout aussi peu le papier de la Banque d'Angleterre d'être sur le point d'être déprécié par une émission excessive que le Gouvernement aurait ordonnée ou dont il aurait besoin.

8 La dépréciation se rapporte à la valeur des billets en lingots ; le change est la valeur des billets en monnaie étrangère. *Cf.* chap. v, « Du cours du change ».

9 À distinguer d'une dépréciation par rapport aux lingots.

There is, moreover, at present, this further ground for assuming that the issue of Bank of England notes is not likely to be excessive,—that it has lately become a practice to make the number of them public. Their quantity, as it now appears, has never, in any short time, varied very greatly; has seldom, in late years, been below ten or eleven millions, even when no one pound and two pound notes were issued; and has at no moment exceeded the sum of about fifteen millions and a half, including two millions and a half of one pound and two pound notes. It is not impossible that the discredit into which the paper of the government banks of the continent of Europe has fallen, [109] into which also the paper of the American banks sunk at the time of the American war, through the same extension of its issues by the successive French revolutionary governments, may have, in some degree, contributed, though most unjustly, to that fall in the exchange which Great Britain has experienced. Foreigners not adverting to that independence of the Bank of England, the grounds of which have been stated, and misled possibly by the abundant misrepresentations which have taken place in this country, may have thought that it was the government which, by its loans, involved the bank in difficulties (a point which shall be discussed presently), and that the bank is merely an instrument in the hands of the government; an instrument which may be turned, as the government banks on the continent have been, to the purpose of issuing notes to an extravagant extent. If such should, in any degree, be their sentiment, it would be just in them to infer from thence, that the Bank of England notes are not unlikely to fall in their value in the same manner as the notes of the continental banks.[1]

1 « , » *in* Thornton (1939a).

Il y a de plus, à présent, cet autre motif de penser que l'émission de billets de la Banque ne risque pas d'être excessive, – c'est récemment devenu une pratique de publier leur nombre[10]. Il apparaît maintenant que leur quantité n'a jamais varié beaucoup sur une période courte ; ces dernières années, elle n'a guère été au-dessous de dix à onze millions, même avant l'émission des billets d'une et de deux livres[11] ; et elle n'a à aucun moment dépassé la somme d'environ quinze millions et demi, y compris deux millions et demi de billets d'une ou deux livres[12]. Il n'est pas impossible que le discrédit dans lequel est tombé le papier des banques gouvernementales du continent européen, et où a aussi plongé le papier des banques américaines pendant la guerre d'Indépendance[13], en raison de la même extension de ses émissions que celle des gouvernements révolutionnaires français successifs, [que ce même discrédit, dis-je,] ait quelque peu contribué, quoique très injustement, à la baisse du change qu'a connue la Grande-Bretagne. Les étrangers qui ne sont pas attentifs à l'indépendance de la Banque d'Angleterre, dont les fondements ont été énoncés, et qui ont peut-être été induits en erreur par les nombreuses présentations erronées qui ont cours dans notre pays, peuvent avoir cru que c'était le Gouvernement qui avait mis la Banque en difficulté par ses emprunts (un point qui sera bientôt discuté), et que la Banque n'est qu'un instrument entre les mains du Gouvernement ; un instrument qui peut être utilisé, comme l'ont été les banques gouvernementales du Continent, afin d'émettre des billets d'une manière extravagante. Si tel est leur sentiment, à quelque degré que ce soit, il serait juste qu'ils en concluent qu'il n'est pas improbable que les billets de la Banque d'Angleterre chutent en valeur de la même manière que ceux des banques continentales.

10 Thornton fait allusion aux chiffres communiqués au Parlement en décembre 1800, à la suite d'une motion introduite par George Tierney, de la mouvance whig (*cf. infra*). Il n'y avait cependant pas de publication régulière de ces chiffres, contrairement à ce qu'avait préconisé Baring (1801, p. 17). Voir à ce propos la Présentation.

11 Cette émission a débuté le 28 février 1797, soit en pratique dès la suspension des paiements en espèces ; il s'agissait de pallier la pénurie de guinées.

12 Le total mentionné est la moyenne du 25 novembre au 6 décembre 1800, communiquée le 15 décembre aux Communes (*The Parliamentary Register*, vol. 13, 1801, p. 613). Le montant des petites coupures s'élevait alors à 2 062 300 £. En réalité, la moyenne mensuelle a dépassé 16,3 millions en janvier 1801, dont 2,5 millions de petites coupures, d'après *The Parliamentary Register* (vol. 14, 1801, p. 713). Ce point sera discuté en détail au chap. IX, « Deuxième supposition... ».

13 1775-1783.

An unwillingness to leave in this country whatever sums they may have a right to draw from us (sums probably small in the whole) may have been the consequence of this fear, and a great unwillingness to trust with us even a small quantity of property, may happen to cause, under certain circumstances, a considerable fall in the exchange.

It may be mentioned as an additional ground of confidence in the Bank of England, and as a circumstance of importance in many respects, that the numerous proprietors who chuse the directors, and have the power of controlling them (a power of which they have prudently forborne to make any frequent use), are men whose general stake in the country far exceeds that particular one which they have in the stock of the company. They are men, therefore, who feel themselves to be most deeply interested not merely in the increase of the dividends or in the maintenance of the credit of the Bank of England, but in the support of commercial as well as of public credit in general. There is, indeed, both among them and among the whole commercial world, who make so large [110] a portion of this country, a remarkable determination to sustain credit, and especially the credit of the bank; and this general agreement to support the bank is one of the pillars of its strength, and one pledge of its safety. The proprietors of it themselves are not likely to approve of any dangerous extension even of their own paper; both they and the directors know the importance of confining the bank paper, generally speaking, within its accustomed limits, and must necessarily be supposed to prefer its credit, and the paper credit of the nation, to the comparatively trifling consideration of a small increase in their own dividends; an increase which would prove delusory, if it should arise from that extravagant issue of bank notes which would have the effect of depreciating all the circulating medium of the country, since it would thus raise upon the proprietors of bank stock, as well as on others, the price of all the articles of life[d]. While the proprietors and directors of the bank have thus an interest, on the one hand, in limiting the quantity of paper issued, they are also naturally anxious, on the other, in common with the whole commercial world, to give the utmost possible credit to it;

Cette crainte peut avoir eu pour conséquence une réticence à laisser dans notre pays les sommes qu'ils pourraient être en droit d'en retirer (des sommes probablement minimes, au total) ; or une grande réticence à nous confier des avoirs, même en petite quantité, peut dans certaines circonstances causer une chute du change considérable[14].

LA BANQUE ET SES ACTIONNAIRES

On peut mentionner comme un fondement supplémentaire de la confiance dans la Banque d'Angleterre, et comme une circonstance importante à beaucoup d'égards, que les nombreux actionnaires qui choisissent les administrateurs, et ont le pouvoir de les contrôler (un pouvoir dont ils se sont prudemment gardés de faire un usage fréquent), sont des personnes dont l'ensemble des participations dans le pays dépasse de loin leur participation particulière dans le capital de la compagnie. Ce sont donc des personnes qui se sentent profondément intéressées, non seulement à accroître les dividendes ou à maintenir le crédit de la Banque d'Angleterre, mais aussi à soutenir le crédit commercial et le crédit public en général. Il y a en effet, à la fois chez eux et dans l'ensemble du monde commercial, qui constitue une portion si importante de notre pays, une détermination remarquable à soutenir le crédit, et spécialement celui de la Banque ; et cet accord général pour appuyer la Banque est un des piliers de sa force, et un gage de sa sécurité. Ses actionnaires eux-mêmes ne seraient pas disposés à approuver une multiplication dangereuse du papier, même du leur propre[15] ; tout comme les administrateurs, ils savent l'importance de confiner, généralement parlant, le papier de la Banque dans ses limites ordinaires, et il convient assurément de penser qu'ils préfèrent le crédit de la Banque et le crédit du papier de la nation, à l'avantage, dérisoire en comparaison, d'une petite hausse de leurs propres dividendes ; une hausse qui s'avérerait illusoire si elle provenait d'une émission extravagante de billets de banque qui aurait l'effet de déprécier tout le moyen circulant du pays, car elle ferait hausser le prix de tous les objets nécessaires à la vie, pour les actionnaires de la Banque comme pour d'autres personnes[d]. Si d'un côté, les actionnaires et les administrateurs de la Banque ont donc intérêt à limiter la quantité du papier émis, d'un autre côté, de même que tout le monde commercial, ils sont aussi naturellement soucieux de lui donner le plus de crédit possible.

---

14 Voir chap. V, « De la probabilité du retour de l'or ».

15 C'est-à-dire de papier créé à l'occasion de l'escompte d'effets qu'ils présenteraient.

and although an opinion should prevail, even to some extent, among persons out of business, that the appearance of gold is the only test of wealth, and that the absence of it, however temporary, implies great danger to the country, the mercantile interest, and in particular the bank proprietors, the bankers, and the traders of London, by whose transactions the value of the London paper is upheld, may be considered as combined in the support of a juster sentiment. The bank itself is known to have experienced, at former times (as appears from the evidence of the directors given to parliament), very great fluctuations in its cash; [111] and, in one period of returning peace and prosperity, a reduction of it below that which took place at the time of the late suspension of its cash payments: the amount of gold in the bank, at any one particular æra, is, perhaps, therefore, on the ground of this experience, not now considered by the commercial world as having all that importance which was given to it when the bank affairs were involved in greater mystery. It is perfectly well understood among all commercial men, that gold coin is not an article in which all payments (though it is so promised) are at any time intended really to be made; that no fund ever was or can be provided by the bank which shall be sufficient for such a purpose; and that gold coin is to be viewed chiefly as a standard by which all bills and paper money should have their value regulated as exactly as possible; and that the main, and, indeed, the only, point is to take all reasonable care that money shall in fact serve as that standard.

This is the great maxim to be laid down on the subject of paper credit. Let it, then, be next considered what is necessary, in order sufficiently to secure that, whatever the circulating paper may be, gold shall be the standard to which the value of that paper shall conform itself.

Et quoiqu'une opinion soit répandue, même dans une certaine mesure parmi des personnes extérieures au milieu des affaires, que l'apparition de l'or[16] est le seul test de richesse, et que son absence, aussi temporaire soit-elle, implique un grand danger pour le pays, on peut considérer que les intérêts commerciaux, et en particulier les actionnaires de la Banque, les banquiers et les commerçants de Londres, sont réunis dans le soutien à un sentiment plus juste. On sait (par les preuves que ses administrateurs ont données au Parlement[17]), que la Banque a connu par le passé de très grandes fluctuations de ses espèces ; et, dans une période particulière de retour à la prospérité et à la paix, une réduction de celles-ci en-dessous de leur niveau lors de la récente suspension des paiements en espèces[18]. C'est donc peut-être sur la base de cette expérience que le monde du commerce ne considère plus aujourd'hui la quantité d'or de la Banque à un moment particulier comme ayant toute l'importance qu'on lui accordait lorsque les affaires de la Banque étaient plus nimbées de mystère. Les hommes d'affaires comprennent tous parfaitement que la Banque n'a pas l'intention d'effectuer réellement, ni à tout moment, en pièces d'or tous les remboursements (quoique la promesse en soit faite)[19] ; qu'aucun fonds qui soit suffisant dans un tel but n'a jamais été fourni par la Banque, ni ne pourrait l'être ; qu'il faut principalement voir les pièces d'or comme un étalon servant à régler aussi exactement que possible la valeur de toutes les lettres de change et de la monnaie de papier ; et que la conclusion principale, et à vrai dire la seule, est de faire tout ce qui est raisonnablement possible pour que le numéraire soit effectivement utilisé comme un tel étalon.

L'INTERCHANGEABILITÉ ENTRE NUMÉRAIRE ET BILLETS

C'est là la grande règle à imposer au sujet du papier de crédit. Considérons maintenant ce qui est nécessaire pour garantir suffisamment que, quel que soit le papier circulant, l'or soit l'étalon auquel se conformera la valeur de ce papier.

---

16 C'est-à-dire le fait que le numéraire ne soit pas thésaurisé ou exporté.

17 *Cf.* House of Commons (1803), qui reproduit les divers rapports publiés en 1797, et House of Lords (1797).

18 L'encaisse-or a baissé pendant la guerre d'Indépendance des États-Unis à 590 000 £ (août 1783) ; il ne semble pas que cette information ait été publique en 1802. L'encaisse-or s'élevait à 1 086 000 £ en février 1797. Voir Clapham (1944, vol. 1, p. 297).

19 Il s'agit de rembourser tous les billets émis.

It is no doubt important, that there should be usually in the country a certain degree of interchange of gold for paper, for this is one of the means which will serve to fix the value of the latter. Whether the interchange wanted to produce this effect must be more or less large and frequent, depends much on the habits and dispositions of the country, and, in particular, on the degree of knowledge of the nature of paper credit generally prevailing, and on the degree of confidence in it.

In order to secure that this interchange shall at all times take place, it is important that, generally speaking, a considerable fund of gold should be kept in the country, and there is in this kingdom no other depository for it but the Bank of England. This fund should be a provision not only against the common and more trifling fluctuations in the demand for coin, but also against the two following contingencies. First, it should serve to counteract the effects of an unfavourable balance of trade, for this infallibly [112] will sometimes occur, and it is what one or more bad harvests cannot fail to cause. It is also desirable, secondly, that the reserve of gold should be sufficient to meet any extraordinary demand at home, though a demand in this quarter, if it should arise from great and sudden fright, may undoubtedly be so unreasonable and indefinite as to defy all calculation. If, moreover, alarm should ever happen at a period in which the stock of gold should have been reduced by the other great cause of its reduction, namely, that of a call having been recently made for gold to discharge an unfavourable balance of trade, the powers of any bank, however ample its general provision should have been, may easily be supposed to prove insufficient for this double purpose.

To revert, then, to the Bank of England. A short time before the suspension of its cash payments, the gold in its coffers had been reduced materially through an unfavourable balance of trade. The exchange with Europe had, however, so far improved for some time preceding the suspension, as to have caused gold to begin again to flow into the country.

Il importe sans aucun doute qu'il y ait d'habitude dans le pays une certaine intensité des échanges réciproques[20] entre or et papier, car c'est un des moyens qui permettront de fixer le prix de ce dernier. Que les échanges réciproques dont on a besoin pour produire cet effet doivent être plus ou moins importants et fréquents, cela dépend beaucoup des habitudes et des dispositions du pays, et en particulier du degré de connaissance généralement répandu de la nature du papier de crédit, et du degré de confiance dans celui-ci.

Pour assurer que ces échanges réciproques puissent avoir lieu à tout moment, il importe que, généralement parlant, on conserve toujours dans le pays un fonds d'or important ; et il n'y a dans ce Royaume aucun autre dépositaire pour celui-ci que la Banque d'Angleterre. Ce fonds devrait être une provision, non seulement pour les fluctuations habituelles et plus négligeables de la demande de pièces, mais aussi pour les deux éventualités suivantes. Tout d'abord, il devrait servir à contrecarrer les effets d'un solde commercial défavorable, car, sans faute, un tel solde se produira parfois, et c'est ce qu'une ou deux mauvaises récoltes ne manquent pas de provoquer. En second lieu, il est souhaitable que la réserve d'or suffise à faire face à toute demande intérieure extraordinaire, quoiqu'une demande de cette origine, si elle provient d'une frayeur importante et soudaine, peut sans aucun doute être si déraisonnable et illimitée qu'elle défie toute évaluation. De plus, si jamais l'alarme se produit à un moment où le stock d'or se trouve avoir déjà été réduit par l'autre grande cause de sa réduction, à savoir qu'on ait récemment fait appel à l'or pour régler un solde commercial défavorable, on concevra aisément que les pouvoirs de n'importe quelle banque, aussi grande que soit sa provision totale, s'avéreraient insuffisants pour ce double objectif.

LA SUSPENSION DES PAIEMENTS EN ESPÈCES : RÉTROACTES

Revenons à la Banque d'Angleterre. Peu avant la suspension de ses paiements en espèces[21], l'or dans ses coffres avait été substantiellement réduit par un solde commercial défavorable. Le change avec l'Europe s'était cependant assez amélioré pendant quelque temps avant la suspension pour que l'or recommence à affluer dans le pays.

20 Thornton utilise le terme « *interchange* ». Voir à ce propos la Présentation.

21 Soit avant le 26 février 1797.

When it was thus only beginning to return, the fear of an invasion took place, and it led to the sudden failure of some country banks in the north of England. Other parts felt the influence of the alarm, those in Scotland, in a great measure, excepted, where, through long use, the confidence of the people, even in paper money of a guinea value, is so great (a circumstance to which the peculiar respectability of the Scotch banks has contributed), that the distress for gold was little felt in that part of the island. A great demand on the Bank of England for guineas was thus created; a demand which every one who can possess himself of a bank note is entitled to make by the very terms in which the note is expressed. In London, it is observable that much distress was beginning to arise, which was in its nature somewhat different from that in the country. In London, confidence in the Bank of England being high, and its notes maintaining their accustomed credit, its guineas were little called for with a view to the mere object of London payments. The guineas applied for by persons in London, was, generally speaking, on the [113] account of people in the country. The distress arising in London, like that which took place in 1793, was a distress for notes of the Bank of England. So great was the demand for notes, that the interest of money, for a few days before the suspension of the payments of the bank, may be estimated (by calculating the price of exchequer bills, the best test that can be referred to, as well as by comparing the money price of stocks with their time price) to have been about sixteen or seventeen per cent. per ann. The bank, on this occasion, pursued, though only in a small degree, the path which a reader of Dr. Smith would consider him to prescribe, as in all cases the proper and effectual means of detaining or bringing back guineas. They lessened the number of their notes, which, having been for some years before near eleven millions, and having been reduced, for some time, to between nine and ten millions, were at this particular moment brought down to between eight and nine millions.

Alors qu'il commençait à peine à revenir, la crainte d'une invasion se répandit, et elle conduisit à la faillite soudaine de quelques banques de province du Nord de l'Angleterre[22]. D'autres régions ressentirent l'influence de l'alarme, à l'exception, dans une grande mesure, de l'Écosse, où en raison d'une longue habitude, la confiance de la population, même dans de la monnaie de papier de la valeur d'une guinée, est telle (la respectabilité particulière des banques écossaises y a contribué), que la pénurie d'or y fut à peine perceptible. Une demande importante de guinées à la Banque d'Angleterre fut ainsi créée ; une demande que quiconque possède un billet de banque est en droit de faire en vertu des termes mêmes de la formulation du billet. À Londres, on peut observer qu'une pénurie importante commençait à apparaître dont la nature était quelque peu différente de celle de la province. Comme la confiance dans la Banque d'Angleterre y était élevée, et que ses billets conservaient leur crédit habituel, ses guinées ont été peu réclamées en vue du simple objectif de paiements londoniens. Les guinées réclamées par des personnes à Londres l'étaient en général pour le compte de provinciaux. La pénurie survenue à Londres, tout comme celle de 1793, était une pénurie de billets de la Banque d'Angleterre. La demande de billets était telle, que pendant quelques jours avant la suspension des paiements, on peut estimer (en calculant le prix des billets de l'Échiquier, le meilleur test auquel on puisse se référer, ainsi qu'en comparant le cours des rentes à leur valeur faciale) que l'intérêt de la monnaie a atteint 16 ou 17 %[23]. Dans ce cas, la Banque a suivi, quoique seulement à un degré limité, la voie dont un lecteur d'Adam Smith jugerait qu'il l'aurait prescrite comme la plus appropriée et efficace pour retenir ou faire revenir les guinées. Elle a diminué le nombre de ses billets, qui alors qu'ils avaient approché pendant quelques années les onze millions, puis avaient été réduits à neuf ou dix millions, furent réduits à huit à neuf millions à ce moment particulier.

22 Une tentative avortée de débarquement français avait eu lieu à Fishguard, au Pays de Galles, en février 1797. Les faillites sont évoquées par Beaugrand (1981, p. 27 *sq.*).

23 Thornton (1939b, p. 281) évoque le cas d'une décote de 3 % de billets de l'Échiquier à échéance de trois mois, ce qui donne lieu à de tels rendements annualisés. Cette décote n'apparaît pas des cotations journalières du *Gentleman's Magazine* pour février 1797 (vol. 67, nº 4). Une décote de 3 % génère un rendement de l'ordre de 8 % si le billet est conservé pendant un an, ce qui était possible. Il est certain que les taux se sont tendus courant 1796, et ont dépassé 6 % pendant certains mois de 1797 et 1798 dans le cas des obligations perpétuelles à 3 % ; *cf.* Silberling (1919) et O'Brien (1967, Tables 18-21). Thornton revient sur cet épisode au chap. VIII, p. 333.

It has been shewn already, that, in order to effect the vast and accustomed payments daily made in London, payments which are most of them promised beforehand, a circulating sum in bank notes, nearly equal to whatever may have been its customary amount is necessary. But a much more clear idea of this subject will be gained by entering into some detail.

There are in London between sixty and seventy bankers, and it is almost entirely through them that the larger payments of London are effected. It may be estimated (though the conjecture is necessarily a loose one) that the sums paid daily by the bankers of London may not be less than four or five millions. The notes in their hands form, probably, a very large proportion of the whole circulating notes in the metropolis. It is certain, at least, that only a very small proportion of Bank of England notes circulate far from London, and that it is to the metropolis itself that all the larger ones are confined. The amount of the bank notes in the hands of each banker, of course, fluctuates considerably; but the amount in the hands of all probably varies very little; and this amount cannot be much diminished consistently with their ideas of what [114] is necessary to the punctuality of their payments, and to the complete security of their houses. Thus there is little room for reduction as to the whole of that larger part of the notes of the Bank of England which is in the hands of the London bankers: the notes which may chance to circulate among other persons, especially among persons carrying on any commerce, if we suppose the usual punctuality of payments to be maintained, and the ordinary system of effecting them to proceed, can admit also of little diminution. A deficiency of notes in London is a very different thing from a deficiency either of country bank notes or of coin in the country.

RAISONS DE NE JAMAIS DIMINUER BEAUCOUP LE NOMBRE DES BILLETS DE LA BANQUE D'ANGLETERRE

On a déjà montré que pour effectuer les immenses paiements habituels faits quotidiennement à Londres, des paiements qui sont pour la plupart promis au préalable, il fallait qu'il y ait en circulation une somme de billets de banque à peu près égale à son montant habituel, quel qu'il soit[24]. Mais on se fera une idée beaucoup plus claire de cette question, en entrant dans quelques détails.

Il y a à Londres entre soixante et soixante-dix banquiers ; et c'est presque entièrement par eux que s'effectuent les paiements de montant élevé de la place. On peut estimer (quoique cette conjecture soit nécessairement approximative) que les sommes payées chaque jour par les banquiers londoniens s'élèvent à pas moins de quatre ou cinq millions. Les billets entre leurs mains constituent probablement une très grande proportion du total des billets circulants de la métropole. Il est du moins certain que seule une très faible proportion des billets de la Banque d'Angleterre circule loin de Londres, et que c'est à la métropole que toutes les plus grosses coupures sont cantonnées. Bien entendu, le montant des billets entre les mains de tel ou tel banquier varie beaucoup ; mais celui entre les mains de l'ensemble de tous les banquiers, varie probablement très peu ; et il ne peut pas être diminué beaucoup, conformément à leurs idées de ce qui est nécessaire à la ponctualité de leurs paiements, et à la sécurité complète de leurs maisons. Il y a donc peu de marge de réduction de l'ensemble de cette portion majeure des billets de la Banque d'Angleterre qui se trouve entre les mains des banquiers londoniens. Et les billets qui se trouveraient circuler parmi d'autres personnes, spécialement parmi celles exerçant un commerce, ne peuvent guère être réduits, si nous supposons que la ponctualité habituelle des paiements est maintenue, et que la méthode ordinaire de les effectuer est poursuivie. Une insuffisance de billets à Londres est une chose très différente d'une insuffisance de billets des banques de province ou de pièces en province.

---

24 Voir la section « De la nature de l'institution ... » du présent chapitre.

A large proportion of the London payments are payments of bills accepted by considerable houses, and a failure in the punctuality of any one such payment is deemed an act of insolvency in the party. The London payments are, moreover, carried on by a comparatively small quantity of notes; and they, perhaps, cannot easily be effected, with due regularity, by a much smaller number, so complete has been the system of economy in the use of them which time and experience have introduced among the bankers. There is, moreover, no substitute for them. They have an exclusive, though limited, circulation. They serve, at the same time, both to sustain and regulate the whole paper credit of the country. It is plain, from the circumstances which have just been stated, that any very great and sudden diminution of Bank of England notes would be attended with the most serious effects both on the metropolis and on the whole kingdom. A reduction of them which may seem moderate to men who have not reflected on this subject—a diminution, for instance, of one-third or two-fifths, might, perhaps, be sufficient to produce a very general insolvency in London, of which the effect would be the suspension of confidence, the derangement of commerce, and the stagnation of manufactures throughout the country. Gold, in such case, would unquestionably be hoarded through the great consternation which would be excited; and it would, probably, not again appear until confidence should be restored by the *previous* introduction of some additional or some new paper circulation.

[115]

The case which has been put is, however, merely hypothetical; for there is too strong and evident an interest in every quarter to maintain, in some way or other, the regular course of London payments, to make it probable that this scene of confusion should occur; or, even if it should arise, that it should continue. Whether there might chance to be much or little gold in the country, steps would be taken to induce the bank to issue its usual quantity of paper, or measures would be resorted to for providing, by some other means, a substitute for it. The credit, however, of even the best substitute, would be far inferior to that of the old and known Bank of England notes;

Une grande partie des paiements londoniens sont des paiements de lettres de change acceptées par de grandes maisons, et un défaut de ponctualité dans un seul de tels paiements est jugé comme une preuve d'insolvabilité de la partie concernée. De plus, les paiements londoniens sont effectués par une quantité de billets comparativement petite ; et ils ne peuvent sans doute pas être aisément effectués avec la régularité voulue par un nombre beaucoup moindre, tant est achevé le système d'économie dans leur utilisation que le temps et l'expérience ont introduit parmi les banquiers. De plus, ils n'ont aucun substitut. Leur circulation est exclusive, quoique limitée. Ils permettent, en même temps, à la fois de soutenir et de régler tout le papier de crédit du pays[25]. Il est clair, à partir des circonstances que nous venons d'énoncer, que toute diminution très grande et soudaine des billets de la Banque d'Angleterre serait suivie des effets les plus graves, tant dans la métropole que dans tout le Royaume. Une réduction qui paraîtrait modérée à ceux qui n'ont pas étudié ce sujet, – par exemple d'un tiers ou de deux cinquièmes – suffirait peut-être à produire une insolvabilité très générale à Londres, dont l'effet serait une suspension de la confiance, le bouleversement du commerce et la stagnation des manufactures à travers le pays. Dans ce cas, l'or serait indiscutablement thésaurisé en raison de la grande consternation qui serait suscitée ; et il ne réapparaîtrait probablement que lorsque la confiance aurait été restaurée par l'introduction *préalable* d'une circulation de papier additionnelle ou nouvelle.

Cependant, le cas de figure présenté est purement hypothétique ; car il y a de tous côtés un intérêt trop fort et évident à maintenir, d'une façon ou d'une autre, le cours régulier des paiements londoniens, pour qu'il soit probable que se produise le spectacle d'une telle confusion ; ou pour qu'il puisse se poursuivre, si jamais il se produisait. Qu'il se trouve y avoir dans le pays beaucoup ou peu d'or, des démarches seraient entreprises pour inciter la Banque à émettre la quantité habituelle de papier, ou bien on aurait recours à des mesures pour fournir, par quelque autre moyen, un substitut à ce papier. Cependant, même le meilleur substitut aurait un crédit de loin inférieur à celui des bons vieux billets de la Banque d'Angleterre ;

25 Ceci est élaboré aux chap. VIII et IX.

for the new paper would be guaranteed by a capital probably far less ample than that of the Bank of England: it would also be just as impossible for the issuers of it to procure, at the time in question, a supply of guineas to be given in payment of it, as it would for the Bank of England to provide a supply of guineas for payment of their notes. The new paper, then, though it should be the same in its general nature, would be inferior to that of the bank. It would yield, indeed, a profit to the issuers, a profit which the bank would lose the opportunity of gaining; and the desire of this profit might co-operate in producing a disposition in new bodies of men to proceed to the creation of it. If we suppose it to be created, and to form one part of the current circulating medium of the metropolis; and if we suppose, also, as we necessarily must, a reduced quantity of Bank of England notes to continue current at the same time, the new paper would then be easily exchangeable for the Bank of England paper; and every holder of the new paper would, therefore, be able, by first exchanging it for the bank paper, to draw gold out of the bank. The directors of the bank, therefore, by proceeding to such a reduction of their notes, as should create a necessity for the bankers and merchants to create a new paper among themselves, would only increase the general paper circulation in London. They have now, by their exclusive power of furnishing a circulating medium to the metropolis, the means of, in some degree, limiting and regulating its quantity; a power [116] of which they would be totally divested, if, by exercising it too severely, they should once cause other paper to become current in the same manner as their own. Projects for the introduction of a new circulating medium into the metropolis have, at different times, been formed; all such schemes, however, must necessarily fail, as long as there continues to be an unwillingness among the bankers to unite in giving currency to the new paper. This unwillingness would, of course, diminish in proportion as the pressure should become general and severe.

car ce nouveau papier serait probablement garanti par un capital d'une ampleur bien moindre que celui de la Banque. Il serait tout aussi impossible à ses émetteurs de se procurer, au moment en question, un approvisionnement en guinées à donner en paiement de ce nouveau papier, que ce serait à la Banque d'Angleterre. Ce nouveau papier, quoiqu'il devrait être le même quant à sa nature générale, serait alors inférieur à celui de la Banque. Certes, il fournirait un profit aux émetteurs, qui serait autant de perdu pour la Banque ; et l'attrait de ce profit pourrait contribuer à disposer de nouveaux groupes de personnes à procéder à sa création. Si nous supposons que ce nouveau papier est créé, et qu'il constitue une partie du moyen circulant courant de la métropole ; si nous supposons aussi, comme nous devons nécessairement le faire, qu'une quantité réduite de billets de la Banque d'Angleterre continue d'avoir cours en même temps, le nouveau papier serait alors aisément échangeable en papier de la Banque d'Angleterre ; et tout détenteur du nouveau papier pourrait, après l'avoir échangé contre du papier de la Banque d'Angleterre, tirer de l'or de celle-ci. Si les administrateurs de la Banque procèdent à une réduction de leurs billets telle qu'elle crée pour les banquiers et les négociants une nécessité de créer entre eux un nouveau papier, ils ne feraient qu'augmenter la circulation totale de papier à Londres. Ils ont maintenant, par leur pouvoir exclusif de fournir un moyen circulant à la métropole, les moyens de limiter et de régler à un certain degré sa quantité ; un pouvoir dont ils seraient totalement dépouillés si, en l'exerçant trop sévèrement, ils devaient obtenir qu'un autre papier ait cours de la même manière que le leur. On a conçu à différents moments des projets d'introduire un nouveau moyen circulant dans la métropole[26] ; cependant, de tels plans doivent nécessairement échouer tant que les banquiers restent réticents à s'unir pour donner cours au nouveau papier. Si la pression devenait générale et grave, cette réticence diminuerait bien sûr en proportion.

26 Comme le plan du groupe d'hommes d'affaires de la « *London Tavern* », constitué en avril 1796 en réaction au rationnement du crédit par la Banque. Ce plan, rédigé par Boyd, est reproduit en annexe de Boyd (1801).

The idea which some persons have entertained of its[2] being at all times a paramount duty of the Bank of England to diminish its notes, in some sort of regular proportion to that diminution which it experiences in its gold, is, then, an idea which is merely theoretic. It must be admitted, however, to be very natural.

It has been supposed by some, that the pressure on the mercantile world which a great diminution of notes must cause, would, especially if it were a severe one, induce the merchants to send for gold from abroad, in order to supply their own want of money. The supposition, when thus put, is stated in much too vague a manner to be susceptible of that close examination which I wish to give to it. There can be no doubt that we shall find it altogether false, when pushed to the extent of assuming that the extreme *severity* of the pressure is to be the remedy. Let us consider this point in as practical a way as possible.

It was supposed that the difficulty of obtaining bank notes would cause *the* merchants to send abroad for gold, in order to effect their payments. But *what* merchants? Certainly not those merchants whose goods are unfit for a foreign market, and are in no demand there. They must first exchange these unsuitable goods for goods which are suitable, that is, they must sell them, in the first instance, for money, or what passes as money, and answers, in their view, all the same purposes. Thus they get possession of the very thing, to supply their want of which they are supposed to send abroad. The trader acts, in this respect, like any one who is not a trader. If distressed for the means of effecting what is called [117] a cash payment, he no more turns his thoughts to a foreign country for a supply of gold, than the farmer or landed gentleman who is equally pressed. He considers only what part of his property he can turn into bank notes. These he sees to be at hand; of the gold which is in foreign countries he knows nothing.

2 *Sic.*

LA SÉVÉRITÉ DE LA PRESSION EST-ELLE LE REMÈDE ?

L'idée que certains ont soutenue qu'il est à tout moment du devoir primordial de la Banque de diminuer ses billets, dans une sorte de proportion régulière de la diminution qu'elle connaît de son or, est une idée purement théorique[27]. Il faut cependant admettre qu'elle est assez naturelle.

Certains ont pensé que la pression que doit causer sur le monde commercial une grande diminution de billets, spécialement si elle est grave, inciterait les négociants à faire venir de l'or de l'étranger pour suppléer à leur propre manque de numéraire. Formulée de la sorte, la conjecture est énoncée de façon beaucoup trop vague pour être soumise à l'examen attentif que je souhaite lui accorder. Il n'y a pas de doute que nous la trouverons complètement fausse, si on la pousse au point de tenir pour établi que la *sévérité* extrême de la pression doive être le remède. Examinons ce point de façon aussi pratique que possible.

On a prétendu que la difficulté d'obtenir des billets de banque amènerait *les* négociants à faire venir de l'or de l'étranger pour effectuer leurs paiements. Mais *quels* négociants ? Certainement pas ceux dont les biens ne conviennent pas aux marchés étrangers, et n'y sont pas demandés. Ceux-ci doivent d'abord échanger ces biens, qui ne conviennent pas, contre des biens qui conviennent, c'est-à-dire qu'ils doivent, en première instance, les vendre pour du numéraire, ou ce qui est accepté comme tel, et qui soit bon, à leurs yeux, aux mêmes usages. Ils entrent ainsi en possession de la chose même qu'ils étaient censés faire venir de l'étranger pour en combler le manque. Le commerçant agit, à cet égard, comme quiconque n'en est pas un. S'il est en manque de moyens d'effectuer ce qu'on appelle un paiement en argent liquide, il ne pensera pas davantage à tirer de l'or de l'étranger que ne le fait un cultivateur ou un propriétaire terrien également pressé. Il se contente d'examiner quelle partie de ses avoirs il peut convertir en billets de banque. Il voit que ceux-ci sont à portée de main ; il ne sait rien de l'or qui est dans des pays étrangers.

---

27 Ce point de vue avait été défendu par le leader whig Charles Fox qui déclarait aux Communes le 9 mars 1797 : « diminuez la quantité de papier, et réduisez cette disproportion qui existe entre papier et espèces » (*The Parliamentary History*, vol. 33, 1818, col. 44 ; *cf.* aussi col. 343-344).

It will be allowed, then, that it is not on our traders in general that the pressure will so operate as to induce them to send for gold from the continent. It will, perhaps, however, be said to operate on our foreign merchants: but we must now distinguish, also, between one foreign merchant and another. The export trade to foreign countries is, generally speaking, one trade; the trade of importing from foreign countries is a second; the trade of sending out and bringing home bullion, in order to pay or receive the difference between the exports and imports, may be considered as a third. This third trade is carried on upon the same principles with any other branch of commerce, that is, it is entered into just so far as it is lucrative to the speculator in bullion, and no farther. The point, therefore, to be enquired into is clearly this,—whether the pressure arising from a scarcity of bank notes tends to render the importation of bullion a more profitable speculation.

In solving this question, there is not, perhaps, all the difficulty which might be supposed; for it is obvious that, generally speaking, it will answer to import gold into a country just in proportion as the goods sent out of it, in the way of trade (that is, the goods which must be paid for), are greater in value than the goods which are, in the way of trade, brought into it. We may, therefore, now dismiss also the case of the mere dealer in bullion from our consideration. We have only to examine in what way the pressure arising from the suppression of bank notes will affect the quantity of goods which are in the way of trade either exported or imported.

That a certain degree of pressure will urge the British merchants in general who buy of the manufacturers, as well as the manufacturers themselves, to sell their goods in order to raise money; that it will thus have some influence in lowering prices at home; and that the low prices at home may tempt merchants to [118] export their articles in the hope of a better price abroad, is by no means an unreasonable supposition.

On admettra donc que ce n'est pas sur nos commerçants en général que la pression agira de manière à les inciter à faire venir de l'or du Continent. Néanmoins, on dira peut-être qu'elle agira sur nos négociants internationaux ; mais nous devons maintenant distinguer aussi entre un négociant international et un autre. Le commerce d'exportation est, généralement parlant, un premier métier ; le commerce d'importation en est un deuxième ; le commerce consistant à expédier et faire venir des lingots, pour payer ou recevoir la différence entre exportations et importations, peut être considéré comme un troisième. Ce dernier métier se pratique sur les mêmes principes que toute autre branche du commerce, c'est-à-dire qu'on ne s'y engage que pour autant qu'il soit lucratif pour le spéculateur en lingots, et pas plus loin. Le point à examiner, est donc clairement celui-ci – si la pression provenant de la suppression des billets de banque[28] tend à faire de l'importation de lingots une spéculation plus profitable.

Cette question n'est sans doute pas aussi difficile à résoudre qu'on pourrait le croire ; car il est évident qu'en général, il est rentable d'importer de l'or dans un pays en proportion de l'excédent de la valeur des biens expédiés hors du pays, à titre commercial (c'est-à-dire des biens qui doivent être payés[29]), sur celle des biens introduits dans le pays à titre commercial. Nous pouvons donc maintenant aussi écarter de notre considération le cas du simple négociant en lingots. Nous n'avons qu'à examiner comment la pression qui résulte de la suppression des billets de banque affectera la quantité de biens exportés ou importés à titre commercial.

LES EXPORTATIONS, ET LES RÉPERCUSSIONS SUR L'ACTIVITÉ

Il n'est nullement déraisonnable de penser qu'un peu de pression incitera les négociants britanniques en général, qui achètent aux fabricants, et les fabricants eux-mêmes, à vendre leurs biens pour obtenir du numéraire ; qu'elle aura donc quelque influence à la baisse sur les prix intérieurs ; et que des prix intérieurs bas peuvent engager les négociants à exporter leurs articles, dans l'espoir d'un meilleur prix à l'étranger.

28 C'est-à-dire de la réduction de la quantité de billets en circulation à la suite de leur remboursement.

29 Cette idée sera élaborée au début du chap. V.

But, then, it is to be observed on the other hand, first, that this more than ordinary eagerness of all our traders to sell, which seems so desirable, is necessarily coupled with a general reluctance to buy, which is exactly proportionate to it: it must be obvious, that, when the general body of merchants, being urged by the pecuniary difficulties of the time, are selling their goods in order to raise money, they will naturally also delay making the accustomed purchases of the manufacturer. They require of him, at least, that he shall give them a more than usually extended credit; but the manufacturer, experiencing the same difficulty with the merchants, is quite unable to give this credit. The *sales* of the manufacturer are, therefore, suspended; but though these are stopped, his daily and weekly payments continue, provided his manufacture proceeds. In other words, his money is going out while no money is coming in; and this happens at an æra when the general state of credit is such, that he is not only not able to borrow, in order to supply his extraordinary need, but when he is also pressed for a prompter payment than before of all the raw materials of his manufacture. Thus the manufacturer, on account of the unusual scarcity of money, may even, though the selling price of his article should be profitable, be absolutely compelled by necessity to slacken, if not suspend, his operations. To inflict such a pressure on the mercantile world as necessarily causes an intermission of manufacturing labour, is obviously not the way to increase that exportable produce, by the excess of which, above the imported articles, gold is to be brought into the country.

But, secondly, that very diminution in the *price* of manufactures which is supposed to cause them to be exported, may also, if carried very far, produce a suspension of the labour of those who fabricate them. The masters naturally turn off their hands when they find their article selling exceedingly ill. It is true, that if we could suppose the diminution of bank paper to produce permanently a diminution in the value of all articles whatsoever, and a diminution, as it would then be fair that it should do, in the [119] rate of wages also, the encouragement to future manufactures would be the same, though there would be a loss on the stock in hand. The tendency, however, of a very great and sudden reduction of the accustomed number of bank notes, is to create an *unusual* and *temporary* distress, and a fall of price arising from that distress.

Mais alors, il faut observer d'autre part, et en premier lieu, que cet empressement à vendre sortant de l'ordinaire de tous nos commerçants, qui paraît si souhaitable, va nécessairement de pair avec une répugnance générale à acheter, qui lui est exactement proportionnelle. En effet, il doit être évident que si les négociants dans leur ensemble, pressés par les nécessités pécuniaires du moment, vendent leurs biens pour obtenir du numéraire, ils retarderont naturellement aussi leurs achats habituels au fabricant. Ils lui réclament, du moins, un crédit plus long qu'à l'ordinaire ; mais le fabricant, qui éprouve lui-même la même difficulté que le négociant, est bien incapable d'accorder ce crédit. Les *ventes* du fabricant sont donc suspendues ; et quoiqu'elles soient arrêtées, ses paiements quotidiens et hebdomadaires continuent, pourvu que sa fabrication se poursuive. Autrement dit, son argent sort sans qu'aucun argent ne rentre ; et ceci se passe à un moment où, non seulement l'état général du crédit est tel qu'il est incapable d'emprunter pour pourvoir à son besoin extraordinaire, mais où il est aussi pressé de payer plus rapidement qu'avant toutes les matières premières de sa manufacture. Ainsi, en raison de la rareté inhabituelle du numéraire, et quoique le prix de vente de son article devrait être profitable, le fabricant peut même être absolument forcé par la nécessité de ralentir, sinon de suspendre, ses activités. À l'évidence, infliger au monde commercial une pression telle qu'elle cause nécessairement une interruption du travail manufacturier n'est pas le moyen d'augmenter le produit exportable, dont l'excédent sur les articles importés amène l'or dans le pays.

Mais en deuxième lieu, la diminution même du *prix* des biens manufacturés, qui est censée causer leur exportation, peut aussi provoquer, si elle est poussée très loin, une suspension du travail de ceux qui les fabriquent. S'ils trouvent que leurs articles se vendent excessivement mal, les maîtres réduisent naturellement leurs bras. Il est vrai que si une réduction du papier bancaire produisait une réduction permanente de la valeur de tous les articles, quels qu'ils soient, et aussi, comme il serait alors juste qu'elle le fasse, une diminution du taux des salaires, l'encouragement à la production future de manufactures resterait le même, quoiqu'on subisse une perte sur le stock disponible. Mais une diminution très importante et soudaine du nombre habituel de billets de banque tend néanmoins à créer une pénurie *inhabituelle* et *temporaire*, et une chute consécutive des prix.

But a fall arising from temporary distress, will be attended probably with no correspondent fall in the rate of wages; for the fall of price, and the distress, will be understood to be temporary, and the rate of wages, we know, is not so variable as the price of goods. There is reason, therefore, to fear that the unnatural and extraordinary low price[e] arising from the sort of distress of which we now speak, would occasion much discouragement of the fabrication of manufactures.

Thirdly, a great diminution of notes prevents much of that industry of the country which had been exerted from being so productive as it would otherwise be. When a time either of multiplied [120] failures, or even of much disappointment in the expected means of effecting payments arises, plans of commerce and manufacture, as well as of general improvement of every kind, which had been entered upon, are changed or suspended, and part of the labour which had been bestowed proves, therefore, to have been thrown away. If, for instance, expensive machinery had been erected, under an expectation of regular employment for it, a pressing want of the means of effecting payments may cause that machinery to stand idle. The goods which ought to form part of the assortment of the factor or the shopkeeper, and to be occupying their premises, are loading the warehouse of the manufacturer[f], and, perhaps, are suffering damage by too long detention. On the other hand, some sales are forced; and thus the goods prepared for one market, and best suited to it, are sold at another. There [121] cease, at such a time, to be that regularity and exactness in proportioning and adapting the supply to the consumption, and that dispatch in bringing every article from the hands of the fabricator into actual use, which are some of the great means of rendering industry productive, and of adding to the general substance of a country. Every great and sudden check given to paper credit not only operates as a check to industry, but leads also to much of this misapplication of it. Some diminution of the general property of the country must follow from this cause; and, of course, a deduction also from that part of it which forms the stock for exportation. It can hardly be necessary to repeat, that on the quantity of exported stock depends the quantity of gold imported from foreign countries.

Mais une chute de prix découlant d'une pénurie temporaire, ne sera sans doute pas accompagnée d'une baisse correspondante des salaires ; car on se dira que la baisse de prix et la pénurie sont passagères, et le taux des salaires, nous le savons, n'est pas aussi variable que le prix des biens. Il y a donc des raisons de craindre qu'un bas prix non naturel et extraordinaire[e], provenant du type de pénurie dont nous parlons maintenant, n'occasionne un grand découragement de la fabrication de manufactures.

En troisième lieu, une grande diminution des billets empêche qu'une grande partie l'activité du pays, qui avait été exercée, soit aussi productive qu'elle ne l'aurait été sans cela. Quand arrive un moment où les faillites se multiplient, ou même un moment de grande déconvenue par rapport aux moyens anticipés d'effectuer les paiements, les projets commerciaux ou manufacturiers sont modifiés ou suspendus, de même que ceux d'amélioration générale de toute espèce dans lesquels on s'était engagé, en sorte qu'une partie du travail qui y avait été consacré s'avère perdu. Par exemple, si des machines coûteuses avaient été installées dans l'anticipation d'une utilisation régulière, un besoin pressant de moyens d'effectuer des paiements peut condamner ces machines à l'inactivité. Les biens qui devraient faire partie de l'assortiment du grossiste ou du marchand, et occuper leurs locaux, s'entassent dans l'entrepôt du fabricant[f], et subissent peut-être des dommages parce qu'ils sont conservés trop longtemps. D'un autre côté, certaines ventes sont forcées ; de sorte que les biens préparés pour un certain marché, et qui lui conviennent le mieux, sont vendus dans un autre. À un tel moment cessent la régularité et l'exactitude avec lesquelles l'offre est proportionnée et adaptée à la consommation, ainsi que la diligence avec laquelle chaque article est amené des mains du fabricant à son utilisation effective, qui sont parmi les grands moyens de rendre l'activité productive et d'ajouter à la substance totale d'un pays. Tout frein important et soudain au papier de crédit, n'agit pas seulement comme un frein à l'activité, mais contribue aussi beaucoup à la mauvaise utilisation de celle-ci qu'on vient de décrire. Il doit s'ensuivre une diminution du total des avoirs du pays ; et bien sûr aussi une réduction de la part de ceux-ci qui constitue le fonds exportable. Il est à peine nécessaire de répéter que c'est de la quantité du fonds exporté que dépend la quantité de l'or importé de pays étrangers.

It will be supposed, perhaps, that the limitation of bank notes, by lessening the means of payment of the importing merchant, may induce him to suspend his imports; and that, since it is the excess of exports above the imports which causes gold to enter the country, the limitation of paper may, with a view to the diminution of imports, be very desirable. There is, probably, some justice in this supposition. It should, however, be observed on this subject, that Great Britain, at that period of an unfavourable balance which we are now supposing, may be considered as importing chiefly either, first, corn, of which no one would wish to check the import by a limitation of paper; or, secondly, that class of articles which are brought from one country in order to be transported to another, articles which come chiefly from very distant parts, and of which the payment cannot be declined, it having been promised long before hand; articles, also, which soon serve to swell the exports in a somewhat greater degree than they had increased the imports; or, thirdly, that rude produce of other countries which forms the raw materials of our own manufacture, and serves, after a short time, to supply exportable articles to a very increased amount.

The limitation of credit at home will chiefly be of use by urging the exporting merchant to press the sale of the goods which he has [122] abroad, and to direct them to be sold, if he can, at a short credit; and also by its urging, in like manner, the importing merchant to delay buying abroad, as long as he can, and to buy at a long credit. In other words, it may be of use in leading English merchants, in their dealings with foreigners, to anticipate their receipts, and to delay their payments; on the other hand, it is carefully to be remembered, that an anticipation of receipts, and a delay of payments, are only a temporary benefit; while a suspension of manufactures operates, as far as it goes, as so much permanent and entire loss to the country. It is, moreover, to be borne in mind, that a very severe pressure is *sure* to produce a suspension of manufactures, while it is not sure to cause British merchants to obtain an extension of credit from foreigners.

LES IMPORTATIONS

On imaginera peut-être que la limitation des billets de banque, en réduisant les moyens de paiement du négociant importateur, peut l'inciter à suspendre ses importations ; et que, comme c'est l'excédent des exportations sur les importations qui fait entrer l'or dans le pays, la limitation du papier peut être très souhaitable en vue de la diminution des importations. Il y a probablement quelque justesse dans cette idée. Il faut cependant observer à ce sujet, que dans la période de solde défavorable que nous envisageons maintenant, on peut considérer que la Grande-Bretagne importe principalement, soit, en premier lieu, des grains, dont personne ne voudrait freiner l'importation en limitant le papier ; soit, en deuxième lieu, la classe des articles qu'on fait venir d'un pays pour les transporter dans un autre ; des articles qui proviennent surtout de contrées très lointaines, et dont on ne peut pas décliner le paiement, car il a été promis longtemps d'avance ; des articles, aussi, qui permettront bientôt de gonfler les exportations davantage qu'ils n'ont augmenté les importations ; ou, enfin, le produit brut d'autres pays qui constitue les matières premières nécessaires à nos manufactures, et permet peu après de fournir des articles exportables en quantité accrue de beaucoup.

LA SÉVÉRITÉ DE LA PRESSION EST-ELLE LE REMÈDE ? BILAN

La limitation du crédit intérieur sera principalement utile en poussant le négociant exportateur à accélérer la vente des marchandises qu'il a à l'étranger, et à donner instruction de les vendre, si possible, avec un crédit court ; et aussi en poussant, de la même façon, le négociant importateur à retarder ses achats à l'étranger aussi longtemps que possible, et à acheter avec un crédit long. Autrement dit, elle peut être utile à conduire les négociants anglais, dans leurs affaires avec l'étranger, à avancer leurs recettes, et à retarder leurs paiements ; d'autre part, il faut bien se souvenir qu'un avancement des recettes et un retard des paiements ne sont que des avantages temporaires ; tandis qu'une suspension des manufactures agit, pour ce qu'il en est, comme une perte permanente et entière pour le pays. Il faut de plus garder à l'esprit qu'une pression très sévère provoquera *sûrement* une suspension des manufactures, tandis qu'il n'est pas sûr qu'elle fasse obtenir aux négociants britanniques un allongement du crédit de la part des étrangers.

And *very extraordinary* suppression of bank notes must produce distrust abroad through the failures at home, to which it is known abroad to give rise. It, therefore, indisposes foreign merchants to lend money to England, and it induces those foreigners, who have debts due to them from Englishmen, to urge the payment of those debts. England, during the prevalence of any great distrust, is obliged to send abroad manufactures not for the payment of goods imported or for the purchase of gold, but for the extinction of debt[3].

Although, therefore, it may possibly admit of a doubt whether some moderate restriction of the paper of the bank may not be expedient with a view to mend for the time an unfavourable balance, it seems sufficiently clear that any very sudden and violent reduction of bank notes must tend, by the convulsion to which it will lead, to prevent gold from coming into the country rather than to invite it, and thus to increase the danger of the bank itself. The observation which was before made may, therefore, be repeated, *that it is not the severity of the pressure which is to be the remedy.* It is, indeed, in every respect plain that it must be important to maintain, and to maintain carefully, the credit of the country, at that time in particular, when its guineas are few, and are also leaving it; that is the time when our own funds are necessarily low, when the most regular industry should by every means [123] be promoted, and when there is the most need of the aid both of our domestic and foreign credit; and it belongs to the Bank of England, in particular, to guard and to superintend the interests of the country in this respect. The very policy of the bank differs, in this particular, from that of the individual country banker, whose own share of the evil resulting to the country, from the sudden suppression of his own notes, is small; who may trust, moreover, that there will be a substitution either of guineas or of other paper in the place of his own paper which is suppressed; and who, it may be remarked, supplies himself with the means of discharging his own notes by obtaining guineas from the Bank of England.

But the Bank of England has no bank to which it can resort for a supply of guineas proportioned to its wants in the same manner in which it is resorted to by the country banks; nor have the bankers and traders in London, to whom at present is transferred the business of effecting the great cash payments of the whole country, the same resource in case Bank of England notes are suppressed which traders in the country have, supposing country bank notes to be withdrawn.

3 Thornton (1939a) écrit erronément « manufacturers » et « puchase ».

Une suppression *très extraordinaire* de billets de banque doit produire de la défiance à l'étranger, par les faillites dont on sait à l'étranger qu'elle les provoque en Grande-Bretagne. Elle rend donc les négociants étrangers moins disposés à accorder des prêts à l'Angleterre, et elle incite les étrangers qui ont des créances sur des Anglais à réclamer leur remboursement. Tant que prévaut une grande défiance, l'Angleterre est obligée d'envoyer à l'étranger ses produits manufacturés, non pas en paiement de biens importés ou pour acheter de l'or, mais pour éteindre une dette.

Donc, bien qu'on puisse se demander si une certaine restriction modérée du papier de la Banque ne pourrait pas être avantageuse en vue de corriger sur le moment un solde défavorable, il semble assez clair que toute réduction très soudaine et violente de billets de banque doit tendre, par la convulsion à laquelle elle conduira, à empêcher l'or d'entrer dans le pays plutôt que de l'y inviter, et donc à augmenter le danger que court la Banque elle-même. On peut donc répéter l'observation faite plus haut *que ce n'est pas la sévérité de la pression qui doit être le remède.* En effet, il est clair à tous égards qu'il importe de maintenir, et de maintenir soigneusement, le crédit du pays, en particulier au moment où ses guinées sont rares, et aussi où elles le quittent ; c'est au moment où nos propres fonds sont nécessairement bas, que l'activité la plus régulière doit être promue par tous les moyens, et qu'on a le plus besoin de l'aide de notre crédit tant intérieur qu'étranger ; et il appartient en particulier à la Banque d'Angleterre de préserver et de superviser les intérêts du pays à cet égard. La politique même de la Banque diffère, dans cette circonstance, de celle du banquier de province individuel, dont la part propre dans le tort causé au pays par la suppression soudaine de ses propres billets de banque, est petite ; banquier qui peut compter, d'ailleurs, qu'il y aura une substitution de guinées ou d'autres papiers au sien qui est supprimé ; et qui, remarquons-le, se fournit lui-même les moyens de rembourser ses propres billets en obtenant des guinées de la Banque d'Angleterre.

Mais la Banque d'Angleterre n'a aucune banque à laquelle elle puisse recourir pour un approvisionnement en guinées en proportion de ses besoins, à la manière dont les banques de province ont recours à elle ; si l'on supprimait les billets de la Banque d'Angleterre, les banquiers et les négociants londoniens, à qui est actuellement confiée la tâche d'effectuer les grands paiements en argent liquide de tout le pays, n'auraient pas non plus la même ressource que celle qu'ont les commerçants de province, si on retirait de la circulation les billets des banques de province.

The country payments being not strictly promised before hand, may, many of them, bear to be postponed. Bills of exchange on London may also form some substitute for country bank notes, and may pass as such in the manner which was some time ago described; but if Bank of England notes are suppressed, and are suppressed, as we have been supposing them to be, in consequence of guineas being scarce, there then remain no means whatever of effecting the London payments. There can be no doubt that the extinction or very great diminution of bank notes would be a far greater evil, in the present circumstances of the metropolis, than the disappearing of guineas. If guineas disappear, notes may be substituted in their place; and through that general confidence which may be inspired by the agreement of bankers and other leading persons to take them, they will not fail, provided the issues are moderate, and the balance of trade is not very unfavourable to the country, to maintain exactly the [124] gold price. The punctuality thus introduced into all the larger operations of commerce, will facilitate contrivances for effecting the smaller payments.

Differences of opinion, undoubtedly, may exist as to the exact degree in which the notes of the Bank of England ought, under any given circumstances, to be diminished. It may be hoped, however, that at least one point has now been fully and completely established, namely, that there may be an error on the side of too much diminishing bank notes, as well as on the side of too much increasing them. There is an excessive limitation of them, as every one must admit, which will produce failures; failures must cause consternation, and consternation must lead to a run upon the bank for guineas. There must, in short, then, be some point at which the bank must stop in respect to the reduction of its notes, however progressive may be the drain upon it for guineas.

Comme les paiements provinciaux ne sont pas strictement promis au préalable, on peut, pour beaucoup d'entre eux, se permettre de les différer. Les lettres de change sur Londres peuvent aussi constituer une forme de substitut aux billets de banques de province, et peuvent être acceptés comme tels de la manière qui a été décrite précédemment ; mais si des billets de la Banque d'Angleterre sont supprimés, et le sont, comme nous l'avons supposé, en conséquence de la rareté des guinées, il ne reste alors plus aucun moyen d'effectuer les paiements londoniens. Il ne peut y avoir aucun doute que l'extinction des billets de banque[30], ou leur très grande diminution, serait un mal bien pire que la disparition des guinées, dans les circonstances actuelles de la métropole. Si les guinées disparaissent, des billets peuvent leur être substitués ; et grâce à la confiance générale qui peut être inspirée par le consentement des banquiers et d'autres personnes influentes à les accepter, les billets ne manqueront pas de conserver exactement leur prix en or, pourvu que les émissions soient modérées, et que la balance commerciale ne soit pas très défavorable au pays. La ponctualité introduite de cette façon dans toutes les opérations commerciales de plus grande taille, facilitera des inventions pour effectuer les paiements moindres.

Certes, il peut exister des différences d'opinion quant au degré exact auquel, dans des circonstances données, il convient de réduire les billets de la Banque d'Angleterre. On peut cependant espérer qu'un point au moins a désormais été entièrement et complètement établi, à savoir que l'on peut faire erreur en diminuant trop le nombre des billets de banque, tout comme en les multipliant à l'excès. Il existe une limitation excessive, telle qu'elle produit des faillites, chacun doit l'admettre ; les faillites doivent répandre la consternation, et la consternation doit provoquer une ruée sur la Banque pour des guinées. En bref, il doit y avoir un point auquel la Banque doit arrêter la réduction de ses billets, aussi graduel le drainage de ses guinées soit-il.

30 C'est-à-dire leur suppression totale.

But if its notes are not lessened, or if even they are lessened, but are not entirely extinguished, it is then in the power of any one who can possess himself of a bank note to possess himself also of guineas, as long as the bank pays in guineas; and it will be found to follow, moreover, that the bank is thus rendered liable to be totally exhausted of guineas. I mean, that it is liable to be totally exhausted of them, however great their number may have been, if it determines to *maintain* even the *smallest* number of notes. By maintaining, that is to say, five millions, or two millions, or even one million, of notes, the bank cannot avoid being exhausted (supposing the alarm to rise high enough to do it) of even five millions, or ten millions, or, if it had them, of twenty or fifty millions of guineas. It will depend, in such case, on the degree of alarm, and not on the maintenance of the greater or of the less quantity of notes, whether the guineas shall be more or less rapidly called for from the bank; or, in other words, the bank may be as much exhausted of guineas if it maintains five millions of notes as if it maintains ten millions, provided the alarm is only the same in the one case as in the other. If, therefore, the maintenance of the five millions of notes is sure to produce more alarm than the [125] maintenance of ten, then the maintenance of the larger quantity of notes will serve to diminish the demand for guineas, and the maintenance of the smaller number to increase it.

The following is the manner in which that operation, which is finally to exhaust all the guineas of the bank, may be supposed to proceed. A, for instance, the holder of a note of 1000*l.* (and it is what any man may obtain by selling goods) carries it to the bank and demands 1000*l.* in gold. The bank gives the gold; which gold, let it be remarked, either goes abroad to pay for an unfavourable balance of trade, or, as we are now rather supposing, fills a void in the circulation of the country, occasioned by the withdrawing of country bank notes in consequence of alarm, or serves as an addition to the fund of country banks, or forms a hoard in the hands of individuals. The 1000*l.* in gold, thus furnished by the bank, does not supply, in any degree, the place of the 1000*l.* note for which it was given; for the 1000*l.* note had been employed in London in making the larger payments.

DE L'EXPOSITION DE LA BANQUE À ÊTRE ÉPUISÉE DE GUINÉES

Mais si les billets de la Banque ne sont pas réduits, ou même s'ils sont réduits sans qu'il y ait extinction totale, quiconque peut se procurer un billet de banque a le pouvoir de se procurer des guinées, aussi longtemps que la Banque paie en guinées ; de plus, on découvrira qu'il s'ensuit que la Banque est ainsi exposée à être complètement épuisée de guinées. J'entends qu'elle est exposée à en être complètement épuisée, aussi grand leur nombre puisse-t-il avoir été, si elle est déterminée à *maintenir* en circulation fût-ce *le plus petit* nombre de billets. C'est-à-dire qu'en maintenant cinq millions de billets, ou deux, ou même un seul, (et à supposer que l'alarme atteigne un degré suffisant pour cela), la Banque ne peut éviter d'être épuisée de cinq millions, ou de dix, ou, si elle les avait, de vingt ou cinquante millions de guinées. En pareil cas, c'est du degré d'alarme que dépendra si les guinées seront réclamées plus ou moins promptement à la Banque, et non du maintien d'une quantité plus ou moins grande de billets ; ou en d'autres termes, la Banque peut être épuisée d'autant de guinées, qu'elle maintienne cinq millions de billets ou dix, pourvu seulement que l'alarme soit la même dans les deux cas. Donc, s'il est sûr que le maintien de cinq millions de billets produit plus d'alarme que dix, alors le maintien d'une plus grande quantité de billets permettra de diminuer la demande de guinées, et vice-versa.

Voici comment on peut penser que se déroule le processus qui doit finir par épuiser la Banque de toutes ses guinées. *A* par exemple, détenteur d'un billet de 1 000 £ (et c'est ce que quiconque peut obtenir en vendant des biens) le présente à la Banque, et demande 1 000 £ en or. La Banque lui donne l'or ; lequel or, remarquons-le, va soit à l'étranger pour payer un solde commercial défavorable, soit, et c'est ce que nous supposons désormais, comble un vide dans la circulation en province, causé par le retrait des billets de banque de province consécutif à l'alarme, ou encore permet d'augmenter le fonds de banques de province, ou enfin est thésaurisé dans les mains de particuliers. Les 1 000 £ en or ainsi fournies par la Banque ne remplacent donc en rien le billet de 1 000 £ contre lequel elles ont été échangées ; car le billet de 1 000 £ avait été employé à Londres à effectuer des paiements de montant élevé.

It is hardly ever, in almost any degree, as a substitute for Bank of England notes, that the gold taken from the bank is wanted. The bank, therefore, having paid away this 1000*l.* in gold, and having received for it their own note for 1000*l.* must now re-issue this note, if they are resolved to *maintain the amount of their paper circulation.* How, then, is the bank to issue it? The only means which the bank, on its part, is able to take for the extension of its paper circulation, is to enlarge its loans. It must, therefore, re-issue the 1000*l.* note, in the shape of a loan, to some person who offers a bill to discount. It receives, therefore, a bill of 1000*l.* and gives a note of 1000*l.* in return for it. For the same note, thus re-issued, we may suppose 1000*l.* in money to be again demanded, and to be again paid. The paper circulation of the bank is now again diminished 1000*l.* and, therefore, there arises a necessity for issuing the same 1000*l.* note, or some other note or notes to like amount, a third time, in order to maintain the amount of notes in circulation. The like transaction, or rather a number of such transactions, may be supposed to be repeated either five, or fifty, or a hundred, or a [126] thousand times. Even if we should suppose the bank to bring down its paper circulation to one hundred thousand pounds, and to *maintain it at that sum*, it is obvious that this same operation might be so reiterated, from day to day, as to extract at length from the bank even the greatest imaginable number of guineas. Thus, then, the bank is rendered liable to be exhausted of its guineas, by its determination to maintain the number of its notes, whether that number be greater or smaller; and here, also, let it be remarked by the way (a point on which more shall be said presently), that the bank, in consequence of its determination to maintain a given number of notes, is placed under an absolute necessity of increasing its loans to the very same extent to which it is deprived of its guineas. The bank, let it be remembered, was stated to lend an additional 1000*l.* on the occasion of each reiterated demand upon it for 1000*l.* in guineas. It thus clearly appears that the Bank of England is placed, by the very nature of its institution, in a situation in which it may not be possible to avoid a temporary failure in the regularity of its cash payments.

Ce n'est presque jamais, à presque aucun degré, comme substitut aux billets de la Banque d'Angleterre, que l'on a besoin de l'or pris à la Banque. Celle-ci, après avoir déboursé ces 1 000 £ en or, et avoir reçu en échange son propre billet de 1 000 £, doit donc maintenant réémettre ce billet si elle est résolue à *maintenir le montant de sa circulation de papier*. Comment la Banque l'émettra-t-elle ? La seule mesure qu'elle puisse prendre, pour sa part, pour étendre sa circulation de papier, est d'augmenter ses prêts. Elle doit donc réémettre ce billet de 1 000 £ sous la forme d'un prêt à une personne offrant une lettre de change à escompter. Elle reçoit donc une lettre de change de 1 000 £, et donne en retour un billet de 1 000 £. On peut supposer qu'on demande à nouveau pour le même billet, réémis de la sorte, 1 000 £ en numéraire, qui sont à nouveau déboursées par la Banque. La circulation de papier de la Banque est maintenant à nouveau réduite de 1 000 £, et il apparaît donc nécessaire d'émettre pour une troisième fois le même billet de 1 000 £, ou un autre billet ou des billets pour un même montant, afin de maintenir le montant des billets en circulation. On peut imaginer que la même transaction, ou plutôt un certain nombre de transactions pareilles, soient répétées cinq, ou cinquante, ou cent ou mille fois. Même si nous devions supposer que la Banque ramène sa circulation de papier à cent mille livres, *et la maintienne à cette somme*, il est évident que cette même opération pourrait ainsi être réitérée jour après jour, de manière à extraire à la longue de la Banque autant de guinées qu'on puisse imaginer. La Banque est donc ainsi exposée à se voir épuisée de ses guinées, par sa détermination à maintenir le nombre de ses billets, que ce nombre soit grand ou petit ; et ici, remarquons aussi en passant (un point sur lequel nous en dirons bientôt davantage[31]), que la Banque, en conséquence de sa détermination à maintenir un nombre donné de billets, est placée dans une nécessité absolue d'augmenter ses prêts exactement dans la même mesure qu'elle est privée de ses guinées. Souvenez-vous qu'on avait posé que la Banque prêtait 1 000 £ additionnelles à chaque demande qu'on lui réitérait de 1 000 £ en guinées. Il apparaît donc clairement que, de par la nature même de l'institution, la Banque d'Angleterre est placée dans une situation où il peut être impossible d'éviter une défaillance temporaire de la régularité de ses paiements en espèces.

31 Dans la section « Remarque sur la relation entre prêts et émissions… ».

An idea has, indeed, prevailed, than which nothing can be more natural, that because an individual merchant is presumed to be blameable if he is not able to make good his payments, therefore also, a national bank, in case of failure, may be presumed to be censurable in like manner; and, on account of the greater importance of its transactions, to be censurable even in a still higher degree. But the total disparity in the circumstances of the two cases should be taken into consideration. Private houses may, in general, be fairly presumed to be in fault if they fail in the punctuality of their cash payments, supposing the Bank of England to pay in money, because, if they have made on their part a tolerably prudent provision, they may be in general considered as having in the bank a sure resource. Take away from them that resource and they will then be not only as liable as the Bank of England to the like accident, but they will be much more so; their means of supplying themselves with guineas becoming then exceedingly precarious. It may be apprehended, also, that, if instead one national [127] bank two or more should be instituted, each having a small capital; each would then exercise a separate judgment; each would trust in some measure to the chance of getting a supply of guineas from the other, and each would allow itself to pursue its own particular interest, instead of taking upon itself the superintendance of general credit, and seeking its own safety through the medium of the safety of the public; unless, indeed, we should suppose such a good understanding to subsist between them as to make them act as if they were one body, and resemble, in many respects, one single institution.

The accident of a failure in the means of making the cash payments of a country, though it is one against which there can be no security which is complete, seems, therefore, to be best provided against by the establishment of one principal bank. It, however, becomes the public not to judge the bank, which is thus rendered its servant, and is completely subjected to its interests, by the same rules by which it judges of smaller banking and commercial establishments, but to advert to the peculiarity of its case.

Une idée on ne peut plus naturelle s'est en effet répandue : c'est que comme il y a une présomption qu'un négociant est à blâmer s'il est incapable de s'acquitter de ses dettes, la même présomption s'applique à une banque nationale en cas de défaut ; et cela à un degré encore plus élevé en raison de l'importance plus grande de ses transactions. Il faut cependant prendre en considération la disparité totale des circonstances des deux cas. Il y a en général une présomption raisonnable que des maisons particulières sont en tort lorsqu'elles font défaut sur leurs paiements en espèces, à supposer que la Banque d'Angleterre paye en numéraire, parce que, pour peu que ces maisons aient fait, pour leur part, une provision tolérablement prudente, on peut en général considérer qu'elles trouvent dans la Banque une ressource sûre. Retirez-leur cette ressource, et elles ne seront pas seulement aussi exposées que la Banque d'Angleterre à un accident semblable, mais elles le seront beaucoup plus ; en effet, leurs moyens de se procurer des guinées deviennent alors extrêmement précaires. On comprendra aussi que si, au lieu d'une seule banque nationale, on en instituait deux ou plus, chacune ayant un petit capital ; chacune exercerait alors un jugement séparé ; chacune compterait dans une certaine mesure sur l'éventualité d'obtenir un approvisionnement en guinées de l'autre, et chacune se permettrait de poursuivre son propre intérêt particulier, au lieu de prendre en charge la supervision du crédit général, et de chercher sa propre sécurité par l'intermédiaire de la sécurité du public ; à moins en effet, que nous ne devions supposer qu'il existe entre elles une si bonne entente qu'elle les fasse agir comme si elles étaient un seul organisme, et ressemblaient, à bien des égards, à une institution unique.

La meilleure façon de se prémunir contre l'accident d'une défaillance des moyens d'effectuer les paiements en argent liquide d'un pays, bien qu'il ne puisse exister aucune sécurité contre elle qui soit complète, semble donc la création d'une banque principale unique. Cependant, il revient au public de ne pas juger la Banque, dont on fait ainsi son serviteur, et qui est complètement soumise à ses intérêts, d'après les mêmes règles selon lesquelles il juge les établissements bancaires et commerciaux plus petits, mais d'être attentif à la particularité de son cas.

If there has been any fault in the conduct of the Bank of England, the fault, as I conceive, has rather been, as has just been stated, on the side of too much restricting its notes in the late seasons of alarm, than on that of too much enlarging them. In doing this, it has happened to act (though but in part) according to what seems likely to have been the advice of Dr. A. Smith in the case. It has also taken that course which is the natural one for smaller banks, and which might, perhaps, have been the proper one for the Bank of England itself, in the infancy of its establishment, when the country was less dependent upon it for the means of effecting its payments. It has, probably, pursued a principle which had been acted upon, by its own directors, in all former times. It has also followed what was, at the very period in question, the common opinion of the public on the subject. It has, moreover, only diminished those notes, perhaps, in too great a degree, which there might possibly be found to be some argument for restraining with a more gentle hand. I venture, however, with deference, to [128] express a suspicion that the bank may have, in some measure, aggravated, perhaps, rather than lessened, the demand upon itself for guineas through the suppression of too many notes at the time preceding the suspension of its cash payments; and I will hazard an opinion, that it might also, with propriety, have somewhat extended the temporary issue of its paper in the year 1793, when that alarm, arising from the failure of country banks, which has been already spoken of, took place. It is clear, at least, that it did not, in the more recent instance, succeed by the diminution of its notes in curing the evil which it thus aimed to remedy.

A suspicion prevailed, at the time of which we have been chiefly speaking, that the loans afforded by the bank to the government had caused the distress of the bank. But the government, it should be remembered, has no supply of guineas with which it can discharge any debt. It is circumstanced, in this respect, like any other debtor of the bank.

LA SUSPENSION DES PAIEMENTS EN ESPÈCES DE LA BANQUE N'EST PAS DUE À UNE TROP GRANDE ÉMISSION DE PAPIER – NI À DES PRÊTS TROP IMPORTANTS

S'il y a eu une faute dans la conduite de la Banque d'Angleterre, la faute, à mon avis, a plutôt été, comme on vient de le dire, de trop restreindre ses billets dans les récentes périodes d'alarme, plutôt que de trop les multiplier. Ce faisant, il se trouve qu'elle a agi (quoiqu'en partie seulement) suivant ce qu'aurait sans doute été en l'occurrence le conseil d'Adam Smith. Elle a aussi suivi la voie qui est naturelle pour des banques plus petites, et qui aurait peut-être convenu à la Banque d'Angleterre elle-même à ses débuts, quand le pays en dépendait moins pour les moyens d'effectuer ses paiements. Elle a probablement appliqué un principe auquel se sont toujours conformés ses administrateurs dans les temps passés. Elle a aussi suivi ce qui était l'opinion commune du public sur le sujet, à l'époque précise en question. De plus, elle n'a diminué à un degré peut-être trop élevé que les billets pour lesquels on pourrait peut-être trouver des arguments pour les restreindre d'une main plus douce. J'ose cependant, avec déférence, exprimer le soupçon que la Banque pourrait avoir, dans une certaine mesure, aggravé, plutôt que diminué, la demande de guinées qui lui était adressée, en supprimant trop de billets à l'époque précédant la suspension des paiements en espèces ; et je risquerai l'opinion qu'elle aurait aussi opportunément étendu quelque peu l'émission temporaire de son papier en 1793, quand a eu lieu l'alarme résultant de la faillite de banques de province dont nous avons déjà parlé[32]. Il est clair, à tout le moins, qu'elle n'a pas réussi, dans le cas le plus récent, à traiter par la diminution de ses billets le mal auquel elle visait à remédier de cette façon.

À l'époque dont nous avons principalement parlé, le soupçon était répandu que les prêts accordés au Gouvernement par la Banque avaient causé la détresse de cette dernière[33]. Mais le Gouvernement, qu'on s'en souvienne, n'a pas d'approvisionnement en guinées avec lesquelles il puisse rembourser aucune dette. Il est à cet égard dans la même situation que tout autre débiteur de la Banque.

---

32 *Cf.* chap. III, « Preuve de ce fait dans les événements de 1793 », notamment p. 123, n. 16.

33 C'est un thème récurrent des Commissions d'enquête parlementaires de 1797.

It must, if forced to pay its debt, pay it in bank notes, an article which the bank cannot refuse to take. And the government must collect these notes wherever they are to be obtained; that is, from the bankers and traders, and other persons in possession of them, to whom it must, in return, give new stock or exchequer bills, which it may, at all times, easily create; though, at a period of mercantile distress, this would be done at a somewhat unfavourable price. We learn, from the evidence given to parliament, that the government was urged by the bank to pay up four and a half millions of existing debt a short time before the period in question, and that it complied with the demand; that is, the government collected some of the bank notes which were in circulation, and paid them into the bank; and then a part, but only a part, of the notes so paid in were re-issued to the merchants. If the whole of the notes paid into the bank by the government had been immediately re-issued in loans to private traders, *then the sum of notes in circulation* would have been the same. The government is only one large borrower from the bank; the merchants are a number of similar, though smaller, borrowers. Whether, therefore, the bank lent more to individuals and less to government, [129] or less to government and more to individuals, the effect as to the number of notes allowed to be in circulation, must have been equal. The Exchequer, after receiving notes from the bank, almost as quickly pays them away, and thus sends them into the common circulation as the merchant does; and it is the total quantity of circulating notes, and not the manner in which they come into circulation, that is the material point.

It may be thought, indeed, that commerce would be encouraged, and commercial credit, as well as general paper credit, would be supported in a much greater degree by the bank sending their notes into circulation, through the medium of a loan to the merchants, than through that of a loan to government. But the difference would not, as I apprehend, be so great as many commercial men themselves at that time imagined.

S'il est forcé de payer sa dette, il doit la payer en billets de banque, un article que la Banque ne peut pas refuser. Et le Gouvernement doit se procurer ces billets où qu'il puisse les obtenir ; c'est-à-dire de banquiers et de commerçants, et d'autres personnes en possession de ceux-ci, et ce en échange de nouvelles rentes ou de billets de l'Échiquier, qu'il peut à tout moment aisément créer ; quoique dans une période de détresse commerciale ceci se ferait à un prix quelque peu défavorable. Nous apprenons des informations communiquées au Parlement, que peu de temps avant la période en question, la Banque pressa le Gouvernement de rembourser plus de quatre millions et demi de dette existante, et que le Gouvernement satisfit à cette demande ; autrement dit, il collecta certains des billets de banque en circulation, et les remit à la Banque[34] ; par la suite une partie, mais une partie seulement, des billets remboursés de la sorte fut réémise auprès des négociants. Si la Banque avait immédiatement réémis par des prêts à des négociants la totalité des billets payés par le Gouvernement, *le total des billets en circulation* serait demeuré le même. Le Gouvernement n'est qu'un gros emprunteur de la Banque ; les négociants sont autant d'emprunteurs semblables, quoique plus petits. Donc, que la Banque ait prêté davantage aux particuliers et moins au Gouvernement, ou l'inverse, l'effet quant au nombre de billets autorisés à circuler doit avoir été le même. Après avoir reçu des billets de la Banque, l'Échiquier les dépense presque aussi vite, et les envoie donc dans la circulation commune tout comme le négociant ; et le point qui importe, ce n'est pas la manière dont les billets sont mis en circulation, mais bien la quantité totale de ceux qui circulent.

En effet, on pourrait croire que si la Banque mettait ses billets en circulation en prêtant aux négociants plutôt qu'au Gouvernement, le commerce serait encouragé bien davantage, et que le crédit commercial et le crédit général du papier seraient bien plus soutenus. Mais à mon avis, la différence ne serait pas aussi grande que beaucoup d'hommes d'affaires se l'imaginaient à cette époque[35].

---

34 Voir la section « La Banque et le Gouvernement » au début du présent chapitre, et en particulier p. 143, n. 6. Comme Thornton l'explique plus bas, la « collecte » de billets de banque passe par l'émission de billets de l'Échiquier. Il revient sur cet épisode au chap. VII (« Premier inconvénient des banques de province »).

35 Cette question est commentée par Francis Horner (1802, p. 198 ; 2002, p. 158). Pour plus de clarté, la suite du paragraphe, qui passe en revue quatre cas de figure avant de conclure, a été a été subdivisée en cinq nouveaux paragraphes.

Those merchants who obtained an increase of the accustomed advances from the bank, would, some of them, probably invest, in the new exchequer bills which were created, a part of that very sum with which the bank favoured them. The merchants in higher credit, of course, would have the preference at the bank; and they were certainly under a very strong temptation to borrow of the bank at five per cent. interest for the sake of investing the sum so borrowed in exchequer bills, yielding five and a half or six, or, for a time, even seven or eight per cent. or more. As far as this was the case, it is obvious that the bank, instead of lending to the government, would only lend to those who lent to the government, the government paying an additional interest, and the merchants receiving it. Where this did not take place, that might happen which would be exactly equivalent. The bankers finding that the merchants were, many of them, allowed to become larger borrowers at the bank than before, would think it less necessary to lend to them, and would, therefore, add to the sum which they themselves kept in exchequer bills, the great profit on that article tempting them, at the same time, to do this. The bank, on this supposition, would lend to the merchants, who would forbear to borrow of the banker (which is the same thing for the present purpose as lending to the [130] banker), who would lend to the government. But let us put a third case. Let us imagine it to be a gentleman in the country who invested the property in the new exchequer bills. That property would probably, since we must suppose it easily applicable to such investment, have been lying in some private hand at interest. Let us imagine it to consist of 100*l.* which had been in the hands of a country banker; the country banker, in this case, would draw upon his London banker; the country banker's account with the London banker would then be worse by 100*l.*; and the London banker having 100*l.* less deposits, would be able to lend 100*l.* less to the London merchants.

Les négociants ayant obtenu de la Banque une augmentation des avances ordinaires placeraient probablement, pour certains, en billets de l'Échiquier nouvellement créés une partie de la somme même dont la Banque les gratifiait. Les négociants disposant d'un crédit supérieur auraient bien entendu la préférence de la Banque ; et ils seraient certainement fort tentés d'emprunter à la Banque à 5 %, en vue de placer cette somme en billets de l'Échiquier rapportant 5,5 % ou 6 %, ou même pour un temps 7 ou 8 %, voire davantage[36]. Pour autant que c'était le cas, il est évident que la Banque, au lieu de prêter au Gouvernement, n'aurait prêté qu'à ceux qui prêtaient au Gouvernement, ce dernier payant un surcroît d'intérêt, et les négociants le percevant.

Si cela ne s'est pas produit, il aurait pu se passer ceci, qui aurait été exactement équivalent. Les banquiers, voyant que les négociants, pour beaucoup d'entre eux, pouvaient emprunter à la Banque plus qu'avant, auraient cru moins nécessaire de leur prêter, et auraient donc augmenté la somme qu'ils détiennent eux-mêmes en billets de l'Échiquier, le grand profit sur cet article les incitant en même temps à le faire. Dans cette hypothèse, la Banque prêterait aux négociants, qui s'abstiendraient d'emprunter aux banquiers (ce qui revient dans le cas présent à prêter aux banquiers), qui eux-mêmes prêteraient au Gouvernement.

Mais présentons un troisième cas. Imaginons un gentleman de province investissant en nouveaux billets de l'Échiquier. Il est probable que ses avoirs auraient initialement été placés à intérêt entre des mains privées, puisque nous devons penser qu'ils se prêtent aisément à un tel investissement. Imaginons qu'ils consistent en 100 £ qui avaient été confiées à un banquier de province ; le banquier de province devrait tirer 100 £ sur son banquier londonien[37] ; il y aurait donc alors 100 £ de moins sur le compte du banquier de province auprès du banquier londonien ; ce dernier, ayant 100 £ de moins en dépôt, serait contraint de prêter 100 £ de moins à un négociant londonien.

36 Le taux d'escompte de la Banque était plafonné à 5 % par l'*Usury Act* de 1714. Le taux facial des billets de l'Échiquier était à l'époque de 5,3 % au plus. Leur rendement, appelé ci-dessous « intérêt » par Thornton, pouvait lui être supérieur ; *cf.* Silberling (1919) et O'Brien (1967, Tables 18-21).

37 Pour rembourser le gentleman.

In other words, the Bank of England, in this case, instead of lending to the government, would lend to the London merchant, who would forbear to borrow of the London banker, who would lend to, or, perhaps, forbear to borrow of the country banker, who would forbear to borrow of the country gentleman, who would lend to the government; which also seems to be much the same as if the Bank of England themselves lent to the government. This detailed case has been put partly for the sake of observing upon it, that the necessity which would be created for the transfer of this 100*l.*, through so many hands, would produce a want of some degree of *additional* circulating medium in order to effect these several payments. It would, however, be chiefly by the means of a bill on London that the transaction just now supposed would be conducted; but the bill must finally be paid by a Bank of England note.—Let us imagine a fourth case. Let us suppose a sum to be invested in the new exchequer bills by a person obtaining money for the purpose of the investment, not by calling in a sum lying at interest, as was last assumed, but by selling goods, land, or any other article. We must, then, necessarily suppose a buyer of those goods, of that land, or of that other article to be created by such sale. We shall find, also, that it is necessary to suppose either that buyer to become a borrower, or to become the seller to one who would become a borrower; or, at least, we must come to a borrower at last. We are supposing one man to *sell* goods for 100*l.*, and not to *restore* this 100*l. to* trade, but to *lend* it out. [131] We must, then, necessarily suppose some other man to borrow 100*l.* and by thus borrowing to add that 100*l.* capital to trade which the other had taken from it; for since the trade goods in the country remain the same, the capital invested in trade must be the same also. The body of lenders, therefore, whoever they might be, who lent the four and a half millions to government, necessarily created a body of borrowers to exactly the same amount in what may be called the general money market of the country. Thus a pressure was, on the whole, created, which was just equal to that which was relieved: a pressure, in the first instance, falling in some degree (though by no means entirely, or even principally) in a different quarter than before;

En d'autres termes, dans ce cas, la Banque d'Angleterre, au lieu de prêter au Gouvernement, prêterait au négociant londonien, qui s'abstiendrait d'emprunter au banquier londonien, qui prêterait, ou, peut-être, s'abstiendrait d'emprunter au banquier de province, qui s'abstiendrait d'emprunter au gentleman de province, qui prêterait au Gouvernement ; ce qui semble bien revenir au même que si la Banque d'Angleterre avait elle-même prêté au Gouvernement. Ce cas détaillé a été présenté en partie dans le but d'observer à son propos que la nécessité qui serait créée de transférer ces 100 £ par tant de mains, produirait un manque d'une certaine quantité de moyen circulant *additionnel* pour effectuer ces multiples paiements. Cela dit, la transaction qu'on vient d'imaginer serait principalement exécutée au moyen d'une lettre de change sur Londres ; mais cette dernière doit en définitive être payée par un billet de la Banque d'Angleterre.

Imaginons un quatrième cas. Supposons qu'une somme soit placée en nouveaux billets de l'Échiquier par une personne qui obtient les fonds nécessaires, non pas en rappelant une somme placée à intérêt, comme supposé dans le cas précédent, mais en vendant des biens, des terres ou tout autre article. Nous devons donc nécessairement supposer qu'un acheteur de ces biens, de ces terres ou de cet autre article a été créé par cette vente. Nous découvrirons aussi qu'il est nécessaire de supposer, soit que cet acheteur devienne un emprunteur, soit qu'il vende à quelqu'un qui deviendrait un emprunteur ; ou tout au moins, nous devons aboutir en fin de compte à un emprunteur. Nous supposerons qu'une personne vend des marchandises pour 100 £, qu'elle ne rend pas au commerce, mais qu'elle prête. Nous devons alors nécessairement supposer qu'une autre personne emprunte 100 £, et ajoute au commerce, en empruntant de la sorte, le capital de 100 £ que la précédente en avait retiré ; car comme les biens commerciaux du pays restent inchangés, le capital investi dans le commerce doit aussi rester le même.

L'ensemble des prêteurs, quels qu'ils soient, à qui le Gouvernement a emprunté quatre millions et demi, a nécessairement créé un ensemble d'emprunteurs pour un montant exactement identique, dans ce qu'on peut appeler le marché monétaire général du pays. Ainsi a été créée une pression, dans l'ensemble, qui était juste égale à celle qui a été soulagée. En première instance, cette pression affecte à un certain degré d'autres personnes qu'avant (quoique pas entièrement, ni même principalement) ;

a pressure, however, very soon extending itself to the same persons; for there is a competition among the several classes both of borrowers and of lenders in the money market, which, notwithstanding some inequality occasioned by the usury laws, causes the increased distress brought upon any one class of the accustomed borrowers very soon to distribute itself among all. The bank, it is true, would, by lending the four and a half millions in bills at two months, possess more means of at any time diminishing its loans, and of thus lessening also its notes, than if the same sum had been invested in exchequer bills, since the latter are at a longer date; and it was natural for the bank to call in its loan to government for this reason. If, however, the calling in of the loan to government was only to furnish the means of limiting the notes, then that question returns which has already been discussed, namely, whether the diminution of the notes was not carried possibly somewhat farther than was desirable, even for the sake of the bank itself. During the existence of this loan to government, that reduction of notes, which has been supposed to have been too great, may have been, perhaps, to a certain degree obstructed, though by no means necessarily precluded since an opportunity of diminishing the discounts to the merchants, and of thus lessening the notes, at all times existed. On the whole, there appears to be no reason to infer, from the circumstance of the demand for the four and a half millions having been made upon [132] government, that the government was either the more remote or the more immediate cause of the suspension of the cash payments of the bank, except, undoubtedly, so far as the war in general, or the particular circumstance of a remittance of a subsidy to the Emperor a short time before the event in question, might be considered as affecting the balance of trade, and thus contributing to draw gold out of the country.

cependant, elle s'étend très vite aux mêmes personnes ; car il y a une concurrence entre les multiples classes d'emprunteurs et de prêteurs du marché monétaire, qui, en dépit d'une certaine inégalité causée par les lois contre l'usure[38], a pour effet que la détresse accrue affectant n'importe quelle classe des emprunteurs habituels, se diffuse bientôt parmi tous. La Banque, il est vrai, en prêtant les quatre millions et demi en escomptant des lettres de change à deux mois, aurait disposé de plus de moyens de diminuer à tout moment ses prêts, et ainsi de réduire aussi ses billets, que si la même somme avait été placée en billets de l'Échiquier, puisque ces derniers ont une échéance plus éloignée[39] ; et il était naturel que la Banque résilie son prêt au Gouvernement pour cette raison. Cependant, si la résiliation du prêt au Gouvernement ne servait qu'à fournir les moyens de réduire les billets, alors se repose la question qui a été déjà discutée, à savoir si la diminution des billets n'a pas peut-être été poussée quelque peu plus loin qu'il n'était souhaitable, même dans l'intérêt de la Banque elle-même. Il se peut que tant que ce prêt au Gouvernement était en cours, la réduction des billets, dont nous avons pensé qu'elle a été trop grande, ait pu être entravée dans une certaine mesure, bien qu'en aucun cas nécessairement empêchée, car la possibilité de diminuer les escomptes des négociants, et d'ainsi réduire les billets, a toujours existé. En définitive, il ne semble y avoir aucune raison de conclure de la demande au Gouvernement de rembourser les quatre millions et demi, que le Gouvernement ait été de près ou de loin une cause de la suspension des paiements, sauf assurément, pour autant qu'on puisse considérer que la guerre en général, ou la circonstance particulière de la remise d'un subside à l'Empereur peu avant l'événement en question[40], ont affecté la balance commerciale, et contribué de ce fait à faire sortir de l'or du pays.

---

38 Le plafonnement du taux d'intérêt peut déboucher sur le rationnement du crédit, une source possible d'inégalité de traitement des emprunteurs.

39 Voir Cope (1942) pour plus de détails.

40 Thornton vise des paiements à l'Autriche, dirigée par le Habsbourg François II (1768-1835), dernier empereur des Romains (1792-1806), et allié de la Grande-Bretagne contre la France. Il sera plus tard empereur d'Autriche. Ces paiements prenaient à vrai dire la forme de prêts, dont le plus connu est l'« emprunt impérial » de 4,6 millions de livres à l'Autriche, placé en 1795 sur le marché londonien par Walter Boyd. Ce prêt n'était donc pas un prêt entre États, mais il bénéficiait d'une garantie de la Grande-Bretagne, et servait en partie à rembourser des avances antérieures à l'Autriche. Un second « emprunt impérial » eut lieu en 1797, en vue de régulariser une avance faite en 1796 par Pitt

It is, on public grounds, so important to shew that the more than usual largeness of the bank loans to government (for it can hardly fail to be true that they were more than commonly extended) was not the cause of the suspension of the cash payments of the bank, that I shall dwell for some time longer on this subject. This was continually charged as the cause, and it was not unnatural to suppose it to be so. The paper circulation of the bank, however, it has been observed, was at this time not increased. It was, on the contrary, much reduced. It was by no means higher than was necessary for securing the regularity of the payments of the metropolis. Now, if it be allowed that there was this necessity for maintaining the existing quantity of notes, it then was not the notes which must be considered as issued for the purpose of making the loans, but the loans must be considered as made in consequence of the issue of notes. When the notes of the bank are increased, the loans must be increased also; when the notes are maintained, the loans must be maintained in as great proportion; when the notes are decreased, the loans can be decreased *only in that proportion.* There can, then, be no matter of blame on account of the magnitude of the loans, unless there be matter of blame on account of the magnitude of the notes. But the notes I have stated to have been probably rather too few than too many. If the reader has agreed with me in this, he must then agree with me that the loans were too scanty rather than too large. In other words, then, the bank, at the time of the failure of its cash payments, had lent too little rather than too much. If the bank would have somewhat diminished its danger by issuing more notes, the granting of more loans would have also diminished its danger. Thus the very [133] converse to the common opinion on this subject seems to be the truth.

Il est si important dans l'intérêt public de montrer que l'ampleur inhabituelle des prêts de la Banque au Gouvernement (car il est incontestable qu'ils ont été étendus plus que de coutume) n'a pas été la cause de la suspension des paiements en espèces de la Banque, que je m'étendrai plus longuement sur ce sujet. Cette ampleur a été continuellement incriminée comme la cause de la Suspension, et il était assez naturel de l'imaginer[41]. On a cependant observé que la circulation de papier de la Banque n'avait pas été augmentée à cette époque[42]. Au contraire, elle avait été beaucoup réduite. Elle ne dépassait nullement ce qu'il fallait pour assurer la régularité des paiements de la métropole. Or, si l'on accepte la nécessité de maintenir la quantité existante de billets, il ne faut pas considérer que l'on émet les billets pour faire les prêts, mais il faut considérer que les prêts sont faits en conséquence de l'émission de billets. Quand on augmente les billets de la Banque, il faut aussi augmenter les prêts ; si on maintient les billets, les prêts doivent être maintenus dans la même proportion ; si on diminue la quantité des billets, les prêts ne peuvent être réduits *que dans cette proportion*[43]. Il ne peut donc pas y avoir matière à blâmer l'ampleur des prêts, à moins qu'il n'y ait matière à blâmer l'ampleur des billets. Mais j'ai indiqué que les billets ont probablement été plutôt trop rares que trop nombreux. Si le lecteur en a convenu avec moi, il doit aussi convenir que les prêts ont été trop insuffisants plutôt que trop abondants. En d'autres termes, au moment de la cessation de ses paiements en espèces, la Banque avait prêté plutôt trop peu que trop. Si la Banque avait quelque peu diminué le danger en émettant plus de billets, accorder davantage de prêts l'aurait aussi diminué. C'est donc tout le contraire de l'opinion commune sur ce sujet qui semble être la vérité.

---

sans en référer au Parlement. Les garanties de ces prêts ont dû être activées, et ces prêts s'apparentent donc après coup à des subsides, au moins en partie ; voir Clapham (1917) et Helleiner (1965). La Banque d'Angleterre était opposée à ces emprunts ; il est possible que Thornton parle délibérément de subsides au lieu d'emprunts. Il reviendra sur ces paiements au chap. v, section « De la balance commerciale ».

41 *Cf.* House of Commons (1803).

42 En 1795-1796.

43 Toutes autres choses égales, comme Thornton le soulignera dans la section suivante.

There is, however, another point of importance here to be remarked. The loans which the bank had made on the whole, that is, the loans to government and to individuals taken together, at the time of the suspension of its cash payments, were not only maintained in that proportion in which the notes were maintained, but they were increased beyond that proportion. This increase beyond that proportion was also a matter of necessity.

The loans of the bank do not simply keep pace with the notes. The loans necessarily increase or diminish through another cause; they diminish as gold flows into the bank, and increase as gold goes out, supposing, as we generally may, the article of deposits to remain the same; that is, they necessarily increase and diminish in a ratio directly contrary to that which a theorist would prescribe and which the public naturally would suppose.

To those who are but slightly acquainted with these subjects, this truth will probably be made much clearer by a statement of the whole disposeable effects of the Bank of England, and of the manner in which those effects are employed. The statement is important, because it will serve to prove, beyond the possibility of contradiction, that the extraordinary largeness of the loans of the bank, at the critical period in question, ought to be considered not as a consequence of any disposition in the bank to be great and adventurous lenders at a time when their guineas grew low, but as arising out of the necessity under which they were placed. I mean that they could not avoid lending to the whole extent to which they did, provided even that small number of notes which they kept in circulation was maintained.

The effects of the bank on the 25th February 1797, I mean those effects which were their own, as well as those placed in their hands belonging to other persons, may, in conformity to the account rendered by themselves to parliament, be stated, in round numbers, to have been as follows.

REMARQUE SUR LA RELATION ENTRE PRÊTS ET ÉMISSIONS DE LA BANQUE

Il y a cependant un autre point important à remarquer ici. L'ensemble des prêts accordés par la Banque, soit les prêts au Gouvernement et à des particuliers pris ensemble, au moment de la suspension de ses paiements en espèces, n'a pas seulement été maintenu dans la même proportion que les billets, mais a été accru au-delà de celle-ci. Cette augmentation plus que proportionnelle était aussi une nécessité.

Les prêts de la Banque ne suivent pas simplement le rythme des billets. Ils augmentent ou diminuent nécessairement par une autre cause ; ils diminuent quand l'or afflue à la Banque, et augmentent quand il sort, si l'on suppose, comme nous pouvons en général le faire, que le poste des dépôts reste inchangé[44] ; c'est-à-dire que les prêts augmentent et diminuent nécessairement dans un sens directement opposé à celui que prescrirait un théoricien, et que le public imaginerait naturellement.

Pour ceux qui ne sont que peu familiers de ces sujets, il est probable que cette vérité soit beaucoup clarifiée par un bilan de l'ensemble des effets disponibles de la Banque, et de la manière dont ils sont employés[45]. Le bilan est important, parce qu'il permettra de prouver sans contradiction possible, que l'ampleur extraordinaire des prêts de la Banque, dans la période critique en question, ne doit pas être considérée comme une conséquence de quelque disposition de la Banque à accorder des prêts massifs et aventureux à un moment où ses guinées s'amenuisaient, mais découlait de la nécessité dans laquelle elle était placée. Je veux dire qu'elle ne pouvait pas éviter de prêter dans toute la mesure où elle l'a fait, pourvu qu'elle maintienne ne fût-ce que le petit nombre de billets qu'elle gardait en circulation.

Par effets de la Banque j'entends les effets lui appartenant en propre, de même que ceux confiés entre ses mains par d'autres personnes ; au 25 février 1797, conformément aux comptes rendus au Parlement[46], on peut les présenter comme suit, en chiffres ronds.

44 Thornton explique plus bas qu'il inclut les billets dans un poste appelé « effets disponibles ou dépôts » (poste 3 du premier tableau ci-dessous) ; la Banque elle-même appelait ce poste « Billets », exactement comme une banque centrale contemporaine. L'identité du bilan peut s'écrire de façon simplifiée : Or + Prêts = Billets (ou « Dépôts »). Pour un montant de billets donné, une baisse de l'encaisse-or implique une hausse des prêts.

45 Les « effets disponibles » désignent ici le passif du bilan ; les emplois l'actif.

46 House of Lords (1797, p. 132).

(It may be premised, that they had a capital of their own of about [134] 11,626,000*l.* which shall be excluded from our present consideration, it being lent to government at three per cent. per annum interest.)

1. They had a sum of undivided profits which formed an additional and disposeable capital of nearly	L.3,800,000
2. They had of deposits lodged with them by customers of various classes about	5,100,000
These deposits include, as may be presumed, the dividends belonging to many proprietors of stock, which may be viewed in the same light with the cash kept by an individual in the hands of his banker.	
3. They had what may be considered as disposeable effects, or deposits placed in their hands in return for bank notes issued[g]	8,600,000
Thus the bank had, at that time, disposeable effects amounting in all to	L.17,500,000

[135]

It will much illustrate what is about to be added, if the following observations respecting these three several heads of disposeable effects are here made.

First. Let it be remarked, that the first sum of 3,800,000*l.* does not fluctuate; it only increases gradually, and in a small degree.

Secondly. The second sum of 5,100,000*l.* fluctuates probably but little; and as far as it does so, it fluctuates not at the pleasure of the bank, but at the will of its customers.

Thirdly. The third, then, is the only one of the three component parts of the disposeable effects of the bank which it is in the power of the bank to increase or diminish at its own option. The bank exercised their power of diminishing this article, at the time in question, so far as to bring it down to about 8,600,000*l.* To reduce it thus far was, as has been repeatedly stated, to reduce it, perhaps, somewhat too much; but let us assume only, that the reduction was sufficient, or nearly sufficient. The bank, then, it must be admitted, had 17,500,000*l.* of disposeable effects, and it was not to be ascribed to them as a matter of blame that these effects then stood at about the sum at which they did.

(Notons au préalable que la Banque avait un capital propre, que nous exclurons des considérations suivantes, d'environ 11 626 000 £, lequel était prêté au Gouvernement à 3 % par an[47].)

1°. Elle avait un montant de bénéfices non distribués, formant un capital supplémentaire et disponible d'environ :	3 800 000 £
2°. Elle avait des dépôts de clients de diverses classes d'environ :	5 100 000 £
On peut penser que ces dépôts incluent les intérêts appartenant à de nombreux propriétaires de rentes, qu'on peut voir de la même façon que l'argent liquide confié par un individu à son banquier[48].	
3°. Elle avait ce qu'on peut considérer comme des effets disponibles, ou des dépôts confiés à la Banque en échange des billets de banque émis[g] :	8 600 000 £
Le total des effets disponibles de la Banque s'élevait donc à cette date à :	17 500 000 £.

Les observations suivantes sur ces trois rubriques d'effets disponibles clarifieront beaucoup ce qui sera ajouté plus loin.

Premièrement. Remarquons que la première somme de 3 800 000 £ ne fluctue pas ; elle n'augmente que graduellement, et à un degré faible.

Deuxièmement. La deuxième somme de 5 100 000 £ ne fluctue probablement que peu ; et pour autant qu'elle le fait, elle ne fluctue pas selon le bon plaisir de la Banque, mais à l'initiative de ses clients.

Troisièmement. La troisième somme est donc la seule des trois composantes des effets disponibles que la Banque a le pouvoir d'augmenter ou de diminuer de son propre gré. À l'époque en question, elle a exercé son pouvoir de la diminuer jusqu'à environ 8 600 000 £. La réduire autant, c'était peut-être, comme on l'a répété, la réduire un peu trop ; mais contentons-nous de supposer que la réduction était suffisante, ou peu s'en faut. La Banque avait alors, il faut l'admettre, 17 500 000 £ d'effets disponibles, et on ne pouvait pas lui tenir rigueur de ce qu'ils s'élevaient à peu près à ce niveau.

47 Le « capital propre » désigne le capital social ; le prêt à 3 % s'élevait à 11 686 800 £ (coquille dans le texte de Thornton) ; il y avait d'autre part un léger écart entre le capital social et le prêt à 3 % (Bank of England, 1967).

48 Les intérêts des rentes sur l'État étaient payés par l'intermédiaire de la Banque d'Angleterre. Cette rubrique, appelée « Autres dettes » par la Banque, inclut aussi les dépôts des clients (« cédants ») qui font escompter des traites ; *cf.* la note suivante.

Having, then, these effects, and being under a necessity of disposing of them in some way or other, let us state next how they did in fact employ them.

In proceeding to make this statement, it will be necessary, with a view to the object for which it is made, to name some specific sum (it matters not whether more or less than the real one) for the amount of that part of the effects of the bank which was, on the 25th February, 1797, invested in bullion. In the account rendered to parliament, the value of the bullion and of the bills discounted, &c. are put together, and are stated at nearly seven millions. Let it be supposed that the bullion was either one, two, or three millions; and that the bills discounted, &c. were, therefore, either four, five, or six millions. The mode of disposing of the 17,500,000*l.* will then be as follows.

The bank invested in government securities, that is, in exchequer bills, in loans to government made on the security of the land and malt tax which was coming in, and in treasury bills of exchange growing due, about	L.10,500,000
They invested, as shall for the present be assumed in conformity to the estimate which it was before proposed to make, "in bills discounted to the merchants," in what is termed in their account, "money lent," and in some other (probably small) "articles,"	4,000,000
And they had property invested in bullion, as shall for the present be assumed, amounting to	3,000,000
Making together, as the investment necessarily must, the same sum exactly which the disposeable effects were before stated to amount to, namely	L.17,500,000

This same account of the investment may be given more briefly and conveniently for our present purpose, in the following manner, viz.

La Banque ayant, dès lors, ces effets, et devant nécessairement en disposer d'une manière ou d'une autre, présentons la façon dont elle les a effectivement employés.

En procédant à cette présentation, il sera nécessaire, en vue de son objectif, d'assigner un montant spécifique (peu importe qu'il soit supérieur ou inférieur au montant effectif) à la partie des effets de la Banque qui était investie en lingots le 25 février 1797[49]. Dans les comptes rendus au Parlement, la valeur des lingots et celle des lettres de change escomptées etc. sont regroupées et portées ensemble à environ sept millions. Supposons qu'il y avait un, deux ou trois millions en lingots ; et donc six, cinq ou quatre millions en lettres de change etc. La façon dont les 17 500 000 £ était employée sera alors la suivante.

La Banque avait investi en titres d'État, soit en billets de l'Échiquier, en prêts au Gouvernement gagés sur l'impôt foncier et l'impôt sur le malt à percevoir, ainsi qu'en lettres de change du Trésor non échues, environ[50] :	10 500 000 £
Elle avait investi, comme on le supposera pour le moment, conformément à l'estimation proposée plus haut, en « lettres de change escomptées de négociants », en ce que ses comptes appellent « monnaie prêtée » et en quelques autres « articles » (probablement d'un montant peu élevé) :	4 000 000 £
Elle avait des avoirs investis en lingots, comme on le supposera pour le moment, pour un montant de :	3 000 000 £
Ce qui fait, comme cela doit nécessairement être le cas des investissements, exactement la même somme que les effets disponibles mentionnés précédemment, à savoir :	17 500 000 £.

Ce même décompte des investissements peut être fourni de façon plus concise et commode en vue de notre objectif actuel comme suit :

49 Les « lingots » incluent l'or monnayé détenu par la Banque. Le chiffre des lingots était un secret bien gardé. Boyd (1801, p. 10) avait avancé le chiffre de 1 770 390 £ au maximum. Thornton présente une fourchette de valeurs, dont la plus basse (1 million) est proche de la réalité (Clapham, 1944, vol. 1, p. 267). Disposait-il d'informations privilégiées par son frère Samuel ?

50 Les « avances », comme celle de 4,5 millions évoquée plus haut, étaient comptabilisées dans ce poste. Rappelons que le capital social était investi en rentes sur l'État qui ne sont pas intégrées dans ce bilan partiel.

the total sum lent both to government and to individuals, or, in other words, the total loans were	L.14,500,000
The total of the bullion was	3,000,000
Making together	L.17,500,000

It will now be obvious to the reader, that if the bullion, instead of three millions, is supposed to have been only two millions, then the total of the loans must be supposed to be increased one million; and that if the bullion, instead of three millions, is supposed to be only one million, then the loans must be supposed to be increased two millions.

In other words, the account of the investment may either be stated as has been just done, or it may be stated as follows:

Total loans	L.15,500,000
Bullion	2,000,000
Making together, as before,	17,500,000

[137]

Or total loans	16,500,000
Bullion	1,000,000
Making together, as before,	L.17,500,000

It thus appears, that the loans necessarily must increase in proportion as the gold decreases, provided the disposeable effects remain the same.

It follows, on the principle which has just been explained, that if we suppose, as we necessarily must, the bullion to have been, twelve months before the time of the suspension of the cash payments of the bank, much higher than at the period of the suspension, the loans would, during the course of those twelve months, necessarily increase. Let us (for the sake of illustration) suppose the gold to have been a year before the suspension eight millions, and to have fallen on the 26th February, 1797, to the sum of two millions. In that case, if we were to suppose the disposeable effects of the bank to have been at both periods the same, there must necessarily have been, in the course of the year, an increase of the bank loans of no less than six millions.

la totalité des sommes prêtées tant au Gouvernement qu'à des particuliers, ou en d'autres termes le total des prêts, s'élevait à :	14 500 000 £
Le total des lingots à :	3 000 000 £
Ce qui fait, comme précédemment :	17 500 000 £.

Il sera maintenant évident pour le lecteur que si on avait supposé qu'au lieu de trois millions en lingots, il n'y en avait eu que deux, le total des prêts aurait dû être augmenté d'un million ; et si on avait supposé qu'au lieu de trois millions en lingots, il n'y en avait eu qu'un, le total des prêts aurait dû être augmenté de deux millions.

En d'autres termes, le compte des investissements peut être présenté comme on vient de le faire, ou comme suit :

Total des prêts :	15 500 000 £
Lingots :	2 000 000 £
Ce qui fait, comme précédemment :	17 500 000 £,

ou :

Total des prêts :	16 500 000 £
Lingots :	1 000 000 £
Ce qui fait, comme précédemment :	17 500 000 £.

Il apparaît donc que les prêts doivent nécessairement augmenter dans la proportion où l'or diminue, pourvu que les effets disponibles restent les mêmes.

Il s'ensuit, selon le principe qu'on vient d'expliquer, que si nous supposons, comme nous devons nécessairement le faire, que douze mois avant la suspension des paiements en espèces de la Banque, les lingots étaient beaucoup plus élevés qu'au moment de la suspension, les prêts doivent nécessairement avoir augmenté au cours de ces douze mois. Supposons (à titre d'illustration) que l'or s'élevait à huit millions un an avant la suspension, et soit tombé, le 26 février 1797, à la somme de deux millions. Dans ce cas, à supposer que les effets disponibles de la Banque aient été les mêmes aux deux périodes, il doit nécessairement y avoir eu, au cours de l'année, une augmentation des prêts bancaires de pas moins de six millions.

But the effects of the bank were not quite the same at the two periods. They probably were higher by about two millions at the former period; for the notes were higher by nearly that sum. The notes, then, fell in the year two millions, but the bullion fell six. The loans, therefore, would be decreased two millions, through the decrease of notes, but would be increased six millions through the decrease of bullion; that is, they would *necessarily* be increased, in the course of the year four millions. I have dwelt thus particularly on this circumstance, because the whole of the suspicion, that the magnitude of the bank loans were the cause of the failure of its cash, seems to me to rest upon it. The largeness of those loans was not the *cause* of the guineas going from them, as has been ordinarily supposed; it was the *effect.* Nothing could be more natural than for the public to call that the cause, in this instance, which was the effect, and that the effect which was the cause. In the case of private persons it is often very justly said, that a man fails in his payments because [138] he has lent so largely; and it would seem very strange to reply that this was not the case, for that the man in question had found it necessary to lend largely, because his cash failed him; and that the failure of the cash was the cause, and the lending merely an effect. That, however, which could not be affirmed of an individual, is true in the case of the bank, and the circumstances which give occasion for this peculiarity in our reasonings respecting that institution, are these two; first, the difficulty in obtaining a supply of guineas which the bank experiences, a difficulty totally unknown to individuals who draw their guineas from the bank itself; and, secondly, the singular necessity under which the bank is placed of maintaining at all times its notes.

Mais les effets de la Banque n'étaient pas exactement les mêmes aux deux périodes. Ils étaient probablement plus élevés d'environ deux millions à la période antérieure ; car les billets étaient plus élevés de presque cette somme. Les billets ont alors diminué de deux millions durant l'année, mais les lingots de six. Les prêts auraient donc baissé de deux millions, par la diminution des billets, mais augmenté de six millions par la diminution des lingots ; c'est-à-dire qu'ils auraient *nécessairement* augmenté de quatre millions au cours de l'année[51]. Je me suis particulièrement étendu sur cette circonstance, parce que c'est sur elle que me semble reposer tout le soupçon que l'ampleur des prêts de la Banque a été la cause de l'insuffisance de ses espèces. La taille de ces prêts n'a pas été la *cause* de la sortie des guinées, comme on le prétend d'ordinaire ; elle en a été l'*effet*. Quoi de plus naturel pour le public que d'appeler « cause » ce qui dans ce cas fut l'effet, et vice-versa. Dans le cas de personnes privées, on dit souvent très justement qu'un homme est en défaut de paiement parce qu'il a prêté si largement ; et il semblerait très étrange de rétorquer que ce n'est pas le cas, car l'homme en question avait trouvé nécessaire de prêter largement, parce qu'il manquait d'argent liquide ; et que le manque d'argent liquide était la cause, et le prêt simplement un effet. Cependant, ce qui ne pourrait pas être affirmé d'un particulier, est vrai dans le cas de la Banque, et les circonstances qui donnent lieu à cette particularité dans nos raisonnements relatifs à cet établissement, sont les deux suivantes ; tout d'abord, la difficulté qu'éprouve la Banque de se procurer des guinées, une difficulté totalement inconnue de particuliers qui tirent leurs guinées de la Banque elle-même ; et en second lieu, la nécessité singulière où est placée la Banque de maintenir à tout moment ses billets.

---

51 L'identité du bilan peut s'écrire en variations : ΔOr + ΔPrêts = ΔBillets. Donc ΔPrêts = – ΔOr + ΔBillets = – (– 6m) + (– 2m) = 4m. On trouvera un exemple numérique semblable au chap. VII, « Premier inconvénient... ». En termes qualitatifs, c'est exactement ce qui s'est passé, comme le montrent les données de Thomas et Dimsdale (2017). La conjecture de Thornton relative aux encaisses-or de février 1796 était cependant beaucoup trop optimiste ; le chiffre de 8 millions reviendra au chap. VI, « Raisons de ne pas admettre... ».

It was thought by some, that the interference on the part of the government and parliament was improper, inasmuch as the bank ought not to have been prevented from continuing to pay in cash as long as it had any remaining ability to do so. Every bank note, it was urged, is a contract to pay money entered into between the bank and the possessor of it, in consequence of what has been deemed a valuable consideration; and no authority of parliament ought, except in a case of the last necessity, to interpose itself to prevent the fulfilment of such a contract. To this it seems to be a fair answer to say, that the question is not whether any one holder of a note shall have his claim to receive money for it interfered with, but that it is a question respecting *all* the holders of notes, *as well as all other persons having a right to demand any cash payments in any quarter whatever.* Now, there are few or no creditors who are not also debtors; and a very large proportion of debtors owe as much to others, as others owe to them. Bankers and traders are greater debtors than other men; but they are also greater creditors. The bank itself is a great creditor, its credits, indeed, being far greater than its debts, and it is intitled to receive a part of its debts almost immediately. The case, then, is this: a comparatively very small portion of the persons having a right to demand cash, are led, by sudden alarm, to urge their claim for guineas to such an extent as to invest even a large portion of their capital in that [139] article of which a quantity has been provided which is sufficient only for the purpose of the ordinary kind of payments. All the cash in the world would not satisfy claims of this sort, if all men, having a right to urge them, were disposed equally to do so. The very persons who press for these payments do not reflect, that they themselves, perhaps, have creditors who might, with equal justice, exact the immediate money payment of a still larger debt against them.

OPPORTUNITÉ DE L'INTERFÉRENCE DU PARLEMENT

Certains ont pensé que l'interférence du Gouvernement et du Parlement était inappropriée, en ce sens que la Banque n'aurait pas dû être empêchée de continuer à payer en espèces tant qu'il lui restait quelque capacité de le faire[52]. On a mis en avant que tout billet de banque était un contrat conclu entre la Banque et son détenteur, qui oblige la Banque à payer en numéraire, en conséquence de ce qu'on a jugé être une considération de poids ; et aucune autorité du Parlement ne doit, sauf en cas de dernière nécessité, s'interposer pour empêcher l'accomplissement d'un tel contrat. À ceci il semble juste de répondre, que la question n'est pas si on interfère avec le droit d'un détenteur de billets quelconque à recevoir du numéraire, mais que c'est une question qui a trait à *tous* les détenteurs de billets, *ainsi qu'à toutes les autres personnes en droit d'exiger un quelconque paiement en espèces où que ce soit.* Or, il y a peu ou pas de créanciers, qui ne soient pas aussi des débiteurs ; et une très grande proportion de débiteurs doit autant à d'autres, que d'autres leur doivent. Les banquiers et les commerçants sont de plus grands débiteurs que les autres personnes ; mais ce sont également de plus grands créanciers. La Banque elle-même est un grand créancier, ses actifs dépassant en effet de loin ses dettes, et elle est en droit de récupérer une partie de ses créances presque immédiatement. Voici donc la situation : une portion, comparativement minime, des personnes en droit de demander des espèces est amenée, en raison d'une alarme soudaine, à réclamer instamment des guinées au point d'investir une grande proportion de son capital dans cet article dont une quantité a été fournie qui ne suffit qu'aux paiements ordinaires[53]. Tout l'or du monde ne suffirait pas à satisfaire de telles réclamations, si tous ceux en droit de le réclamer étaient également disposés à le faire. Ceux-là mêmes qui insistent pour ces paiements ne se disent pas qu'ils ont peut-être eux-mêmes des créanciers qui pourraient, avec la même justice, exiger d'eux le paiement immédiat en numéraire d'une dette encore plus grande.

52 Rappelons que la suspension avait été décidée à titre provisoire par le Conseil Privé, deux mois avant que le Parlement ne se prononce.

53 Autrement dit, les guinées disponibles ne permettent pas de satisfaire la demande accrue de thésaurisation.

The law authorizing the suspension of the cash payments of the bank, seems, therefore, to have only given effect to what must have been the general wish of the nation in the new and extraordinary circumstances in which it found itself. If every bill and engagement is a contract to pay money, the two parties to the contract may be understood as agreeing, for the sake of a common and almost universal interest, to relax as to the literal interpretation of it, and as consenting that "money should mean money's worth," and not the very pieces of metal: and the parliament may be considered as interposing in order to execute this common wish of the public.

By authorising the suspension of the cash payments of the bank, while a certain quantity of guineas still remained in its coffers, the parliament, moreover, much diminished the shock which this extraordinary event might naturally be expected to occasion; and also provided the means of furnishing the guineas actually necessary after that æra for some smaller current payments, as well as the means of securing the credit of bank notes, thus rendering them a more valuable medium of exchange for goods, and a fairer substitute for guineas than they might otherwise have been. The parliament, then, were led by the practical view which they took of the subject, to disregard theory, as well as some popular prejudice, for the sake of more effectually guarding the public safety, and promoting real justice.

The danger chiefly to be apprehended in London, was, that the common class of people, not receiving their pay in the usual article of coin, and not knowing at the first that one and two pound notes would purchase every thing in the same manner as gold, might [140] be excited to some tumultuous proceedings. It was also feared that, through the discredit cast on small notes by the common people, this new paper might fall, at the first issue of it, to a discount. It was important, therefore, to continue for a time to pay the labouring people in money; and to circulate the new one and two pound notes, in the first instance, by the medium of the higher classes.

La loi autorisant la suspension des paiements en espèces de la Banque paraît donc avoir seulement donné effet à ce qui doit avoir été le souhait général de la nation dans les circonstances nouvelles et extraordinaires où elle se trouvait. S'il est vrai que chaque lettre de change ou engagement[54] est un contrat obligeant à payer en numéraire, les deux parties au contrat peuvent être interprétées comme convenant dans l'intérêt commun et presque universel, d'être souples quant à son interprétation littérale, et de consentir que « le numéraire doit vouloir dire la valeur du numéraire » et non les pièces de métal proprement dites : et on peut considérer que le Parlement s'interpose afin d'exaucer ce vœu commun du public.

En autorisant la suspension des paiements en espèces de la Banque, quand bien même il restait encore une certaine quantité de guinées dans ses coffres, le Parlement a, de plus, beaucoup amorti le choc dont on pouvait naturellement s'attendre à ce que cet événement extraordinaire le provoque. Il a aussi donné les moyens de fournir les guinées nécessaires par la suite aux petits paiements courants, de même que les moyens d'assurer le crédit des billets de banque, faisant ainsi de ceux-ci un moyen d'échange plus précieux pour les biens, et un substitut aux guinées plus juste qu'ils n'auraient été sans cela[55]. Le Parlement a donc été conduit par l'approche pratique de la question qu'il a adoptée, à faire fi de la théorie, de même que de certains préjugés populaires, afin de préserver plus efficacement la sécurité publique et de promouvoir une réelle justice.

Le danger qu'il y avait surtout à craindre à Londres, c'était que les gens du peuple, ne recevant pas leur paye sous la forme habituelle de pièces, et ne sachant pas au départ que les billets d'une et de deux livres achèteraient toute chose de la même manière que l'or, ne soient incités à des désordres[56]. On craignait aussi que, les gens du peuple jetant du discrédit sur les petites coupures, ce nouveau papier ne pâtisse d'une décote dès son émission. Il était donc important que les ouvriers puissent continuer d'être payés en numéraire pendant un certain temps ; et de mettre en circulation les billets d'une et de deux livres en commençant par les classes supérieures.

---

54 Au sens financier.

55 Des remboursements en espèces restaient possibles dans certains cas. *Cf.* Clapham (1944, vol. 2, p. 42-43) et Fetter (1965, p. 80-81). Thornton avait lui-même plaidé en ce sens aux Communes en mars 1797 (*The Parliamentary History*, vol. 33, 1818, col. 364-366).

56 Rappelons que ces petites coupures avaient été émises dans la foulée de la suspension des paiements en espèces.

Of the sum remaining in the bank, a small part was issued to each of the bankers, after the suspension took place, for the convenience of common workmen. It was obviously desirable, that a farther sum should be reserved in the bank as a provision for any subsequent and important uses.

Immediately after this event, the bank extended the quantity of its notes nearly to the amount of the sum usually in circulation: and not only was credit revived, but in no long time guineas became remarkably abundant. The bank, as is commonly supposed, was replenished with them. And there is this infallible proof, that gold flowed into the country; that the course of exchange became much in favour of it.

Après que la suspension eut eu lieu, une petite partie de la somme en numéraire restant à la Banque a été mise à la disposition de chacun des banquiers, pour la commodité des ouvriers ordinaires[57]. Il était évidemment souhaitable qu'une somme supplémentaire soit réservée à la Banque comme provision pour tout usage ultérieur important.

Juste après cet événement, la Banque augmenta la quantité de ses billets presque au niveau de la somme habituellement en circulation ; et non seulement le crédit fut rétabli, mais il ne fallut pas longtemps pour que les guinées deviennent remarquablement abondantes. La Banque, comme on le pense communément, en fut réapprovisionnée. Et il y a cette preuve infaillible que l'or affluait dans le pays : c'est que le change sur l'étranger lui devint très favorable.

57 Il s'agit d'une somme de 50 000 £, évoquée notamment par Fox et Pitt lors du débat aux Communes du 22 mars 1797 (*The Parliamentary History*, vol. 33, 1818, col. 327-329).

NOTES

a See the correspondence of the bank on this subject, in the Appendix to the Report of the House of Commons respecting the order of council for authorising the suspension of the cash payments of the bank.

b The same remark has been made in a short pamphlet lately published by Sir Francis Baring.

c The bank of Amsterdam did not issue circulating notes, but was a mere bank for deposits, the whole of which it was supposed by some to keep always in specie. It was discovered, however, when the French possessed themselves of Holland, that it had been used privately to lend a certain part of them to the city of Amsterdam, and a part to the old Dutch government. These loans ought certainly rather to have been furnished in that open manner in which those of our bank are made. Neither of the two debts, as I understand, have yet been discharged. The bank of Amsterdam had no capital of its own.

In whatever way we may suppose the property of the bank of Amsterdam, or that of any other public bank or private individual, to be employed, it is not easy to imagine that it can altogether escape the hands of a needy and successful invader. If the property of a public bank is kept in money, a rapacious enemy may seize that money. If lent to the merchants, the enemy, by their requisitions, may draw it from the merchants; and by thus incapacitating the merchants to pay their debts to the bank, may cause the failure of the bank.

d If the bank notes were increased even five millions, the additional profit which would accrue to the proprietors would not be more than two per cent. A proprietor qualified to vote in the bank court (that is, having 500*l.* stock) would, therefore, gain by this extravagant issue, supposing it to be maintained for a year, the sum of 10*l.* A large proportion of the bank proprietors do not hold more than 1,000*l* stock. The gain of each of these would not be more than 20*l.*; a sum perfectly insignificant, compared with the interest which they have in the maintenance of the general commercial credit of the country.

e It may, perhaps, be supposed, that a diminution of the quantity of Bank of England notes, if permanent, would produce that permanent diminution of the price of articles which is so much desired, and the observation made above may be thought to give some countenance to this supposition. Such permanent reduction in the price of commodities could not, however, as I apprehend, be by any such means effected. The general and permanent value of bank notes must be the same as the general and permanent value of that gold for which they are exchangeable, and the value of gold in England is regulated by the general and permanent value of it all over the world; and, therefore, although it is admitted that a great and sudden reduction of bank notes may produce a great local and temporary fall in the price of articles (a fall, that is to say, even in their gold price, for we are here supposing gold and paper to be interchanged), the gold price must, in a short time, find its level with the gold price over the rest of the world. The continuance of the great limitation of the number of bank notes would, therefore, lead either, as has already been observed, to the creation of some new London paper, or possibly to some new modes of economy in the use of the existing notes: the effect of which economy on prices would be the same, in all respects, as that of the restoration of the usual quantity of bank notes.

NOTES DE L'AUTEUR

a Voyez la correspondance de la Banque à ce sujet, dans l'Annexe au Rapport de la Chambre des Communes sur la décision du Conseil Privé autorisant la suspension des paiements en espèces de la Banque. [Il s'agit de l'Annexe 9 de House of Commons (1803).]

b La même remarque a été faite dans une courte brochure récemment publiée par Sir Francis Baring. [*Cf.* Baring (1801, p. 15). Cette remarque de Baring sera contestée avec virulence par Boyd dans la Préface à la 2e édition de sa « Lettre à Pitt » (Boyd, 1801, p. xxiii).]

c La Banque d'Amsterdam n'émettait pas de billets circulants, mais n'était qu'une simple banque de dépôts, dont certains imaginaient que la totalité était toujours conservée en espèces. Lorsque les Français s'emparèrent de la Hollande [en 1794], on découvrit cependant que ces dépôts avaient été secrètement utilisés pour en prêter une partie à la ville d'Amsterdam et une autre à l'ancien gouvernement néerlandais. Il aurait certainement mieux valu que ces prêts aient été faits de la manière ouverte dont se font ceux de notre Banque. Je ne crois pas qu'aucune de ces deux dettes ait été acquittée à ce jour. La Banque d'Amsterdam n'avait aucun capital propre. [Voir aussi Gillard (2004).]

De quelque manière que l'on puisse supposer que les avoirs de la Banque d'Amsterdam, ou ceux de toute autre société de banque ou de tout particulier, aient pu être employés, il est malaisé d'imaginer comment ils auraient pu entièrement échapper aux mains d'un envahisseur dans le besoin et victorieux. Si les avoirs d'une société de banque sont conservés en numéraire, un ennemi rapace peut saisir ce numéraire. S'ils sont prêtés aux négociants, l'ennemi peut les leur retirer en les réquisitionnant ; et en mettant ainsi les négociants dans l'incapacité de rembourser leurs dettes à la banque, il peut causer la faillite de celle-ci.

d Même si les billets de la Banque étaient augmentés de cinq millions, le profit additionnel qui reviendrait aux actionnaires ne dépasserait pas 2 %. Un propriétaire ayant le droit de vote à l'assemblée générale (c'est-à-dire, ayant 500 £ d'actions), gagnerait donc la somme de 10 £ grâce à cette émission extravagante, à supposer qu'elle soit maintenue pendant un an. Une grande proportion des actionnaires de la Banque ne détient pas plus de 1 000 £ d'actions. Le gain de chacun d'entre eux ne dépasserait pas 20 £ ; une somme parfaitement insignifiante à côté de l'intérêt qu'ils ont au maintien du crédit commercial général du pays.

e On pensera peut-être qu'une réduction de la quantité des billets de la Banque d'Angleterre, si elle est permanente, produirait la baisse permanente du prix des articles qui est tant désirée, et on peut penser que l'observation ci-dessus confirme quelque peu cette idée. Une telle baisse permanente ne pourrait pas, à mon avis, être effectuée par aucun moyen de cette sorte. La valeur générale et permanente des billets de banque doit être la même que la valeur générale et permanente de l'or, contre lequel ils sont échangeables, et la valeur de l'or en Angleterre est réglée par sa valeur générale et permanente dans le monde entier ; et donc, quoiqu'il soit admis qu'une réduction forte et soudaine des billets de banque puisse produire une forte chute locale et temporaire du prix des articles (c'est-à-dire même une chute de leur prix en or, car nous supposons ici l'interchangeabilité entre l'or et le papier), le prix en or doit bientôt s'aligner sur le prix en or dans le reste du monde. Donc, la continuation d'une forte limitation du nombre des billets de banque conduirait soit, comme on l'a déjà observé, à la création de quelque nouveau papier londonien, soit peut-être à de nouvelles façons d'économiser l'usage des billets existants : l'effet de cette économie sur les prix serait le même, à tous égards, que celui de la restauration de la quantité habituelle de billets de banque.

What seems most probable is, that the continuance of any great limitation of the number of bank notes would lead to the transfer of the present cash payments of London to some other place or places in which the means of effecting payments should not be obstructed through the too limited exercise of that exclusive power of furnishing a paper circulation with which the Bank of England has, by its charter, been invested. This subject of the influence of paper credit on prices will be more fully entered into in a future chapter.

f When an interruption of the usual credit arises, it naturally happens that the individuals having the least property, and the fewest resources, are the most pressed; and it is sometimes assumed by the public, rather too readily, that those who suffer are justly punished for the too great extent of their speculations. It is true, undoubtedly, that those who prove to be the first to fail, have probably been men of too eager and adventurous a spirit. Let the spirit of adventure among traders, however, have been either more or less, the interruption of the usual credit cannot fail to cause distress; and that distress will fall upon those who have merely been, *comparatively*, the more adventurous part of the trading world. It is often also assumed by the public (and without the least foundation) that the want not of gold merely but of *bonâ fide* mercantile capital in the country is betrayed by a failure of paper credit. The error of this supposition is not only plain, from the general principles laid down in the first chapter of this work, but it is also distinctly proved by the circumstance stated above, that while the premises of the factor and of the shopkeeper are becoming empty of goods, the warehouse of the manufacturer is growing proportionably full. The time soon comes, indeed, when that suspension of labour (which, it should be remembered, is the *consequence* of the suspension of credit) causes the general stock of goods (or the mercantile capital of the country) to be diminished. The evil, therefore, consists not in the want of *bonâ fide* capital, but in the want of such a quantity of the circulating medium as shall be sufficient, at the time, to furnish the means of transferring the goods of the manufacturer from his own warehouse to that of the factor and the shopkeeper. The quantity wanted to be employed in the circulation, and especially the quantity of gold, becomes more, as was observed in the third chapter, when confidence is less, because the rapidity of the circulation is less. The substitution of gold for paper, and of better paper for that which is worse, and some temporary increase of the gold and good paper actually circulating, are obviously the remedy.

g The reader, perhaps, may not understand upon what principle it is that the amount of the notes of the Bank of England is classed among the deposits. The amount of them was placed on this side of the account in the statement given to parliament by the bank, and very properly, or rather very necessarily. It is not, however, the notes which themselves form deposits. They are given *in return for* deposits; and they are, therefore, the measure of those deposits. It is in substance the same thing whether a person deposits 100*l.* in money with the bank, taking no note, but obtaining a right to draw a draft on a banking account which is opened in his name, or whether he deposits the same 100*l.* and receives for it a bank note. The possession of the right to draw obtained in the one case, is exactly equivalent to the possession of the note obtained in the other. The notes, it is true, are commonly issued not in consideration of money received, but of bills discounted; but the deposits, it may also be observed, are generally formed by the same means of bills discounted. The manner of transacting the discounting business at the bank is this:—the discounter opens a banking account with the bank, and usually keeps a small balance upon it; when he sends bills to be discounted, those bills, if the bank consents to discount them, are placed to the credit of his banking account;

Ce qui paraît le plus probable, c'est que la continuation d'une forte limitation du nombre des billets de banque débouche sur le transfert des paiements actuels en argent liquide de Londres à une ou plusieurs autres places, où les moyens d'effectuer les paiements ne seraient pas entravés par l'exercice trop limité du pouvoir exclusif de fournir une circulation de papier dont la Banque d'Angleterre a été investie par sa charte. Nous approfondirons le sujet de l'influence du papier de crédit sur les prix dans un prochain chapitre. [L'influence du papier de crédit sur les prix est analysée aux chapitres VIII et X ; le prix en or intérieur est le prix en numéraire, tandis que le « prix en or dans le reste du monde » est le « prix en lingots », une notion élaborée au chapitre XI.]

f Quand se produit une interruption du crédit habituel, il se trouve naturellement que ce sont les personnes ayant le moins d'avoirs et le moins de ressources, qui sont le plus mises sous pression ; et le public pense parfois, plutôt trop vite, que ceux qui souffrent sont justement punis de l'ampleur excessive de leurs spéculations. Il est vrai, sans aucun doute, que ceux qui s'avèrent les premiers à faire faillite, ont probablement été des hommes d'esprit trop avide et aventureux. Cependant, que l'esprit d'aventure des négociants ait été ou plus ou moins poussé, l'interruption du crédit habituel ne peut pas manquer de causer de la détresse ; et cette détresse affectera ceux qui ont simplement été, en *comparaison*, la partie plus aventureuse du monde marchand. De même, le public admet souvent (et sans le moindre fondement) que le discrédit du papier trahit le manque, non pas simplement d'or, mais de capital commercial authentique dans le pays. L'erreur de cette supposition est claire au vu des principes généraux posés au premier chapitre du présent ouvrage ; mais de plus, elle est aussi nettement prouvée par la circonstance mentionnée plus haut, que tandis que les locaux du grossiste et du marchand se vident de biens, l'entrepôt du fabricant se remplit en proportion. En effet, le moment arrive vite où cette suspension du travail (qui, rappelons-le, est la *conséquence* de la suspension du crédit) provoque une diminution du fonds total de marchandises (ou du capital commercial du pays). Le mal ne consiste donc pas en un manque de capital authentique, mais dans le manque d'une quantité du moyen circulant qui suffise, à ce moment, à fournir les moyens de transférer les biens du fabricant de son propre entrepôt à celui du grossiste et du marchand. La quantité qu'on a besoin d'utiliser dans la circulation, et particulièrement la quantité d'or, augmente quand la confiance est moindre, comme on l'a observé au chapitre III, parce que la vitesse de circulation est moindre. La substitution d'or au papier, et d'un meilleur papier au moins bon, et une certaine augmentation temporaire de l'or et du bon papier qui sont effectivement en circulation, sont évidemment le remède. [Le capital « authentique » désigne un capital réel, par opposition à nominal.]

g Le lecteur ne comprendra peut-être pas sur quel principe le montant des billets de la Banque se trouve classé parmi les dépôts. Leur montant a été placé de ce côté des comptes dans le bilan transmis par la Banque au Parlement de façon très appropriée, ou plutôt très nécessaire. Ce ne sont cependant pas les billets de banque qui constituent eux-mêmes les dépôts ; ils sont donnés *en contrepartie de* dépôts ; et ils en sont donc la mesure. Qu'une personne dépose à la Banque 100 £ en numéraire sans prendre de billets, mais en obtenant le droit de tirer une traite sur un compte bancaire ouvert à son nom, ou bien qu'elle dépose les mêmes 100 £ et reçoive un billet de banque, c'est en substance la même chose. La possession du droit de tirer obtenue dans un cas, équivaut exactement à la possession du billet de banque obtenue dans l'autre. Les billets, il est vrai, ne sont pas ordinairement émis pour de l'or reçu, mais pour des lettres de change escomptées ; mais les dépôts, on peut aussi l'observer, ont lieu en général au moyen du même escompte de lettres de change. Voici comment s'opère cet escompte à la Banque : – le cédant ouvre un compte à la Banque, et garde d'habitude un petit solde sur celui-ci ; lorsqu'il envoie des lettres de change pour les faire escompter, et si la Banque consent à les prendre, leur montant est placé au crédit de son compte en banque ;

and when he draws for them, or for any part of them, the bearer of his draft receives the amount of it in bank notes. The numerous balances, therefore (in general small ones), which the discounters keep with the bank, are included, no doubt, in the bank account, under the head of deposits, and form a part of the second item in the statement above. The sum which I have considered as deposited in the bank, by those who take away the notes, they opening no account, is not termed deposits in the bank statement. I have, however, thought it necessary so to term it, in order to make the subject the more clear to the reader.

et lorsqu'il tire sur la Banque à concurrence du montant des lettres de change ou d'une partie de celles-ci, le porteur de sa traite en reçoit le montant en billets de banque. Les nombreux soldes (en général petits) que les cédants conservent à la Banque sont donc, sans nul doute, inclus dans les comptes de la Banque sous la rubrique des dépôts, et font partie du deuxième poste du bilan ci-dessus. La somme que j'ai considérée comme déposée à la Banque par ceux qui obtiennent des billets sans ouvrir de compte n'est pas appelée « dépôts » dans le bilan de la Banque. J'ai cependant cru nécessaire de l'appeler ainsi afin de clarifier le sujet pour le lecteur.

CHAP. V

Of the Balance of Trade.—Of the Course of Exchange.—Tendency of an unfavourable Exchange to take away Gold.—Of the Probability of the Return of Gold.—Of the Manner in which it may be supposed that exported Gold is employed on the Continent.—Reasons for having renewed the Law for suspending the Cash Payments of the Bank of England.

The law which authorised the suspension of the cash payments of the bank having been re-enacted; the high price of provisions having given occasion to much speculation on the subject of paper credit; the course of exchange having again turned greatly against the country; and gold having to a material degree disappeared, its place being occupied by small paper notes; it is not surprising that suspicions of the necessity of an alteration in the system of our paper credit should have become prevalent. Some consideration shall here be given to that unfavourable state of the exchange between this country and Europe, which operated during the last two years of the war, in again drawing away our guineas.

CHAPITRE V

De la balance commerciale. – Du cours du change. – Tendance d'un change défavorable à faire sortir l'or du pays. – De la probabilité du retour de l'or. – De la manière dont on peut penser que l'or exporté de Grande-Bretagne est employé sur le Continent. – Raisons de renouveler la loi qui suspend les paiements en espèces de la Banque d'Angleterre.

La loi qui autorisait la suspension des paiements en espèces de la Banque a été renouvelée[1] ; le prix élevé des denrées a donné lieu à de nombreuses spéculations sur la question du papier de crédit ; le cours du change s'est à nouveau fortement retourné contre notre pays ; et enfin, l'or a pour l'essentiel disparu de la circulation pour être remplacé par des petites coupures. Au vu de tout cela, il n'est pas étonnant que des soupçons se soient répandus que notre système de papier de crédit requérait une modification. Nous examinerons ici l'état défavorable du change entre notre pays et l'Europe, qui dans les deux dernières années de la guerre a contribué à nouveau à attirer nos guinées au-dehors[2].

1 Un renouvellement du *Restriction Act* avait eu lieu en novembre 1797, et venait à expiration un mois après la conclusion de la guerre. Un nouveau renouvellement aura lieu en avril 1802, un mois après la Paix d'Amiens, – et la publication du *Papier de crédit*.

2 Ce chapitre discutera plusieurs épisodes, dont celui des années 1800 et 1801.

It may be laid down as a general truth, that the commercial exports and imports of a state (that is to say, the exported and imported commodities, for which one country receives an equivalent from another) naturally proportion themselves in some degree to each other; and that the balance of trade, therefore (by which is meant the difference between these commercial exports and imports), cannot continue for a very long time to be either highly favourable or highly unfavourable to a country. For that balance must be paid in bullion, or else must constitute a debt. To suppose a very great balance to be paid, year after year, in bullion, is to assume such a diminution of bullion in one country, and such an accumulation of it in another, as are not easy to be imagined: it [142] may even be questioned whether the commercial prosperity of a state does not tend, on the whole, to reduce, rather than augment, the quantity of gold in use, through that extension of paper credit to which it leads. To suppose large and successive balances to be formed into a debt, is to assume an accumulation of debt, which is almost equally incredible. A prosperous nation commonly employs its growing wealth, not so much in augmenting the debts due to it from abroad, as in the enlargement of its capital at home; I mean, in the cultivation of its lands, in the encrease of its buildings, the extension of its machinery, the multiplication of its docks and its canals, and in a variety of other improvements, which become the sure sources of an encreasing income. The state may be progressive in these respects, even in years in which the balance of trade is unfavourable. There is a customary length of credit in foreign parts which the British exporter, however overflowing his capital may be, is not very willing to enlarge. And events fail not occasionally to arise, which remind him of the danger of committing too great a portion of his property into the hands of those who are not subject to the same laws with himself; and whose country may suddenly be involved, at any moment, in a war with Great Britain.

DE LA BALANCE COMMERCIALE

On peut poser comme une vérité générale que les exportations et les importations commerciales d'un État, (c'est-à-dire les marchandises exportées et importées, pour lesquelles un pays reçoit d'un autre un équivalent[3]), se proportionnent naturellement à un certain degré les unes aux autres ; et que, dès lors, la balance commerciale (ce par quoi on entend la différence entre ces exportations et importations commerciales) ne saurait demeurer très longtemps hautement favorable ou défavorable à un pays. Car ce solde doit être payé en lingots, ou sinon constituer une dette[4]. Supposer qu'un très grand solde soit payé en lingots, année après année, revient à supposer une diminution des lingots dans un pays et une accumulation de ceux-ci dans l'autre, telles qu'elles sont difficiles à imaginer. On peut même se demander si la prospérité commerciale d'un pays ne tend pas plutôt, dans l'ensemble, à réduire qu'à augmenter la quantité d'or en usage, par l'extension du papier de crédit à laquelle elle conduit. Imaginer qu'une succession de soldes importants se forme en dette, c'est supposer une accumulation de dette qui est presque également incroyable. Une nation prospère emploie d'ordinaire sa richesse croissante, non tant à accroître ses créances sur l'étranger, qu'à augmenter son capital intérieur ; j'entends par là la culture de ses terres, l'augmentation du nombre de ses bâtiments, l'extension de son équipement en machines, la multiplication de ses quais et de ses canaux, et une foule d'autres améliorations qui deviennent les sources sûres d'un revenu croissant. L'État peut être en progrès à ces égards, même dans les années où la balance commerciale est défavorable. Il y a une durée d'usage pour les crédits aux étrangers que l'exportateur britannique n'est guère disposé à prolonger, aussi surabondant que puisse être son capital. Et des événements ne manquent pas de se produire de temps à autre, qui lui rappellent le danger de confier une portion trop grande de ses avoirs aux mains de ceux qui ne sont pas soumis aux mêmes lois que lui ; et dont, à tout moment, le pays peut être soudain engagé dans une guerre avec la Grande-Bretagne.

3 C'est-à-dire un paiement, si l'on en croit la section « La sévérité de la pression est-elle le remède ? » du chapitre IV.

4 De ce point de vue, la « balance commerciale » de Thornton s'apparente à une balance courante élargie aux investissements directs.

The equalization of the commercial exports and imports is promoted not only by the unwillingness of the richer state to lend to an unlimited extent, but also by a disinclination to borrow in the poorer. There is in the mass of the people, of all countries, a disposition to adapt their individual expenditure to their income. Importations conducted with a view to the consumption of the country into which the articles are imported (and such, perhaps, are the chief importations of a poor country), are limited by the ability of the individuals of that country to pay for them out of their income. Importations, with a view to subsequent exportation, are in like manner limited by the ability to pay which subsists among the individuals of the several countries to which the imported goods are afterwards exported. The income of individuals is the general limit in all cases. If, therefore, through any unfortunate [143] circumstance, if through war, scarcity, or any other extensive calamity, the value of the annual income of the inhabitants of a country is diminished, either new economy on the one hand, or new exertions of individual industry on the other, fail not, after a certain time, in some measure, to restore the balance. And this equality between private expenditures and private incomes tends ultimately to produce equality between the commercial exports and imports.

But though the value of the commercial exports and imports of a country will have this general tendency to proportion themselves to each other, there will not fail occasionally to arise a very great inequality between them. A good or a bad harvest, in particular, will have a considerable influence in producing this temporary difference. The extra quantity of corn and other articles imported into Great Britain in this and the last year, with a view to supply the deficiency of our own crops, must have amounted in value to so many millions, that it may justly excite surprise that we should have been able, during an expensive war, to provide the means of cancelling our foreign debt so far even as we have done; especially when the peculiar interruptions to our commerce are also considered. In this country, however, as in all others, the two principles of economy and exertion are always operating in proportion to the occasion for them. But the economy and exertion follow rather than accompany the evil which they have to cure.

L'égalisation des importations et des exportations commerciales n'est pas seulement favorisée par la répugnance de l'État plus riche à prêter de façon illimitée, mais aussi par un manque d'inclination à emprunter du plus pauvre. Dans tout pays, il y a dans la masse du peuple une disposition à adapter ses dépenses individuelles à ses revenus. Les importations qui ont lieu en vue de la consommation du pays importateur (et ce sont là sans doute les importations principales d'un pays pauvre), sont limitées par la capacité des individus de ce pays de les payer de leur revenu. Les importations en vue d'une exportation ultérieure sont limitées de manière semblable par la capacité de payer des individus des nombreux pays vers lesquels les marchandises importées sont ensuite exportées. Dans tous les cas, c'est le revenu des individus qui est la limite générale. Donc si des circonstances malheureuses, si la guerre, la pénurie ou toute autre calamité étendue diminuent la valeur du revenu annuel des habitants d'un pays, de nouvelles économies d'une part, ou d'autre part de nouveaux efforts consacrés à des activités individuelles, ne manqueront pas de restaurer le solde, après un certain temps et dans une certaine mesure. Et cette égalité des dépenses et revenus privés tend en fin de compte à égaliser les importations et exportations commerciales.

Mais bien que les valeurs des exportations et des importations commerciales d'un pays auront cette tendance générale à se proportionner les unes aux autres, il ne manquera pas d'apparaître à l'occasion une grande disparité entre elles. En particulier, une récolte bonne ou mauvaise aura une grande influence sur la production de cet écart temporaire. Le surcroît d'importations de grains et d'autres articles en Grande-Bretagne cette année et l'an passé[5], en vue de suppléer à l'insuffisance de nos propres récoltes, doit s'être élevé en valeur à tant de millions qu'on peut à juste titre s'étonner que nous ayons été capables, au milieu d'une guerre coûteuse, d'apurer notre dette extérieure autant que nous l'avons fait ; spécialement si l'on considère aussi les interruptions particulières à notre commerce[6]. Dans notre pays, cependant, comme partout ailleurs, les deux principes d'économie et d'effort agissent toujours en proportion des occasions qu'on leur donne. Mais l'économie et l'effort suivent plutôt qu'ils accompagnent le mal qu'ils doivent soigner.

5 Soit en 1801 et 1800, les mauvaises récoltes ayant eu lieu en 1800 et 1799. *Cf.* Beaugrand (1981, p. 35).

6 Comme les pertes de débouchés dues à la guerre.

If the harvest fails, and imports are necessary, in order to supply the deficiency, payment for those imports is almost immediately required: but the means of payment are to be supplied more gradually through the limitation of private expenditure, or the encrease of individual industry. Hence a temporary pressure arises at the time of any very unfavourable balance. To understand how to provide against this pressure, and how to encounter it, is a great part of the wisdom of a commercial state.

By the commercial exports and imports which have been spoken of, those articles have been intended for which an equivalent is given; not those which form a remittance, for which nothing is [144] obtained in exchange. Many of our exported and some of our imported commodities are of that class which furnish no return.

For example, numerous stores were shipped, during the war, for the support of our navy and army in foreign parts. Remittances were made, in the way of loan and subsidy, to our allies. Some dividends may be supposed to have been transmitted to the foreign proprietors of British stock. Much property is also sent out of the kingdom, which constitutes a capital employed in the cultivation of lands in the West Indies. On the other hand, capital is transmitted *to* Great Britain from the East Indies, both by the India Company and by individuals.

Although exports and imports of this class form no part of the commercial exports and imports which have been spoken of, they affect the quantity of those commercial exports and imports, and they contribute, exactly like the circumstance of a bad harvest, to render the balance of trade unfavourable[a]; they tend, that is to [145] say, in the same manner, to bring Great Britain into debt to foreign countries, and to promote the exportation of our bullion. Our mercantile exports and imports, nevertheless, by whatever means they may be rendered disproportionate, necessarily become, in the long run, tolerably equal; for it is evident that there is a limit, both to the debt which foreigners will permit British merchants to incur, and also to the quantity of British bullion which is exportable.

Si la récolte est défaillante, et que des importations sont nécessaires pour combler son insuffisance, le paiement de ces importations est exigé presque immédiatement : mais les moyens de payer doivent être fournis plus graduellement par la limitation de la dépense privée ou l'augmentation de l'activité individuelle. Aussi une pression temporaire apparaît-elle lors de tout solde très défavorable. Comprendre comment se prémunir contre cette pression, et comment la contrer, constitue une grande partie de la sagesse d'un État commercial.

Par les exportations et les importations commerciales dont on a parlé, nous visons les articles pour lesquels on donne un équivalent ; et non ceux qui constituent une remise pour laquelle rien n'est obtenu en échange[7]. Beaucoup de marchandises que nous exportons, et certaines de celles que nous importons, relèvent de cette classe qui ne fournit aucune contrepartie.

Par exemple, pendant la guerre, on a expédié beaucoup d'approvisionnements à l'étranger en appui à notre marine et à notre armée. Nous avons fait des remises à nos alliés, sous forme de prêts ou de subsides[8]. On peut penser que nous avons transmis des intérêts aux propriétaires étrangers de rentes britanniques. Beaucoup d'avoirs sont aussi envoyés hors du Royaume, pour constituer un capital utilisé dans les cultures de terres des Indes Occidentales. D'autre part, du capital est transmis *à* la Grande-Bretagne en provenance des Indes Orientales, tant par la Compagnie des Indes que par des particuliers.

Quoique les exportations et importations de cette classe ne fassent pas partie des exportations et importations commerciales dont on a parlé, elles affectent la quantité de ces exportations et importations commerciales, et contribuent, exactement comme la circonstance d'une mauvaise récolte, à rendre la balance commerciale défavorable[a] ; c'est-à-dire qu'elles tendent de la même manière à endetter la Grande-Bretagne envers des pays étrangers, et à favoriser l'exportation de nos lingots. Néanmoins, quel que soit le moyen par lequel nos exportations et importations commerciales sont rendues disproportionnées, elles deviennent nécessairement, à la longue, tolérablement égales ; car il est évident qu'il y a une limite tant à la dette que les étrangers permettront aux négociants britanniques d'accumuler, qu'à la quantité de lingots britanniques qui est exportable.

---

7 On verra qu'il peut s'agir de transferts (éventuellement en nature), mais aussi de paiements d'intérêts ou de flux de capitaux.

8 Silberling (1924a, p. 227) fournit une évaluation quantitative des prêts et subsides accordés pendant la guerre. Voir aussi Sherwig (1969).

Gold has been spoken of in this Chapter as that article by which a balance of trade is discharged, and not as itself constituting a commodity. Gold, however, when exported and imported, may be considered in the same light with all other commodities; for it is an article of intrinsic value: its price, like that of other commodities, rises and falls according to the proportion between the supply and the demand; it naturally seeks, like them, that country in which it is the dearest; and it is, in point of fact, like them, exported by our merchants accordingly as the export or import is likely to yield a profit. Some description of the circumstances which cause the export of gold to become a profitable speculation to the merchant may serve to illustrate this subject.

When a bill is drawn by one country on another—by Hamburgh, for instance, on London—it is sold (or discounted) in the place in which it is drawn, to some person in the same place; and the buyer or discounter gives for the bill that article, whatever it may be, which forms the current payment of the spot. This article may consist either of gold or silver coin, or of bank paper, or, which is much the same thing as bank paper, of a credit in the books of some public bank.

Let us now suppose that the exporter of corn from Hamburgh to London draws a bill for 100*l.* on London, and offers it for sale on the Hamburgh Exchange at the season when great exportations of corn to London are taking place. The persons in Hamburgh having occasion to buy bills are fewer, in such a case, than those who want to sell them; and the price of the bill, like that of any other article, fluctuates according to the proportion subsisting between the supply and the demand. The disproportion, then, [146] between the number of those persons at Hamburgh who want to sell London bills for Hamburgh coin, and the number of those who want to sell Hamburgh coin for London bills, causes the price of London bills to fall, and of Hamburgh coin to rise.

DU COURS DU CHANGE

Dans ce chapitre, on a parlé de l'or comme de l'article par lequel un solde commercial est acquitté, et non comme constituant lui-même une marchandise. Cependant, quand l'or est exporté et importé, il peut être considéré à l'instar de toutes les autres marchandises ; car c'est un article ayant une valeur intrinsèque. Son prix, comme celui d'autres marchandises, augmente et baisse selon la proportion entre l'offre et la demande ; il cherche naturellement, comme elles, le pays où il est le plus cher ; et en fait, il est aussi, comme elles, exporté par nos négociants suivant que l'exportation ou l'importation est susceptible de rapporter un profit. Une description des circonstances qui font de l'exportation d'or une spéculation profitable pour le négociant permet d'illustrer notre propos.

Quand une lettre de change est tirée par un pays sur un autre, – par Hambourg, par exemple, sur Londres –, elle est vendue (on la fait escompter) dans la place où elle est tirée, à une personne dans la même place[9] ; et l'acheteur ou escompteur donne pour la lettre de change l'article, quel qu'il soit, qui constitue le paiement courant de l'endroit. Cet article peut consister en pièces d'or ou d'argent, en papier bancaire, ou, ce qui est à peu près la même chose que du papier bancaire, en une inscription au crédit des livres d'une société de banque.

Supposons maintenant qu'un exportateur de grains de Hambourg à Londres tire une traite de 100 £ sur Londres, et qu'il l'offre à la vente à la bourse de Hambourg, à la saison des grandes exportations de grains vers Londres. Les personnes à Hambourg ayant des raisons d'acheter des traites sont moins nombreuses, en pareil cas, que celles qui veulent en vendre ; et le prix de la traite, comme celui de tout autre article, fluctue selon la proportion entre l'offre et la demande. La disproportion entre le nombre de personnes à Hambourg qui veulent vendre des traites sur Londres pour des pièces de Hambourg, et le nombre de celles qui veulent vendre des pièces de Hambourg pour des traites sur Londres, fait alors chuter le prix des traites sur Londres, et grimper celui des pièces de Hambourg.

9 Une telle vente n'a pas nécessairement lieu. Voir aussi, à propos de la suite, le chap. VIII, « Effet sur le cours du change ».

Thus gold is said to rise at Hamburgh; and the exchange between London and Hamburgh becomes unfavourable to London. This fluctuation in the exchange will, in the first instance, be small. It will be limited to that trifling sum which it costs to transport bullion from one place to the other, so long as there is bullion to be transported. But let us now suppose the number of Hamburgh bills on London, drawn for the payment of the goods imported into the latter place, to be so numerous, that the exportation of all the bullion which is purchasable in Great Britain, has not sufficed for their payment. Gold coin, in this case, will be exported, being first melted down for the purpose. Coin, indeed, is not allowed to be exported from Great Britain, nor gold which has been melted down from coin; an oath being required of every exporter of gold, that the gold which he exports does not consist of guineas which have been melted. There are, however, many ways of escaping the law which imposes this oath. The law is dishonestly evaded either by the clandestine exportation of guineas, no oath at all being taken; or by taking a false oath; or by contriving that the person taking the oath shall be, in some degree, ignorant of the melting which has been practised. The operation of the law is avoided without this dishonesty, through the exportation of gold which had been turned, or had been about to be turned, to the purposes of gilded and golden ornaments, the place of this gold being supplied by gold melted down from coin. The state of the British law unquestionably serves to discourage and limit, though not effectually to hinder, that exportation of guineas which is encouraged by an unfavourable balance of trade; and, perhaps, scarcely lessens it when the profit on exportation becomes very great. The law tends, indeed, to produce a greater interchange of gold for paper at home. But it encreases whatever evil arises from an unfavourable state of the exchange with foreign countries.

On dit donc que l'or augmente à Hambourg ; et le change entre Londres et Hambourg devient défavorable à Londres. Dans un premier temps, cette variation du change sera petite. Elle sera limitée à la somme dérisoire qu'il coûte de transporter le lingot d'un endroit à l'autre, aussi longtemps qu'il y a des lingots à transporter[10]. Mais supposons maintenant que les traites hambourgeoises sur Londres, tirées pour le paiement des marchandises importées dans cette dernière place, soient si nombreuses que l'exportation de tous les lingots qu'on puisse acheter en Grande-Bretagne, n'a pas suffi à les payer. Dans ce cas, on exportera des pièces d'or après les avoir fondues dans ce but. En effet, l'exportation de pièces hors de Grande-Bretagne n'est pas autorisée, ni celle d'or fondu à partir de pièces ; car tout exportateur d'or est obligé de prêter serment que cet or ne provient pas de guinées fondues. Mais il y a de nombreuses manières d'échapper à la loi qui impose ce serment. On peut le faire de façon frauduleuse par la contrebande de guinées, sans prêter de serment du tout ; ou en faisant un faux serment ; ou encore en s'arrangeant pour que la personne qui prête serment ne soit, à un certain degré, pas au courant de la fonte qui a eu lieu. On évite l'action de la loi sans ces fraudes en exportant de l'or transformé, ou sur le point de l'être, en ornements d'or ou dorés, qu'on remplace par de l'or obtenu à partir de pièces fondues. La législation britannique actuelle permet indiscutablement de décourager et de limiter, mais non d'entraver efficacement l'exportation de guinées qu'encourage une balance commerciale défavorable ; et elle la réduit peut-être à peine quand le profit sur l'exportation devient très grand. Elle tend en effet à produire dans le pays davantage d'échanges réciproques entre or et papier. Mais elle augmente tout mal qui résulterait d'un état défavorable du change avec les pays étrangers.

10 C'est le mécanisme des points d'or.

[147]

Let it now be considered how this high price of gold in London must operate in respect to the Bank of England. Great demands for guineas will be made on the bank; and, in general, probably by persons not intending to melt or export guineas themselves, but wishing only to supply that want which all have begun to experience in consequence of the large illicit exportations carried on by a few unknown persons. It is assumed, for the present, that the bank is paying in guineas. What, then, is the course which the bank will naturally pursue? Finding the guineas in their coffers to lessen every day, they must naturally be supposed to be desirous of replacing them by all effectual and not extravagantly expensive means. They will be disposed, to a certain degree, to buy gold, though at a losing price, and to coin it into new guineas; but they will have to do this at the very moment when many are privately melting what is coined. The one party will be melting and selling, while the other is buying and coining. And each of these two contending businesses will now be carried on not on account of an actual exportation of each melted guinea to Hamburgh, but the operation (or, at least, a great part of it) will be confined to London; the coiners and the melters living on the same spot, and giving constant employment to each other.

The bank, if we suppose it, as we now do, to carry on this sort of contest with the melters, is obviously waging a very unequal war; and even though it should not be tired early, it will be likely to be tired sooner than its adversaries.

The dilemma in which the bank is thus placed, is evidently one which implies no deficiency in its wealth, in its credit, or in the strength of its resources. The public, during all this time, may have the highest confidence in it.

TENDANCE D'UN CHANGE DÉFAVORABLE À FAIRE SORTIR L'OR DU PAYS

Examinons maintenant comment ce prix élevé de l'or à Londres affecte la Banque d'Angleterre. Des guinées seront demandées en grand nombre à la Banque ; et ce, en général, par des personnes qui n'ont probablement pas l'intention d'exporter ou de fondre ces guinées elles-mêmes, mais souhaitent seulement satisfaire le besoin que tous ont commencé à ressentir en conséquence des grandes exportations illicites entreprises par quelques personnes inconnues. On suppose, pour le moment, que la Banque paie en guinées[11]. Quelle est alors la ligne de conduite que la Banque suivra naturellement ? Voyant les guinées dans ses coffres diminuer de jour en jour, il faut naturellement s'attendre à ce qu'elle désire les remplacer par tous les moyens efficaces sans être d'un coût exagéré. Elle sera disposée, dans une certaine mesure, à acheter de l'or, quoiqu'à perte, et à faire frapper de nouvelles guinées ; mais elle devra le faire au moment même où beaucoup fondent clandestinement ce qui est frappé. Un groupe fondra et vendra, alors que l'autre achète et frappe. Et chacune de ces deux activités opposées sera désormais poursuivie, non pas en vue d'exporter effectivement à Hambourg chaque guinée fondue, mais l'opération (tout au moins, une grande partie de celle-ci) sera cantonnée à Londres ; les frappeurs et les fondeurs vivant au même endroit, et se donnant constamment de l'ouvrage l'un à l'autre.

La Banque est évidemment engagée dans une guerre très inégale, si nous admettons, comme nous le faisons maintenant, qu'elle poursuit cette sorte d'épreuve de force avec les fondeurs ; et quand bien même elle ne devrait pas se lasser de sitôt, elle est susceptible d'être lassée avant ses adversaires[12].

Le dilemme devant lequel la Banque est ainsi placée, n'implique à l'évidence aucune insuffisance de sa richesse, de son crédit, ni de la force de ses ressources. Pendant tout ce temps, le public peut avoir en elle la confiance la plus grande.

---

11 On se situe donc avant la Suspension.

12 Thornton connaissait la métaphore de la toile de Pénélope qu'Adam Smith utilise à ce propos. *Cf.* la citation de Smith au chap. VIII, p. 361, n. d.

The notes of the bank may be of the same number as usual, possibly somewhat lower in number; its capital and savings may be immensely great, and perfectly well known; its stock may be selling at much above par; its clear annual profits may be considerable. Its gold, nevertheless, through the operation of that one cause which has just been named, may be growing less and less. And it is not at all impossible, if an alarm [148] at home should draw away the gold at the same time, that, however ample its general fund may have been, it may be reduced to its last guinea; and may actually be brought under the necessity of making a temporary suspension of its payments.

An important subject of enquiry here suggests itself. Dr. Smith, as was remarked in the beginning of the former chapter, in some degree leads his reader to assume the Bank of England to be in fault (that is, to have issued too many notes) whenever an excess of the market price above the mint price of gold takes place, an excess which produces, as shall immediately be shewn, that difficulty in replenishing the coffers of the bank which has been recently described. If the observation of Dr. Smith be, without exception or qualification, true, then the quantity of paper issued by the Bank of England has undoubtedly been excessive throughout the last two years; for the excess of the market price above the mint price of gold has been, during that time, considerable. Then, also, it is the bank which has placed in its own way that obstacle to the purchase of gold which has been spoken of. Any enquiry tending to indicate the causes which place the bank under this singular difficulty, seems to be important.

I shall here endeavour clearly to explain what is meant by the high and the low price of gold; and also by that difference between the mint price and the market price, which has such material consequences.

Les billets de la Banque peuvent être aussi nombreux qu'à l'ordinaire, éventuellement un peu moins ; son capital et son épargne[13] peuvent être immensément grands, et parfaitement bien connus ; ses actions peuvent se vendre bien au-dessus du pair ; ses profits nets annuels peuvent être considérables. Néanmoins, par l'action de cette seule cause qu'on vient de désigner, son or peut diminuer de plus en plus. Et il n'est pas du tout impossible, si une alarme intérieure faisait retirer de l'or en même temps, qu'aussi ample que puisse être son fonds total, elle soit réduite à sa dernière guinée ; et puisse être conduite de fait à la nécessité de suspendre temporairement ses paiements.

FAUT-IL RÉDUIRE LES ÉMISSIONS QUAND L'OR QUITTE LE PAYS ?

Un important sujet de recherche s'offre ici à nous. Adam Smith, comme on l'a remarqué au début du chapitre précédent, conduit dans une certaine mesure son lecteur à penser que la Banque d'Angleterre est en faute (c'est-à-dire, qu'elle a émis trop de billets) chaque fois qu'a lieu un excédent du prix de marché de l'or sur son prix à la Monnaie, un excédent qui produit, ainsi qu'on le montrera bientôt, la difficulté de renflouer les coffres de la Banque qu'on vient de décrire. Si l'observation d'Adam Smith était vraie, sans exception ni qualification, alors la quantité de papier émise par la Banque d'Angleterre aurait assurément été excessive au long des deux dernières années ; car pendant ce temps, l'excédent du prix de marché de l'or sur son prix à la Monnaie a été considérable. Alors, c'est aussi la Banque qui aurait placé sur son propre chemin l'obstacle à l'achat d'or dont on a parlé. Toute recherche tendant à identifier les causes qui placent la Banque dans cette difficulté singulière, semble être importante.

Je vais tâcher ici d'expliquer clairement ce qu'on entend par un prix élevé ou bas de l'or ; et aussi ce qu'est cette différence entre le prix à la Monnaie et le prix de marché, qui a des conséquences si substantielles.

13 C'est-à-dire ses réserves.

Gold must be considered as dear, in proportion as goods for which it is exchangeable are cheap; and as cheap, in proportion as goods are dear. Any circumstance, therefore, which serves to make goods generally dear, must serve to make gold generally cheap, and *vice versa;* and any circumstance which serves to make goods dear at any particular time or place, must serve to make gold cheap at that time or place, and *vice versa.*

The reason of the difference between the mint price and the market price of gold, does not easily occur. If the bank, from time to time, buys gold at a high price, that is, if it gives for gold a large quantity of goods (or something convertible into a large quantity, [149] which is the same thing); it is natural, on the first view, to suppose that the high price given by the bank, which is the principal and almost the only English purchaser, must form the current English price; and that this high current price of gold in England will prove the means both of bringing it hither, and of detaining it here; causing goods, which are cheap, to go abroad; and gold, which is dear, to come hither, and also to remain in the country. Undoubtedly gold would remain in England, when tempted hither by the high price given for it by the bank, if it were not for the following circumstance. Gold is bought by the bank, in order to be converted into coin; and, when turned into coin, it forms a part of the circulating medium of the country, paper constituting another part. If, then, this paper is by any means rendered cheap, and if the paper so rendered cheap is currently interchanged for one sort of gold, namely, for gold which has been coined, then the coined gold will partake in the cheapness of the paper; that is, it will buy, when in the shape of coin, a smaller quantity of goods than it will purchase when in the form of bullion. In other words, an ounce of gold coming from the mint in the shape of guineas, and making 3*l.* 17*s.* 10½*d.* (for that is the sum into which an ounce always is coined at the mint), will be worth less than the same ounce of gold was worth before it went to the mint, and less than it would again be worth if converted back into bullion.

Il faut considérer que l'or est cher dans la proportion où les biens contre lesquels on peut l'échanger sont bon marché ; et bon marché, dans la proportion où les biens sont chers. Donc toute circonstance qui permet de renchérir généralement les biens, doit permettre de rendre l'or généralement bon marché, et vice-versa ; et toute circonstance qui permet de renchérir les biens à un moment ou en un lieu particuliers, doit permettre de rendre l'or bon marché à ce moment ou en ce lieu, et vice-versa.

La raison de la différence entre le prix de l'or à la Monnaie et son prix de marché ne saute pas aux yeux. Si la Banque, de temps en temps, achète de l'or à un prix élevé, c'est-à-dire, si elle donne pour de l'or une grande quantité de marchandises (ou de quelque chose de convertible en une grande quantité, ce qui revient au même) ; il est naturel, à première vue, de penser que le prix élevé donné par la Banque, qui est le principal et presque le seul acheteur anglais, doit déterminer son prix courant en Angleterre ; et que ce prix courant élevé de l'or en Angleterre s'avérera le moyen de l'attirer ici, et de l'y retenir ; ce qui pousse les biens, qui sont bon marché, à partir à l'étranger ; et pousse l'or, qui est cher, à venir ici, et aussi à rester dans le pays. L'or resterait assurément en Angleterre, une fois attiré ici par le prix élevé que lui donne la Banque, si ce n'est pour la circonstance suivante. L'or est acheté par la Banque pour être converti en pièces ; et une fois transformé en pièces, il constitue une partie du moyen circulant du pays, le papier en constituant une autre. Si ce papier est alors rendu bon marché par quelque moyen que ce soit, et si, de façon courante, ce papier rendu bon marché est interchangeable avec une espèce d'or, à savoir l'or monnayé, alors cet or monnayé participera du bas prix du papier ; c'est-à-dire qu'il permettra d'acheter, sous la forme de pièces, une quantité moindre de biens que sous la forme de lingots. En d'autres termes, une once d'or provenant de la Monnaie sous la forme de guinées, et faisant 3 livres 17 shillings 10½ pence (car c'est la somme pour laquelle une once est toujours monnayée à la Monnaie[14]), vaudra moins que la même once d'or avant qu'elle aille à la Monnaie, et moins que ce ce qu'elle vaudrait si elle était à nouveau convertie en lingots.

---

14 Autrement dit, c'est la valeur de frappe des pièces frappées par la Monnaie à partir d'une once d'or.

There arises, therefore, a temptation to convert back into bullion, and then to export; or, which is the same thing, to export, and then convert back into bullion; or, which is also the same thing, to convert back into bullion, and then sell to the bank, at the price which would be obtained by exportation, that gold which the bank had turned from bullion into coin. In proportion as the difficulty of collecting, melting, and sending abroad the gold coin is augmented (and it encreases as the quantity of coin diminishes), the difference between the mint and market price of bullion will become more considerable, supposing the demand for gold in foreign countries to continue. Thus it is through the interchangeableness of gold coin with paper, that gold coin is made cheap in England; or, in [150] other words, that goods, in comparison with gold coin, are made dear. The goods which are dear remain, therefore, in England; and the gold coin, which is cheap (for the bank is indisposed to buy it, on account of the loss sustained on each coinage), goes abroad.

There is, undoubtedly, much ground for the supposition of Dr. Smith, that a diminution of the quantity of paper has a tendency to cure this evil[b]. It tends to render the paper more valuable, and, therefore, to make that gold coin more valuable for which the paper is interchangeable, and thus to destroy that excess of the market price above the mint prince of gold, which forms the obstacle to the introduction of a supply of gold into the coffers of the bank. There seems, nevertheless, to be much of inaccuracy and error in the doctrine of Dr. Smith on this subject. He begins by representing the quantity of paper which may properly circulate, as to be measured by that of the gold which would circulate if there were no paper. The reader is, therefore, led to believe, that a difference between the mint price and the market price of gold arises from an issue of a greater quantity. Dr. Smith also too much countenances an idea, that the excess consists of paper *forced* into circulation; for he terms the proper quantity that paper which will "easily circulate." He, moreover, induces his reader to suppose, that the excessive issue is an issue to a more than usual amount. At the time of a very unfavourable balance of trade (an event which Dr. Smith leaves totally out of his consideration), it is very possible, [151] as I apprehend, that the excess of paper, if such it is to be called, is merely an excess above that very low and reduced quantity to which it is necessary that it should be brought down, in order to prevent the existence of an excess of the market price above the mint price of gold.

Une tentation apparaît donc de re-convertir en lingots, et puis d'exporter ; ou, ce qui revient au même, d'exporter, et puis de re-convertir en lingots ; ou, ce qui revient aussi au même, de re-convertir en lingots, et puis de vendre à la Banque, au prix qui serait obtenu à l'exportation, cet or que la Banque avait transformé de lingots en pièces. À supposer que la demande d'or dans les pays étrangers reste inchangée, la différence entre le prix à la Monnaie et le prix de marché du lingot augmentera dans la proportion où augmente la difficulté de collecter, de fondre, et d'envoyer à l'étranger les pièces d'or (et elle augmente quand la quantité de pièces diminue)[15]. Ainsi, c'est par l'interchangeabilité des pièces d'or et du papier que les pièces d'or sont rendues bon marché en Angleterre ; ou, en d'autres termes, que les biens sont renchéris par rapport aux pièces d'or. Les biens, qui sont chers, restent donc en Angleterre ; et les pièces d'or, qui sont bon marché (car la Banque n'est pas disposée à les acheter en raison de la perte encourue à chaque monnayage), partent à l'étranger.

Il y a assurément un fondement à l'idée d'Adam Smith, que la diminution de la quantité de papier tend à traiter ce mal[b]. Elle tend à augmenter la valeur du papier, et donc celle des pièces d'or avec lesquelles le papier est interchangeable, et à annihiler ainsi l'excédent du prix de marché sur le prix à la Monnaie, qui constitue l'obstacle à l'approvisionnement en or des coffres de la Banque. Mais il semble néanmoins qu'il y ait dans la doctrine d'Adam Smith à ce sujet beaucoup d'imprécision et d'erreurs. Il commence par présenter la quantité de papier qui peut circuler de façon appropriée, comme devant être mesurée par celle de l'or qui circulerait en l'absence de papier. Ceci conduit le lecteur à croire qu'un écart entre le prix de l'or à la Monnaie et son prix de marché provient de l'émission d'une quantité plus grande. Adam Smith soutient aussi trop l'idée que l'excédent consiste en papier *forcé* à circuler ; car il qualifie de quantité appropriée de papier, le papier qui « circulera aisément[16] ». De plus, il incite le lecteur à croire qu'une émission excessive est une émission supérieure au montant habituel. Lors d'un solde commercial très défavorable (une éventualité qu'Adam Smith ne prend pas du tout en considération), et comme je conçois la chose, il est très possible que l'excédent de papier, s'il faut l'appeler ainsi, ne soit qu'un excédent sur la quantité très faible et réduite à laquelle il faudrait le ramener pour empêcher un excédent du prix de marché de l'or sur son prix à la Monnaie.

15 La « différence » est l'excédent du prix de marché sur le prix à la Monnaie.

16 *Cf.* aussi chap. III, p. 115.

I conceive, therefore, that this excess, if it arises on the occasion of an unfavourable balance of trade, and at a time when there has been no extraordinary emission of notes, may fairly be considered as an excess created by that unfavourable balance, though it is one which a reduction of notes tends to cure.

The fair statement of the case seems to be this. At the time of a very unfavourable balance (produced, for example, through a failure of the harvest), a country has occasion for large supplies of corn from abroad: but either it has not the means of supplying at the instant a sufficient quantity of goods in return, or, which is much the more probable case, and the case which I suppose more applicable to England, the goods which the country having the unfavourable balance is able to furnish as means of cancelling its debt, are not in such demand abroad as to afford the prospect of a tempting or even of a tolerable price; and this want of a demand may happen possibly through some political circumstance which has produced, in a particular quarter, the temporary interruption of an established branch of commerce. The country, therefore, which has the favourable balance, being, to a certain degree, eager for payment, but not in immediate want of all that supply of goods which would be necessary to pay the balance, prefers gold as part, at least, of the payment; for gold can always be turned to a more beneficial use than a very great overplus of any other commodity. In order, then, to induce the country having the favourable balance to take all its payment in goods, and no part of it in gold, it would be requisite not only to prevent goods from being very dear, but even to render them excessively cheap. It would be necessary, therefore, that the bank should not only not encrease its paper, but that it should, perhaps, very greatly diminish it, if it would endeavour to prevent gold from going out in part of payment of the unfavourable balance. And if the bank do this, then there will [152] arise those other questions, which Dr. Smith leaves totally out of his consideration; namely, whether the bank, in the attempt to produce this very low price, may not, in a country circumstanced as Great Britain is, so exceedingly distress trade and discourage manufactures as to impair, in the manner already specified, those sources of our returning wealth to which we must chiefly trust for the restoration of our balance of trade, and for bringing back the tide of gold into Great Britain.

Je pense donc que cet excédent, s'il apparaît à l'occasion d'un solde commercial défavorable, et à un moment où il n'y a pas eu d'émission extraordinaire de billets, peut être considéré à juste titre comme créé par ce solde défavorable, bien que ce soit un excédent qu'une réduction des billets tend à corriger[17].

La présentation juste du cas de figure qui précède semble être la suivante. Lors d'un solde très défavorable (produit, par exemple, par une récolte défaillante), un pays a besoin de grands approvisionnements en grains de l'étranger. Mais soit il n'a pas les moyens de fournir sur le champ une quantité suffisante de biens en échange ; soit, ce qui est le cas plus probable, et celui que je crois plus applicable à l'Angleterre, les biens que le pays ayant le solde défavorable est en mesure de fournir pour apurer sa dette, ne sont pas demandés à l'étranger au point d'offrir la perspective d'un prix attrayant, voire acceptable ; et ce défaut de demande pourrait bien provenir d'une circonstance politique qui a produit, dans un endroit particulier, l'interruption temporaire d'une branche du commerce bien établie[18]. Le pays qui a le solde favorable, et aspire donc, à un certain degré, à être payé, mais n'a pas immédiatement besoin de tout l'approvisionnement en biens qui serait nécessaire pour payer le solde, préfère donc être payé en or, au moins pour partie ; car l'or peut toujours être converti à une utilisation plus bénéfique qu'une grande surabondance de toute autre marchandise. Pour inciter le pays ayant le solde favorable à se faire payer intégralement en biens, et non en or, il ne faudrait donc pas seulement empêcher les biens d'être très chers, mais même les rendre excessivement bon marché. Il serait donc nécessaire que la Banque, non seulement n'augmente pas son papier, mais peut-être qu'elle le diminue très fortement, si elle s'efforçait d'empêcher l'or de sortir en règlement partiel du solde défavorable. Et si la Banque faisait cela, d'autres questions surgiront, qu'Adam Smith ne prend nullement en considération ; à savoir, si la Banque, en tentant de produire ce prix très bas, ne pourrait pas, dans les circonstances actuelles de la Grande-Bretagne, ruiner le commerce et décourager les manufactures de façon si excessive qu'elle altère, de la façon qu'on a déjà détaillée, les sources de notre richesse récurrente sur lesquelles nous devons principalement compter pour restaurer notre balance commerciale, et faire refluer l'or en Grande-Bretagne.

---

17 Thornton reviendra sur cette question, notamment au chapitre IX, « Le rôle de la guerre ».

18 Ceci vise sans doute la perte de débouchés sur le Continent.

It is also necessary to notice in this place, that the favourable effect which a limitation of bank paper produces on the exchange is certainly not instantaneous, and may, probably, only be experienced after some considerable interval of time; it may, therefore, in many cases, be expected that the exchange will rectify itself before the reduction of bank paper can have any operation. It is also to be recollected (a point, indeed, which Dr. Smith himself states), that gold is retained or drawn away, not by the limitation or the encrease of the Bank of England paper alone, but by that of their paper, conjointly with that of the other paper of the country. The bank paper serves, it is true, to regulate, in a great degree, that other paper; but not with exactness. The bank, by proceeding to that reduction of its own paper which is necessary to bring gold into the country, may possibly annihilate, before it is aware, a part or even almost the whole of the circulating country bank notes, and much other paper also; and it may, in that case, have to supply gold sufficient to fill the whole void, perhaps more than the whole void, which it has created; for it may be called upon to furnish large additional sums which may forthwith be hoarded in consequence of the alarm thus occasioned. Hence, even though it should encrease the supply of gold from abroad; it may augment, in a far greater degree, the demand for it at home. For this reason, it may be the true policy and duty of the bank to permit, for a time, and to a certain extent, the continuance of that unfavourable exchange, which causes gold to leave the country, and to be drawn out of its own coffers: and it must, in that case, necessarily encrease its loans to the same extent to which its gold is diminished. The [153] bank, however, ought generally to be provided with a fund of gold so ample, as to enable it to pursue this line of conduct, with safety to itself, through the period of an unfavourable balance; a period, the duration of which may, to a certain degree, be estimated, though disappointment in a second harvest may cause much error in the calculation.

Notons aussi ici, que l'effet favorable qu'une limitation du papier bancaire produit sur le change n'est certainement pas instantané, et n'est probablement ressenti qu'après un intervalle de temps considérable ; on peut donc bien souvent s'attendre à ce que le change se rectifie lui-même avant que la réduction du papier bancaire ne puisse avoir un quelconque effet. Il faut aussi se souvenir (c'est d'ailleurs un point que mentionne Adam Smith lui-même) que l'or est retenu ou attiré [en Grande-Bretagne], non par la limitation ou l'augmentation du seul papier de la Banque d'Angleterre, mais par celle de ce papier en conjonction avec l'autre papier du pays. Il est vrai que le papier de la Banque permet de régler, dans une grande mesure, cet autre papier ; mais pas de façon exacte[19]. En procédant à la réduction de son propre papier nécessaire pour amener l'or dans le pays, la Banque pourrait bien annihiler, avant de s'en rendre compte, une partie ou même presque la totalité des billets de banque de province en circulation, ainsi que beaucoup d'autres papiers ; et elle pourrait, dans ce cas, avoir à fournir assez d'or pour combler tout le vide qu'elle a créé, voire davantage ; car on pourrait lui réclamer de grandes sommes supplémentaires qui pourraient être immédiatement thésaurisées en conséquence de l'alarme occasionnée de la sorte. Dès lors, quand bien même la Banque devrait, ce faisant, augmenter l'offre d'or de l'étranger, elle pourrait augmenter bien davantage la demande intérieure d'or. C'est pourquoi cela pourrait bien être la bonne politique et le devoir de la Banque de permettre que continue pour un temps, et dans une certaine mesure, ce change défavorable qui fait sortir l'or de ses coffres, et le fait quitter le pays ; et elle doit nécessairement, dans ce cas, augmenter ses prêts dans la même mesure que son or diminue. Cependant, la Banque doit en général être pourvue d'un fonds d'or suffisamment abondant pour lui permettre de poursuivre cette ligne de conduite, en toute sécurité pour elle, tout au long de la période de solde défavorable ; une période dont la durée peut, jusqu'à un certain point, être estimée, quoiqu'une deuxième mauvaise récolte puisse causer beaucoup d'erreurs dans son évaluation.

19 Voir à propos des billets des banques de province le chap. VIII, « Comment la limitation de la quantité… ».

The more particular examination of this subject of an unfavourable exchange, brings us, therefore, to the same conclusion to which we were led in the former Chapter; namely, that the bank ought to avoid too contracted an issue of bank notes. The absence of gold, though itself an evil, may prevent other evils of greater moment; and may thus conduce, under certain circumstances, to the good of the country. Our gold has lately furnished the prompt payment for a part of that corn, which has been necessary for our consumption. The common manufacturer, if he understood his own interest, would approve rather than complain of the temporary substitution of paper for gold, which has been thus occasioned; for the export of gold has served to ease him in the first instance: his labour, indeed, must hereafter purchase back again the gold which has been exported, but he will have to buy it back by exertions less severe than would otherwise have been needful. The price of the goods which he manufactures, and, consequently, the price also of his own labour, is rendered somewhat higher by not glutting the foreign market with a quantity of articles altogether disproportionate to the demand. It should farther be remembered, that gold is an unproductive part of our capital: that the interest upon the sum exported is so much saved to the country: and that the export of gold serves, as far as it goes, to improve the exchange, by discharging the debt due on account of an unfavourable balance of trade; and to prevent the depreciation of our own paper currency, as compared with the current money payments of other countries.

It may probably be thought that the exported gold will not return. This subject may deserve a careful enquiry. It should be observed, in the first place, that, in order to produce an improvement [154] in the exchange, we have only to suppose the present degree of the *pressure for payment* of goods imported to abate. It may happen, for instance, that in consequence of Hamburgh having become richer through the favourable harvest enjoyed in the surrounding countries, and through the high price obtained for its exported corn, while Britain has become poorer; the antecedent custom of Hamburgh merchants being in debt to London merchants may change, and a contrary custom may become prevalent.

L'examen plus approfondi de cette question d'un change défavorable nous amène donc à la même conclusion que celle à laquelle nous avons été conduits au chapitre précédent ; à savoir que la Banque doit éviter de trop contracter l'émission de billets de banque. Quoiqu'elle soit elle-même un mal, l'absence d'or peut empêcher d'autres maux bien pires ; et peut ainsi contribuer, dans certaines circonstances, au bien du pays. Notre or a récemment fourni le paiement rapide d'une partie des grains qui étaient nécessaires à notre consommation. Le fabricant ordinaire, s'il comprenait son propre intérêt, approuverait la substitution temporaire du papier à l'or qui a ainsi été provoquée, plutôt que de s'en plaindre. Car l'exportation d'or a permis de le soulager, lui au premier chef : son travail, en effet, doit ensuite à nouveau racheter l'or exporté ; mais il devra le racheter par des efforts moindres que ceux qu'il aurait fallu sans cela. Le prix des biens qu'il fabrique, et par conséquent aussi le prix de son propre travail, est soutenu en n'inondant pas les marchés étrangers d'une quantité d'articles complètement hors de proportion avec la demande. Il faudrait de plus se souvenir que l'or est une partie non productive de notre capital : que l'intérêt sur la somme exportée est autant d'épargné pour le pays ; et que l'exportation d'or permet, pour sa part, d'améliorer le change en acquittant la dette due à un solde commercial défavorable ; et d'empêcher la dépréciation de notre propre monnaie de papier, comparée aux paiements monétaires courants d'autres pays.

DE LA PROBABILITÉ DU RETOUR DE L'OR

On pensera sans doute que l'or exporté ne reviendra pas. Ce sujet mérite un examen attentif. Observons tout d'abord que pour obtenir une amélioration du change, nous n'avons qu'à supposer que le degré actuel de la *pression pour le paiement* des biens importés faiblisse. Il peut arriver, par exemple, que comme Hambourg est devenue plus riche grâce à la récolte favorable dont bénéficient les pays alentour, et grâce au prix élevé obtenu pour les grains qu'elle exporte, alors que la Grande-Bretagne est devenue plus pauvre ; l'habitude antérieure que les négociants hambourgeois soient endettés auprès de négociants londoniens change, et qu'une habitude contraire se répande.

If this new debt of London to Hamburgh should be permitted to exist in the same manner as the Hamburgh debt may be supposed to have existed before, the exchange will not be affected by it. The debt which affects the exchange is only that sort of debt, the payment of which is more or less eagerly demanded. A country, therefore, seems likely soon to arrive at a limit in this respect. It has only to diminish not the debt itself, but the pressure of the demand for payment, and the exchange begins to mend. Let the two countries become equally satisfied to allow the debt to continue as it is, and the exchange finds its level. Again; let the country in debt prove itself to be somewhat more desirous to pay its debt, a debt of course running at interest, than the creditor country is to receive payment; and the exchange will be even in favour of the debtor country.

It may naturally be enquired what becomes of the gold which has been supposed to go from this country to Hamburgh; and how it comes to pass that it is there demanded in such large quantities. When Britain has already spared out of its circulation, and out of the coffers of its principal bank, many millions, perhaps, of gold; whence happens it that Europe, having only the same trade as before, uses all that is sent, and continues to call, by means of the exchange, for a still encreasing supply?

I understand that, at the period of every very favourable exchange to Hamburgh, most of the gold poured in thither is melted down into the several sorts of coin which are current on the continent; and that it then becomes an article of remittance to various places. It is, of course, remitted to those parts in which [155] the balance of trade with Hamburgh is unfavourable to that city. Still, however, the difficulty of accounting for the new and *general* demand for gold seems to remain. The following considerations may afford some solution of it.

Si l'on permet qu'apparaisse cette nouvelle dette de Londres à Hambourg, de la même manière qu'on peut penser qu'existait auparavant la dette de Hambourg, le change n'en sera pas affecté. Ce n'est que la sorte de dette dont le paiement est exigé avec plus ou moins d'ardeur, qui affecte le change. Il est donc vraisemblable qu'un pays arrivera vite à une limite à cet égard. Il n'a qu'à diminuer non pas la dette elle-même, mais la pression de la demande de remboursement, et le change commence à s'améliorer. Que les deux pays se satisfassent également de permettre à la dette de continuer comme elle est, et le change se stabilise. Ou encore ; que le pays endetté s'avère légèrement plus désireux de payer sa dette, une dette portant évidemment intérêt, que le pays créancier l'est d'être remboursé ; et le change sera même en faveur du pays débiteur.

DE LA MANIÈRE DONT ON PEUT PENSER QUE L'OR EXPORTÉ DE GRANDE-BRETAGNE EST EMPLOYÉ SUR LE CONTINENT

On peut naturellement se demander ce qu'il advient de l'or dont on a supposé qu'il quittait notre pays pour Hambourg ; et comment il se fait qu'il y soit demandé en quantités si importantes. Quand la Grande-Bretagne s'est peut-être déjà passée de nombreux millions d'or de sa circulation, et des coffres de sa banque principale ; comment se fait-il que l'Europe, qui n'a jamais que le même commerce qu'avant, emploie tout l'or envoyé, et continue de réclamer, au moyen du change, un approvisionnement toujours croissant ?

Mon interprétation est que toutes les fois que le change est très favorable à Hambourg, la plus grande partie de l'or qui y afflue est fondue en pièces des diverses sortes qui ont cours sur le Continent ; et qu'il devient alors un moyen de paiement dans diverses places. Il est bien sûr remis aux places dont le solde commercial avec Hambourg est défavorable à cette ville. Néanmoins, la difficulté de rendre compte de la demande nouvelle et *générale* d'or paraît subsister. Les considérations suivantes pourraient lui offrir une forme de solution.

When the trade of the world, or of many separate and considerable places, is more than usually fluctuating, as in times of political uncertainty or convulsion it can hardly fail to be, a larger quantity of gold is wanted than when confidence is high, and when the several exports and imports of different countries more nearly balance each other. Gold, during any extraordinary irregularity in trade between independent states, is the most commodious of all articles of remittance. It is a species of return which Hamburgh, for instance, can send to every place from which its spirit of speculation may have called for articles of commerce. It is, indeed, only the balance of the accounts which is paid in money; but, at different times, there may be balances of different sizes to be thus discharged. Whatever event, therefore, so disturbs the course of trade over the continent as to cause an encrease in the balances of the trade of independent countries, seems likely to cause an augmentation of the general demand for gold. But the general demand for gold is also affected by the degree of confidence at the same time subsisting. It has been already shewn, that the quantity of gold requisite for the circulation of any single country may be very different at different periods, and that the difference is proportioned to the degree of confidence between man and man existing at the several seasons. The quantity of gold wanted for the general trade of the world may also fluctuate, in some degree, from the same cause. It is, however, likely also to vary from a variation in the confidence subsisting between independent countries. For the sake of illustration, let us suppose that Hamburgh owes to some town in Prussia, one hundred miles distant, 100,000*l.* sterling, in consequence of an unfavourable balance of trade occasioned by corn purchased there, and exported by Hamburgh merchants to London; a balance which, if the creditors in the Prussian town were willing to wait six months, would probably by that time be repaid, and even more than repaid, [156] through the importation into the same town of West India articles which Hamburgh would have received within that period from Great Britain. If confidence is high, the merchants of this town will be content, for the sake, perhaps, of an addition of one per cent. to the stipulated interest, to permit the debt to remain unextinguished for the six months; and in this case the course of exchange between the Prussian town and Hamburgh will alter to the extent of one per cent.

Quand le commerce mondial, ou celui de beaucoup de places distinctes et considérables, fluctue plus que d'habitude, comme cela ne manque pas de se produire en période d'incertitude ou de convulsion politiques, on a besoin d'une plus grande quantité d'or que lorsque la confiance est élevée, et que les exportations et importations des différents pays se compensent de plus près. De tous les moyens de paiement, l'or est le plus commode en cas d'irrégularité inhabituelle dans le commerce entre États indépendants. C'est une espèce de contrepartie que Hambourg, par exemple, peut envoyer à toute place d'où son esprit de spéculation a pu faire venir des articles de commerce. Ce ne sont, en effet, que les soldes des comptes que l'on paie en numéraire ; mais à différents moments, il peut y avoir des soldes de tailles différentes à acquitter ainsi. Il semble vraisemblable que l'événement, quel qu'il soit, qui perturbe le cours du commerce à travers le Continent au point de provoquer une augmentation des soldes commerciaux de pays indépendants, cause une augmentation de la demande totale d'or. Mais la demande totale d'or est aussi affectée par le degré de confiance qui existe au même moment. On a déjà montré que la quantité d'or requise pour la circulation d'un pays quelconque peut être très différente suivant les périodes, et que cette différence est en proportion du degré de confiance entre personnes existant aux différentes périodes. La quantité d'or dont on a besoin pour la totalité du commerce mondial peut aussi fluctuer, à un certain degré, pour la même raison. Cependant, elle est aussi susceptible de varier à la suite d'une variation de la confiance entre pays indépendants. À titre d'illustration, supposons que Hambourg doive 100 000 £ à une ville de Prusse, distante de cent miles, en conséquence d'un solde commercial défavorable occasionné par les grains achetés dans cette ville, et exportés à Londres par des négociants hambourgeois ; un solde qui, si les créanciers dans la ville de Prusse étaient disposés à attendre six mois, serait probablement remboursé à ce moment, et même plus que remboursé, par l'importation par la même ville d'articles des Indes occidentales que Hambourg aurait reçus de Grande-Bretagne au cours de cette période. Si la confiance est élevée, les négociants de cette ville se satisferont de permettre que la dette ne soit éteinte qu'après les six mois, au prix d'une augmentation de, disons, 1 % de l'intérêt convenu ; et dans ce cas le cours du change entre la ville prussienne et Hambourg variera d'1 %[20].

---

20 Cette variation du change permet d'égaliser les paiements dus dans les deux sens à l'échéance de six mois.

But if, through the want of confidence subsisting between the Prussian town and Hamburgh, an addition not of one, but of two per cent. to the current interest should be considered to be the adequate compensation for the risk incurred, the exchange will fluctuate two per cent.; and a variation of two per cent. in the exchange will produce, let it be supposed, to the Hamburgh debtors a greater loss than would be incurred by the expence of transporting 100,000*l.* in gold to the Prussian town in question. Gold is, therefore, in that case, transported. On the two circumstances, taken together, of the largeness of the balance between the independent places, and the degree of confidence subsisting between them, appears to depend the quantity of bullion required. It seems, therefore, by no means difficult to account for the manner in which large quantities of gold exported from this country may be employed on the continent in seasons of general distrust, even though we should not suppose any great portion to be hoarded.

Bullion to a very large amount was retained in the Spanish settlements, during the latter period of the war, through the fear of capture; and perhaps, therefore, we might trace in part the want of gold, of which we have complained, to those successful exertions in watching the ports of the enemy which have been made by the British navy.

The immediate cause, however, of the exportation of our coin has been an unfavourable exchange, produced partly by our heavy expenditure, though chiefly by the superadded circumstance of two successively bad harvests. When the recurrence of a favourable balance of trade is long delayed, the fluctuation of the exchange [157] may be expected to be not an immaterial one. The exchange is, in some degree, sustained for a time, which is thought likely to be short, through the readiness of foreigners to speculate in it; but protracted speculations of this sort do not equally answer, unless the fluctuation in the exchange is very considerable.

Mais si, en raison du manque de confiance entre la ville prussienne et Hambourg, on devait considérer une addition au taux d'intérêt courant non pas d'1 %, mais de 2 %, comme la compensation adéquate pour le risque encouru, le change variera de 2 % ; et une variation du change de 2 % causera aux débiteurs hambourgeois, on peut le penser, une plus grande perte que la dépense du transport de 100 000 £ d'or à la ville prussienne en question. Donc, dans ce cas, l'or est transporté[21]. Il apparaît que la quantité de lingots requise dépend des deux circonstances, prises ensemble, de la taille des soldes entre les places indépendantes, et du degré de confiance existant entre elles. Il ne semble donc nullement difficile de rendre compte de la façon dont de grandes quantités d'or exportées par notre pays peuvent être utilisées sur le Continent dans des périodes de défiance générale, sans même devoir supposer qu'une grande partie soit thésaurisée.

RAISONS DE RENOUVELER LA LOI QUI SUSPEND LES PAIEMENTS EN ESPÈCES DE LA BANQUE D'ANGLETERRE

Pendant la dernière partie de la guerre, les Espagnols ont retenu dans leurs possessions des lingots en grandes quantités, de peur qu'ils ne soient capturés ; de sorte que nous pouvons peut-être attribuer en partie le manque d'or dont nous nous sommes plaints, aux efforts couronnés de succès de surveillance des ports de l'ennemi par la marine britannique[22].

Néanmoins, la cause immédiate de l'exportation de nos pièces a été un change défavorable, produit en partie par nos lourdes dépenses, mais principalement par la circonstance additionnelle de deux mauvaises récoltes d'affilée[23]. Quand un solde commercial favorable tarde à revenir, on peut s'attendre à une variation substantielle du change. Jusqu'à un certain point, le change est soutenu pour un temps, dont on peut penser qu'il est court, en raison de la disposition des étrangers à spéculer ; mais des spéculations prolongées de ce type ne sont pas aussi rentables, à moins que la baisse du change ne soit très importante.

21 Le point de sortie d'or est atteint, et la variation du change sera inférieure à 2 %.

22 Entre 1796 et 1802, l'Espagne et la France étaient alliées contre la Grande-Bretagne.

23 En 1799 et 1800.

If, for example, a foreigner remits money to London, at a period when the exchange has become unfavourable to England to the extent of three per cent., places it at interest in the hands of a British merchant, and draws for it in six months afterwards, the exchange having by that time returned to its usual level, he gains two and a half per cent. for half a year's interest on his money, and also three per cent. by the course of exchange, which is five and a half per cent. in half a year, or eleven per cent. per annum. But if the same foreigner remits money to England when the exchange has, in like manner, varied three per cent., and draws for it not in six months but in two years, the exchange having returned to its usual level only at the end of that long period, the foreigner than gains ten per cent. interest on his money, and three per cent. by the exchange, or thirteen per cent. in two years: that is to say, he gains in this case six and a half per cent. per annum, but in the other eleven per cent. per annum. If a variation of three per cent. is supposed necessary to induce foreigners to speculate for a period which is expected to end in six months, a variation of no less than twelve per cent. would be necessary to induce them to speculate for a period which is expected to end in two years. The improvement of our exchange with Europe having been delayed through a second bad harvest, it is not surprising that the expectation of its recovery within a short time should have been weakened in the mind of foreigners. Indeed, many circumstances, some of which have been already touched upon[c], concurred, [158] towards the conclusion of the war, in rendering our exchange unfavourable.

Some gold, it may be presumed, was retained in the bank coffers, which, if the cash payments of that company had not been suspended, would have found its way to foreign countries, and have contributed to remedy the existing evil.

We depended chiefly, as will be shewn hereafter, on the proper limitation of the quantity of our circulating paper, though partly, also, on the degree of expectation which was kept up abroad of the future improvement of our exchange; an expectation which might be rendered greater or less by a variety of circumstances. Great Britain has had this great advantage over those countries which are in the habit either of depreciating their coin or of allowing a discount on their paper, that they, in anticipating the return of a more favourable state of their trade, look forward only to a time when their uncertain and unstable rate of exchange may be meliorated in a degree not easy to be calculated;

Si par exemple un étranger remet du numéraire à Londres à un moment où le change est devenu défavorable à la Grande-Bretagne à concurrence de 3 %, le place à intérêt entre les mains d'un négociant britannique, et le retire six mois après, le change étant alors revenu à son niveau habituel, son gain s'élève à 2,5 % d'intérêt sur six mois, plus 3 % sur le change, soit 5,5 % sur six mois ou 11 % par an. Mais si le même étranger remet du numéraire en Angleterre après une baisse semblable du change de 3 %, et le retire non pas après six mois, mais après deux ans, le change ne revenant à son niveau habituel qu'à la fin de cette longue période, l'étranger gagne alors 10 % d'intérêt et 3 % sur le change, soit 13 % en deux ans : c'est-à-dire qu'il gagne dans ce cas 6,5 % par an, au lieu de 11 % dans l'autre. En admettant qu'une baisse de 3 % soit nécessaire pour inciter les étrangers à spéculer sur une période dont on anticipe qu'elle prendra fin dans six mois, il faudrait une baisse de pas moins de 12 % pour les inciter à spéculer sur une période dont on anticipe qu'elle cesse dans deux ans. Comme l'amélioration de notre change avec l'Europe a été retardée par une seconde mauvaise récolte, il n'est pas surprenant que l'anticipation de son rétablissement à brève échéance ait été affaiblie dans l'esprit des étrangers. De nombreuses circonstances, dont quelques-unes ont déjà été évoquées[c], ont en effet concouru, vers la fin de la guerre, à rendre notre change défavorable.

On peut présumer que de l'or était retenu dans les coffres de la Banque qui, si les paiements en espèces de cette compagnie n'avaient pas été suspendus, aurait trouvé le chemin de pays étrangers et aurait contribué à traiter le mal existant.

Nous dépendions principalement, comme on le montrera ci-après[24], de la limitation appropriée de la quantité de notre papier circulant, mais en partie aussi, du degré des anticipations formées à l'étranger de l'amélioration future de notre change ; des anticipations qui peuvent être renforcées ou réduites par diverses circonstances. La Grande-Bretagne a eu ce grand avantage sur les pays qui ont l'habitude d'altérer leurs pièces ou de permettre une décote de leur papier, que quand ces pays prévoient le retour d'un état plus favorable de leur commerce, ils s'attendent seulement à une période où leur taux de change incertain et instable pourrait s'améliorer à un degré difficile à évaluer ;

24 Au chapitre VIII.

whereas we have anticipated a period when an intrinsically valuable and specific standard would be restored, when our banks would be obliged to pay fully in guineas containing the same weight of gold as before, and when our exchange, therefore, might be expected completely to return to its former level.

Undoubtedly, circumstances of so great and extraordinary a nature may arise as to prevent the return of gold at an early or assignable period. It may, however, be safely affirmed, that when the main sources of a country's wealth are unimpaired; when its population, its industry, its manufacturing and trading capital, its general commerce, its credit, its colonial possessions, its political strength and independence, its laws and constitution remain; and when, moreover, its paper is confined within its accustomed [159] bounds; the absence of its gold, more especially if it be the obvious consequence of one or more unfavourable seasons, is an evil which is likely neither to be durable, nor in any respect very important.

Under such circumstances, to alter materially the old and accustomed system of paper credit, and, in particular, to restrain in any very extraordinary degree the issues of paper of more responsible banks, is to deprive a country of those means of recovering itself which it naturally possesses. This seems to be the fair inference from the observations which have been stated in the present and preceding Chapters. The return of gold is to be promoted not so much by any legislative measure directed to that immediate object, as by cherishing the general industry, and attending to the higher and more leading interests of the community.

It may be proper here to add, that the experience of past times, both of war and peace, leads us to suppose, that the exchange between Great Britain and foreign countries is not likely to remain for any long period unfavourable to Great Britain. Experience has likewise proved, that the return of gold has not been precluded by the law which authorized the continuance of the suspension of the cash payments of the bank; for, while that law was in force, there occurred one season during which gold flowed with a remarkably strong tide into the country.

tandis que nous avons anticipé une période où un étalon intrinsèquement précieux et spécifique serait restauré, où nos banques seraient obligées de payer intégralement en guinées contenant le même poids d'or qu'auparavant, et où l'on pourrait donc s'attendre à ce que notre change revienne complètement à son niveau antérieur.

Il peut assurément se produire des circonstances de nature si importante et extraordinaire, qu'elles empêchent le retour de l'or à une date proche ou prévisible. Mais on peut cependant affirmer avec confiance que tant que les sources principales de la richesse d'un pays restent intactes ; tant que demeurent sa population, son activité, son capital manufacturier et commercial, l'ensemble de son commerce, son crédit, ses possessions coloniales, sa puissance et son indépendance politiques, ses lois et sa constitution ; et tant que, de plus, son papier est confiné à l'intérieur de ses bornes habituelles ; l'absence de son or, plus spécialement si elle est la conséquence évidente d'une ou plusieurs récoltes défavorables, n'est pas un mal qui puisse être durable, ni très important à aucun égard.

Dans de telles circonstances, altérer substantiellement le système ancien et familier du papier de crédit, et en particulier, restreindre de façon très extraordinaire les émissions de papier des banques plus responsables, reviendrait à priver un pays des moyens de se rétablir qui sont naturellement en sa possession. Ceci semble être la juste conclusion des observations faites dans le présent chapitre ainsi que dans les précédents. Le retour de l'or doit être promu, non tant par une mesure législative visant cet objectif immédiat, qu'en chérissant l'activité générale, et en étant attentif aux intérêts supérieurs et dominants de la communauté[25].

Il convient sans doute d'ajouter ici que l'expérience des périodes passées, de guerre comme de paix, nous conduit à penser que le change entre la Grande-Bretagne et les pays étrangers n'est pas susceptible de demeurer longtemps défavorable à la Grande-Bretagne. De la même façon, l'expérience a prouvé que le retour de l'or n'a pas été empêché par la loi autorisant la poursuite de la suspension des paiements en espèces de la Banque[26] ; car, alors que cette loi était en vigueur, il s'est produit une période où l'or a afflué dans le pays avec une vigueur remarquable.

---

25 Rappelons que la question d'une nouvelle prorogation du *Restriction Act* était sur le point de se poser peu après la publication du *Papier de crédit*.

26 *Act* 38, Geo. III, c.1, du 30 novembre 1797.

It seems scarcely necessary now to dwell on the reasons which evince that the repeal of the law in question, in the last period of the war, would have been inexpedient. It would have been to repeal it at a time not a little resembling that in which the parliament first thought proper to enact it: for it would have been to repeal it when gold had been recently drawn out of the country by an unfavourable exchange; and when we were subjected, as before, to alarms of invasion. To have opened the bank would have been, moreover, to have subjected it not only to a demand for gold on these two accounts, but also to such extra calls as might have arisen from the anxiety of the country banks to provide for the event of the first opening more amply than might have been [160] permanently necessary. The renewal, therefore, of the law for suspending the cash payments of the bank stood on the ground of the particular circumstances of the times, and not on any principle which necessarily implied the permanence or even the long continuance of the suspension.

Il semble maintenant à peine nécessaire d'insister sur les raisons qui démontrent que l'abrogation de la loi en question, dans la dernière période de la guerre, aurait été inopportune. C'eût été l'abroger à un moment qui ne ressemblait pas qu'un peu à celui où le Parlement a jugé bon de la décréter : car c'eût été l'abroger quand de l'or avait été récemment attiré hors du pays par un change défavorable ; et quand nous étions soumis, comme avant, à des alarmes d'invasion[27]. Ouvrir la Banque, c'eût d'ailleurs été la soumettre, non seulement à une demande d'or pour ces deux raisons, mais aussi à des réclamations supplémentaires. Celles-ci auraient pu résulter du souci des banques de province de se prémunir contre l'éventualité que la Banque ne s'ouvre davantage que nécessaire de façon permanente. Le renouvellement de la loi suspendant les paiements en espèces de la Banque se fondait donc sur les circonstances particulières de ce temps, et non sur aucun principe impliquant nécessairement la permanence ou même une longue continuation de la suspension.

27 Ces alarmes, qui ne semblent plus d'actualité en 1801, ont pu être entretenues par l'expédition d'Irlande de 1798, qui se solda par un échec français. Cette expédition faisait suite au débarquement de Fishguard, en février 1797, juste avant la suspension des paiements, et à une première expédition d'Irlande fin 1796.

NOTES

a This point may be illustrated in the following manner:—

Let us suppose a subsidy, for example, of two millions to be remitted to the Emperor of Germany, through the medium of bills to that amount, directed to be drawn by Vienna on London. By these bills, Great Britain is laid under a necessity of exporting two millions, either of goods or of bullion, or of both, for which no foreign commodities will be given in return. These two millions of exports diminish our fund of exportable goods; and they also satisfy a part of the foreign demand for British articles. They tend, in both these respects, to reduce the quantity of goods which can be exported by us in the way of ordinary commerce, and to turn the balance of trade against us. Capital transferred to our colonies, dividends transmitted to foreigners, and articles shipped for the use of our fleets and armies, contribute in the same manner as foreign subsidies to render the balance of trade unfavourable. It may be added, that articles consumed at home, in the support of similar fleets and armies, as well as all other expenditure in Great Britain, must have the same general tendency.

It may be worthy of remark, that since an additional internal expenditure, in the same manner as the remittance of a subsidy to foreign parts, contributes to an unfavourable balance of trade, and therefore, also, to the exportation of our gold, it follows, that, if the remittance of a small subsidy tends to produce at home a large saving; if, for instance, it spares the expence of maintaining a great naval and military force for the defence of our own island, through the continental diversion to which it leads, the subsidy may conduce to render our balance of trade more favourable; and may, on the whole, prevent rather than promote the exportation of our coin—A circumstance which, in considering the policy of furnishing an aid to foreign allies, is not always taken into contemplation.

b That the diminution of the circulating paper has a tendency to bring down the price of goods at home, and to cause those goods to go abroad for the sake of a better market, was observed in the preceding Chapter, and will again be insisted on when we proceed to treat of the importance of properly limiting the quantity of Bank of England notes. Many remarks, however, were added, in the former Chapter, respecting those detrimental effects of a reduction of paper, which are to be set against the good consequences of it. In the present Chapter the same arguments, on each side, are about to recur, and they will, therefore, be but slightly touched upon.

In the former Chapter, the difficulties which the bank experiences in consequence of a run occasioned by an alarm, were chiefly considered; in the present, the difficulties arising from that sort of drain which proceeds from an unfavourable balance of trade are investigated. In some future Chapters, the difficulties to which the bank is exposed by a similar drain, resulting from a too greate mission of paper, will be the subject of examination.

c A mistaken idea of the bank payments having been suspended through the improper largeness of its loans to government, and of its resembling the continental banks which have issued excessive quantities of paper for the service of their several governments, was before stated to be not unlikely to have prevailed abroad, too much countenance having been given in this country to such a sentiment.

NOTES DE L'AUTEUR

a Ce point peut être illustré comme suit :

Supposons un subside, par exemple de deux millions, à remettre à l'Empereur d'Allemagne [François II] au moyen de traites de ce montant que Vienne devra tirer sur Londres. Ces traites placent la Grande-Bretagne dans la nécessité d'exporter pour deux millions de biens ou de lingots, ou des deux, sans recevoir en échange aucune marchandise étrangère. Ces deux millions d'exportations diminuent notre fonds de biens exportables ; ils satisfont aussi une partie de la demande des étrangers pour des articles britanniques. Ils tendent, à ces deux égards, à réduire la quantité de biens que nous pouvons exporter au titre du commerce ordinaire, et à retourner la balance commerciale contre nous. Le capital transféré à nos colonies, les intérêts transmis aux étrangers, et les articles expédiés pour l'usage de nos flottes et de nos armées, contribuent de la même manière que les subsides à l'étranger à rendre la balance commerciale défavorable. On peut ajouter que la consommation intérieure d'articles pour l'entretien de flottes et d'armées semblables, de même que toute autre dépense en Grande-Bretagne, doivent avoir la même tendance générale.

Une dépense intérieure supplémentaire contribue à rendre la balance commerciale défavorable de la même façon que la remise d'un subside à l'étranger, et contribue donc aussi à exporter notre or. Il peut donc valoir la peine de remarquer qu'il s'ensuit que, si la remise d'un subside modique tend à produire une grande économie intérieure ; si par exemple elle épargne la dépense de l'entretien d'une grande force navale et militaire pour la défense de notre île, par la diversion continentale à laquelle elle conduit, ce subside peut contribuer à rendre notre balance commerciale plus favorable ; et peut, au total, empêcher plutôt que favoriser l'exportation de nos pièces. Cette circonstance n'est pas toujours prise en considération quand on envisage la politique de fourniture d'aide aux alliés étrangers.

b Que la diminution du papier circulant ait tendance à abaisser le prix intérieur des biens, et à faire partir ces biens à l'étranger en vue d'un meilleur marché, cela a été observé dans le chapitre précédent, et on y insistera à nouveau quand nous passerons à la discussion de l'importance de limiter adéquatement la quantité de billets de la Banque d'Angleterre [Chap. VIII]. Dans le chapitre précédent, nous avons cependant ajouté beaucoup de remarques sur les effets néfastes d'une réduction du papier, qui doivent être mis en regard de ses conséquences favorables. Les mêmes arguments, de part et d'autre, sont sur le point de revenir dans le présent chapitre, et ils ne seront donc évoqués qu'en passant.

Dans le chapitre précédent, on a principalement considéré les difficultés qu'éprouve la Banque à la suite d'une ruée bancaire causée par une alarme ; dans le présent chapitre, nous investiguons les difficultés provenant de la sorte de drainage qui découle d'une balance commerciale défavorable. Dans quelques chapitres ultérieurs, les difficultés auxquelles la Banque est exposée par un drainage semblable, résultant d'une émission de papier trop abondante, feront l'objet d'un examen.

c Nous avons déjà indiqué que deux idées erronées avaient prévalu à l'étranger, trop de crédit leur ayant été accordé dans notre pays : l'idée que les paiements de la Banque avaient été suspendus en raison de l'ampleur inappropriée de ses prêts au Gouvernement, et celle que la Banque ressemblait aux banques continentales qui ont émis des quantités excessives de papier pour le service de leurs gouvernements [Chap. IV, sections « La suspension... » et « La Banque et le Gouvernement » respectivement].

Foreigners, if such was their opinion, would conceive that our exchange was a permanently declining one, and that it would, therefore, answer better to them to draw than to remit, and to draw immediately than to delay drawing. The idea that foreign property might be seized in England, as an act of retaliation for the British property seized in the north of Europe, may also have had some influence. The expectation of seizures on each side would prejudice the exchange of whichever country was in debt, and the country in debt happened to be Great Britain.

Les étrangers, si telle était leur opinion, auraient pensé que notre change déclinait de façon permanente, et qu'il leur rapporterait donc plus de tirer que de remettre, et de tirer immédiatement que de tarder à tirer. L'idée que les avoirs étrangers puissent être mis sous séquestre en Angleterre, comme un acte de représailles pour les saisies d'avoirs britanniques dans le Nord de l'Europe a aussi pu avoir une certaine influence. L'anticipation de mises sous séquestre de part et d'autre porterait préjudice au change du pays endetté, quel qu'il soit, et le pays endetté se trouvait être la Grande-Bretagne. [La Russie, le Danemark, la Suède et la Prusse avaient constitué en 1800 une « Ligue du Nord » dans le but de protéger leurs navires de commerce contre les arraisonnements par la *Royal Navy*, qui visaient indirectement la France. Cette Ligue procédait à des saisies de bâtiments britanniques, et la Prusse avait envahi Hanovre, une dépendance de la couronne britannique. La bataille de Copenhague, remportée le 1er avril 1801 par l'amiral Nelson, avait précipité la fin de la Ligue.]

CHAP. VI

Error of imagining that Gold can be provided at the Time of actual Distress—Reasons for not admitting the Presumption that the Directors of the Bank must have been to blame for not making beforehand a more adequate Provision.

The impracticability of encreasing the fund of gold in the Bank of England, when an alarm at home has already taken place, or even during the period of a very unfavourable balance of trade, has been manifested in the preceding pages.

There is a peculiar inconsistency in the supposition that a country ought, at such a season, to take its measures for encreasing the quantity of its gold. The argument for such an attempt would run thus—"The stock of gold has been in past time too low, as appears by the experience of the present period, for it is not now sufficient to supply what is necessary for our own circulation, and to enable us also to pay our unfavourable balance. We ought, therefore, to take due care that, in time to come, there shall be a larger provision of gold in the country." So far, undoubtedly, there may be some general justice in the reasoning. But if the further inference is added, that we must, therefore, *now* begin to make the provision, this is to propose to take measures to provide against a want, which is future and contingent, at a time when that very want which we would prevent is actually pressing upon us. With as fair an appearance of justice it might have been argued in respect to the stock of corn in hand in the country—"The stock of corn has been, as now appears, for some time too low; for it is, at the present season, insufficient for the due supply of the country.

CHAPITRE VI

Erreur d'imaginer qu'on peut se procurer de l'or au moment même de la pénurie. – Raisons de ne pas admettre la présomption que les administrateurs de la Banque étaient à blâmer pour n'avoir pas constitué d'avance une provision plus adéquate.

ERREUR D'IMAGINER QU'ON PEUT SE PROCURER DE L'OR AU MOMENT MÊME DE LA PÉNURIE

Les pages qui précèdent ont montré qu'il est n'est pas praticable d'augmenter le fonds d'or de la Banque d'Angleterre après le déclenchement d'une alarme intérieure, ou même dans une période de solde commercial très défavorable.

Il y a une incohérence particulière à penser qu'un pays doit, à un tel moment, prendre des mesures pour augmenter la quantité de son or. L'argumentation pour une telle tentative serait la suivante : « Le stock d'or a été trop bas dans le passé, comme le montre l'expérience actuelle ; car il ne suffit pas maintenant aux besoins de notre circulation, ni à nous permettre de payer notre solde défavorable. Nous devons donc bien veiller à ce qu'il y ait à l'avenir dans le pays une provision d'or plus grande ». Jusque-là, il peut sans aucun doute y avoir quelque chose de juste dans ce raisonnement. Mais si l'on ajoute la conclusion supplémentaire que nous devons commencer à constituer la réserve *dès maintenant*, ceci revient à proposer de prendre des mesures pour pourvoir à un besoin, qui est futur et contingent, au moment où le besoin même contre lequel on veut se prémunir nous presse. On aurait pu dire avec la même apparence de justesse, s'agissant du stock de grains disponible dans le pays : « Il apparaît maintenant que le stock de grains existant dans le pays a été trop bas depuis quelque temps ; car il est pour le moment insuffisant pour dûment approvisionner le pays.

We ought, therefore, to take care that, in time to come, there shall be a better provision for such contingencies as the present." So far, undoubtedly, there might be justice in the observation. But to proceed in our reasoning as to corn, in the [162] same manner as is sometimes done in respect to guineas, would be to add—"Therefore, now, while the scarcity is pressing upon us, let us begin to make this provision; let us instantly stock our granaries with a surplus quantity of corn; let us divert the little grain which we possess from those most necessary uses to which it is now destined. Let us encrease our present difficulty, in order that the country may be put, for the future, out of the reach of the danger which it is experiencing at the present hour." The two cases are not, indeed, precisely parallel; but there seems to be sufficient resemblance to justify the elucidation.

There is, however, another ground on which the directors of the bank may possibly be thought censurable—that of having failed to supply themselves with a sufficient quantity of gold at an antecedent period. Let us, therefore, enquire whether the public has sufficient reasons for entertaining this suspicion.

Let it be premised, that, since the directors of the Bank of England can have no particular temptation to improvidence; and since our national bank is, from its very nature, liable to that accident which has lately, for the first time, befallen it, a liability which, for obvious reasons, it may have been the custom too studiously to conceal, there is not all that previous presumption of blame which might be supposed. There can be no doubt that the credit of the Bank of England has been, at all periods, most anxiously consulted by its directors; and that present profit has uniformly been only the second consideration.

Nous devons donc veiller à ce qu'il y ait à l'avenir une meilleure provision contre de telles contingences que la provision actuelle. » Jusque-là, il peut sans aucun doute y avoir quelque chose de juste dans cette observation. Mais pour poursuivre notre raisonnement quant aux grains, de la même manière qu'on le fait parfois en matière de guinées, il faudrait ajouter : « Dès lors, commençons dès à présent à faire cette provision, alors que la disette nous presse ; remplissons à l'instant nos greniers d'une quantité de grain supplémentaire ; détournons le peu de grain que nous possédons des usages indispensables auquel il est actuellement consacré. Augmentons notre difficulté présente afin de mettre le pays à l'avenir hors de portée du danger qu'il court à l'heure présente. » Les deux situations ne sont pas, il est vrai, exactement parallèles ; mais il semble y avoir assez de ressemblance pour justifier cet éclaircissement.

RAISONS DE NE PAS ADMETTRE LA PRÉSOMPTION QUE LES ADMINISTRATEURS DE LA BANQUE ÉTAIENT À BLÂMER POUR N'AVOIR PAS CONSTITUÉ D'AVANCE UNE PROVISION PLUS ADÉQUATE

Cependant, on pourrait peut-être penser que les administrateurs de la Banque seraient à blâmer pour une autre raison, – celle de n'avoir pas fait au préalable une provision d'or suffisante. Examinons donc si le public a des raisons suffisantes de nourrir ce soupçon.

Les administrateurs de la Banque d'Angleterre ne sauraient avoir aucun penchant particulier à l'imprévoyance ; et notre banque nationale est, par sa nature même, exposée à l'accident qui lui est récemment arrivé pour la première fois, une exposition que, pour des raisons évidentes, il peut avoir été la coutume de dissimuler trop studieusement. Ceci étant posé, nous pouvons dire qu'il n'y a pas toute cette présomption de faute, mentionnée à l'instant, qu'on pourrait imaginer. Il n'y a pas de doute que, de tout temps, le crédit de la Banque d'Angleterre a fait l'objet de la sollicitude de ses administrateurs ; et que le profit du moment ne leur a jamais paru qu'une considération seconde.

There are, however, certain limits which, even when gold is most easily purchased, the bank naturally prescribed to itself in respect to its stock of that article. The amount of the disposable effects of the bank, on the 26th of February, 1797, was stated under three heads in a former place; and it was then observed, that the only part of them which the bank itself could enlarge was the deposits lodged in return for bank notes issued. But even the bank notes cannot safely be encreased in a degree which is very considerable. Indeed, experience has proved, that there may be some sort of limit to the demand for them; for the applications for loans [163] have often amounted, during peace, to less than the bank has been disposed to afford on the credit of good bills at the existing rate of discount.

Let us, then, proceed to illustrate our subject by supposing the disposable effects of the bank to have usually stood, for some years antecedent to the suspension of its cash payments, at the sum of about nineteen millions; that is to say, let us allow them to have been about a million and a half more than they amounted to at that period.

It must not be imagined that these nineteen millions could, at any time, be with propriety invested in gold. For the Bank of England, like every other mercantile establishment, carries on its business on such principles as will produce a profit. And the very lowest profit which can serve as a sufficient inducement to pursue the trade of banking, must be somewhat higher than the mere current interest of money. Let us reckon this *necessary profit* of the bank to be six per cent. The bank makes no more than three per cent. interest on the capital subscribed by its members, which is permanently lent to the government. It must, then, so manage its disposable effects as to gain an annual sum equal to an additional three per cent. upon its own capital, that is, about 350,000*l.* This it must do by lending out at interest a part of the nineteen millions; and it must lend out, at interest, a still farther part of it, both in order to defray the annual charges of its establishment, and in order also to furnish the means of paying those occasional sums to government which are required as the price of the renewal of its charter.

Il y a cependant certaines limites que, même lorsque l'or s'achète très facilement, la Banque s'est naturellement imposées à elle-même en ce qui concerne son stock de cet article. Le montant des effets disponibles de la Banque au 26 février 1797, a été présenté dans un chapitre antérieur sous trois postes ; et on a alors observé que le seul d'entre eux que la Banque pouvait augmenter elle-même était les dépôts correspondant aux billets émis[1]. Mais même les billets de banque ne peuvent pas être augmentés avec sécurité à un degré qui soit très important. En effet, l'expérience a prouvé qu'il peut y avoir une sorte de limite à leur demande ; car les demandes de prêts se sont souvent élevées, en temps de paix, à moins que ce que la Banque était disposée à accorder au taux d'escompte courant sur le crédit de bonnes traites.

Passons à l'illustration de notre sujet en supposant que les effets disponibles de la Banque s'élevaient habituellement, pendant quelques années avant la suspension des paiements, à environ dix-neuf millions ; c'est-à-dire, admettons qu'ils aient été plus élevés d'environ un million et demi que leur montant durant cette période.

Il ne faut pas imaginer que ces dix-neuf millions puissent, à tout moment, être opportunément investis en or. Car la Banque d'Angleterre, comme tout autre établissement commercial, conduit ses affaires sur le principe de la poursuite du profit. Et le profit le plus bas qui puisse servir d'incitation suffisante à poursuivre le métier de banquier doit dépasser d'un peu le simple taux d'intérêt courant de la monnaie. Évaluons ce *profit nécessaire* de la Banque à 6 %. La banque ne touche pas plus de 3 % d'intérêt sur le capital souscrit par ses membres, lequel est prêté en permanence au Gouvernement. Elle doit alors gérer ses effets disponibles de manière à gagner annuellement une somme égale à 3 % supplémentaires de ses capitaux propres[2], c'est-à-dire environ 350 000 £. Elle doit le faire en prêtant à intérêt une partie des dix-neuf millions ; et elle doit encore prêter à intérêt une partie supplémentaire, afin de défrayer les charges annuelles de l'établissement, et aussi afin de fournir les moyens de payer au Gouvernement les sommes qui sont exigées de temps à autre comme prix du renouvellement de sa charte.

1 Il s'agit du bilan du 25 février : chap. IV, p. 195 *sq*. Les « effets disponibles » désignent le passif, à l'exception du capital social. *Cf.* notamment p. 213, n. g.

2 C'est-à-dire le capital social.

It will be found, perhaps, that not less than ten or twelve of the nineteen millions must be always at interest in order to provide for these objects; and, consequently, that eight or nine millions will have formed the highest average sum which the bank can have kept in gold, consistently with the acquisition of merely the necessary profit on its capital. But neither is it fair to suppose, that these eight or nine millions ought to have been the general or average sum kept in gold. The cash of the bank fluctuates very greatly; and in order to secure the keeping of cash and bullion [164] to the average amount of eight or nine millions, it will occasionally have been necessary to keep twelve or fourteen millions, or possibly even more. This sum would be most unreasonably large; for, during the time when twelve or fourteen millions are invested in gold, the bank, instead of gaining six per cent. on its capital, will not gain above three or four; and, moreover, it cannot exactly know how long this extraordinary quantity of gold may continue in its coffers. It certainly can never count beforehand on those great reductions of cash which may serve, by increasing the sum at interest, to compensate for what is lost by a large detention of bullion: for the reduction of cash happens not through any measures taken by the bank, but in consequence of events difficult to be foreseen, and, as has been already shewn, by no means easy to be controlled. The bank, therefore, without impeachment of the character of its directors, may be reasonably presumed to have been at least somewhat indisposed to make investments in bullion, which, while they lasted, should reduce its income very far below the necessary annual profit.

Thus the bank, in endeavouring to secure what has been termed the necessary annual profit, would naturally be led to make, on the whole, something more than that profit; and, indeed, a variety of circumstances have lately occurred which have had a tendency to encrease its gains to a degree which must have been unexpected by the bank itself. Let us, then, suppose that the profits which the bank, considering all circumstances, may fairly and properly have derived from its business for some years past, may have been not six per cent. (which was spoken of as the lowest sum necessary for carrying on the trade of banking), but seven or eight per cent. Now seven or eight per cent. or a little more, seems likely to be that profit which the bank has, in point of fact, been gaining.

On trouvera sans doute que pas moins de 10 ou 12 des 19 millions doivent toujours être prêtés à intérêt afin de pourvoir à ces besoins ; et, par conséquent, que la somme moyenne la plus élevée que la Banque ait pu conserver en or s'élevait à 8 ou 9 millions, conformément à l'obtention du seul profit nécessaire sur son capital. Mais il n'est pas non plus juste de penser que ces 8 ou 9 millions doivent avoir été la somme conservée en or en général ou en moyenne[3]. Les espèces de la Banque fluctuent énormément ; et afin de garantir la conservation d'espèces et de lingots d'un montant moyen de 8 ou 9 millions, il aura, à l'occasion, été nécessaire d'en détenir 12 ou 14 millions, voire davantage. Une telle somme serait déraisonnablement élevée ; car, pendant que 12 ou 14 millions sont investis en or, la Banque, au lieu de gagner 6 % sur son capital, ne gagnera pas plus de 3 % ou 4 % ; et d'ailleurs, elle ne peut pas savoir exactement combien de temps cette quantité d'or extraordinaire restera dans ses coffres. Elle ne peut certainement jamais compter à l'avance sur ces grandes réductions des espèces[4] qui peuvent servir, en augmentant la somme placée à intérêt, à compenser ce qui est perdu par une grande détention de lingots : car la réduction des espèces ne se produit pas à la suite de mesures prises par la Banque, mais en conséquence d'événements difficiles à prévoir, et, comme on l'a déjà montré, nullement faciles à contrôler. Sans mettre en cause la réputation de ses administrateurs, il y a donc une présomption raisonnable que la Banque a été pour le moins peu disposée à faire des investissements en lingots, qui, pendant le temps qu'ils duraient, auraient fait baisser son revenu très loin en-dessous du profit annuel nécessaire.

En essayant de s'assurer ce qu'on a appelé le profit annuel nécessaire, la Banque serait donc naturellement conduite à réaliser, dans l'ensemble, un profit quelque peu supérieur ; et en effet, diverses circonstances récentes ont eu tendance à augmenter ses gains à un degré auquel la Banque elle-même ne devait pas s'attendre. Supposons donc que les profits que la Banque peut raisonnablement avoir tiré de ses affaires depuis quelques années, toutes les circonstances étant prises en compte, n'aient pas été de 6 % (le minimum nécessaire pour poursuivre le métier de banquier), mais de 7 ou 8 %. Or 7 ou 8 %, voire un peu plus, semble bien avoir été, dans les faits, le profit que la Banque a gagné.

---

3 Thornton veut sans doute dire « en permanence ». L'or de la Banque consiste en espèces (numéraire) et en lingots.

4 Détenues par la Banque.

The dividends which it has paid to the proprietors have been, for some time, seven per cent., and it has also added 3,800,000*l* to its capital. This addition has been accruing, no doubt, during a long course of years. If we assume that it has accumulated at the rate of about 116,000*l*. per annum, the bank will have gained annually one per [165] cent. on its capital, besides the seven per cent. which has been divided; if at 232,000*l*[a] per annum, the bank will have gained annually two per cent on its capital, besides the seven per cent. which has been divided.

The bank, then, let it be supposed, has been gaining eight or nine per cent. when seven or eight per cent. is as much as it is reasonable that it should have acquired. I have entered into this detail, which, in various parts, may be somewhat erroneous, merely for the sake of shewing that any proposed enquiry whether the quantity of gold kept by the bank may or may not have been too small, must necessarily be much narrower than many persons may imagine. According to the supposition just made, it can relate only to the propriety of a past annual gain of about one per cent. or at most of two per cent. on the bank capital. A gain of one per cent. would have been about 116,000*l*. per annum; and consequently the bank, by taking this gain, have, on an average, kept a stock of gold which has been smaller than it would otherwise have possessed by about 2,300,000*l*. Whether this sum of 2,300,000*l*. or whether any sum somewhat greater than this, or somewhat short of it, ought or ought not, in time past, to have been invested in gold in addition to the sum which was invested, is a point on which all that it seems safe to affirm with confidence, is, that no person unacquainted with the affairs of the bank can be capable of pronouncing any clear judgement. There must have existed many arguments, and some standing even on the ground of safety and credit, against maintaining the additional fund which has been mentioned.

If the whole profits of the bank had been lately restricted to seven per cent., they would have been limited to that sum which the bank proprietors had been for some time in the habit of receiving. They would have been confined to a sum which would not easily have admitted of accumulations.

Les dividendes versés à ses propriétaires ont été, pendant quelque temps, de 7 %, et elle a aussi ajouté 3 800 000 £ à son capital[5]. Sans doute cette addition s'est-elle étalée sur de longues années. Si nous supposons qu'elle a accumulé environ 116 000 £ par an, la Banque aura gagné annuellement 1 % de son capital[6], outre les 7 % de dividendes ; avec une accumulation de 232 000 £ par an[a], la Banque aurait gagné annuellement 2 % de son capital, en plus des 7 %.

Admettons donc que la Banque gagnait 8 ou 9 %, alors que 7 ou 8 % étaient un minimum raisonnable. Je suis entré dans ces détails, qui, sur certains points, peuvent être quelque peu incorrects, dans le simple but de montrer que tout examen qu'on proposerait de la question de savoir si la quantité d'or conservée par la Banque pourrait ou non avoir été trop petite, doit nécessairement être beaucoup plus minutieux qu'on ne l'imagine. Selon l'hypothèse qu'on vient de faire, cet examen ne peut se rapporter qu'à l'opportunité d'un gain annuel passé d'environ 1 %, ou au plus de 2 %, du capital de la Banque[7]. Un gain d'1 % se serait élevé à quelque 116 000 £ par an ; et par conséquent, en prenant ce gain, la Banque a conservé un stock d'or inférieur d'environ 2 300 000 £ en moyenne à celui qu'elle aurait possédé sans cela[8]. Fallait-il ou non investir en or dans le passé 2 300 000 £, ou une somme légèrement supérieure ou inférieure, en plus de la somme effectivement investie ? C'est un point sur lequel tout ce qu'il est sûr d'affirmer avec confiance est qu'aucune personne non familière des affaires de la Banque n'est capable de prononcer un jugement éclairé. Il doit y avoir eu beaucoup d'arguments, y compris certains reposant même sur la sécurité et le crédit, contre le maintien du fonds supplémentaire qu'on a mentionné.

Si les profits totaux de la Banque avaient été récemment restreints à 7 %, ils auraient été limités à la somme que les propriétaires de la Banque avaient l'habitude de recevoir depuis quelque temps. Ils auraient été bornés à une somme qui n'aurait pas facilement permis d'accumulations[9].

---

5 Il s'agit ici des réserves, le 1er poste du passif du chap. IV (bénéfices non distribués), qui s'élevaient à quelque 4 millions fin février 1802 (Thomas et Dimsdale, 2017). Entre 1788 et 1805, la Banque a payé des dividendes de 7 % par an ; les paiements étaient semestriels (Clapham, 1944, vol. 2, p. 428).

6 L'accumulation d'épargne a trait aux réserves ; ici et dans le paragraphe qui suit, les pourcentages sont calculés par rapport au capital social.

7 Il s'agit à proprement parler d'un surcroît de gain.

8 Ce calcul repose sur le taux d'escompte de 5 % de la Banque.

9 De réserves.

By obtaining a higher profit the [166] directors have secured to the proprietors the continuation of the same regular dividend, and have thus prevented that uncertainty which would have encouraged gambling in bank stock. They have also made, in the course of years, an important addition to their capital; an addition which has caused it to maintain nearly an uniform proportion to the growing extent of the transactions of the bank, and to the advancing commerce of the country, an addition also, by the help of which they have lately lent to government three millions without interest, for a short term of years, as the price of the renewal of their charter. They have thus strengthened that security which the creditors of the bank possess, so far as additional capital can strengthen it; and they will be able hereafter, if it shall seem necessary, to invest in gold, in addition to what they could otherwise have invested, a much larger sum than they could with any propriety have so invested in time past.

It must farther be borne in mind, that the necessity under which the bank has been placed of providing gold which is to fill the void occasioned by the disappearing of country bank notes, has been, in part, a new necessity, country bank notes not having circulated, at remoter periods, in so great a degree as they have lately; and that the additional sum of two or even of three or four millions would have been no security against the effects of a general alarm in the country. The fluctuation in the balance of trade with foreign countries, which we experience, is also become, in consequence of the greater extent of our population and commerce, larger than heretofore. The scale of all things having encreased, the scale of this balance may have encreased also to a degree unexpected by the bank. A war, moreover, unprecedented as that in which we have lately been engaged was not to be anticipated;

En obtenant un profit plus élevé, les administrateurs ont assuré aux propriétaires la continuation du même dividende régulier, et ont ainsi empêché l'incertitude qui aurait encouragé à parier sur l'action de la Banque. Ils ont également réalisé, au cours des années, une addition importante à leur capital ; une addition qui l'a maintenu presque en proportion fixe de l'ampleur croissante des transactions de la Banque, et du commerce en progrès du pays ; une addition aussi, grâce à laquelle ils ont récemment prêté au Gouvernement trois millions sans intérêt, à une échéance brève de quelques années, comme prix du renouvellement de leur charte[10]. Ils ont ainsi renforcé cette sécurité que possèdent les créanciers de la Banque, autant qu'un capital supplémentaire peut la renforcer ; et à l'avenir, ils seront en mesure, si cela devait paraître nécessaire, d'investir en or, en plus de ce qu'ils pourraient avoir investi sans cela, une somme beaucoup plus grande que ce qu'ils auraient pu investir de cette façon dans le passé de manière convenable.

Il faut de plus garder à l'esprit, que la nécessité où s'est trouvée la Banque de se procurer de l'or destiné à combler le vide que laissait dans la circulation la disparition des billets des banques de province, a été, en partie, une nécessité nouvelle, les billets des banques de province n'ayant pas circulé dans des périodes plus éloignées à une échelle aussi grande que ces derniers temps. En outre, la somme supplémentaire de deux, voire trois ou quatre millions[11], n'aurait pas offert de sécurité contre les effets d'une alarme générale dans le pays. La fluctuation de la balance commerciale avec les pays étrangers dont nous faisons l'expérience, est aussi devenue plus importante qu'auparavant, en conséquence de l'étendue accrue de notre population et de notre commerce. L'échelle de toute chose ayant augmenté, l'échelle de ce solde peut aussi avoir augmenté à un degré que la Banque n'a pas anticipé. De plus, une guerre sans précédent, comme celle dans laquelle nous avons récemment été engagés, ne pouvait pas être prévue ;

10 La charte de la Banque avait été renouvelée jusqu'en 1833 au début de 1800, soit douze ans avant son échéance de 1812. Le prêt sans intérêt avait une échéance de six ans. Peu après, en mai 1800, la Banque vendra aussi 1 million d'or au Gouvernement en vue de financer les opérations militaires à l'étranger. *Cf.* Clapham (1944, vol. 2, p. 44-45), qui laisse entendre une forme de donnant-donnant entre la Banque et Pitt. On ignore si Thornton était au fait de cette vente.

11 D'or qu'elle aurait pu détenir en accordant moins de prêts.

and the case of a succession of two bad harvests, and of an importation of corn, amounting in two years to the value of fifteen or twenty millions, is felt by all to have been an extraordinary event. We need not wonder, then, if events unforeseen by others, were not foreseen by the Bank of England; nor if for unforeseen events an adequate provision was not at hand.

[167]

On the whole, it may be suggested to those who cast blame on the bank for its improvidence in time past, that they should consider well the several points which have here been briefly pointed out; and that if, afterwards, they continue to think the bank censurable, they should ask themselves, before they become the censurers, whether they are sure that, in taking upon themselves the office they exercise that candour with which they would expect to be judged if they had been themselves, during the late difficult and trying period, directors of that institution.

It has already been observed, that, in that crisis during which the conduct of the directors has been more particularly known, they proceeded, perhaps, with too great fear and caution rather than with too little. There seems, therefore, to be a presumption, that a character, if not for caution, at least for tolerable prudence, must have generally been their due. To say the least, there appears to be no ground for charging them with having acted in antecedent times on a directly opposite principle.

et le cas d'une succession de deux mauvaises récoltes, et d'une importation de grains s'élevant sur deux ans à quinze ou vingt millions, est ressenti par tous comme un événement extraordinaire. Nous ne devons donc pas nous étonner que des événements non prévus par d'autres, n'aient pas été prévus par la Banque d'Angleterre ; ni si pour des événements imprévus une provision adéquate n'était pas disponible.

Au final, on peut suggérer à ceux qui jettent le blâme sur la Banque pour son imprévoyance passée, qu'ils devraient bien considérer les divers points qui ont été brièvement indiqués ici ; et que si, après cela, ils trouvent toujours à blâmer la Banque, ils devraient se demander, avant de s'ériger en censeurs, s'ils sont sûrs qu'en assumant ce rôle ils font preuve de l'impartialité avec laquelle ils espéreraient être jugés s'ils avaient été eux-mêmes des administrateurs de cet établissement, au cours de la difficile et éprouvante période récente.

Il a déjà été observé que, dans la crise pendant laquelle la conduite des administrateurs a été connue plus en détail[12], ils ont peut-être procédé avec trop de crainte et de précaution, plutôt que trop peu. Il semble donc y avoir une présomption qu'il faut leur reconnaître en général une nature, sinon précautionneuse, au moins tolérablement prudente. Il semble pour le moins n'y avoir aucun fondement à les accuser d'avoir agi précédemment selon un principe directement opposé.

12 C'est-à-dire celle qui a débouché sur la Suspension et les rapports parlementaires mentionnés précédemment.

NOTES

a This is to suppose that the savings of the bank have been between sixteen and seventeen years in accumulating, a period certainly much too short; but the accumulation must have been more rapid during the last years.

NOTES DE L'AUTEUR

a Ceci revient à supposer que la Banque a mis entre seize et dix-sept ans à accumuler l'épargne, une période certainement beaucoup trop courte ; mais l'accumulation doit avoir été plus rapide pendant les dernières années. [Les chiffres de Thornton sont réalistes, et les réserves ont effectivement connu une forte augmentation, de l'ordre de 500 000 £, entre 1800 et 1801.]

CHAP. VII

Of Country Banks—their Advantages and Disadvantages.

The country banks in Great Britain appear to have amounted, in the year 1797, to three hundred and fifty-three. By a numeration taken in 1799, they appear to have been three hundred and sixty-six. By a third numeration taken in 1800, they were three hundred and eight-six[a]. It seems, therefore, that no material addition to their number has arisen in these three years.

A great increase of country banks took place during the time which intervened between the American and the present war, and chiefly in the latter part of it; a period during which the trade, the agriculture, and the population of the country must have advanced very considerably. The circumstance of so many of our country banks having originated at such a time, affords a presumption that they are consequences and tokens of the prosperity, rather than indications of the declining state of the country. No banks have arisen in France during the period of its troubles, though several attempts to erect them have been made. It was with difficulty that any banks supported themselves in America during the war; but after the establishment of peace, banks were instituted in most of the American states. They seem naturally to belong to all commercial countries; but are more particularly likely to be multiplied in a state like ours, in which the mercantile transactions are extended, the population is great, and the expenditure of individuals considerable;

CHAPITRE VII

Des banques de province – leurs avantages et leurs inconvénients.

DES BANQUES DE PROVINCE : GENÈSE

En 1797, on comptait 353 banques de province en Angleterre. D'après un décompte de 1799, il apparaît que leur nombre s'élevait à 366. Suivant un troisième décompte de 1800, elles étaient 386[a]. Il semble donc que leur nombre n'ait pas augmenté de façon substantielle pendant ces trois années.

Une grande augmentation du nombre de banques de province a eu lieu pendant le temps qui s'est écoulé entre la guerre d'Indépendance de l'Amérique et la guerre actuelle[1], et surtout dans la dernière partie de celui-ci ; une période durant laquelle le commerce, l'agriculture et la population de notre pays ont progressé de façon très considérable. Le fait que tant de nos banques de province soient apparues à un tel moment, crée une présomption qu'elles sont des conséquences et des signes de la prospérité, plutôt que des indications d'un état de déclin du pays. Aucune banque n'est apparue en France pendant sa période de troubles, quoique plusieurs tentatives d'en créer aient eu lieu. C'est avec difficulté que les banques gagnaient leur vie en Amérique pendant la guerre ; mais elle sont apparues dans la plupart des États américains après l'instauration de la paix. Elles semblent être un attribut naturel de tous les pays commerçants ; mais elles sont plus particulièrement susceptibles d'être multipliées dans un État comme le nôtre, où les transactions commerciales sont étendues, où la population est nombreuse, et les dépenses des individus considérables ;

1 1783-1793.

and where also a principal bank exists, which, through the necessity imposed on it by its situation, undertakes the task of providing a constant reservoir of gold accessible to every smaller [169] banking establishment. The creation of the large bank operates as a premium on the institution of the smaller.

A description of the origin of one of our smaller country banks may elucidate the subject before us. In every town, and in many villages, there existed, antecedently to the creation of what were afterwards termed banks, some trader, manufacturer, or shopkeeper, who acted, in many respects, as a banker to the neighbourhood. The shopkeeper, for example, being in the habit of drawing bills on London, and of remitting bills thither, for the purposes of his own trade, and receiving also much money at his shop, would occasionally give gold to his customers, taking in return their bills on the metropolis, which were mixed with his other bills, and sent to his London correspondent.

Persons who were not customers being also found to want either money for bills, or bills for money, the shopkeeper was led to charge something for his trouble on accommodating them: and the trade of taking and drawing bills being thus rendered profitable, it became an object to encrease it. For the sake of drawing custom to his house, the shopkeeper, having as yet possibly little or no view to the issuing of bank notes, printed "The Bank" over his door, and engraved these words on the checks on which he drew his bills.

It may be assumed, also, to have been not uncommon, before country banks were established, for the principal shopkeeper in a town to take at interest some of the money of his neighbours, on the condition, however, that he should not be required to pay it back without some notice. The money thus deposited with him, or borrowed by him (it is difficult to say which term is the more proper), might either be thrown into his trade, or employed in discounting bills soon to become due; but the latter would evidently be the more safe and prudent way of investing it.

All these parts of the banking business arose out of the situation and circumstances of the country; and existed in many places before the name of banker was assumed.

et où il existe aussi une banque principale qui, par la nécessité que lui impose sa situation, assure la tâche d'offrir constamment un réservoir d'or accessible à tout établissement bancaire plus petit. La création de la grande banque agit comme une prime à la création des plus petites.

Une description de l'origine d'une de nos banques de province plus petites peut éclairer notre sujet. Avant l'institution de ce qu'on a plus tard appelé des banques, il existait dans chaque ville et de nombreux villages, quelque commerçant, fabricant ou marchand qui agissait à beaucoup d'égards comme un banquier pour le voisinage. Par exemple, le marchand ayant coutume de tirer des traites sur Londres, et d'y remettre des traites pour les besoins de son propre commerce, et recevant aussi beaucoup de numéraire à son magasin, donnait à l'occasion de l'or à ses clients en échange de leurs traites sur la métropole, qu'il mêlait à ses autres traites et envoyait à son correspondant londonien.

Comme des personnes qui n'étaient pas ses clients s'avéraient aussi vouloir soit du numéraire pour des traites, soit des traites pour du numéraire, le marchand était amené à facturer quelque chose pour la peine prise à leur rendre service. Et l'activité de prendre et de tirer des traites ayant ainsi été rendue profitable, c'est devenu un objectif de l'augmenter. Pour attirer la clientèle, le marchand, qui n'avait peut-être jusque-là que peu ou pas eu en vue d'émettre des billets de banque, annonçait « La Banque » au-dessus de sa porte, et imprimait ces mots sur les chèques sur lesquels il tirait ses traites.

On peut aussi penser qu'il n'était pas inhabituel, avant la création de banques de province, que le commerçant principal d'une ville prenne à intérêt une partie du numéraire de ses voisins, à la condition toutefois qu'il ne doive pas le rembourser sans un préavis. Le numéraire ainsi déposé chez lui, ou emprunté par lui (il est difficile de dire quel est le terme le plus adéquat), pouvait être injecté dans son commerce, ou utilisé à escompter des traites presque échues ; mais cette dernière façon de l'investir aurait évidemment été plus sûre et prudente.

Toutes ces parties de l'activité bancaire sont nées de la situation et des circonstances du pays ; et elles existaient dans beaucoup d'endroits avant que le nom de banquier ne soit adopté.

The practice of issuing country bank notes, that is to say, [170] notes payable to the bearer on demand, may, undoubtedly, be considered as a separate branch of business. These notes, however, have been shown to be not so very different in their nature from other paper as is commonly imagined.

For the sake of more particularly proving this point, let us advert to the nature of interest notes, a species of paper which some country banks have issued to a great extent. Even the shopkeeper, it was lately observed, would take sums at interest. For each of these sums, especially if he became a banker, he would give out his note, in which would be expressed the sum lent or deposited, the rate of interest upon it, and the time which was to intervene before payment could be demanded. This note would be transferable to any third person. There would, however, be some impediments to its circulation. The interest must be calculated as often as it should change hands. Some of the persons to whom it was offered might not be disposed to accept it as a payment, especially if it had a long time to run. Although these notes might circulate, they would circulate heavily. In order to promote their circulation, and thus encrease the whole number of issuable notes, the banker would be inclined to lessen the time within which they should be payable; and he would find that, in proportion as he adopted this practice, a lower rate of interest on the notes would suffice to induce persons to take them. Notes carrying no interest would circulate, if due within a short time, better than notes bearing interest which should be due at a very distant period. But the only notes which would circulate freely would be those which should be payable, or at least paid, without any notice. Some banks wishing, on the one hand, to encourage the circulation of their paper, and, on the other, to avoid the inconvenience of a strict obligation to pay without notice have issued notes payable after a certain time, and yet have been in the regular practice of giving money for them whenever payment was demanded, and have taken no discount for the accommodation.

Thus, then, the shorter the notice is, the greater is the currency of the note; and, in proportion, therefore, as the circumstances of a country render it more safe for the banks to shorten their notice, [171] in the same proportion it may be expected that notes to the bearer on demand will be issued, and gold displaced.

La pratique d'émettre des billets de banques de province, c'est-à-dire, des billets payables à vue au porteur, peut sans aucun doute être considérée comme une branche d'activité distincte. On a montré, cependant, que ces billets n'étaient pas aussi différents par leur nature d'autres papiers qu'on ne l'imagine d'ordinaire.

Afin de prouver ce point plus en détail, intéressons-nous à la nature des billets de banque portant intérêt, une espèce de papier que quelques banques de province ont émise en grande quantité. Nous venons d'observer que même le marchand prenait des sommes à intérêt. Pour chaque somme, spécialement s'il devenait un banquier, il donnait en échange son billet, qui exprimait la somme prêtée ou déposée, le taux d'intérêt sur celle-ci, et le laps de temps qui devait s'écouler avant que le remboursement ne puisse être demandé. Ce billet était transférable à n'importe quel tiers. Il y avait cependant quelques obstacles à sa circulation. Il fallait calculer l'intérêt aussi souvent que le billet changeait de mains. Certaines personnes à qui il était offert pouvaient ne pas être disposées à l'accepter en paiement, spécialement s'il restait un long temps à courir. Même si ces billets pouvaient circuler, ils circulaient avec lourdeur. Afin de promouvoir leur circulation, et donc d'augmenter le nombre total de billets qu'il pouvait émettre, le banquier pouvait être enclin à réduire le délai dans lequel ils étaient remboursables ; et il découvrait, à mesure qu'il adoptait cette pratique, qu'un taux d'intérêt plus bas suffisait à inciter des personnes à les prendre. S'ils étaient dus à brève échéance, des billets ne portant pas intérêt circulaient mieux que des billets portant intérêt dus à une date éloignée. Les seuls billets circulant librement étaient les billets payables, ou tout au moins payés, sans aucun préavis. Quelques banques qui souhaitaient, d'une part, encourager la circulation de leur papier, et d'autre part éviter l'embarras d'une obligation stricte de payer sans préavis, ont émis des billets payables après un certain temps, et ont néanmoins adopté la pratique régulière de donner du numéraire pour ces billets toutes les fois que le paiement était exigé, sans prendre aucun escompte pour cette commodité.

Dès lors, plus le préavis est court, plus le caractère courant du billet est prononcé ; et donc plus les circonstances d'un pays rendent sûr pour leurs banques d'abréger le préavis, plus on peut s'attendre à ce que soient émis des billets au porteur payables à vue, et à ce qu'ils remplacent l'or.

Some speculative persons have imagined, that the practice pursued by bankers of emitting notes payable on demand is founded on an altogether vicious and unwarrantable principle, inasmuch as such paper is issued with a view to a profit which is to be obtained only by lending out part of the sum necessary for the payment. A number of promises, it is said, are thus made, which the banker has evidently placed it out of his power to perform, supposing the fulfilment of them all to be required at the same time, an event by no means impossible. This objection implies that the banker ought not, after receiving the deposits left with him by his customers, to lend out part of the sum necessary for the payment of these deposits; for he is much bound to discharge demands for deposits without notice, as to pay without notice all his notes. The Bank of England, the London banker, the country banker, the merchant, and also the individual of every class, proceed, in respect to all their promises to pay money, not on any principle of moral certainty, but on that of reasonable and sufficient probability. The objection to bank notes, *as such*, if pushed to that extent to which, if it is at all just, it might be carried, would apply to all verbal promises to pay money, and, indeed, to almost all promises whatever; for there is scarcely any class of these for the performance of which a *perfectly sure* provision is always made at the time of giving the promise. The objection implies, therefore, that men ought to be prohibited from acting in their commercial concerns according to that rule of sufficient probability by which all the other affairs of human life are conducted[b].

[172]

It is completely understood by the holders of notes, as well as by the customers of banks, that instant payment is provided for only a part of that sum which may, by possibility, be demanded; and the banker, therefore, seems fully justified if he makes such provision as the general and known usage of others in the same profession (for he is supposed, by those who trust him, to follow this usage), and a prudent regard to all the circumstances of his own case teach him to consider as sufficient.

Des personnes imaginatives ont prétendu que la pratique des banquiers d'émettre des billets payables à vue est fondée sur un principe à la fois vicieux et insoutenable, dans la mesure où ce papier est émis en vue d'un profit que l'on n'obtient qu'en prêtant une partie de la somme nécessaire au remboursement. Le banquier, disent-elles, fait un certain nombre de promesses dont il a à l'évidence placé l'accomplissement hors de son pouvoir, si on lui demandait de toutes les remplir en même temps, un événement qui n'est nullement impossible. Cette objection implique qu'après avoir reçu des dépôts de ses clients, un banquier ne devrait pas prêter une partie de la somme nécessaire au remboursement de ceux-ci ; car il est autant tenu d'honorer sans préavis des demandes de remboursement de dépôts, qu'il l'est de payer sans préavis tous ses billets. La Banque d'Angleterre, le banquier londonien, le banquier de province, le négociant, et aussi l'individu de toute classe, se comportent à l'égard de toutes leurs promesses de payer en numéraire, non pas d'après quelque principe de certitude morale, mais d'après celui d'une probabilité raisonnable et suffisante. L'objection aux billets de banque, *en tant que telle*, si on la pousse à l'extrémité à laquelle on pourrait la porter si elle était juste, s'appliquerait à toutes les promesses verbales de payer du numéraire, et en effet, à presque toutes les promesses quelles qu'elles soient ; car il n'y a quasiment aucune classe de celles-ci pour l'accomplissement desquelles on fait toujours une provision *parfaitement sûre* au moment de faire la promesse. L'objection implique donc qu'il faudrait interdire aux gens d'agir dans leurs affaires financières d'après la règle de probabilité suffisante selon laquelle toutes les autres affaires de la vie des hommes sont conduites[b].

Les porteurs de billets, tout comme les clients des banques, comprennent parfaitement qu'un paiement instantané n'est provisionné qu'à concurrence d'une partie de la somme qui pourrait, potentiellement, être réclamée ; et le banquier semble donc pleinement justifié à faire les provisions que lui enseignent de considérer comme suffisantes l'usage général et bien connu d'autres personnes dans la même profession (car ceux qui lui font confiance supposent qu'il suit cet usage), et une prise en compte prudente de toutes les circonstances de son propre cas.

The practice of issuing notes payable to bearer on demand became very common a few years antecedent to the present war, when various circumstances united to encourage this part of the country banker's employment. Confidence was then high, the number of traders in the country had been greatly multiplied, the income and expenditure of individuals were much increased, and every branch, therefore, of the banking business had naturally enlarged itself. Some addition had been made to the number of London bankers; and a few of these took forward and active measures to encourage the formation even of very small banks in the country, with a view to the benefit expected from a connection with them. In many of our great towns a fair opening was afforded for the erection of additional banks. These new establishments having taken place, various country traders, who had before made use of their own correspondents in London, fell into the practice of transacting their business with the metropolis through the medium of the country banker with whom they kept their cash. The country banker drew largely on a London banker on the account of the country traders, and the London banker was willing to execute the extensive country business which he thus acquired, in consideration of a much lower commission than had before been paid by the several country traders to their separate correspondents in London, who had been, for the most part, London merchants. The reduction of the rate of commission arose from two causes: first, from the new security which was afforded to the transactions between the town and the country, by the interposition of the credit of rich and responsible country banks; and, secondly, from the [173] transfer to one house of that labour of keeping accounts, writing letters, and receiving and paying bills, which had, before, been divided among many. The risk and trouble being diminished, a proportionate abatement in the rate of commission could be afforded.

The multiplication even of country banks, purposing to deal chiefly in bills, would tend, in many ways, to produce an encreased issue of notes on demand. Some deposit of gold would be kept by banks of every class, with the view of satisfying the demands of their customers; and the stock, maintained for this purpose, would would form a part of the necessary provision for the payment of notes payable on demand, and it would, therefore, become an encouragement to the issue of them.

La pratique d'émettre des billets payables à vue au porteur est devenue très courante quelques années avant la présente guerre, quand plusieurs circonstances ont concouru à encourager cette partie de l'activité du banquier de province. La confiance était alors élevée, le nombre de commerçants s'était beaucoup multiplié dans le pays, les revenus et les dépenses des particuliers s'étaient beaucoup accrus, et toutes les branches des affaires bancaires avaient donc naturellement pris de l'extension. Le nombre de banquiers londoniens avait augmenté ; et plusieurs d'entre eux ont pris des mesures précoces et actives pour encourager la création de banques même très petites en province, en vue des avantages qu'ils attendaient d'une connexion avec elles. Dans beaucoup de nos grandes villes s'offraient des occasions propices à la constitution de banques supplémentaires. Ces nouvelles banques ayant été établies, des commerçants de province, qui recouraient auparavant à leurs propres correspondants londoniens, se mirent à faire leurs affaires avec la métropole par l'entremise du banquier de province, chez qui ils conservaient leur argent liquide. Le banquier de province tirait largement sur un banquier londonien pour le compte de commerçants de province, et le banquier londonien était disposé à exécuter les nombreuses affaires provinciales qu'il acquérait ainsi, grâce à une commission bien inférieure à celle que payaient auparavant les commerçants de province à leurs différents correspondants londoniens, qui étaient, pour la plupart, des négociants londoniens. La réduction du taux des commissions provenait de deux causes : d'abord, de la sécurité nouvelle dans les transactions entre la ville et la province, rendue possible par l'interposition du crédit de banques de province riches et responsables ; et en second lieu, du transfert à une seule maison du travail de tenue des comptes, de correspondance, et de réception et de paiement des traites, qui se trouvait réparti auparavant entre un grand nombre de maisons différentes. Le risque et la peine étant ainsi diminués, un abattement proportionnel dans le taux des commissions pouvait être accordé.

La multiplication même de banques de province se proposant de négocier principalement des traites, devait tendre de nombreuses façons à produire une émission accrue de billets à vue. Les banques de chaque classe conservaient un dépôt d'or en vue de satisfaire les demandes de leurs clients ; et le stock maintenu dans ce but formait une partie de la provision nécessaire pour le remboursement des billets payables à vue, et devenait donc un encouragement à les émettre.

The multiplication of deposits of gold through the country would, moreover, furnish, in many cases, more prompt means of obtaining gold on any sudden emergency; since one country bank might often procure a supply from a neighbouring one, especially if a good understanding on this subject should subsist between them. The establishment of mail coaches afforded, at the same time, a more cheap and ready method than before, of bringing gold from London, as well as of transmitting thither any superfluity of it which might arise in the country. In proportion to the facility of obtaining gold, the unproductive stock of it kept in hand might be reduced; or, if the same stock should be maintained, the issue of notes payable on demand would be less hazardous. Indeed, a few old and respectable country banks had long been in the habit of emitting much paper of this sort, and had seldom experienced any inconvenience from doing it. The new ones, therefore, many of which were not at all inferior in property to the old, were led into the practice partly by example.

The circumstance which chiefly operated in procuring currency to the new circulating paper, was that participation of the benefit resulting from it which was enjoyed by the customers of the country banker; for he lent among them the capital which was acquired by the issue of his paper, and they became his instruments in sending it into circulation, by accepting it as a ready-money payment in return for bills discounted. In consideration of their obligations to [174] the banker, and of the interest which they had in his stability, they were also forward, on most occasions, in the support of his credit. Such appear to have been the chief circumstances which led to that great encrease of our country banks, and to that substitution of paper in the place of gold, which have been, for some years past, so much the subject of complaint.

In order to assist the reader in judging whether a preponderance of good or of evil results from our numerous country banks, an endeavour shall now be made to enumerate the principal benefits as well as inconveniences of them.

De plus, la multiplication des dépôts d'or à travers le pays fournissait dans bien des cas un moyen plus rapide d'obtenir de l'or en cas d'urgence soudaine ; car une banque de province pouvait souvent s'approvisionner auprès d'une autre voisine, surtout s'il existait entre elles une bonne intelligence à ce sujet. L'établissement de diligences offrait aussi au même moment un moyen meilleur marché et plus rapide qu'avant d'acheminer de l'or de Londres, ainsi que d'y transférer tout surplus apparaissant en province. À mesure qu'il devenait facile d'obtenir de l'or, il devenait possible d'en réduire le stock improductif conservé par-devers soi ; ou, si on en conservait le même stock, l'émission de billets payables à vue devenait moins risquée. En effet, quelques banques de province anciennes et respectables avaient depuis longtemps coutume d'émettre beaucoup de papier de cette espèce, et en avaient rarement éprouvé aucun inconvénient. Les nouvelles banques, dont beaucoup n'étaient en rien inférieures en qualité aux anciennes, furent en partie conduites à cette pratique par l'exemple.

La circonstance principale qui conduisit à donner cours à ce nouveau papier circulant est que les clients du banquier de province participaient aux avantages qui en résultaient ; car le banquier leur prêtait le capital obtenu en émettant son papier, et ils devenaient ses instruments en le mettant en circulation, en l'acceptant comme un paiement d'argent comptant en échange des lettres de change qu'ils faisaient escompter. Eu égard à leurs obligations vis-à-vis du banquier, et à l'intérêt qu'ils avaient à sa stabilité, ils étaient aussi la plupart du temps empressés à soutenir son crédit. Telles semblent avoir été les principales circonstances qui ont amené la multiplication de nos banques de province et la substitution de papier à l'or, qui ont tellement fait l'objet de plaintes depuis quelques années.

Pour aider le lecteur à juger s'il résulte de nos nombreuses banques de province une prépondérance de bien ou de mal, nous nous efforcerons maintenant d'énumérer leurs principaux avantages et inconvénients.

That country banks have, in a variety of respects, been highly advantageous, can scarcely admit of a doubt. They have afforded an accommodation to many descriptions of persons; but more especially to those who are engaged in commerce. They may be regarded as an effect of that division of labour which naturally takes place in every opulent country. The receipts and the payments of money are now no longer conducted at home, even by the middling trader, but are become a separate branch of business in the hands of bankers. It was to be expected that they to whom this employment has been transferred would find means of abridging labour, and of sparing the use of coin, the most expensive circulating medium. By their skill in attaining these objects, they transact an important portion of the business of the trader at an expense far inferior to that which he must incur were he to conduct it by his own clerks; and they derive a profit to themselves, which, no less than the saving to the customer, may be regarded as clear gain to the kingdom.

Country banks are also useful by furnishing to many persons the means of laying out at interest, and in a safe manner, such money as they may have to spare. Those banks, in particular, which give interest notes for very small sums, afford to the middling and to the lower class of people an encouragement to begin to lay up property, and thus to make provision for the time of sickness or old age. Country banks also furnish a very convenient method of distributing to one class of men the superfluity of another. All who have money [175] to spare know where they can place it, without expence or loss of time, not only in security, but often with pecuniary advantage: and all commercial persons of credit understand in what quarter they can obtain such sums, in the way of loan, as their circumstances will fairly warrant them in borrowing. While country banks thus render a benefit of the first magnitude to fair and prudent commerce, they are important barriers against rash speculation, though not unfrequently they are loudly accused of favouring it.

DES AVANTAGES DES BANQUES DE PROVINCE

Il est indéniable que les banques de province ont été très avantageuses à de nombreux égards. Elles ont rendu des services à de nombreuses catégories de personnes ; mais plus spécialement à celles qui sont engagées dans le commerce. On peut les voir comme un effet de la division du travail qui a lieu naturellement dans tout pays riche. Les réceptions et les paiements de numéraire ne se font désormais plus chez soi, même chez les commerçants moyens, mais sont devenus une branche séparée des affaires entre les mains des banquiers. Il fallait s'attendre à ce que ceux à qui cette activité a été transférée trouvent des moyens de diminuer le travail et d'épargner l'usage de pièces, le moyen circulant le plus coûteux. Par leur aptitude à atteindre ces objectifs, ils règlent une portion importante des affaires du commerçant à un coût bien inférieur à celui qu'il devrait encourir s'il les confiait à ses propres employés ; et ils en tirent eux-mêmes un profit qui peut être vu comme un gain net pour le Royaume, au même titre que l'économie pour le client.

Les banques de province sont aussi utiles en fournissant à de nombreuses personnes le moyen de placer à intérêt, et d'une manière sûre, le numéraire qu'elles auraient de reste. Les banques, en particulier, qui donnent des billets portant intérêt contre de très petites sommes, offrent aux classes moyenne et inférieure du peuple un encouragement à commencer à se constituer un patrimoine, et à faire de la sorte des provisions pour les temps de maladie ou de grand âge. Les banques de province fournissent aussi une méthode très commode pour distribuer à une classe de personnes le superflu d'une autre. Tous ceux qui ont de l'argent de reste savent où ils peuvent le placer, sans frais ni perte de temps, non seulement en sécurité, mais souvent avec un avantage pécunier : et tous les hommes d'affaires de quelque crédit comprennent où obtenir en prêt les sommes que les circonstances les justifient raisonnablement à emprunter. Si les banques de province fournissent un avantage de premier ordre au commerce honnête et prudent, elles sont aussi des barrières importantes à la spéculation hasardeuse, quoiqu'il ne soit pas rare qu'elles soient bruyamment accusées de la favoriser.

However some few banks may have subjected themselves to this charge, banks in general, and particularly those which have been long established, take care to lend the sums which have been deposited in their hands, not to the imprudent speculator, or to the spendthrift, by whom they are in danger of suffering loss, but to those who, being known to possess some wealth and to manage their concerns with prudence, give proof that they are likely to repay the loan. Borrowers of this class are not apt to enter into very large and perilous undertakings; for they are unwilling to risk the loss of their own capital. Bankers, especially men of eminence, feel a special motive to circumspection, in addition to that which operates with other lenders. The banker always lends under an impression that, if he places in anyone a boundless or immoderate confidence, the imprudence will necessarily be known, in case the borrower should fail, as the affairs of every bankrupt are laid open to the body of creditors; and that his rashness is, therefore, liable to become the subject of conversation among his customers. Indiscretion of this kind, even if the particular instance be of no prominent magnitude, may thus prove an occasion of injuring the character and credit of the banking house, and of lessening the general profits of the business.

The banker also enjoys, from the nature of his situation, very superior means of distinguishing the careful trader from him who is improvident. The bill transactions of the neighbourhood pass under his view: the knowledge, thus obtained, aids his judgment; and confidence may, therefore, be measured out by him more nearly than by another person, in the proportion in which ground for it exists. Through the creation of banks, the appreciation of the [176] credit of numberless persons engaged in commerce has become a science; and to the height to which this science is now carried in Great Britain we are in no small degree indebted for the flourishing state of our internal commerce, for the general reputation of our merchants abroad, and for the preference which in that respect they enjoy over the traders of all other nations. It is certainly the interest, and, I believe, it is also the general practice, of banks to limit not only the loan which any one trader shall obtain from themselves, but the total amount also, as far as they are able, of the sum which the same person shall borrow in different places; at the same time, reciprocally to communicate intelligence for their mutual assistance; and, above all, to discourage bills of accommodation.

Si quelques rares banques ont pu s'être exposées à cette accusation, les banques en général, et surtout celles établies depuis longtemps, prennent soin de prêter les sommes déposées entre leurs mains, non au spéculateur imprudent, ni au dépensier, qui les exposent au danger de souffrir des pertes, mais à ceux, dont on sait qu'ils possèdent quelque richesse et qu'ils gèrent leurs affaires avec prudence, qui donnent la preuve qu'ils sont susceptibles de rembourser le prêt. Des emprunteurs de cette classe ne sont pas portés à s'engager dans des entreprises très grandes et périlleuses ; car ils ne veulent pas risquer la perte de leur propre capital. Les banquiers, spécialement ceux qui sont éminents, ressentent un motif de circonspection spécial, qui s'ajoute à celui qui agit sur les autres prêteurs. Le banquier prête toujours avec l'impression que s'il place en quiconque une confiance sans limite ou immodérée, l'imprudence sera nécessairement connue si l'emprunteur fait faillite, parce que les affaires du failli sont communiquées à tous les créanciers ; et que la témérité du banquier est donc exposée à devenir le sujet de conversation parmi ses clients. Un faux pas de cette espèce, même si le cas en question n'est pas d'une ampleur remarquable, peut s'avérer une occasion de causer du tort à la réputation et au crédit de la maison de banque, et de réduire les profits totaux de l'affaire.

Le banquier bénéficie aussi, de par la nature de sa situation, de moyens très supérieurs de distinguer le commerçant prudent de celui qui est imprévoyant. Les transactions en lettres de change du voisinage passent sous ses yeux : l'information obtenue ainsi assiste son jugement ; il peut, plus précisément que toute autre personne, distribuer sa confiance dans la proportion où elle est fondée. Grâce à la création des banques, l'appréciation du crédit d'innombrables personnes engagées dans le commerce est devenue une science ; et l'état florissant de notre commerce intérieur, la réputation générale de nos négociants à l'étranger, la préférence dont ils bénéficient à cet égard sur les commerçants de toutes les autres nations ne sont pas peu redevables de la hauteur à laquelle cette science est maintenant portée en Grande-Bretagne. Il est certainement dans l'intérêt des banques, et c'est aussi, je crois, leur pratique générale, de limiter non seulement le prêt qu'obtiendra d'elles n'importe quel commerçant, mais aussi, dans la mesure du possible, le montant total qu'une même personne empruntera en différents endroits ; en même temps, de se communiquer réciproquement des renseignements pour leur assistance mutuelle ; et surtout, de décourager les lettres de change de complaisance.

While the transactions of the surrounding traders are thus subject to the view of the country banks, those of the country banks themselves come under the eye of their respective correspondents, the London bankers; and, in some measure, likewise, of the Bank of England. The Bank of England restricts, according to its discretion, the credit given to the London banker. Thus a system of checks is established, which, though certainly very imperfect, answers many important purposes, and, in particular, opposes many impediments to wild speculation.

Country banks, also, as well as the Bank of England, have been highly beneficial, by adding, through the issue of their paper, to the productive capital of the country[c]. By this accession our manufactures, [177] unquestionably, have been very much extended, our foreign trade has enlarged itself, and the landed interest of the country has had a share of the benefit. The common charge which is brought against country banks, of having raised up a fictitious capital in the country, admits of the following answer. They have substituted, it is true, much paper in the place of gold: but the gold which has gone abroad has brought back, as Dr. Smith observes, valuable commodities in return. The guinea spared from circulation has contributed to bring home the timber which has been used in building, the iron or the steel which has been instrumental to the purposes of machinery, and the cotton and the wool which the hand of the manufacturer has worked up. The paper has thus given to the country a *bonâ fide* capital which has been exactly equal to the gold which it has caused to go abroad; and this additional capital has contributed, just like any other part of the national stock, to give life to industry.

It has lately been objected to paper credit, that, by supplying the farmers with large loans, it has enabled them to keep back their corn from the market, and enhance the price. It is true, that farmers, both in the last and many preceding years, may have obtained larger loans than they would have procured if no country bank notes had existed. The capital so furnished to the farmers may possibly have induced some of them, at certain times, to keep in hand a larger quantity of grain than they would otherwise have found it convenient to hold. We know, however, that the general stock of grain in the autumn of 1800 was particularly low.

Tandis que les transactions des commerçants des environs sont ainsi exposées au regard des banques de province, celles des banques de province elles-mêmes passent sous les yeux de leurs correspondants respectifs, les banquiers londoniens ; et, dans une certaine mesure, de la même façon, de la Banque d'Angleterre. La Banque d'Angleterre restreint à sa discrétion le crédit accordé au banquier londonien. Un système de freins est ainsi établi, qui, bien que certainement très imparfait, remplit beaucoup de fonctions importantes, et, en particulier, oppose beaucoup d'obstacles à la spéculation sauvage.

Les banques de province, de même que la Banque d'Angleterre, ont aussi été très bénéfiques en accroissant le capital productif du pays au moyen des émissions de billets[c]. Grâce à cette addition, nos manufactures se sont indubitablement beaucoup étendues, notre commerce étranger a augmenté ; et les propriétaires terriens du pays ont eu une part des avantages. On peut donner la réponse suivante au reproche courant aux banques de province qu'elles ont créé dans le pays un capital fictif. Elles ont substitué, c'est vrai, beaucoup de papier à l'or ; mais l'or parti à l'étranger a ramené des marchandises précieuses en retour, comme l'observe Adam Smith. La guinée épargnée de la circulation a contribué à importer le bois de construction, le fer et l'acier utiles pour les machines, et le coton et la laine qu'a transformés la main du fabricant. Le papier a donc donné au pays un capital authentique qui a été exactement égal à l'or qu'il a fait partir à l'étranger ; et ce capital supplémentaire a contribué, tout comme n'importe quelle autre partie du fonds national, à donner vie à l'industrie.

On a récemment objecté au papier de crédit qu'en fournissant de grands prêts aux cultivateurs, il leur a permis de garder leur grain à l'écart du marché et de hausser son prix[2]. Il est vrai qu'à la fois l'an passé[3] et de nombreuses années précédentes, les cultivateurs ont pu obtenir des prêts plus importants que s'il n'avait pas existé de billets des banques de province. Le capital ainsi fourni aux cultivateurs pourrait avoir incité certains d'entre eux, à certains moments, à garder par devers eux une quantité de grain plus grande qu'ils ne l'auraient trouvée convenable sans cela. Nous savons cependant que le stock total de grains était particulièrement bas à l'automne 1800.

---

2 Voir à ce propos Boyd (1801, p. 51-69). Thornton revient sur cette question au chapitre XI, « Autres observations… ».

3 En 1800.

Since, therefore, but a small part of the capital of the farmers, whether borrowed or their own, was then vested in grain, the principal share would probably be laid out on their land, and would encrease its produce; for, unquestionably, the value of a crop obtained from a farm depends chiefly on the sum employed in cultivation and improvement. Country bank notes have thus added to the general supply of grain; and, by doing so, have contributed to prevent a rise in its price: they have, probably, in this manner, afforded much more than a compensation for any temporary advance in price to [178] which they may have given occasion by enabling farmers to keep a larger quantity in hand. The very possession of a large quantity in hand is to be considered as, in general, a benefit rather than a disadvantage; for it is our chief security against scarcity, and, consequently, also against dearness. To the want of a large surplus stock at the end of the years 1799 and 1800 is to be ascribed, in a great degree, the subsequent high price of provisions. The tendency, therefore, of country bank paper to encrease generally the stock of grain in the hands of the farmer is to be ranked among the advantages of country banks. The tendency to encrease it at the particular time of actual scarcity, is to be classed among the evils which they produce; and it is an inconsiderable evil, which is inseparable from a great and extensive good. To those who are disposed to magnify this occasional evil, it may be further observed, that the farmer is enabled to enlarge his stock by the encrease of his own as well as of the general wealth, much more, no doubt, than by the share which he obtains of that particular part of the new capital of the kingdom which is created through the substitution of country bank notes for gold; only a portion, therefore, of the mischief complained of is to be referred to country bank notes. It is principally to be ascribed to the growing riches and prosperity both of the farmers and other inhabitants of the country.

It is no small additional recommendation of the use of our paper, that the public draws a large yearly revenue from the tax imposed on bills and notes. If paper credit did not exist, a sum equal to that which is thus raised must be supplied by taxes either burthening the industry, or paid out of the property of the people.

Comme une petite partie seulement du capital des cultivateurs, qu'il soit emprunté ou le leur propre, était alors investie en grains, la majeure partie était probablement consacrée à leurs terres, et augmentait son produit ; car il est indiscutable que la valeur de la récolte d'une ferme dépend principalement de la somme employée à la culture et à l'amélioration. Les billets des banques de province ont ainsi ajouté à l'approvisionnement total en grains ; et ce faisant, ils ont contribué à empêcher une hausse de leur prix. De cette manière, ils ont probablement plus que compensé toute hausse temporaire de prix qu'ils auraient pu provoquer en permettant aux cultivateurs de garder par devers eux une quantité plus importante. La disposition même d'une grande quantité doit être considérée en général comme un avantage plutôt qu'un inconvénient ; car c'est notre assurance principale contre la disette, et par conséquent, aussi contre la cherté. C'est à l'absence d'un grand stock excédentaire à la fin des années 1799 et 1800 qu'il faut attribuer, à un degré important, le prix élevé des denrées qui a suivi. La tendance du papier des banques de province à augmenter en général le stock de grains entre les mains des cultivateurs est donc à ranger parmi les avantages des banques de province. La tendance à l'augmenter au moment précis d'une disette effective, est à classer parmi les maux qu'elles produisent ; et c'est un mal bénin, inséparable d'un bien grand et étendu. Pour ceux qui sont disposés à grossir ce mal occasionnel, on peut encore observer que le cultivateur est mis en mesure d'augmenter son stock par l'augmentation de sa proche richesse et de la richesse générale, bien plus, sans aucun doute, que par la fraction qu'il obtient de la partie de la nouvelle richesse du Royaume qui est créée par la substitution à l'or de billets des banques de province ; ce n'est donc qu'une portion du dommage dont on se plaint qu'il faut imputer aux billets des banques de province. Il faut attribuer ce dommage principalement à la richesse et à la prospérité croissantes, tant des cultivateurs que des autres habitants du pays.

Ce n'est pas un mince argument additionnel en faveur de l'utilisation de notre papier, que le Trésor public tire un important revenu annuel de la taxe sur les lettres de change et les billets. Si le papier de crédit n'existait pas, il faudrait trouver une somme égale à celle qui est perçue de cette façon par des taxes qui grèveraient l'activité, ou qui seraient prélevées sur les avoirs de la population.

The public has, since the late additional tax, become a very considerable sharer in the profits of the country bankers' business.

Since, therefore, a paper medium has served the purposes which have been described, and has been, generally speaking, quite as convenient an instrument in settling accounts as the gold which it has displaced, the presumption in favour of its utility seems to be very great; and, if it could be added, that no other effects than those which have as yet been stated have arisen or are likely to arise from [179] it, the advantage of it would be beyond dispute. To reproach it with being a merely fictitious thing, because it possesses not the intrinsic value of gold, is to quarrel with it on account of that quality which is the very ground of its merit. Its merit consists in the circumstance of its costing almost nothing. By means of a very cheap article the country has been, for some years, transacting its money concerns, in which a very expensive material had previously been employed. If this were the whole question, the substitution of paper for gold would be as much to be approved as the introduction of any other efficacious and very cheap instrument in the place of a dear one. It would stand on the same footing with the substitution, for example, of cast iron for wrought iron or steel; of water carriage for land carriage; of a steam engine for the labour of men and horses; and might claim a high rank among that multitude of ingenious and economical contrivances to be found among us, by the aid of which we have attained to the present unrivalled state of our manufactures and commerce.

Some very solid objections, however, may be urged against the system of banking in the country.

Depuis la récente taxe supplémentaire, le Trésor public est ainsi entré en partage des profits de l'activité des banquiers de province[4].

Comme un moyen de papier a donc rempli les fonctions qu'on a décrites, et a, en général, été tout aussi commode comme instrument de règlement des comptes que l'or qu'il a remplacé, il semble y avoir une forte présomption en faveur de son utilité ; et si l'on pouvait ajouter qu'aucun autre effet que ceux que nous avons énumérés jusqu'ici ne s'est produit, ni risque de se produire, son avantage serait indiscutable. Lui reprocher qu'il n'est qu'une chose fictive, parce qu'il ne possède pas la valeur intrinsèque de l'or, c'est lui chercher querelle pour une qualité qui est le fondement même de son mérite. Son mérite, c'est qu'il ne coûte presque rien. Depuis quelques années le pays règle toutes ses affaires monétaires à l'aide d'un article très bon marché, là où un matériau très coûteux avait été utilisé précédemment. Si c'était là toute la question, la substitution de papier à l'or serait aussi recommandable que l'introduction de tout autre instrument efficace et très bon marché, en remplacement d'un instrument cher. Elle serait à mettre sur le même pied que la substitution, par exemple, de fonte au fer ou à l'acier forgés ; du transport par voie navigable au transport terrestre ; de machines à vapeur au labeur des hommes et des chevaux ; et elle pourrait prétendre à un rang élevé parmi la multitude des inventions ingénieuses et économiques qu'on peut trouver parmi nous, à l'aide desquelles nous avons atteint l'état présent sans rival de nos manufactures et de notre commerce.

DES INCONVÉNIENTS DES BANQUES DE PROVINCE

Il y a néanmoins des objections très solides à faire valoir contre le système bancaire en province[5].

---

4 Thornton fait allusion à un droit de timbre introduit en 1782 sur les lettres de change, en 1783 sur les billets, et modifié par Pitt en 1791 et 1799. Cette dernière modification l'étendait à des montants plus petits (Ashton, 1945, p. 32). Meacham (1964, p. 71) rapporte que la première intervention parlementaire de Thornton en 1783 portait sur cette question.

5 Deux objections sont discutées dans le présent chapitre. Une troisième sera traitée au chapitre VIII.

The first which I shall mention, is, the tendency of country banks to produce, occasionally, that general failure of paper credit, and with it that derangement and suspension of commerce, as well as intermission of manufacturing labour, which have been already spoken of.

Country bank notes, and especially the smaller ones, circulate, in a great measure, among people out of trade, and pass occasionally into the hands of persons of the lower class; a great proportion, therefore, of the holders of them, have few means of judging of the comparative credit of the several issuers, and are commonly almost as ready to take the paper of any one house calling itself a bank as that of another. A certain degree of currency being thus given to inferior paper, even the man who doubts the ultimate solvency of the issuer is disposed to take it; for the time during which he intends to detain it is very short, and his responsibility will cease [180] almost as soon as he shall have parted with it[d]. Moreover, the amount of each note is so small, that the risk seems, also, on that account, insignificant. The notes of the greater and of the smaller country banks, thus obtaining, in ordinary times, a nearly similar currency, they naturally fall at a season of alarm into almost equal discredit. If any one bank fails, a general run upon the neighbouring ones is apt to take place, which if not checked in the beginning by a pouring into the circulation a large quantity of gold, leads to very extensive mischief. Many country bankers, during a period of danger, prescribe to themselves a principle of more than ordinary reserve in the issue of their notes, because they consider these as the more vulnerable part of their credit. They know, that if the character of their house should be brought into question, through the fears or even the caprice of any of those strangers into whose hands their circulating paper passes, some distrust may be excited among their customers, the effect of which may be a sudden demand for the payment of large deposits. The amount, therefore, of the country bank notes circulating in the kingdom is liable to great fluctuation.

PREMIER INCONVÉNIENT : LE DISCRÉDIT GÉNÉRAL DU PAPIER

La première objection que je mentionnerai, est la tendance des banques de province à produire à l'occasion un discrédit général du papier, et avec lui, le dérèglement et la suspension du commerce, de même que l'interruption du travail manufacturier, dont on a déjà parlé[6].

Les billets des banques de province, et spécialement les plus petites coupures, circulent dans une grande mesure parmi des personnes qui ne sont pas dans les affaires, et passent parfois entre les mains de personnes de la classe inférieure ; une grande partie des porteurs de ce papier ont donc peu de moyens de juger du crédit comparé des différents émetteurs, et sont communément presque aussi prêts à prendre le papier d'une maison qui se qualifie de banque que d'une autre. Comme ceci donne cours à un certain degré à du papier inférieur, même la personne qui doute de la solvabilité ultime de l'émetteur est disposée à le prendre ; parce qu'elle compte détenir ce papier pendant un temps très court, et que sa responsabilité cessera presque aussi vite qu'elle s'en sera dessaisi[d]. D'ailleurs, le montant de chaque coupure est si petit que, pour cette raison aussi, le risque semble insignifiant. Comme, en des temps ordinaires, les billets des banques de province grandes et petites ont cours de façon presque semblable, ils tombent dans un discrédit presque égal en période d'alarme. Si une banque quelconque fait faillite, une ruée générale est susceptible de se produire sur ses voisines, ce qui cause un dommage très étendu si on n'y fait pas échec dès le début en déversant dans la circulation une grande quantité d'or. Dans une période de danger, beaucoup de banquiers de province s'imposent un principe de réserve[7] plus grande qu'à l'ordinaire dans l'émission de leurs billets, parce qu'ils les considèrent comme la partie la plus vulnérable de leur crédit. Ils savent que si la réputation de leur maison devait être mise en question par les craintes ou même le caprice d'aucun de ces étrangers entre les mains desquels passe leur papier circulant, cela pourrait susciter de la défiance parmi leurs clients, dont l'effet pourrait être une demande soudaine de remboursement des gros dépôts. Le montant des billets des banques de province en circulation dans le Royaume est donc exposé à de grandes fluctuations.

6 En particulier au chap. IV, « La sévérité de la pression… ».

7 Au sens de circonspection.

The country banker, in case of an alarm, turns a part of the government securities, bills of exchange, or other property which he has in London, into Bank of England notes, and those notes into money; and thus discharges many of his own circulating notes, as well as enlarges the fund of gold in his coffers. The Bank of England has, therefore, to supply these occasional wants of the country banker; and, in order to be fully prepared to do this, it has, ordinarily, to keep a quantity of gold equal to that of the notes liable to be extinguished, as well as a quantity which shall satisfy the other extraordinary demands which may be made at the same season of consternation either by banking houses, or by individuals. [181] Thus the country banker by no means bears his own burthen, while the Bank of England sustains a burthen which is not its own, and which we may naturally suppose that it does not very cheerfully endure[e].

The national bank, indeed, may fairly be called upon, in consideration of the benefits enjoyed through its monopoly, to submit to a considerable expence in supplying gold for the country; but there must be some bounds to the claims which can equitably be made upon it: and, in estimating the benefit arising to the kingdom from the use of country bank notes, we have either to deduct the loss which the Bank of England incurs by maintaining an additional supply of gold sufficient to answer the demands which they occasion, or else we have to take into consideration the risk which the bank incurs by only keeping a fund of gold which is somewhat inadequate. The country banks may, perhaps, cause the bank in some measure to encrease its general fund of gold, though not to hold so much of this unproductive article as to afford a security equal to that which the bank would enjoy if no country bank notes existed.

It is obvious, that the additional capital given to the kingdom through the use of country bank notes must not be measured by the amount of those notes, but that a deduction must be made of the sum kept in gold in the coffers of the issuers, as their provision for the occasional payments to which their bank paper subjects them.

En cas d'alarme, le banquier de province convertit une partie des titres d'État, des lettres de change ou d'autres avoirs qu'il détient à Londres, en billets de la Banque d'Angleterre, puis ces billets en numéraire ; il rembourse ainsi beaucoup de ses propres billets circulants, de même qu'il accroît le fonds d'or dans ses coffres. La Banque d'Angleterre a donc à pourvoir à ces besoins occasionnels du banquier de province ; et afin d'y être pleinement préparée, il faut d'ordinaire qu'elle conserve une quantité d'or égale à celle des billets susceptibles d'être retirés de la circulation, de même qu'une quantité qui satisfera les autres demandes extraordinaires qui peuvent être faites dans la même période de consternation, que ce soit par des maisons de banque ou des particuliers. Le banquier de province ne porte donc en rien lui-même son propre fardeau, tandis que la Banque d'Angleterre supporte un fardeau qui n'est pas le sien, et dont nous pouvons naturellement penser qu'elle ne l'endure pas de gaieté de cœur[e].

Il est juste en effet qu'on puisse appeler la banque nationale à s'astreindre à des dépenses importantes pour fournir de l'or au pays, eu égard aux avantages dont elle jouit grâce à son monopole ; mais il doit y avoir des bornes à ce qu'on peut équitablement exiger d'elle. Et en estimant l'avantage pour le Royaume de l'utilisation des billets des banques de province, nous devons soit déduire la perte qu'encourt la Banque d'Angleterre en conservant une réserve d'or supplémentaire qui suffise à satisfaire les demandes qu'occasionnent ces billets, soit prendre en considération le risque que court la Banque en ne gardant qu'un fonds d'or quelque peu inadéquat. Les banques de province peuvent peut-être amener la Banque à augmenter dans une certaine mesure son fonds d'or total, mais pas à détenir une quantité de cet article improductif telle qu'elle obtienne une sécurité égale à celle dont elle bénéficierait en l'absence de billets des banques de province.

Il est évident que le capital supplémentaire que donne au Royaume l'utilisation de billets des banques de province, ne doit pas être mesuré par le montant de ces billets, mais qu'il faut en déduire la somme conservée en or dans les caisses des émetteurs, comme provision pour les paiements occasionnels auxquels les expose leur papier bancaire.

The other deduction, which has been spoken of, is of the same nature. It is a second deduction, which must be made on account of a similar, and, perhaps, no less considerable provision for the payment of country bank notes, which is rendered necessary [182] to be kept in the coffers of the Bank of England. In other words, the capital given to the country, through the use of country bank notes, is only equal (and it was so stated in speaking of that subject) to the amount of the gold which they cause to be exported.

I shall endeavour here to explain more particularly than has yet been done, some of those circumstances which cause a great diminution of country bank notes to bring distress on London, and to end in a general failure of commercial credit.

In a former chapter it was observed, that when that alarm among the common people, which produces an unwillingness to take country bank paper, and an eagerness for gold has risen to a considerable height, some distrust is apt to be excited among the higher class of traders; and that any great want of confidence in this quarter produces an encreased demand for that article, which is, among London bankers and merchants, in much the same credit as gold; I mean Bank of England notes, and which forms, at all times, the only circulating medium of the metropolis in all the larger transactions of its commerce. This more than usual demand for Bank of England notes the bank is at such a time particularly unwilling to satisfy, for reasons which I shall endeavour fully to detail. The reader will have been prepared to enter into them by the observations on the subject of the bank, introduced towards the close of the chapter which treated of that institution.

L'autre déduction, déjà évoquée, est de même nature. C'est une seconde déduction qui doit être faite au titre d'une provision semblable, et peut-être non moins considérable, pour le remboursement des billets des banques de province, qu'il est nécessaire de conserver dans les coffres de la Banque d'Angleterre[8]. En d'autres termes, l'utilisation des billets des banques de province n'augmente le capital du pays que d'un montant égal à celui de l'or dont ils provoquent l'exportation (ceci a déjà été énoncé en parlant de ce sujet[9]).

Je vais ici m'efforcer d'expliquer, plus en détail que je n'ai pu le faire encore, certaines des circonstances qui font qu'une grande réduction des billets des banques de province, amène la pénurie[10] à Londres, et se termine par une défaillance générale du crédit commercial.

On a observé dans un chapitre antérieur[11], que quand l'alarme parmi les gens du commun, qui produit une réticence à prendre du papier des banques de province et un appétit pour l'or, a atteint un niveau considérable, elle est apte à susciter de la défiance dans la classe supérieure des commerçants ; et que tout grand manque de confiance dans ce milieu produit une demande accrue de l'article qui jouit à peu près du même crédit que l'or parmi des banquiers et les négociants londoniens – je veux parler des billets de la Banque d'Angleterre –, et qui constitue, à tout moment, le seul moyen circulant de la métropole pour toutes les transactions de plus grande taille de son commerce. À un tel moment, la Banque d'Angleterre sera particulièrement peu disposée à satisfaire cette demande de billets supérieure à l'ordinaire, et ce pour des raisons que je m'efforcerai de détailler complètement. Le lecteur y aura été préparé par les observations au sujet de la Banque introduites vers la fin du chapitre qui traitait de cet établissement[12].

---

8 Bien entendu, la Banque d'Angleterre n'a pas à rembourser des billets de banques de province. Thornton explique plus bas comment le remboursement de ces billets par leurs émetteurs exerce une pression indirecte sur la Banque.

9 Voir la section « Des avantages… » du présent chapitre.

10 De moyens circulants.

11 Chap. III, « Des différentes vitesses de circulation de la même espèce de moyen circulant à différents moments ».

12 Chap. IV, « Remarque sur la relation… ».

First, the bank may be supposed to be unwilling to satisfy that somewhat *encreased* demand for its notes which a season of consternation is apt to produce, because it is not unlikely to partake, in some degree, in the general alarm, especially since it must necessarily be supposed to have already suffered, and to be still experiencing a formidable reduction of the quantity of its gold. The natural operation of even this general sort of fear must be to incline it to contract its affairs, and to diminish rather than enlarge its notes.

But it must also be recollected, that the bank has necessarily been led already to encrease its loans in the same degree in which its gold has been reduced, provided it has maintained in circulation the accustomed quantity of notes. This point was explained in the [183] chapter on the subject of the bank. The directors, therefore, must seem to themselves to act with extraordinary liberality towards those who apply to them for discounts, if they only go as far as to maintain the usual, or nearly the usual, quantity of notes. The liberality in lending which they must exercise, if, when the gold is low, they even augment their paper, must be very extended indeed.

In order to render this subject more clear, let us suppose that an extra demand on the Bank of England for three millions of gold has been made through the extinction of the paper of country banks, and through the slower circulation and hoarding of gold which have attended the general alarm. Let us assume, also, that the bank, during the time of its supplying this gold, has thought proper to reduce its notes one million. It will, in that case, have necessarily encreased its loans two millions. Let us further assume, as we not very unreasonably may, that the two millions of additional loans have been afforded, not to the government, who owe a large and standing sum to the bank (suppose eight or ten millions besides the bank capital), but exclusively to the merchants; and let the total amount of loans antecedently afforded to the merchants be reckoned at four millions. The bank, in this case, will have raised its discounts to the merchants from four millions to six; that is, it will have encreased them one half, even though it has diminished its notes one million.

Tout d'abord, on peut penser que la Banque ne sera pas disposée à satisfaire la demande un peu *accrue* de ses billets qu'une période de consternation est de nature à produire, parce qu'elle n'est pas peu susceptible de prendre part, à un certain degré, à l'alarme générale, d'autant plus qu'on doit nécessairement penser qu'elle doit avoir déjà enduré, et doit toujours subir, une réduction formidable de la quantité de son or. L'effet naturel que doit produire précisément cette sorte générale de crainte est de l'incliner à contracter ses affaires, et à diminuer plutôt qu'à augmenter ses billets.

Mais il faut aussi se souvenir que la Banque a nécessairement déjà été conduite à accroître ses prêts dans la même proportion que son or a été réduit, pour peu qu'elle ait maintenu en circulation la quantité habituelle de billets. Ceci a été expliqué dans le chapitre portant sur la Banque[13]. Les administrateurs doivent donc avoir l'impression d'agir avec une libéralité extraordinaire vis-à-vis de ceux qui leur demandent des escomptes, s'ils se contentent de maintenir la quantité ordinaire de billets, ou à peu près. La libéralité dont ils doivent faire preuve dans les prêts si, quand l'or est au plus bas, ils augmentent même leur papier, doit en effet être très étendue.

Pour clarifier ce sujet, supposons qu'une demande supplémentaire de trois millions d'or ait été faite à la Banque d'Angleterre, en raison de l'extinction du papier de banques de province, de la circulation ralentie et de la thésaurisation de l'or qui accompagnent l'alarme générale. Supposons aussi qu'au moment où la Banque fournit cet or, elle ait cru bon de diminuer ses billets d'un million. Elle aura dans ce cas nécessairement augmenté ses prêts de deux millions[14]. Supposons encore, ce qui n'est pas très déraisonnable, que ces deux millions de prêts supplémentaires aient été accordés exclusivement aux négociants, et non au Gouvernement, lequel doit en permanence une somme importante à la Banque (disons huit ou dix millions, outre le capital de la Banque) ; et évaluons le total des prêts accordés antérieurement aux négociants à quatre millions[15]. Dans ce cas la Banque aura augmenté ses escomptes aux négociants de quatre à six millions ; c'est-à-dire que, quoiqu'ayant diminué ses billets d'un million, elle aura augmenté ses prêts de moitié.

---

13 *Ibidem.*

14 C'est le même exemple numérique qu'au chap. IV, p. 201 et 203, avec tous les nombres divisés par deux.

15 Les ordres de grandeur des prêts initiaux sont les mêmes qu'au chap. IV.

This extension of the accustomed accommodation to the mercantile world must appear to call for the thanks of that body, rather than to leave any room for complaint; and yet it is plain from reasoning, and, I believe, it might be also proved from experience, that it will not ease the pressure. The difficulties in London, notwithstanding this additional loan of *two* millions to the merchants will be somewhat encreased; for a sum in gold, amounting to *three* millions, has been drawn from the bank by the London agents of the country bankers and traders, and has been sent by those agents into the country. London, therefore, has furnished for the country circulation three millions of gold; and it has done this by getting discounted at the bank two additional millions of bills, for which it has received two of the millions of gold, and by sparing one million [184] of its circulating notes as a means of obtaining the other million. This reduction of the usual quantity of notes is borne by the metropolis with peculiar difficulty at a time of general alarm. However liberally, therefore, the bankers and merchants may acknowledge themselves to have been already relieved by the bank, they will repeat, and will even urge more than ever, their application for discounts.

It may be observed, with a view to the further elucidation of this part of our subject, that both the bank, and they who borrow of it, are naturally led to fix their attention rather on the amount of the loans furnished than on that of the notes in circulation. The bank is used to allow to each borrower a sum bearing some proportion to his supposed credit; but seldom or never exceeding a certain amount. It is true, the various borrowers do not always in an equal degree avail themselves of their power of raising money at the bank; and, therefore, a material enlargement of the sum total of the bank loans may take place at a moment of difficulty, through the encreased use which some of the richer merchants then make of their credit, as well as through the creation of a few new borrowers at the bank. The directors also, in particular cases, may suffer their rule to be relaxed. The circumstance, however, of the general principle on which the bank ordinarily, and, indeed, naturally proceeds, being that of a limitation of the amount of each of its loans to individuals, must tend, as I conceive to place something like a general limit to the total sum lent.

Cette extension des crédits habituels au monde du commerce semble appeler des remerciements de celui-ci, plutôt que de donner lieu à des plaintes ; et pourtant le raisonnement démontre, et, je crois, on peut aussi montrer à partir de l'expérience, que ceci ne soulagera pas la pression. Les difficultés à Londres auront été quelque peu accrues, nonobstant ce prêt additionnel de *deux* millions aux négociants ; car une somme d'or d'un montant de *trois* millions a été retirée de la Banque par les agents londoniens des banquiers et commerçants de province, et envoyée en province par ces agents. Londres a donc fourni trois millions d'or à la circulation de province ; et elle l'a fait en faisant escompter par la Banque deux millions de traites supplémentaires, pour lesquelles elle a reçu deux des millions d'or, et en économisant un million de ses billets circulants comme moyen d'obtenir l'autre million. Cette réduction de la quantité habituelle de billets est supportée par la métropole avec une difficulté particulière à un moment d'alarme générale. Aussi libérale que puisse avoir été l'aide que les banquiers et négociants reconnaissent avoir reçu de la Banque, ils répéteront avec plus d'insistance que jamais leur demande d'escomptes.

Observons, pour clarifier plus avant cette partie de notre sujet, qu'aussi bien la Banque que ceux qui lui empruntent sont naturellement conduits à fixer leur attention sur le montant des prêts fournis plutôt que sur celui des billets en circulation. La Banque a coutume d'autoriser pour chaque emprunteur un total en proportion de son crédit supposé ; mais qui dépasse rarement ou jamais un certain montant. C'est vrai, les différents emprunteurs n'usent pas toujours à un degré égal de leur pouvoir de lever des fonds à la Banque ; une extension substantielle du total des prêts de la Banque peut donc avoir lieu à un moment de difficulté, par l'utilisation accrue que font alors de leur crédit certains des négociants plus riches, de même que par la création de quelques nouveaux emprunteurs à la Banque. Les administrateurs peuvent aussi, dans des cas particuliers, tolérer un relâchement de leur règle. Le principe général qu'applique la Banque d'ordinaire, et en effet, naturellement, est celui d'une limitation du montant de chacun de ses prêts à des individus[16] ; comme je le conçois, cette circonstance doit tendre à imposer comme une limite générale au total des sommes prêtées.

16 Y compris, à partir de 1797, les banquiers ; *cf.* Clapham (1945, vol. 1, p. 205).

It must conduce to prevent the fluctuation in the bank loans from keeping pace with the variation in the necessities of the public, and must contribute to produce a reduction of notes at that season of extraordinary distrust, when the state of the metropolis, as was more fully remarked in a former part of this Work, calls rather for their encrease.

That the borrowers at the bank are likely to pay no attention to the subject of the total quantity of notes in circulation, is easily shewn. They have, indeed, no means of knowing their amount. They can only judge of the liberality of the bank by the extent of its loans; and of this they form an imperfect estimate by the sum [185] which they or their connexions have been able to obtain. Scarcely any one reflects, that there may be a large encrease of the general loans of the bank, as well as possibly an extension of each loan to individuals, while there is a diminution of the number of bank notes; and that the amount of the notes, not that of the loans, is the object on which the eye should be fixed, in order to judge of the facility of effecting the payments of the metropolis.

It was remarked, in a former chapter, that the bank, at the time antecedent to the suspension of its cash payments, having diminished the sum lent by it to government, and enlarged, though not in an equal degree, that furnished to the merchants, the pressure on the merchants was not relieved, as was expected, by the encreased loan afforded them, but even grew more severe. It was also shewn, that this could not fail to be the case, since the bank notes necessary for effecting the current payments of the metropolis were then diminished, and since the additional loans afforded to the merchants only in part compensated for the new pressure which was created in the general money market of the kingdom, by the circumstance of the government being obliged to become a great borrower in that market. Whenever the bank materially lessens its paper, similar pressure is likely to be felt. Neither the transfer of the bank loans from the government to the merchants, nor even a large encrease of its loans, when that encrease is not carried so far as is necessary to the maintenance of the accustomed, or nearly the accustomed, quantity of bank paper, can prevent, as I apprehend, distress in the metropolis; and this distress soon communicates itself to all parts of the kingdom.

Elle doit conduire à empêcher que la fluctuation des prêts de la Banque ne suive le rythme des variations des besoins du public, et doit contribuer à produire une réduction des billets dans une période de défiance extraordinaire où l'état de la métropole appelle plutôt leur augmentation, comme on l'a développé dans une partie antérieure de ce travail.

On montre aisément que les emprunteurs de la Banque ne prêtent probablement pas attention au sujet de la quantité totale de billets en circulation. Ils n'ont en effet pas de moyens de connaître leur montant. Ils ne peuvent juger de la libéralité de la Banque que par l'étendue de ses prêts ; et ils s'en font une estimation imparfaite par la somme qu'eux-mêmes ou leurs relations ont été capables d'obtenir. Il n'y en a peut-être pas un qui se dise qu'il peut y avoir une grande augmentation du total des prêts de la Banque, de même peut-être qu'une augmentation de chaque prêt individuel, alors que le nombre de billets de banque diminue ; et que c'est sur le montant des billets, et non sur celui des prêts, que les regards devraient se porter, pour juger de la facilité d'effectuer les paiements de la métropole.

On a remarqué dans un chapitre précédent qu'alors que la Banque, avant la suspension de ses paiements en espèces, avait diminué la somme qu'elle prêtait au Gouvernement, et augmenté, mais pas à un degré égal, celle fournie aux négociants, la pression sur les négociants n'a pas été soulagée par les prêts accrus qu'elle leur accordait, comme on s'y attendait, mais s'était même aggravée[17]. On a montré aussi qu'il ne pouvait en être autrement, puisque les billets de banque nécessaires aux paiements courants de la métropole avaient alors été diminués, et puisque les prêts supplémentaires accordés aux négociants ne compensaient qu'en partie la nouvelle pression créée dans le marché monétaire général du Royaume, du fait que le Gouvernement était obligé de devenir un grand emprunteur sur ce marché. Chaque fois que la Banque réduit substantiellement son papier, une pression semblable est susceptible de se faire sentir. Je crois qu'on ne peut empêcher la pénurie dans la métropole, ni en transférant des prêts de la Banque du Gouvernement aux négociants, ni même en augmentant beaucoup ses prêts, si cette augmentation n'est pas poussée aussi loin que nécessaire pour maintenir la quantité habituelle de papier bancaire, ou peu s'en faut ; et cette pénurie se communique vite à toutes les parties du Royaume.

17 Voir chap. IV, « La suspension des paiements en espèces de la Banque n'est pas due… ».

The short explanation of the subject is this. Many country bank notes having disappeared, a quantity of gold is called for, which is so much new capital suddenly needed in the country. The only place in which any supply of gold exists is the Bank of England. Moreover, the only quarter from whence the loan of the new capital, under all the circumstances of the case, can come, is also the Bank of England; for the gold in the bank is the only dead or sleeping stock in the kingdom which is convertible into the new active capital which is wanted. The bank, [186] therefore, must *lend* the gold which it furnishes; it must lend, that is to say, to some individuals a sum equal to the gold which other individuals have taken from it: otherwise it does not relieve the country.

If it should be asked, Why does not the bank in such case demand something intrinsically valuable, instead of contenting itself with mere paper in return?—the answer is, first, that if the bank were to receive goods in exchange for its gold, or, in other words, were to purchase goods, it would have afterwards to sell them; and it would then become a trading company, which it is forbid to be by its charter: it is allowed to traffic only in bullion. The answer is, secondly, that if it were to take goods as a mere security, and to detain them as such, it would then prevent their passing into consumption with the desirable expedition. By proceeding on either of these plans, it would also involve itself in a degree of trouble which would not be very consistent with the management of the business of a banking company[f]. It may be answered, thirdly, that the bills which the bank discounts, are, generally speaking, so safe, that the security either of goods, or stocks, or land, none of which are received in pledge by the directors, may be considered as nearly superfluous. A very small proportion of the five per cent discount, gained upon the bills turned into ready money at the bank, has compensated, as I believe, for the whole of the loss upon them, even in the years of the greatest commercial failures which have yet been known.

En bref, l'explication est la suivante. Comme beaucoup de billets des banques de province ont disparu, on demande une quantité d'or, qui est autant de capital nouveau dont le pays a soudainement besoin. Le seul endroit où existe un approvisionnement en or est la Banque d'Angleterre. De plus, en toute hypothèse, le seul endroit dont peut provenir le prêt du nouveau capital, est aussi la Banque d'Angleterre ; car l'or de la Banque est le seul fonds mort ou dormant dans le Royaume qui soit convertible dans le nouveau capital actif dont on a besoin[18]. La Banque doit donc *prêter* l'or qu'elle fournit ; nous entendons par là qu'elle doit prêter à certaines personnes une somme égale à l'or que d'autres individus lui ont pris : sans quoi elle ne soulage pas le pays[19].

Si on demandait : Pourquoi la Banque ne demande-t-elle pas en pareil cas quelque chose d'intrinsèquement précieux, au lieu de se contenter de simple papier en échange ? – la réponse serait, d'abord, que si elle devait recevoir des marchandises en échange de son or, ou autrement dit, si elle achetait des marchandises, elle aurait ensuite à les vendre ; et elle deviendrait alors une maison de commerce, ce qui est interdit par sa charte : elle n'est autorisée à faire commerce que de lingots. En deuxième lieu, la réponse est que si elle prenait des biens comme simple nantissement, et les détenait comme tels, elle empêcherait alors qu'ils soient consommés avec la diligence souhaitable. En suivant l'un ou l'autre de ces plans, la Banque serait entraînée dans des difficultés à un point qui n'est guère compatible avec la gestion des affaires d'une compagnie bancaire[f]. En troisième lieu, on peut répondre qu'en général, les lettres de change qu'escompte la Banque sont tellement sûres, que les sûretés sous forme de marchandises, de titres ou de terres, dont aucune n'est acceptée en nantissement par les administrateurs, peuvent être considérées comme presque superflues. Je crois qu'une très faible proportion des 5 % d'escompte gagnés sur les lettres de change transformées en argent comptant à la Banque a suffi à compenser l'ensemble des pertes qu'elle a subies, même dans les années des plus grandes faillites commerciales qu'on ait connues jusqu'à présent.

18 Cette formulation paraphrase Smith (1976, II.ii.86 ; 1991, t. 1, p. 406 ; 2000, p. 330).

19 Thornton consolide les transactions relatives aux « prêts » (de billets contre lettres de change) et aux remboursements (de numéraire contre billets). Vu sous cet angle, et pour une circulation de billets inchangée, les clients échangent des lettres de change contre du numéraire. Le « simple papier » mentionné plus bas doit alors s'interpréter comme des lettres de change.

The observations which have now been made sufficiently shew what is the nature of that evil of which we are speaking. It is an evil which ought to be charged not to any fault in the mercantile body, but to the defects of the banking system. It is a privation which the merchants occasionally experience of a considerable part of that [187] circulating medium which custom has rendered essential to the punctual fulfilment of their engagements. In good times, the country banks furnish this necessary article, which they are enabled to do through the confidence of the people in general; but when an alarm arises, the country banks cease to give it out, the people refusing what they had before received; and the Bank of England, the only body by whose interposition the distress can be relieved, is somewhat unwilling to exercise all the necessary liberality, for the reasons which have been so fully mentioned. The merchants are some of the chief sufferers, and they are generally, also, loaded with no inconsiderable share of censure; but the public, the country banks, and the Bank of England, may more properly divide the blame.

The mischief produced by a general failure of paper credit is very considerable. How much such a failure interrupts trade and manufacturing industry, and, therefore, ultimately also tends to carry gold out of the country, has been already stated at large. It also causes a great, though merely temporary, fall in the market price of many sorts of property; and thus inflicts a partial and very heavy loss on some traders, and throws extraordinary gain into the hands of others; into the hands, I mean, of those who happen to have superior powers of purchasing at the moment of difficulty. By giving to all banking, as well as mercantile, transactions the appearance of perilous undertakings, it deters men of large property, and of a cautious temper, from following the profession of bankers and merchants. It creates no small uneasiness of mind, even among traders who surmount the difficulties of the moment. Above all, it reduces many respectable, prudent, and, ultimately, very solvent persons to the mortifying necessity of stopping payment; thus obliging them to share in that discredit, in which, it is much to be desired, that traders of an opposite character only should be involved.

Les observations qu'on vient de faire montrent à suffisance la nature du mal dont nous parlons. C'est un mal qu'il ne faut pas imputer à quelque défaut de la classe marchande, mais aux déficiences du système bancaire. Il s'agit d'une privation, dont les négociants font de temps à autre l'expérience, d'une partie importante de ce moyen circulant que la coutume a rendu essentiel au respect ponctuel de leurs engagements. Dans des temps favorables, les banques de province fournissent cet article nécessaire, ce que leur permet la confiance de la population en général ; mais quand se produit une alarme, les banques de province cessent de le donner, la population refusant ce qu'elle acceptait auparavant ; et la Banque d'Angleterre, le seul organisme par l'intermédiaire duquel la pénurie peut être soulagée, est quelque peu réticente à faire preuve de toute la libéralité voulue, pour les raisons qu'on a si longuement développées. Les négociants sont parmi ceux qui souffrent le plus, et ils sont en général aussi accablés de reproches ; mais il serait plus approprié de partager le blâme entre le public, les banques de province, et la Banque d'Angleterre.

Les dommages produits par un discrédit général du papier en Grande-Bretagne sont très graves. Nous avons déjà présenté en détail combien un tel discrédit interrompt le commerce et l'activité manufacturière, et comment, pour cette raison, il tend en fin de compte à faire sortir l'or du pays[20]. Il cause aussi une baisse très forte, quoique purement temporaire, des prix de marché de nombreuses sortes d'avoirs ; il inflige ainsi une perte partielle très lourde à certains commerçants, et précipite des gains extraordinaires dans les mains d'autres ; dans les mains, j'entends, de ceux qui se trouvent avoir des pouvoirs d'achat supérieurs au moment des difficultés. En donnant à toutes les transactions bancaires, de même que commerciales, l'apparence d'entreprises périlleuses, ce discrédit général du papier dissuade des personnes fortunées et de tempérament prudent d'embrasser les professions de banquier ou de négociant. Il crée un malaise de l'esprit non négligeable, même parmi les commerçants qui surmontent les difficultés du moment. Surtout, il réduit un grand nombre de personnes respectables, prudentes, et en fin de compte très solvables, à la nécessité humiliante de cesser leurs paiements ; les obligeant ainsi à partager le discrédit dont il faut souhaiter que seuls soient couverts des commerçants de nature opposée[21].

---

20 Chap. IV, « La sévérité de la pression est-elle le remède ? ».

21 Il s'agit ici, et pour l'occurrence suivante de ce terme, du discrédit personnel.

If, indeed, we suppose, as we necessarily must, that, on account of the multitude of failures which happen at the same time, the discredit of them is much diminished, then another evil is produced, which, in a commercial country, is very great. Acts of insolvency, leaving less stigma on the character, become not so much dreaded [188] as might be wished. The case of some, who bring difficulties on themselves, being almost unavoidably confounded with that of persons whose affairs have been involved through the entanglement of paper credit, to stop payment is considered too much as a misfortune or accident, and too little as a fault; and thus a principal incentive to punctuality in mercantile payments is weakened, and an important check to adventurous speculation is in some measure lost.

The observations which have been made will, however, shew that the tendency of country bank paper to produce a general failure of paper credit, is an evil which may be expected to diminish; for, first, if the Bank of England, in future seasons of alarm, should be disposed to extend its discounts in a greater degree than heretofore, then the threatened calamity may be averted through the generosity of that institution[g]. If, secondly, the country bankers should be taught (as, in some degree, unquestionably they must), by the difficulties which they have experienced, to provide themselves with a larger quantity of that sort of property which is quickly convertible into Bank of England notes, and, therefore, also, into gold, then the country bankers will have in their own hands a greater power of checking the progress of an alarm. Still, indeed, their resource will be the gold which is in the bank. The encreased promptitude, however, with which the greater convertibility of their funds will enable them to possess themselves of a part of the bank treasure, will render a smaller supply of it sufficient; and this smaller supply may be expected to be furnished, without difficulty, either by means of such a trifling addition to the bank loans as the bank will not refuse, [189] or by sparing the necessary sum from the paper circulation of the metropolis, which, if commercial confidence is not impaired, will always admit of some slight and temporary reduction.

En effet, si nous supposons, comme nous devons nécessairement le faire, qu'en raison de la multitude de faillites simultanées, leur discrédit est fortement diminué, alors un autre mal est créé, qui est très grave dans un pays commerçant. Comme les déclarations d'insolvabilité laissent sur la réputation des négociants une tache moins forte que dans les temps ordinaires, elles sont moins redoutées qu'il n'est souhaitable. Comme le cas de certains, qui sont eux-mêmes à l'origine de leurs difficultés, est presque inévitablement confondu avec celui de personnes dont les affaires ont été impliquées par l'enchevêtrement du crédit du papier, on considère trop une cessation de paiements comme une malchance ou un accident, et trop peu comme une faute ; et donc une incitation majeure à la ponctualité dans les paiements commerciaux est affaiblie, et on perd dans une certaine mesure un frein important aux spéculations aventureuses.

Les observations que j'ai faites montreront cependant que la tendance des billets des banques de province à produire un discrédit général du papier, est un mal dont on peut s'attendre à ce qu'il diminue ; car tout d'abord, si lors de périodes d'alarme futures, la Banque d'Angleterre était disposée à augmenter ses escomptes à un degré plus grand qu'auparavant, la calamité qui menace pourrait être évitée par la générosité de cette institution[22, g].

En deuxième lieu, si les banquiers de province devaient avoir appris des difficultés qu'ils ont connues (comme ils doivent sans conteste l'avoir fait, à un certain degré), à se munir d'une plus grande quantité de la sorte d'avoirs qui est rapidement convertible en billets de la Banque d'Angleterre[23], et donc aussi en or, ils auront alors entre leurs mains un plus grand pouvoir de freiner la progression d'une alarme. En effet, leur ressource sera toujours l'or de la Banque. Cependant, la vitesse accrue avec laquelle la convertibilité améliorée de leurs fonds leur permettra de s'approprier une partie du trésor de la Banque, rendra un approvisionnement moindre suffisant. On peut s'attendre à ce que cet approvisionnement moindre puisse leur être accordé sans difficulté, soit au moyen d'une addition si négligeable aux prêts de la Banque que cette dernière ne la refusera pas, soit en distrayant la somme nécessaire de la circulation de papier de la métropole qui, si la confiance n'est pas mise à mal, admettra toujours une réduction légère et temporaire.

22 Pour plus de clarté, le présent paragraphe du corps du texte a été scindé en trois.

23 C'est-à-dire de traites de qualité.

The Bank of England will itself profit by the circumstance of its gold becoming more accessible to the country banks; for the untoward event of a general failure of paper credit will thus be rendered less probable, and, therefore, a smaller stock of gold will be an equally sufficient provision for the extraordinary demands at home to which the bank will be subject. Or if, thirdly, those among whom country bank notes circulate should learn to be less variable as to the confidence placed by them in country paper, or even to appreciate more justly the several degrees of credit due to the notes of different houses, then the evil which was before supposed to be obviated by the liberality of the Bank of England, or by the prudence of the country banker, will abate through the growth of confidence and the diffusion of commercial knowledge among the public. It seems likely that by each of these means, though especially in the second mode which was mentioned, the tendency of country bank notes to produce an occasional failure of commercial credit will be diminished. In time past, the mischief has been suffered to grow till it appeared too formidable to be encountered; and this has happened partly in consequence of our wanting that knowledge and experience which we now possess.

Another evil attending the present banking system in the country is the following.

The multiplication of country banks issuing small notes to bearer on demand, by occasioning a great and permanent diminution in our circulating coin, serves to encrease the danger, lest the standard by which the value of our paper is intended to be at all times regulated should occasionally not be maintained.

The evils of a great depreciation of paper currency are considerable. In proportion as the article which forms the current payment for goods drops in value, the current price of goods rises. If the labourer receives only the same nominal wages as before [190] the depreciation took place, he is underpaid. Antecedent pecuniary contracts, though nominally, and, perhaps, legally fulfilled, are not performed with due equity.

La Banque d'Angleterre elle-même profitera du fait que son or devienne plus accessible aux banques de province ; car l'événement fâcheux d'un discrédit général du papier sera ainsi rendu moins probable, et un stock d'or moindre sera une provision également suffisante pour les demandes intérieures extraordinaires auxquelles la Banque sera soumise.

Ou si, en troisième lieu, ceux chez qui circulent les billets des banques de province apprenaient à être moins versatiles quant à la confiance qu'ils placent dans le papier de province, ou même à apprécier plus justement les multiples degrés de crédit dus aux billets des différentes maisons, alors le mal dont on pensait auparavant qu'il serait évité par la libéralité de la Banque d'Angleterre, ou par la prudence du banquier de province, diminuera grâce à la confiance accrue et à la diffusion dans le public des connaissances commerciales. Il semble probable que la tendance des billets des banques de province à provoquer une défaillance occasionnelle du crédit commercial sera diminuée à l'aide de chacun de ces moyens, et spécialement de la deuxième façon que nous avons mentionnée. Dans le passé, on a toléré qu'augmentent les dommages jusqu'à ce qu'ils apparaissent trop énormes pour y faire face ; et ceci s'est produit en partie parce que la connaissance et l'expérience que nous possédons désormais nous faisaient défaut.

DEUXIÈME INCONVÉNIENT : ÉMISSION EXCESSIVE DE PETITES COUPURES ET DÉPRÉCIATION DU PAPIER

Un autre inconvénient afférent au système bancaire actuel en province est le suivant.

La multiplication de banques de province émettant des petites coupures payables à vue au porteur contribue à augmenter le risque, qu'en provoquant une diminution grande et permanente de nos pièces en circulation, l'étalon qui est censé régler en tout temps la valeur de notre papier, ne soit, à l'occasion, pas maintenu.

Les inconvénients d'une grande dépréciation de la monnaie de papier sont graves. À mesure que chute en valeur l'article qui constitue le paiement courant des biens, le prix courant des marchandises augmente. Si l'ouvrier ne reçoit que le même salaire nominal qu'avant la dépréciation, il est sous-payé. Les contrats pécuniaires antérieurs, quoique remplis de façon nominale, et sans doute, légale, ne sont pas exécutés avec l'équité requise.

It is true, that the general stock of wealth in the country may remain nearly the same; and it is possible that the circulating paper may be restored to its full value when the period of the particular difficulty shall have passed by. Some degree, however, of unfairness and inequality will, in the mean time, have been produced, and much pressure may have been felt by the lower classes of people, whose wages are seldom raised until some time after the occasion for a rise has begun to exist.

In those countries in which the government is the chief banker or issuer of notes, a temptation arises, on the occasion of every public pressure, either to lessen the quantity of precious metal contained in the chief current coin, as one of the means of detaining it in the country, or to allow paper to pass at a considerable and professed discount, which is another mode of preventing the coin from being exported. These are evils from which we consider ourselves as happily secured by the established principles of good faith which prevail in Great Britain. Those principles, however, should, perhaps, lead us even to place ourselves at a distance from that temptation to depreciate coin, or to permit a discount on paper, to which so many other countries have yielded. The possession, in ordinary times, of a very considerable quantity of gold, either in the bank or in general circulation, or both, seems necessary for our complete security in this respect. The substitution of country bank notes for gold tends to lessen that security. The evil of them is not that they create any false and merely ideal riches, or that they do any constant prejudice to the country. They enable the trader to vest a capital in merchandize, which, without them, he would not possess, and thereby add to the annual income of the nation. In their immediate effect, therefore, they are beneficial; but they leave us more exposed to an occasional evil, against which it is prudent to guard, provided we can accomplish that purpose without too great a sacrifice of present advantages, [191] It seems, on this account, as well as on some others, very undesirable to render permanent the temporary law passed some years since, and subsequently renewed, for the purpose of permitting the issue of English notes under five pounds.

Le stock total de richesse du pays peut, il est vrai, demeurer presque le même; et il est possible qu'on rende à la monnaie de papier sa pleine valeur quand la période de difficulté particulière sera passée. Mais il se sera produit entretemps un certain degré d'injustice et d'inégalité, et beaucoup de pression pourra avoir été ressentie par les classes inférieures du peuple, dont les salaires sont rarement relevés avant quelque temps après que les raisons d'une augmentation aient commencé à apparaître.

Dans les pays où le gouvernement est le principal banquier ou émetteur de billets, une tentation apparaît, à l'occasion de chaque pression publique, de réduire la teneur en métal précieux de la principale pièce courante, comme un moyen de la retenir dans le pays, ou bien de permettre une décote considérable et assumée du papier, ce qui est une autre manière d'empêcher l'exportation des pièces. Ce sont des maux dont nous nous considérons heureusement préservés, grâce aux principes établis de bonne foi qui prévalent en Grande-Bretagne. Cependant, ces principes devraient peut-être précisément nous conduire à nous mettre à distance de la tentation d'altérer les pièces, ou d'autoriser une décote du papier, à laquelle ont cédé tant d'autres pays. La possession, en temps ordinaire, d'une quantité très considérable d'or, à la Banque ou en circulation, ou les deux, semble nécessaire pour notre sécurité complète à cet égard. La substitution à l'or de billets de banque de province tend à réduire cette sécurité. Le mal qu'ils occasionnent n'est pas qu'ils créent une richesse fausse et purement imaginaire, ou qu'ils causent au pays un préjudice constant. Ils permettent au commerçant d'investir un capital en marchandises que sans eux, il ne posséderait pas, et d'ajouter par là au revenu annuel de la nation. Par leur effet immédiat, ils sont donc avantageux; mais ils nous laissent plus exposés à un mal occasionnel dont il est prudent de se préserver, pourvu que nous puissions y parvenir sans un trop grand sacrifice d'avantages présents. Il semble, pour cette raison, aussi bien que pour quelques autres, très indésirable de rendre définitive la loi temporaire adoptée il y a quelques années, et renouvelée ensuite, qui autorise l'émission de billets anglais de moins de cinq livres[24].

---

24 Thornton fait ici allusion à la loi adoptée le 10 mars 1797 (37, Geo. III, c. 32), dans la foulée de la suspension des paiements en espèces, et autorisant les banques de province à émettre des coupures de moins de cinq livres. Une loi semblable avait été votée le 3 mars pour la Banque d'Angleterre; c'est alors qu'elle avait commencé l'émission de billets d'une et de deux livres. Une loi de 1777 avait interdit l'émission par les banques de billets de moins de 5 livres, et la Banque elle-même n'avait émis des billets de 5 livres qu'à partir de 1793. Voir Clapham (1944, vol. 2, p. 2-3).

When it shall have expired, the power of re-enacting it, which we shall possess, will be a valuable resource. If, moreover, any measure can be devised, which, by encreasing the public confidence in good paper, will lessen the danger of a general failure of paper credit, and of a run upon the bank for gold, and which, also, by obstructing the issue of five and ten pound notes by smaller and less respectable banks, will somewhat extend the use of coin, on the whole, it will have a twofold argument to recommend it[h].

The reader will observe, that even our circulating gold coin has here been considered in the light of a provision against an unfavourable balance of trade with foreign countries, and, therefore, as exportable. Part of our coin will, in fact, always be exported when the balance is very unfavourable, and the exportation, under such circumstances, is beneficial to the country. We are apt to think that it is the interchange of the usual gold coin for paper at home which alone maintains the value of our paper; and we are partly, on this account, much more anxious to detain our gold at home, than we are to discharge by means of it an unfavourable balance of trade, and thereby to improve our exchange with foreign countries. I apprehend, however, that an unfavourable course of exchange, which the export of our gold would cure, will, in many cases, tend much more to depreciate our paper, and to produce a rise in the nominal price of articles, than the want of the usual interchange of gold for paper at home. Our coin itself, as has been already remarked, when paper is depreciated, passes not for what [192] the gold in it is worth, but at the paper price; though this is not generally observed to be the case. It is the maintenance of our general exchanges, or, in other words, it is the agreement of the mint price with the bullion price of gold which seems to be the true proof that the circulating paper is not depreciated.

Quand elle aura expiré, le pouvoir que nous posséderons de la décréter à nouveau sera une ressource précieuse. De plus, si une quelconque mesure peut être conçue, qui en augmentant la confiance populaire dans le bon papier, diminue le risque d'un discrédit général du papier et d'une ruée sur la Banque pour l'or, et qui augmente aussi quelque peu l'utilisation de pièces en faisant obstacle à l'émission de billets de cinq et dix livres par des banques plus petites et moins respectables, cette mesure, dis-je, aura dans l'ensemble un double argument en sa faveur[h].

Le lecteur observera que même nos pièces d'or en circulation ont été considérées ici sous l'angle d'une provision contre une balance commerciale défavorable avec des pays étrangers, et donc comme exportables. En fait, une partie de nos pièces sera toujours exportée en cas de solde très défavorable, et en de telles circonstances, l'exportation est avantageuse pour le pays[25]. Nous sommes enclins à penser que c'est l'interchangeabilité intérieure entre pièces d'or ordinaires et papier qui seule maintient la valeur de notre papier ; et nous sommes en partie, pour cette raison, beaucoup plus soucieux de détenir notre or dans le pays, que d'acquitter un solde commercial défavorable à l'aide de cet or, et d'améliorer par là notre change avec l'étranger. Je crains cependant que, bien souvent, un cours de change défavorable auquel remédierait l'exportation de notre or, tendra beaucoup plus à déprécier notre papier et à produire une hausse du prix nominal des biens, que l'absence d'interchangeabilité intérieure habituelle entre or et papier. Comme on l'a déjà remarqué, quand le papier est déprécié, nos pièces elles-mêmes ne passent pas pour leur valeur d'or, mais au prix du papier ; quoiqu'il ne soit pas en général observé que c'est le cas. C'est le maintien de nos changes généraux, ou en d'autres termes, la concordance du prix de l'or à la Monnaie avec son prix en lingots, qui semble être la vraie preuve que le papier circulant n'est pas déprécié.

---

25 Dans ce qui suit, « nous » et « je » traduisent deux points de vue opposés de Thornton, qui reflètent un conflit de politique économique. « Interchangeabilité » est utilisé (à deux reprises), pour *interchange*.

NOTES

a This statement of the number of country banks is taken from three printed accounts of them, the first of which may not have been very accurate, but may be presumed to state them at too low rather than too high a number. The two later enumerations were made in a more careful manner.

b In some of the democratic pamphlets of the present day, bank notes of every kind are spoken of not merely as liable to be carried to excess, or to be issued by irresponsible persons, or as producing particular evils, but as radically and incurably vicious; they are considered in the light of a complete fraud upon the public, which is practised by the rich, and connived at by the government; and the very issue of them has been stigmatized as equivalent to the crime of forgery. The resemblance of bank notes to other paper, and the resemblance of a promise on paper to any other promise, have been here touched upon with a view of exposing the absurdity of those doctrines.

c Dr. Smith remarks, that it is not by augmenting the capital of the country, but by rendering a greater part of that capital active and productive than would otherwise be so, that the most judicious operations of banking can increase the industry of the country. "Dead stock," he observes, "is converted into active and productive stock." Whether the introduction of the use of paper is spoken of as turning dead and unproductive stock into stock which is active and productive, or as *adding* to the stock of the country, is much the same thing. The less the stock of gold is, the greater will be the stock of other kinds; and if a less stock of gold will, through the aid of paper, equally well perform the work of a larger stock, it may be fairly said that the use of paper furnishes even *additional* stock to the country. Thus, for example, the use of a new sort of machinery which costs less in the erection than that which was employed before, and which just as effectually does the work required, since it enables the owner to have always more goods in the course of manufacture, while he has exactly the same means of manufacturing them, might not improperly be described as adding to the stock of the country.

d I apprehend that, supposing a country bank to fail, the holder of one of its notes, who should have parted with it in sufficient time to afford to the next holder an opportunity of applying for the discharge of it before the day of failure, could not be called upon for the payment of the value of it. The responsibility therefore, of him who has been the holder of a country bank note commonly ceases in about one or two days after it has been parted with. That of the holder of a bill continues till after the bill is due, namely, for a period, perhaps, of one or two months.

NOTES DE L'AUTEUR

a Cet état du nombre de banques de province est emprunté à trois listes publiées, dont la première pourrait ne pas avoir été très précise, et semble bien être une sous-estimation. Les deux dénombrements ultérieurs ont été effectués de façon plus soignée. [Les chiffres mentionnés proviennent vraisemblablement des trois premières éditions de Bailey (1802). Le secrétaire de l'*Association of Country Bankers*, George Ellison, mentionne pour 1797 le chiffre de 230 (*Third Report…*, *in* House of Commons, 1803, p. 158). Une explication partielle de l'écart pourrait être que les chiffres de Bailey couvrent toute la Grande-Bretagne, et non la seule Angleterre. Voir aussi Clapham (1944, vol. 1, p. 163), et Presnell (1956).]

b Dans certaines brochures démocratiques d'aujourd'hui, on présente les billets de banque de toute espèce, non seulement comme exposés à être portés à l'excès, ou à être émis par des personnes irresponsables, ou comme produisant des maux particuliers, mais aussi comme radicalement et incurablement nocifs ; ils sont considérés à l'instar d'une tromperie complète du public, pratiquée par les riches avec la connivence du Gouvernement ; et leur émission même a été stigmatisée comme équivalant au crime de contrefaçon. Nous avons évoqué ici la ressemblance des billets de banque avec d'autres papiers, et la ressemblance d'une promesse sur papier avec toute autre promesse, en vue d'exposer l'absurdité de ces doctrines. [On pense à Paine (1796). D'origine anglaise, Thomas Paine (1737-1809) milita pour l'Indépendance américaine et la Révolution française. Il était membre de la Convention quand il a écrit la brochure mentionnée.]

c Adam Smith observe que ce n'est pas en augmentant le capital du pays, mais en rendant active et productive une partie de ce capital plus grande que celle qui l'aurait été sans elles, que les opérations de banque les plus sages peuvent augmenter l'activité d'un pays. « Un fonds mort, dit-il, est converti en un fonds actif et productif. » Que l'on dise de l'introduction de l'usage du papier qu'elle convertit un fonds mort et improductif en un fonds actif et productif, ou qu'elle ajoute au fonds du pays, c'est à peu près la même chose. Moins le fonds d'or est important, plus les fonds d'autres sortes le seront ; et si, grâce à l'aide du papier, un fonds d'or moindre effectue aussi bien le travail d'un fonds plus grand, on peut dire que l'usage du papier fournit même au pays un fonds additionnel. Ainsi, par exemple, l'utilisation d'un nouveau type de machine, moins coûteuse à construire que celle utilisée auparavant, et qui effectue le travail requis de façon tout aussi efficace, comme elle permet au propriétaire d'avoir toujours plus de marchandises au cours de la manufacture, alors qu'il a toujours les mêmes moyens de les fabriquer, pourrait être adéquatement décrite comme ajoutant au fonds du pays. [La fin de la première phrase de la note (« les opérations… ») paraphrase Smith (1976, II.ii.86 ; 1991, t. 1, p. 406 ; 2000, p. 330). Le passage mis entre guillemets par Thornton ne cite pas littéralement Smith mais s'inspire d'un autre passage : « Les opérations d'une banque sage mettent [le marchand] à portée de convertir ce fonds mort en un fonds actif et productif […]. » (*Ibidem.*)]

d Je pense que si une banque de province fait faillite, on ne peut pas réclamer le paiement de la valeur d'un de ses billets au porteur de celui-ci, qui s'en serait séparé à temps pour donner au détenteur suivant l'occasion d'en demander le remboursement avant le jour de la faillite. Donc la responsabilité de celui qui a été le porteur d'un billet de banque de province prend habituellement fin environ un ou deux jours après qu'il s'en sera séparé. Celle du détenteur d'une traite continue jusqu'après que la traite aura été due, à savoir pendant une période d'un ou deux mois peut-être.

e At the time of the distress of 1793, some great and opulent country banks applied to the Bank of England for aid, in the shape of discount, which was refused on account of their not offering approved London securities: some immediate and important failures were the consequence. The Bank of England was indisposed to extend its aid to houses in the country. The event, however, shewed that the relief of the country was necessary to the solvency of the metropolis. A sense of the unfairness of the burthen cast on the bank by the large and sudden demands of the banking establishments in the country, probably contributed to produce an unwillingness to grant them relief.

f Of the parliamentary loan of exchequer bills in 1793, which was directed to be granted on the security either of sufficient bondsmen, or of a deposit of goods, only a small proportion was taken on the latter principle, on account of the great obstruction to the sale of goods, which was thought to arise from warehousing them on the account of the commissioners appointed by parliament. It has been already remarked, that no part of the sum lent was lost.

g It is by no means intended to imply, that it would become the Bank of England to relieve every distress which the rashness of country banks may bring upon them: the bank, by doing this, might encourage their improvidence. There seems to be a medium at which a public bank should aim in granting aid to inferior establishments, and which it must often find very difficult to be observed. The relief should neither be so prompt and liberal as to exempt those who misconduct their business from all the natural consequences of their fault, nor so scanty and slow as deeply to involve the general interests. These interests, nevertheless, are sure to be pleaded by every distressed person whose affairs are large, however indifferent or even ruinous may be their state.

h Various objections, however, occur against almost every parliamentary measure for the regulation of country banks. Dr. Smith is of opinion, that a law prohibiting the issue of small notes is alone a sufficient remedy for the evils attending these institutions, and that the danger arising from banks is lessened by the multiplication of them. It is the object of this Work not so much to canvass any question respecting the particular means of regulating paper credit, as to lay down some general principles concerning it.

e Au moment de la crise de 1793, quelques banques de province grandes et opulentes ont sollicité l'aide de la Banque d'Angleterre sous la forme d'escompte, ce qui fut refusé parce qu'elles n'offraient pas de titres londoniens approuvés : il en résulta quelques faillites immédiates et importantes. La Banque d'Angleterre n'était pas disposée à accorder son aide à des maisons de province. Cependant, l'événement montra que le sauvetage de la province était nécessaire à la solvabilité de la métropole. Le sentiment que le fardeau imposé à la Banque par les grandes et soudaines exigences des établissements bancaires de province était injuste, a probablement contribué à produire une réticence à leur accorder un sauvetage.

f Le prêt parlementaire de billets de l'Échiquier en 1793 devait être accordé sur la sûreté de garants suffisants, ou d'un dépôt de marchandises ; seule une petite proportion de ce prêt a été prise selon le dernier principe, à cause des grands obstacles à la vente des marchandises, dont on pensait qu'ils proviendraient de leur entreposage pour le compte des commissaires désignés par le Parlement. On a déjà remarqué qu'aucune partie de la somme prêtée n'a été perdue. [Chap. III, « Preuve de ce fait... ».]

g Nous ne souhaitons nullement laisser entendre qu'il reviendrait à la Banque d'Angleterre de soulager chaque détresse que la témérité des banques de province pourrait leur infliger : ce faisant, la Banque pourrait encourager leur imprévoyance. Il semble y avoir une voie médiane qu'une société de banque devrait viser dans l'octroi d'aide aux établissements inférieurs, et qu'elle doit souvent trouver très difficile à suivre. Le sauvetage ne devrait être ni si rapide et libéral qu'il exempte ceux qui gèrent mal leurs affaires de toutes les conséquences naturelles de leurs fautes, ni si mesuré et lent qu'il compromette profondément l'intérêt général. Cet intérêt, néanmoins, sera sûrement plaidé par toute personne affectée par la détresse dont les affaires sont importantes, aussi médiocre ou même délabré que soit leur état.

h Il y a cependant diverses objections contre presque toute mesure législative de réglementation des banques de province. Adam Smith est d'avis qu'une loi interdisant l'émission de petites coupures est à elle seule un remède suffisant aux inconvénients associés à ces établissements, et que le risque provenant des banques est réduit par la multiplication de celles-ci. C'est l'objet de ce travail, non tant de discuter toute question relative aux moyens particuliers de réglementer le papier de crédit, que d'établir quelques principes généraux à son sujet. [*Cf.* Smith (1976, II.ii.91 ; 1991, t. 1, p. 409 ; 2000, p. 333). Bien entendu, Smith écrivait avant l'adoption de la loi de 1777 mentionnée dans la note de bas de page précédente.]

CHAP. VIII

Of the Tendency of a too great Issue of Bank Paper to produce an Excess of the Market Price above the Mint Price of Gold.— Of the Means by which it creates this Excess, namely, by its Operation on the Price of Goods and on the Course of Exchange.— Errors of Dr. A. Smith on the Subject of excessive Paper.— Of the Manner in which the Limitation of the Quantity of the Bank of England Paper serves to limit the Quantity and sustain the Value of all the Paper of the Kingdom.

A third objection commonly made to country banks, is, the influence which their notes are supposed to have in raising the price of articles.

By the principles which shall be laid down in this Chapter, I propose to prove, that, though a general encrease of paper has this tendency, the objection, when applied to the paper of country banks, is particularly ill founded.

It will be necessary, in the discussion which is now about to take place, to join the consideration of two subjects, that of the influence which an enlarged emission of paper has in lifting up the price of commodities, and that of its influence, also, in producing an excess of the market price above the mint price of gold, and in thus exposing the bank to failure, and the country to considerable inconvenience.

CHAPITRE VIII

De la tendance d'une émission excessive de papier bancaire à produire un excédent du prix de marché de l'or sur son prix à la Monnaie. – Sur les moyens par lesquels elle crée cet excédent, à savoir par son effet sur le prix des biens et sur le cours du change. – Erreurs d'Adam Smith relativement aux émissions excessives de papier. – Comment la limitation de la quantité de papier de la Banque d'Angleterre permet-elle de limiter la quantité, et de soutenir la valeur de tout le papier du Royaume ?

DE LA TENDANCE D'UNE ÉMISSION EXCESSIVE DE PAPIER BANCAIRE À PRODUIRE UN EXCÉDENT DU PRIX DE MARCHÉ DE L'OR SUR SON PRIX À LA MONNAIE

Une troisième objection faite communément aux banques de province, a trait à l'influence que leurs billets sont censés avoir sur l'augmentation du prix des articles[1].

Je me propose de prouver à l'aide des principes qui seront établis dans ce chapitre, que bien qu'une augmentation générale du papier ait cette tendance, l'objection est particulièrement mal fondée quand on l'applique au papier des banques de province.

Dans la discussion que nous entamons, il sera nécessaire de considérer conjointement deux sujets, celui de l'influence d'une émission accrue de papier sur la hausse du prix des marchandises, et aussi celui de son influence sur l'apparition d'un excédent du prix de marché de l'or sur son prix à la Monnaie, ce qui expose la Banque à la faillite, et le pays à des désagréments considérables.

1 Les deux premières objections ont été discutées à la fin du chapitre VII.

It is through the medium of the enhanced price of commodities that I conceive the ill effect on the mint price of gold to be brought about.

The discussion of these topics will best be introduced by a statement of the principle which regulates the value of all the articles of life.

The price of commodities in the market is formed by means of a certain struggle which takes place between the buyers and the sellers. It is commonly said, that the price of a thing is regulated by the proportion between the supply and the demand. This is, [194] undoubtedly, true; and for the following reason. If the supply of an article or the demand for it is great, it is also known to be great; and if small, it is understood to be small. When, therefore, the supply, for example, is known to be less than the demand, the sellers judge that the buyers are in some degree at their mercy, and they insist on as favourable a price as their power over the buyers is likely to enable them to obtain. The price paid is not at all governed by the equity of the case, but entirely by the degree of command which the one party has over the other. When the demand is less than the supply, the buyers, in their turn, in some degree, command the market, giving not that sum which is calculated to indemnify the seller against loss, but so much only as they think that the seller will accept rather than not sell his article. The question of price is, therefore, in all cases, a question of power, and of power only. It is obvious, that a rise in the price of a scarce commodity will be more or less considerable in proportion as the article is felt to be one of more or less strict necessity.

The principle which has been laid down as governing the price of goods, must be considered as also regulating that of the paper for which they are sold; for it may as properly be said, on the occasion of a sale of goods, that paper is sold for goods, as that goods are sold for paper: thus the sale of a single commodity, as it is called, is a twofold transaction, though not commonly understood to be so: I mean, that the price at which the exchange (or sale) takes place depends on two facts; on the proportion between the supply of the particular commodity and the demand for it, which is one question; and on the proportion, also, between the state of the general supply of the circulating medium and that of the demand for it, which is another.

Comme je conçois la chose, c'est par l'intermédiaire de la hausse du prix des marchandises qu'est provoqué l'effet pernicieux sur le prix de l'or à la Monnaie[2].

Le mieux est d'introduire l'examen de ces sujets par un énoncé du principe qui règle la valeur de tous les articles de la vie.

Le prix des marchandises sur le marché se forme au moyen d'une lutte entre les acheteurs et les vendeurs. On dit communément que le prix d'une chose est réglé par la proportion entre l'offre et la demande. C'est assurément vrai ; et pour la raison suivante. Si l'offre d'un article ou la demande de celui-ci sont grandes, cela se saura ; et si elles sont petites, on le saura aussi. Donc, par exemple, si l'on sait que l'offre est inférieure à la demande, les vendeurs jugeront que les acheteurs sont jusqu'à un certain point à leur merci, et ils insisteront pour un prix aussi favorable que leur pouvoir sur les acheteurs puisse leur permettre d'obtenir. Le prix payé n'est nullement régi par des considérations d'équité, mais entièrement par l'ascendant d'une partie sur l'autre. Quand la demande est inférieure à l'offre, les acheteurs, à leur tour, dominent dans une certaine mesure le marché, et ne donnent pas la somme calculée pour indemniser le vendeur de sa perte, mais seulement ce qu'ils pensent que le vendeur acceptera plutôt que de ne pas vendre son article. La question du prix est donc, dans tous les cas, une question de pouvoir, et de pouvoir seulement. Il est évident que la hausse du prix d'une marchandise rare sera plus ou moins importante suivant que l'article est perçu comme étant plus ou moins strictement nécessaire.

Il faut considérer que le principe qui a été posé comme gouvernant le prix des biens, règle aussi celui du papier pour lequel ils sont vendus ; car on peut dire tout aussi correctement, à l'occasion d'une vente de biens, que du papier est vendu pour des biens, ou que des biens sont vendus pour du papier. La simple vente d'une marchandise, comme on dit, est donc une transaction double, quoiqu'elle ne soit pas d'ordinaire comprise comme telle. Je veux dire par là que le prix auquel l'échange (ou la vente) a lieu dépend de deux faits ; de la proportion entre l'offre de la marchandise particulière et sa demande, ce qui est une question ; et aussi de la proportion entre l'état de l'offre générale du moyen circulant et celui de la demande de ce dernier, ce qui en est une autre.

2 *Sic.* Le prix à la Monnaie est fixe ; Thornton vise manifestement l'écart entre prix de marché et prix à la Monnaie.

Paper, moreover (of which I shall here speak as if it were the only circulating medium, it being the only one used in the larger payments), is, to some persons, somewhat in the same manner as bread is to all, an article of necessity. It is necessary to traders, partly because they have come under engagements to make payments which are only to be effected by means of their own previous [195] receipts: and partly because they hold goods which must, within no long time, be sold for money, that is to say, for paper, since a continually growing loss accrues from the detention of them. Paper, therefore, must be bought by the trader: and if there is a difficulty in obtaining it, the buyer of it is brought under the power of the seller, and, in that case, more goods must be given for it.

Let us, now, trace carefully the steps by which an encrease of paper serves to lift up the price of articles. Let us suppose, for example, an encreased number of Bank of England notes to be issued. In such case the traders in the metropolis discover that there is a more than usual facility of obtaining notes at the bank by giving bills for them, and that they may, therefore, rely on finding easy means of performing any pecuniary engagements into which they may enter. Every trader is encouraged by the knowledge of this facility of borrowing, a little to enlarge his speculations; he is rendered, by the plenty of money, somewhat more ready to buy, and rather less eager to sell; he either trusts that there will be a particular profit on the article which is the object of his speculation, or else he judges, that, by extending his general purchases, he shall at least have his share of the ordinary profit of commercial business, a profit which he considers to be proportioned to the quantity of it.

Le papier (dont je parlerai ici comme si c'était le seul moyen circulant, puisque c'est le seul utilisé pour les paiements plus importants), est d'ailleurs pour certaines personnes un article de première nécessité, un peu comme le pain l'est pour tout un chacun. Il est nécessaire aux commerçants, en partie parce qu'ils se sont engagés à faire des paiements qui ne peuvent être effectués qu'au moyen de leurs propres recettes antérieures : et en partie parce qu'ils détiennent des biens qui doivent être vendus à brève échéance pour de la monnaie, c'est-à-dire pour du papier, puisque leur détention entraîne une perte qui croît continuellement. Le papier doit donc être acheté par le commerçant : et s'il y a une difficulté à l'obtenir, son acheteur est soumis au pouvoir du vendeur, et il doit dans ce cas donner davantage de biens en échange.

SUR LES MOYENS PAR LESQUELS UNE ÉMISSION EXCESSIVE DE PAPIER BANCAIRE CRÉE CET EXCÉDENT DU PRIX DE MARCHÉ DE L'OR SUR SON PRIX À LA MONNAIE, À SAVOIR PAR SON EFFET SUR LE PRIX DES BIENS ET SUR LE COURS DU CHANGE

EFFET SUR LE PRIX DES BIENS

Retraçons maintenant avec soin les étapes par lesquelles une augmentation du papier permet de hausser le prix des articles. Supposons, par exemple, que la Banque d'Angleterre émette un nombre accru de billets. En pareil cas les commerçants de la métropole découvriront qu'il est plus facile que d'ordinaire d'obtenir des billets à la Banque en échange de traites, et qu'ils peuvent donc être assurés de trouver des moyens aisés de remplir tous les engagements pécuniaires qu'ils pourraient prendre. Connaissant cette facilité d'emprunter, chaque commerçant est encouragé à étendre un peu ses spéculations ; l'abondance de monnaie le rend quelque peu plus disposé à acheter, et plutôt moins enclin à vendre ; soit il espère qu'il y aura un profit particulier sur l'article qui fait l'objet de sa spéculation, soit il juge qu'en étendant l'ensemble de ses achats, il aura au moins sa part du profit ordinaire des affaires commerciales, un profit qu'il considère comme proportionnel à la quantité de ses achats.

The opinion of an encreased facility of effecting payments causes other traders to become greater buyers for the same reason, and at the same time. Thus an inclination to buy is created in all quarters, and an indisposition to sell. Now, since the cost of articles depends on the issue of that general conflict between the buyers and sellers, which was spoken of, it follows, that any circumstance which serves to communicate a greater degree of eagerness to the mind of the one party than to that of the other, will have an influence on price. It is not necessary to suppose either a monopoly, or a combination, or the least unfairness, to exist, or even large and improper speculations. The encrease in the eagerness of each buyer may be trifling. The zeal to buy, being generally diffused, may, nevertheless, have a sensible operation on price.

[196]

That, on the other hand, a reduction of the quantity of paper causes a fall in the price of goods, is scarcely necessary to be proved. It may be useful, however, in some degree, to illustrate this point by facts. I understand, that at the time of the great failure of paper credit in 1795, the price of corn fell, in a few places, no less than twenty or thirty per cent. The fall arose from the necessity of selling corn under which some farmers were placed, in order to carry on their payments. Much of the circulating medium being withdrawn, the demand for it was in those places far greater than the supply; and the few persons, therefore, who were in possession of cash, or of what would pass as cash, having command of the market, obliged the farmers to sell at a price thus greatly reduced. It was a new and sudden scarcity of cash, not any new plenty of corn, which caused the price of corn to drop.

It has been already observed, that some few days antecedently to the suspension of the cash payments of the bank, exchequer bills, as well as stocks, when sold for ready money, that is to say, for bank notes, fell in price.

Le sentiment d'une facilité accrue d'effectuer des paiements amène d'autres commerçants à devenir de plus grands acheteurs pour la même raison, et en même temps. Donc une inclination à acheter est créée de toutes parts, et une réticence à vendre. Or, comme le coût des articles dépend de l'issue du conflit général entre acheteurs et vendeurs dont on a parlé, il s'ensuit que toute circonstance de nature à communiquer un plus grand degré d'empressement à l'esprit d'une partie qu'à celui de l'autre, aura une influence sur le prix. Il n'est pas nécessaire de supposer qu'il existe un monopole, ou une combinaison, ou la moindre injustice, ou même des spéculations grandes et inopportunes. L'augmentation de l'empressement de chaque acheteur peut être négligeable. L'ardeur à acheter, quand elle est répandue de façon générale, peut néanmoins produire un effet sensible sur le prix.

D'autre part, il est à peine nécessaire de prouver qu'une réduction de la quantité de papier cause une chute du prix des biens. Il peut cependant être utile, dans une certaine mesure, d'illustrer ce point par des faits. On sait qu'à l'époque du grand discrédit du papier en 1795, le prix des grains a chuté en certains endroits de pas moins de 20 ou 30 %[3]. Cette chute résultait de la nécessité dans laquelle se sont trouvés quelques cultivateurs de vendre leur grain, afin de poursuivre leurs paiements. Comme une grande partie du moyen circulant avait été retiré, la demande de celui-ci était dans ces endroits bien plus grande que l'offre ; et donc comme les quelques personnes qui étaient en possession d'espèces, ou de ce qui passait pour des espèces, dominaient le marché, elles ont forcé les cultivateurs à vendre à un prix fortement réduit. C'est une nouvelle et soudaine pénurie d'espèces[4], non quelque nouvelle abondance de grains, qui a causé la chute du prix des grains.

On a déjà observé que quelques jours avant la suspension des paiements en espèces de la Banque, les prix des billets de l'Échiquier ainsi que des rentes ont chuté quand ils étaient vendus pour de l'argent comptant, c'est-à-dire pour des billets de banque[5].

---

3 L'exemple vise peut-être à surprendre car la récolte de 1795 avait été catastrophique, ce qui avait conduit en général à des hausses de prix, comme le confirme Thornton au chapitre XI (« Papier de crédit... ») ; *cf.* aussi Walter Stern (1964). Il se produisait en même temps une fuite vers l'or qui réduisait la circulation de billets et vidait les coffres de la Banque. Comme l'indique Stern, les marchés étaient peu intégrés ; des marchands de grains en situation de monopsone local pouvaient parfois obtenir des prix très bas.

4 Au sens d'argent liquide.

5 Chap. IV, « La suspension des paiements en espèces : rétroactes ».

Not many days afterwards, although no material event had occurred except that of the stoppage of the bank, they rose. This fall and rise in the price of government securities evidently did not result from any corresponding fluctuation in the national confidence in them; for the fall took place when the national credit would naturally be the highest, namely, when the bank was as yet paying in cash, and the approaching stoppage was not known; and the rise happened when the national credit would be the lowest, namely, within a few days after that discouraging event. The reason of each of the fluctuations unquestionably was the fluctuation in the quantity of the Bank of England notes, which, as it has since appeared, were, during the day or two which preceded the suspension, about a million less than they were either a short time before or a short time afterwards. The notes being fewer during those few days, the price of them was, at the same time, higher. It was, in fact, therefore, the price of notes which rose, rather than that of stocks which fell, on the days immediately preceding the suspension; and it [197] was the price of notes which a few days afterwards fell, rather than that of stocks which rose[a].

I shall, for the present, consider the doctrine which has been laid down, as being sufficiently established, namely, that paper fluctuates in price on the same principles as any other article, its value rising as its quantity sinks, and *vice versâ;* or, in other words, that an augmentation of it has a general tendency to raise, and a diminished issue to lower, the nominal cost of commodities, although, partly for reasons which have been already touched upon, and partly for some which shall be hereafter given, an exact correspondence between the quantity of paper and the price of commodities can by no means be expected always to subsist.

Peu de jours après, et bien qu'aucun événement important ne se soit produit à l'exception de l'arrêt de la Banque, ils ont augmenté[6]. À l'évidence, cette chute et cette hausse du prix de titres d'État ne résultaient d'aucune fluctuation correspondante de la confiance nationale en ceux-ci ; car la chute a eu lieu quand le crédit national aurait naturellement dû être au plus haut, à savoir, quand la Banque payait encore en espèces, et que l'imminence de l'interruption n'était pas connue ; et la hausse s'est produite quand le crédit national aurait dû être au plus bas, à savoir, dans un délai de quelques jours après cet événement décourageant. La raison de chacune de ces fluctuations était sans conteste la fluctuation de la quantité de billets de la Banque d'Angleterre, qui s'élevaient pendant un ou deux jours avant la Suspension à environ un million de moins que peu de temps avant ou après, comme il est apparu depuis[7]. Comme il y avait moins de billets pendant ces quelques jours, leur prix était, en même temps, plus élevé. En fait, c'est donc le prix des billets qui a monté, plutôt que celui des titres qui a chuté, les jours précédant immédiatement la Suspension ; et c'est le prix des billets qui a chuté quelques jours après, plutôt que celui des titres qui aurait augmenté[a].

Je vais à présent considérer comme suffisamment établie la doctrine qui a été présentée, à savoir que le papier fluctue en prix selon les mêmes principes que tout autre article, sa valeur augmentant quand sa quantité chute, et vice-versa. En d'autres termes, d'après cette doctrine, une augmentation du papier a une tendance générale à augmenter le coût nominal des marchandises, et une diminution des émissions à l'abaisser, bien que, pour des raisons qui, en partie, ont déjà été évoquées[8], et en partie seront données ci-après, on ne peut en aucun cas s'attendre à ce qu'il existe une correspondance exacte entre la quantité de papier et le prix des marchandises.

---

6 D'après les cotations journalières du *Gentleman's Magazine* (vol. 67, 1797), le cours des obligations perpétuelles à 3 % avait fortement baissé (10 % environ) au cours du mois de février, pour atteindre un creux local le 25, à la veille de la Suspension. Il s'est très légèrement redressé la semaine suivante, pour osciller ensuite pendant quelques mois avant de retrouver temporairement fin juin un niveau comparable au début de février. Si l'on considère des moyennes annuelles sur l'ensemble de la période de guerre (1793-1815), c'est en 1797-1798 que le rendement des obligations perpétuelles à 3 % a atteint son sommet de 5,9 % environ (Silberling, 1919).

7 Des chiffres seront fournis au chapitre IX, p. 401.

8 Chapitre III, « Des différentes vitesses de circulation... ».

The reader possibly may think that, in treating of this subject, I have been mistaking the effect for the cause, an encreased issue of paper being, in his estimation, merely a consequence which [198] follows a rise in the price of goods, and not the circumstance which produces it. That an enlarged emission of paper may often fairly be considered as only, or chiefly, an effect of high prices, is not meant to be denied. It is, however, intended to insist, that, unquestionably, in some cases at least, the greater quantity of paper is, more properly speaking, the cause. A fuller explanation of this apparently difficult and disputable position will be given in the further progress of this Work.

I proceed, in the next place, to shew in what manner a general rise in the cost of commodities, whether proceeding from an extravagant issue of paper, or from any other circumstance, contributes to produce an excess of the market price above the mint price of gold.

It is obvious, that, in proportion as goods are rendered dear in Great Britain, the foreigner becomes unwilling to buy them, the commodities of other countries which come into competition with our's obtaining a preference in the foreign market; and, therefore, that in consequence of a diminution of orders from abroad, our exports will be diminished; unless we assume, as we shall find it necessary to do, that some compensation in the exchange is given to the foreigner for the disadvantage attending the purchase of our articles. But not only will our exports lessen in the case supposed; our imports also will encrease: for the high British price of goods will tempt foreign commodities to come in nearly in the same degree in which it will discourage British articles from going out. I mean only, that these two effects (that of a diminished export, and that of an encreased import) will follow, provided that we suppose, what is not supposable, namely, that, at the time when the price of goods is greatly raised in Great Britain, the course of exchange suffers no alteration. For the following reason, I have said that this is not supposable.

Le lecteur pensera peut-être qu'en traitant de ce sujet, j'ai confondu l'effet avec la cause, une émission accrue de papier étant, à son estime, une simple conséquence qui fait suite à une hausse du prix des marchandises, et non la circonstance qui la produit. Nous n'entendons pas nier qu'une émission accrue de papier puisse souvent être raisonnablement considérée comme uniquement, ou principalement, un effet de prix élevés. Cependant, nous souhaitons souligner qu'indiscutablement, dans certains cas au moins, la quantité plus grande de papier est à proprement parler la cause. Une explication plus complète de cette position apparemment difficile et contestable sera donnée dans la suite de cet ouvrage[9].

EFFET SUR LE COURS DU CHANGE

Dans ce qui suit, je passe à une démonstration de la manière dont une hausse générale du coût des marchandises, qu'elle procède d'une émission exagérée de papier ou de toute autre circonstance, contribue à produire un excédent du prix de marché de l'or sur son prix à la Monnaie.

Il est évident que, dans la mesure où les biens sont renchéris en Grande-Bretagne, l'étranger devient réticent à les acheter, les marchandises d'autres pays qui entrent en concurrence avec les nôtres obtenant une préférence sur les marchés étrangers ; et donc qu'en conséquence d'une diminution des commandes de l'étranger, nos exportations diminueront ; à moins que nous ne supposions, comme nous le trouverons nécessaire, qu'une compensation dans le change est donnée à l'étranger pour le désavantage associé à l'achat de nos articles. Mais dans les conditions imaginées[10], non seulement nos exportations diminueront ; mais aussi nos importations augmenteront : car le prix élevé des biens en Grande-Bretagne incitera les marchandises étrangères à entrer, presque au même degré qu'il découragera les articles britanniques de sortir. Je veux dire seulement que ces deux effets (celui d'une exportation réduite, et celui d'une importation accrue) s'ensuivront, à condition d'imaginer l'inimaginable, à savoir qu'au moment où le prix des marchandises est fortement augmenté en Grande-Bretagne, le cours du change ne subisse aucune variation. C'est pour la raison suivante que j'ai dit que ce n'était pas imaginable.

9 *Cf.* chapitre IX, « Troisième supposition... ».

10 C'est-à-dire sans « compensation dans le change ».

Under the circumstances which have been described of a diminished export, and an encreased import, the balance of trade must unavoidably turn against us; the consequence of which must be, that the drawers of bills on Great Britain in foreign countries will become [199] more in number than the persons having occasion to remit bills. This disparity between the number of individuals wanting to draw, and of those wanting to remit, as was remarked in a former Chapter, must produce a fall in the price at which the over-abundant bills on England sell in the foreign market. The fall in the selling price abroad of bills payable here, will operate as an advantage to the foreign buyer of our commodities in the computation of the exchangeable value of that circulating medium of his own country with which he discharges the debt in Britain contracted by his purchase. It will thus obviate the dearness of our articles: it will serve as a compensation to the foreigner for the loss which he would otherwise sustain by buying in our market. The fall of our exchange will, therefore, promote exportation and encourage[1] importation. It will, in a great degree, prevent the high price of goods in Great Britain from producing that unfavourable balance of trade, which, for the sake of illustrating the subject was supposed to exist.

The compensation thus made to the foreigner for the high British price of all articles is necessary as an inducement to him to take them, somewhat in the same manner as a drawback or bounty on exportation is the necessary inducement to take those particular goods which have been rendered too dear for the foreign market by taxes laid on them in this country. In each case the British consumer pays the high price, and the foreigner is spared, because otherwise he will not accept our[2] commodities.

The fall in our exchange was just now defined to be an advantage gained in the computation of the exchangeable value of that foreign circulating medium with which the foreigner discharges his debt in Great Britain, a debt paid in the circulating medium of this country.

1 *Sic.*

2 « Out » *in* Thornton (1939a).

Dans les circonstances qu'on a décrites d'exportations réduites et d'importations accrues, le solde commercial doit inévitablement se retourner contre nous ; la conséquence doit en être que les tireurs de traites sur la Grande-Bretagne dans les pays étrangers deviennent plus nombreux que les personnes amenées à remettre des traites. Comme on l'a remarqué dans un chapitre antérieur[11], cette disparité entre le nombre de personnes voulant tirer et celui de celles qui veulent remettre, doit produire une chute du prix auquel les traites surabondantes sur l'Angleterre se vendent sur le marché étranger. La chute du prix de vente à l'étranger des traites payables ici, agira comme un avantage pour l'acheteur étranger de nos marchandises dans le calcul de la valeur échangeable du moyen circulant de son propre pays, avec lequel il s'acquitte de la dette contractée en Grande-Bretagne par son achat. Cette chute parera ainsi à la cherté de nos articles : elle servira de compensation à l'étranger pour la perte qu'il subirait en son absence quand il achète sur notre marché. La chute de notre change promouvra donc l'exportation, et encouragera[12] l'importation. Elle empêchera, dans une grande mesure, le prix élevé des biens en Grande-Bretagne de produire le solde commercial défavorable qu'on a imaginé dans le but d'illustrer le sujet.

La compensation accordée de la sorte à l'étranger pour le prix britannique élevé de tous les articles est nécessaire comme une incitation à ce qu'il les prenne, un peu comme une restitution de droits ou une prime à l'exportation sont l'incitation nécessaire pour que soient pris les biens particuliers qui ont été trop renchéris pour le marché étranger par les taxes perçues sur eux dans notre pays. Dans chaque cas, c'est le consommateur britannique qui paye le prix élevé, et l'étranger est épargné, sans quoi il n'accepterait pas nos marchandises.

Nous venons de définir la chute de notre change comme un avantage gagné dans le calcul de la valeur échangeable du moyen circulant étranger, au moyen duquel l'étranger s'acquitte de sa dette en Grande-Bretagne, une dette payée avec le moyen circulant de notre pays[13].

---

11 Chapitre v, « Du cours du change ».

12 *Sic.*

13 Rappelons que l'importateur étranger paye le tireur en monnaie étrangère pour obtenir la lettre de change qu'il remettra à l'exportateur britannique. Ce dernier se fera payer par le tiré en livres sterling.

It implies, therefore, a high valuation of his circulating medium, and a low valuation of our's; a low valuation, that is to say, both of our paper and of the coin which is interchanged with it.

Now, when coin is thus rendered cheap, it by no means follows that bullion is rendered cheap also. Coin is rendered cheap through [200] its constituting a part of our circulating medium; but bullion does not constitute a part of it. Bullion is a commodity, and nothing but a commodity; and it rises and falls in value on the same principle as all other commodities. It becomes, like them, dear in proportion as the circulating medium for which it is exchanged is rendered cheap, and cheap in proportion as the circulating medium is rendered dear.

In the case, therefore, which has now been supposed, we are to consider coin as sinking below its proper and intrinsic worth, while bullion maintains its natural and accustomed price. Hence there arises that temptation, which was formerly noticed, either to convert back into bullion and then to export; or, which is the same thing, to export and then convert back into bullion; or, which is also the same thing, to convert back into bullion, and then sell to the bank, at the price which would be gained by exportation, that gold which the bank has purchased, and has converted from bullion into coin.

In this manner an encrease of paper, supposing it to be such as to raise the price of commodities in Britain above the price at which, unless there is some allowance afforded in the course of exchange, they will be received in foreign countries, contributes to produce an excess of the market price above the mint price of gold, and to prevent, therefore, the introduction of a proper supply of it into the Bank of England, as well as to draw out of its coffers that coin which the directors of the bank would wish to keep in them.

Cette chute implique donc une évaluation élevée de son moyen circulant, et une évaluation basse du nôtre ; c'est-à-dire une évaluation basse à la fois de notre papier et des pièces avec lesquelles il est interchangeable.

Or, quand les pièces sont ainsi rendues bon marché, il ne s'ensuit nullement que le lingot l'est aussi. Les pièces sont rendues bon marché car elles constituent une partie de notre moyen circulant ; mais le lingot n'en fait pas partie. Le lingot est une marchandise, et rien qu'une marchandise ; et il augmente et diminue en valeur selon le même principe que toutes les autres marchandises. Comme elles, il renchérit dans la proportion où le moyen circulant contre lequel il est échangé est rendu bon marché, et il devient bon marché dans la proportion où le moyen circulant est renchéri.

Dans le cas envisagé à présent, nous devons donc considérer les pièces comme plongeant en dessous de leur valeur appropriée et intrinsèque, tandis que le lingot se maintient à son prix naturel et habituel. Par conséquent apparaît la tentation, qu'on a déjà notée, de re-convertir en lingots et puis d'exporter[14] ; ou, ce qui revient au même, d'exporter et puis de re-convertir en lingots ; ou encore, ce qui revient aussi au même, de re-convertir en lingots, puis de vendre à la Banque, au prix qu'on obtiendrait à l'exportation, l'or que la Banque a acheté, et a converti de lingots en pièces.

Supposons une augmentation du papier de nature à hausser le prix des marchandises en Grande-Bretagne au-dessus de celui auquel elles seront reçues dans les pays étrangers, à moins qu'une concession ne soit accordée dans le cours du change. Une telle augmentation contribue de cette manière à produire un excédent du prix de marché de l'or sur son prix à la Monnaie, et donc à empêcher qu'entre à la Banque d'Angleterre un approvisionnement en or adéquat, de même qu'à tirer hors de ses coffres les pièces que ses administrateurs souhaiteraient y garder.

14 Chapitre v, « Faut-il réduire les émissions... ».

Dr. Smith appears to me to have treated the important subject of the tendency of an excessive paper circulation to send gold out of a country, and thus to embarrass its banking establishments, in a manner which is particularly defective and unsatisfactory. It is true, that he blames the Bank of England for having contributed to bring on itself, during several successive years, a great expence in buying gold through a too great circulation of its paper; and that he also charges the Scotch banks with having had, through their excessive issues, a share in producing this evil. Thus, therefore, [201] he seems to give to his reader some intimation of the tendency of an excessive issue of paper to create an excess of the market price above the mint price of gold[b].

It appears, however, in some degree, from the passage in question, though much more clearly from other parts of his work, that he considers every permanent excess, whether of the market price above the mint price, or of the mint price above the market price of gold, as entirely referable to "something in the state of the coin[c]."

In one place he remarks, that a high price of bullion arises from the difference between the weight of our more light and that of our more heavy guineas; the value of the gold in the heavier guineas, as he represents the case, determining the general current value of both the lighter and the heavier pieces of coin; and the superior quantity of gold in the heavier guineas constituting, therefore, so much profit on the melting of those heavier pieces[d]: [202] a supposition manifestly erroneous, and contradicted by experience; for it implies that the excess of the market price above the mint price of gold both never is and never can be greater than the excess of the weight of the heavier above the lighter guineas; and, also, that the price of bullion cannot fluctuate while the state of our coinage remains in all respects the same.

ERREURS D'ADAM SMITH RELATIVEMENT AUX ÉMISSIONS EXCESSIVES DE PAPIER

Adam Smith me semble avoir traité le sujet important de la tendance d'une circulation excessive de papier à faire sortir l'or d'un pays, et à embarrasser ainsi ses établissements bancaires, d'une manière qui est particulièrement déficiente et insatisfaisante. Il est vrai qu'il reproche à la Banque d'Angleterre d'avoir contribué à s'infliger une grande dépense plusieurs années d'affilée, en achetant de l'or en raison d'une circulation trop abondante de son papier ; et qu'il accuse aussi les banques écossaises d'avoir eu, par leurs émissions excessives, une part dans la production de ce mal. Il semble donc ainsi laisser entendre au lecteur qu'une émission excessive de papier tend à créer un excédent du prix de marché de l'or sur son prix à la Monnaie[b].

Il ressort cependant à un certain degré du passage en question, mais beaucoup plus clairement d'autres parties de son travail, qu'il considère tout excédent permanent, que ce soit du prix de marché de l'or sur son prix à la Monnaie, ou l'inverse, comme entièrement imputable à « quelque circonstance dans l'état des pièces de monnaie »[c].

Il remarque quelque part qu'un prix élevé du lingot provient de la différence de poids entre nos guinées plus légères et plus lourdes ; la valeur de l'or des guinées plus lourdes, comme il le présente, déterminant la valeur courante générale à la fois des pièces de monnaie plus légères et plus lourdes[15, d] ; et la quantité supérieure d'or dans les guinées plus lourdes constituant donc autant de profit sur la fonte de ces dernières. Cette supposition est manifestement erronée, et contredite par l'expérience ; car elle implique que l'excédent du prix de marché de l'or sur son prix à la Monnaie ne dépasse jamais, et ne peut jamais dépasser, l'excédent de poids des guinées plus lourdes sur les plus légères ; et aussi que le prix du lingot ne peut pas fluctuer tandis que l'état de nos pièces demeure le même à tous égards.

15 Lapsus de l'auteur ; voir la note d.

We have lately experienced fluctuations in our exchange, and correspondent variations in the market price, compared with the mint price of gold, amounting to no less than eight or ten per cent., the state of our coinage continuing, in all respects, the same.

Dr. Smith recommends a seignorage, as tending to raise the value both of the lighter and heavier coin; and thus, also, to diminish, if not destroy, the excess of the market price above the mint price of gold[e].

[203]

It is remarkable, that this Writer does not, in any degree, advert either to that more immediate cause (a fall of our exchanges), from which I have, in this as well as in a former Chapter, described the excess in question, as, in all cases, arising; or to that more remote one on which I have lately dwelt, namely, a too high price of goods, which produces a fall of our exchanges.

Dr. Smith does not, in any of his observations on this subject, proceed sufficiently, as I conceive, on the practical principle of shewing how it is through the medium of prices (of the prices of goods in general, and of bullion in particular, compared with the [204] price of the current circulating medium), that the operations of importing and exporting gold are brought about. He considers our coin as going abroad simply in consequence of our circulation at home being over full. Payment in coin, according to his doctrine, is demanded of every bank for as much of its paper as is excessive, because the excessive paper can neither be sent abroad nor turned to any use at home; whereas, when it is changed into coin, the coin may be transmitted to a foreign part, and may there be advantageously employed[f].

[205]

The reader will perceive, that, according to the principle which I have endeavoured to establish, coin does not merely leave the country because, the circulation being full, no use can be found at home for additional circulating medium; but that every encrease of paper has been represented as enhancing the price of goods, which advanced price of goods affords employment to a larger quantity of circulating medium, so that the circulation can never be said to be over full.

Nous avons récemment fait l'expérience de fluctuations de notre change, et de variations correspondantes du prix de marché de l'or comparé à son prix à la Monnaie, qui ont atteint pas moins de 8 ou 10 %[16], alors que l'état de nos pièces restait le même à tous égards.

Adam Smith recommande un seigneuriage, car il tendrait à augmenter la valeur à la fois des pièces plus légères et plus lourdes ; et donc aussi à diminuer, sinon annuler, l'excédent du prix de marché de l'or sur son prix à la Monnaie[e].

Il est remarquable que cet auteur ne prête aucune attention ni à cette cause plus immédiate (une chute de nos changes), dont j'ai montré, dans le présent chapitre tout comme dans un chapitre antérieur[17], qu'en découlait dans tous les cas l'excédent en question ; ni à la cause plus éloignée sur laquelle j'ai récemment insisté, à savoir un prix trop élevé des biens, qui produit une chute de nos changes.

À mon avis, Adam Smith ne procède pas assez, dans aucune de ses observations à ce sujet, sur la base du principe pratique consistant à montrer comment c'est par l'intermédiaire des prix (des prix des biens en général et du lingot en particulier, comparés au prix du moyen circulant courant), que sont provoquées les opérations d'importation et d'exportation d'or. Il considère que nos pièces partent à l'étranger simplement en conséquence de la surabondance de notre circulation intérieure. Le paiement en espèces, selon sa doctrine, est exigé de chaque banque pour tout son papier qui est excédentaire, parce que le papier excédentaire ne peut ni être envoyé à l'étranger, ni être retourné à aucun usage intérieur ; tandis que quand il est converti en espèces, ces espèces peuvent être transférées à un pays étranger, et y être avantageusement employées[f].

Le lecteur aura perçu que, selon le principe que je me suis efforcé d'établir, les pièces ne quittent pas simplement le pays parce que, la circulation étant saturée, on ne peut trouver aucun usage intérieur pour des moyens circulants additionnels ; mais que chaque augmentation de papier a été présentée comme haussant le prix des biens, lequel prix rehaussé des biens procure un emploi à une plus grande quantité de moyen circulant, de sorte qu'on peut ne jamais dire que la circulation est surabondante.

16 En 1800-1801.

17 Chapitre v, « Du cours du change ».

This advanced price of goods is the same thing as a reduced price of coin; the coin, therefore, in consequence of its reduced price, is carried out of the country for the sake of obtaining for it a better market. The heavier pieces, undoubtedly, will be preferred, if there is a facility of obtaining and transporting them; but the lighter guineas will also be exported, when the state of the exchange shall be sufficiently low to afford a profit on such a transaction. One of the consequences of Dr. Smith's mode of treating the subject, is, that the reader is led into the error of thinking, that when, through an excessive issue of paper, gold has been made to flow away from us, the expence of restoring it consists merely in the charge of collecting it and transporting it from the place to which it is gone. It follows, on the contrary, from the principles which I have laid down, that, in order to bring back gold, the expence not only of importing it may be to be incurred, but that also of purchasing it at a loss, and at a loss which may be either more or less considerable: a circumstance of great importance in the question. If this loss should ever become extremely great, the difficulties of restoring the value of our paper might not easily be surmounted, and a current discount or difference between the coin and paper of the country would scarcely be avoidable.

Dr. Smith, indeed, represents the expence of bringing back gold as considerable; but he seems to impute the greatness of it to the circumstance of its recurring again and again: and he describes it as continuing to recur in the case of each individual bank, whether in town or country, which persists in the false policy of issuing more paper than is sufficient to fill the circulation of the neighbouring [206] district. I shall here take occasion to notice some great inaccuracies in one part of his reasoning upon this point.

He says—"A banking company which issues more paper than can be employed in the circulation of the country, and of which the excess is continually returning upon them for payment, ought to encrease the quantity of gold and silver which they keep at all times in their coffers, not only in proportion to this excess, but to a much greater proportion. Suppose, for instance, all the paper of a particular bank, which the circulation of the country can easily absorb, amounts to forty thousand pounds, and the bank keeps usually ten thousand pounds in gold and silver for its occasional demands. If this bank should attempt to circulate forty-four thousand pounds, the excess of four thousand pounds will return as fast as it is issued.

Ce prix rehaussé des biens est la même chose qu'un prix réduit des pièces ; les pièces, en conséquence de leur prix réduit, sont donc transportées hors du pays en vue de leur obtenir un meilleur marché. Les pièces plus lourdes seront assurément préférées si elles sont plus faciles à obtenir et à transporter ; mais les guinées plus légères seront aussi exportées quand l'état du change est assez bas pour permettre un profit sur une telle transaction. Une des conséquences de la façon dont Adam Smith traite le sujet est que le lecteur est conduit à l'erreur de penser que, lorsqu'à la suite d'une émission excessive de papier, l'or a été conduit à s'écouler hors de notre pays, la dépense pour le récupérer consiste simplement en frais de collecte et de transport à partir de l'endroit où il est allé. Il découle, au contraire, des principes que j'ai posés, que pour ramener l'or, il ne faut pas seulement encourir la dépense de l'importer, mais aussi celle de l'acheter à perte, cette perte pouvant être plus ou moins considérable : c'est en l'occurrence une circonstance de grande importance. Si jamais cette perte devenait extrêmement grande, il serait malaisé de surmonter les difficultés de restaurer la valeur de notre papier, et une décote courante, ou différence, entre les pièces et le papier du pays serait difficile à éviter.

Il est vrai qu'Adam Smith présente la dépense de ramener l'or comme considérable ; mais il semble imputer son ampleur à la circonstance qu'elle est récurrente. Et il la décrit comme continuant à revenir dans le cas de chaque banque individuelle, que ce soit en ville ou en province, qui persiste dans la politique incorrecte d'émettre plus de papier qu'il ne suffit pour saturer la circulation de la région avoisinante. Je saisis cette occasion de noter quelques grandes inexactitudes dans une partie de son raisonnement sur ce point.

Il dit :

> Une compagnie de banque qui émet plus de papier que n'en peut employer la circulation du pays, et à qui l'excédent revient sans cesse à remboursement, doit augmenter la quantité d'or et d'argent qu'elle tient à tout moment en caisse, non seulement en proportion de [cet excédent], mais dans une proportion beaucoup plus grande. Supposons [par exemple] que tout le papier d'une certaine banque, que la circulation du pays peut aisément absorber, s'élève à 40 000 livres, et que la banque garde [habituellement] en caisse 10 000 livres en or et en argent, pour faire face aux demandes occasionnelles. Si cette banque devait essayer de faire circuler jusqu'à 44 000 livres, [l'excédent de] 4 000 livres reviendra à la banque aussi vite qu'il est émis.

Fourteen thousand pounds must then be kept instead of ten thousand pounds, and the bank will gain nothing by the excessive circulation. On the contrary, it will lose the whole expence of continually collecting four thousand pounds in gold and silver, which will be continually going out of its coffers as fast as they are brought in."

He then adds—"Had every particular bank always understood and attended to its own interest, the circulation would never have been overstocked with paper money."

There is, no doubt, some sort of ground for saying that an excess of paper will come back upon the banks which issue it, and that, in coming back, it will involve the issuing banks in expence. Much exception, however might be taken against Dr. Smith's mode of estimating the expence which the quantity which would come back would bring upon the issuing banks. But the objection which I shall in the first place, urge against the remark of Dr. Smith, is, that, even granting it to be just, it can be just only in a case which can scarcely ever occur among the country banks of this kingdom. I mean, that it can apply solely to the case of a single bank of which the paper circulates exclusively through a surrounding district: it obviously cannot hold in the case of many banks, the paper of all of which circulates in the same district. [207]

In order to explain this clearly, let us make the following supposition. Let us imagine the circulation of country bank paper which a certain district will bear to be one hundred thousand pounds, and ten banks to be in that district, each usually circulating and able to keep in circulation ten thousand pounds. Let us also suppose an excessive issue of four thousand pounds, and let us allow the effect of this on the ten banks to be that which Dr. Smith describes, a point which might certainly be disputed, namely, that a necessity will arise for *always* keeping (for this is what Dr. Smith's language implies) an additional stock of gold amounting to exactly four thousand pounds, and also that a reiterated expence will be incurred (Dr. Smith does not say how frequently reiterated) in collecting and transporting these four thousand pounds of gold.

> Elle doit [alors] conserver, non pas [10 000[18]] livres, mais 14 000, et elle ne gagnera rien à ces 4000 livres de circulation surabondante. [Au contraire,] elle perdra toute la dépense de collecter continuellement 4 000 livres en or et en argent, qui sortiront continuellement de sa caisse aussi vite qu'elles sont apportées.

Il ajoute alors :

> Si chaque banque avait toujours entendu et suivi son propre intérêt, la circulation n'aurait jamais été surchargée de monnaie de papier[19].

Il y a, sans nul doute, quelque fondement à dire qu'un excès de papier reviendra aux banques qui l'ont émis, et qu'en revenant, il entraînera une dépense pour les banques émettrices. Il y a cependant beaucoup à redire sur la façon dont Adam Smith estime la dépense qu'imposerait aux banques émettrices la quantité qui reviendrait. Mais l'objection que je ferai valoir en premier lieu contre la remarque d'Adam Smith est que, même si on lui accorde d'être juste, elle ne peut l'être que dans un cas qui ne peut quasiment jamais se produire parmi les banques de province de ce Royaume. Je veux dire qu'elle ne peut s'appliquer qu'au cas d'une banque unique dont le papier circule de façon exclusive dans la région alentour. Elle est évidemment intenable dans le cas de plusieurs banques dont le papier, à elles toutes, circule dans la même région.

Afin de l'expliquer clairement, faisons l'hypothèse suivante. Imaginons que la circulation de papier de banques de province qu'une certaine région peut supporter s'élève à cent mille livres, et qu'il y ait dix banques dans cette région, chacune faisant circuler habituellement, et étant capable de maintenir en circulation, dix mille livres. Supposons aussi une émission excédentaire de quatre mille livres, et permettons à son effet sur les dix banques d'être celui décrit par Adam Smith, un point certes contestable, à savoir que la nécessité apparaîtra de garder *toujours* (car c'est ce qu'implique le langage d'Adam Smith) un stock d'or additionnel s'élevant exactement à quatre mille livres, et aussi qu'une dépense répétée sera encourue (Adam Smith ne dit pas combien de fois elle sera répétée) à collecter et à transporter ces quatre mille livres d'or.

18 Smith écrit « 11 000 », conformément à l'hypothèse d'une proportion inchangée de métaux précieux.

19 Smith (1976, II.ii.50, 52, 53 ; 1991, t. 1, p. 384-385 ; 2000, p. 308-309). La première partie du texte de Smith a été fortement condensée par Thornton. Les ajouts de ce dernier figurent entre crochets.

Still it must be observed, that we may suppose the issue of the four thousand pounds excessive paper to be made by some one only of the ten banks, while the charge incurred by such issue may be divided among them all. It may, therefore, on Dr. Smith's own principles, answer to one of several banks emitting paper which circulates in the same place, to issue the paper which is considered by him as excessive; and the practice of doing so may be owing to the country banker's too well knowing his own interest, and not, as Dr. Smith supposes, to his too ill understanding it.

But the case which I have supposed has been put merely by way of illustration. When many banks issue notes circulating over the same district, it is impossible to say whose paper constitutes the excess. Whatever temptation to excess exists, must be a general one. It is, however, counteracted not only by the charge of transporting gold, on which alone Dr. Smith dwells, but likewise by all the other charges, as well as by all the risks to which country bank notes subject the issuers; not to mention the difficulty of finding a channel through which a quantity of paper much larger than common can be sent by the country bank into circulation.

Dr. Smith supposes, in the passage which has just been quoted, that, when there is an excessive circulation of country bank paper, the excess returns upon the banks to be exchanged for gold and [208] silver. The fact is, that it returns to be exchanged not for gold and silver only, but either for gold and silver, or for bills on London. A bill on London is an order to receive in London, after a certain interval, either gold or Bank of England notes. This order imposes on the country banker the task of providing a fund in London sufficient to answer his draft: it serves, however, to spare that expence of transporting gold, as well as to lessen that necessity of maintaining a stock of guineas, which Dr. Smith assumes to be the consequence of every excessive emission of notes, and to be the certain means, if bankers do but understand their interest, of limiting their issue.

Observons encore qu'on peut penser que l'émission des quatre mille livres de papier excédentaire a été faite par une seule des dix banques, alors que les frais occasionnés par une telle émission peuvent être répartis entre elles toutes. Selon les propres principes d'Adam Smith, une des multiples banques émettant le papier qui circule au même endroit, peut être responsable de l'émission du papier qu'il considère comme excédentaire ; et cette pratique pourrait être due au fait que le banquier de province ne connaît que trop bien son propre intérêt, et non, comme l'imagine Adam Smith, qu'il l'entend trop mal.

Mais les conditions que j'ai supposées ont été présentées à titre de simple illustration. Quand beaucoup de banques émettent des billets circulant dans la même région, il est impossible de dire quelle est celle dont le papier est excédentaire. Quelle que soit la tentation d'excès, elle doit être générale. Elle est cependant contrecarrée, non seulement par les frais de transport de l'or, les seuls sur lesquels s'étend Adam Smith, mais aussi par tous les autres frais, aussi bien que par tous les risques auxquels les billets de banques de province exposent les émetteurs ; sans parler de la difficulté de trouver un canal par lequel une quantité de papier beaucoup plus grande que d'habitude peut être mise en circulation par la banque de province.

Dans le passage qu'on vient de citer, Adam Smith suppose que, quand il y a une circulation excessive de papier de banques de province, l'excédent revient aux banques pour être échangé contre de l'or et de l'argent. Le fait est qu'il revient pour être échangé non seulement contre de l'or et de l'argent, mais contre de l'or et de l'argent, ou des lettres de change sur Londres. Une traite sur Londres est un ordre de recevoir à Londres, après un certain laps de temps, de l'or ou des billets de la Banque d'Angleterre. Cet ordre impose au banquier de province la tâche de fournir à Londres un fonds qui suffise à honorer sa traite. Il permet, cependant, d'éviter la dépense du transport de l'or, de même que de réduire la nécessité de maintenir un stock de guinées, qu'Adam Smith suppose être la conséquence de toute émission excessive de billets, et le moyen certain, si seulement les banquiers comprennent leur intérêt, de limiter leur émission.

The remark which has just been made derives particular importance from the circumstances of the period through which we have passed. For, if the usual means of preventing an excess of country bank notes were nothing else than the liability of the issuers to be called upon for a money payment of them, it might fairly be assumed, that, at a time when the money payment of them has been suspended, we must necessarily have been exposed to the greatest inundation of country paper, and to a proportionate depreciation of it. The unbounded issue of country bank notes has been restrained by the obligation under which country bankers have considered themselves to be of granting bills on London; that is to say, orders to receive in London Bank of England paper in exchange for their notes, if required to do so: and it is certain that they would be required to do so whenever the quantity of their notes should be much greater in proportion to the occasion for them, than the quantity of the notes of the Bank of England in proportion to the occasion for those notes.

For the sake of explaining this, let it be admitted, for a moment, that a country bank has issued a very extraordinary quantity of notes. We must assume these to be employed by the holders of them in making purchases in the place in which alone the country bank paper passes, namely, in the surrounding district. The effect of such purchases, according to the principles established in this Chapter, must be a great local rise in the price of articles. But to suppose a great and merely local rise, is to suppose that which can [209] never happen or which, at least, cannot long continue to exist; for every purchaser will discover that he can buy commodities elsewhere at a cheaper rate; and he will not fail to procure them in the quarter in which they are cheap, and to transport them to the spot in which they are dear, for the sake of the profit on the transaction.

COMMENT LA LIMITATION DE LA QUANTITÉ DE PAPIER DE LA BANQUE D'ANGLETERRE PERMET-ELLE DE LIMITER LA QUANTITÉ, ET DE SOUTENIR LA VALEUR DE TOUT LE PAPIER DU ROYAUME ?

La remarque qu'on vient de faire tire une importance particulière des circonstances de la période par laquelle nous sommes passés. Car si le moyen habituel d'empêcher un excès de billets de banques de province n'était rien d'autre que l'exposition des émetteurs à ce qu'on leur réclame un paiement en numéraire, on pourrait raisonnablement penser, qu'à un moment où le paiement de ces billets en numéraire a été suspendu, nous aurions nécessairement dû être exposés à la plus grande inondation de papier de province, et à une dépréciation proportionnelle de celui-ci. L'émission illimitée de billets de banques de province a été restreinte par l'obligation à laquelle les banquiers de province ont considéré qu'ils étaient soumis de fournir des traites sur Londres ; c'est-à-dire, des ordres de recevoir à Londres du papier de la Banque d'Angleterre en échange de leurs billets, s'ils étaient requis de le faire. Et il est certain qu'ils seraient requis de le faire toutes les fois que la quantité de leurs billets serait beaucoup plus grande en proportion de l'usage qu'on en a, que la quantité de billets de la Banque d'Angleterre en proportion de l'usage qu'on a de ces derniers.

Afin de l'expliquer, admettons un instant qu'une banque de province ait émis une quantité de billets très extraordinaire. Nous devons supposer que ceux-ci sont utilisés par leurs détenteurs à faire des achats dans l'endroit où seul a cours le papier de la banque de province, à savoir dans la région alentour. Selon les principes établis dans ce chapitre, l'effet de tels achats doit être une grande hausse locale du prix des articles. Mais supposer une hausse importante et simplement locale, c'est supposer ce qui peut ne jamais se produire ou qui, tout au moins, ne peut pas continuer à subsister longtemps ; car chaque acheteur découvrira qu'il peut acheter ailleurs des marchandises meilleur marché ; et il ne manquera pas de se les procurer là où elles sont bon marché, et de les transporter à l'endroit où elles sont chères, en vue du profit sur la transaction.

In order that he may be enabled to do this, he will demand to have the notes which pass current in the place in which we have supposed goods to have been rendered dear by the extraordinary emission of paper, converted into the circulating medium of the place in which goods are cheap: he will, therefore, require to have his country bank note turned into a Bank of England note, or into a bill on London, which is nearly the same thing, provided Bank of England notes are fewer in proportion to the occasion for them than the country bank notes; that is to say, provided Bank of England notes have less lifted up the price of goods in London than country bank notes have lifted up the price of goods in the country.

This point may be still more fully illustrated in the following manner. Let us imagine a mercantile house to consist of two branches, the one placed in the metropolis, the other in the country, and each branch to be accustomed to make certain payments in the spot in which it is situated, each, however, to be in the habit of borrowing as largely as it is able, the one of a neighbouring country bank, the other of the Bank of England, and of applying these loans to the joint use of the trading concern. Let us next suppose an extraordinary facility of borrowing at the country bank to arise, while the opportunities of obtaining loans at the Bank of England remain the same[g]. In such case the mercantile house, provided its London payments continue to bear the same proportion as before [210] to its country payments, which will hardly fail to be the case, will exchange some part of its encreased loans in the country, consisting in country bank notes, for bills on London, or, in other words, for Bank of England notes. It will thus adjust, with the greatest nicety, the quantity of London and of country paper to the amount of the pecuniary demands upon it in each quarter; and, in doing so, it will contribute to prevent the supply of notes in either place from becoming greater in proportion to the demand than in the other. What has been supposed of one house, may be supposed of many similar ones; and not only of houses of the particular description which has been spoken of, but also of the several independent establishments in the two distant places which have pecuniary transactions together, and have an interest in accommodating each other.

Pour être en mesure de le faire, il demandera que les billets qui ont cours là où nous avons supposé que les biens ont été renchéris par l'émission extraordinaire de papier, soient convertis en moyen circulant de l'endroit où les biens sont bon marché. Il demandera donc que son billet de banque de province soit converti en billet de la Banque d'Angleterre ou en traite sur Londres, ce qui est presque la même chose, pourvu que les billets de la Banque d'Angleterre soient moins abondants en proportion de l'usage qu'on en a que les billets de banque de province ; c'est-à-dire, pourvu que les billets de la Banque d'Angleterre aient moins haussé le prix des biens à Londres que les billets de banque de province n'ont haussé le prix des biens en province.

On peut illustrer ce point de façon encore plus complète comme suit. Imaginons qu'une maison de commerce se compose de deux succursales, l'une située dans la métropole, l'autre en province, et que chaque succursale ait coutume d'effectuer certains paiements à l'endroit où elle est située. Chacune, cependant, a l'habitude d'emprunter autant qu'elle le peut, l'une à une banque de province voisine, l'autre à la Banque d'Angleterre, et de consacrer ces emprunts conjointement au groupe commercial. Supposons ensuite qu'apparaisse une occasion extraordinaire d'emprunter à la banque de province, alors que les possibilités d'obtenir des prêts de la Banque d'Angleterre demeurent les mêmes[g]. En pareil cas, la maison de commerce, à condition que la proportion entre ses paiements londoniens et ses paiements de province reste inchangée, ce qui ne manquera pas d'être le cas, échangera une partie de ses emprunts supplémentaires en province, et consistant en billets de banque de province, contre des lettres de change sur Londres, ou en d'autres termes, contre des billets de la Banque d'Angleterre. Elle ajustera ainsi, avec la plus grande précision, les quantités de papier londonien et de province aux montants des demandes pécuniaires qu'on lui adresse dans chaque endroit ; et ce faisant, elle contribuera à empêcher que l'offre de billets devienne plus grande en proportion de la demande dans un endroit que dans l'autre. Ce qu'on a supposé d'une maison, peut être supposé de beaucoup d'autres semblables ; et non seulement de maisons de l'espèce particulière dont on a parlé, mais aussi de multiples établissements indépendants dans les deux endroits éloignés, qui font des transactions pécuniaires ensemble, et ont un intérêt à se rendre service.

Their general operations, of a pecuniary kind, must be such as always to check a local rise in the price of commodities in either place, while it is as yet so small as to be scarcely perceptible. In this manner, therefore, the exchangeableness of country paper for London paper will never fail very nearly to equalize the value of them both. It is, moreover, important clearly to point out that their value will be equalized, or nearly equalized, not by a tendency in the London paper to partake in a low value which the country paper has acquired in consequence of its not being limited by any voluntary act of the issuers; nor by a tendency in each to approximate in value to the other; but by a tendency in the country paper to take exactly the high value which the London paper bears in consequence of its being restricted by the issuers. That this must be the case is plain, from the remark which has just been made; for it has been shewn, that the country paper, however it may fail to be limited in quantity by any moderation or prudence of the issuers, becomes no less effectually limited through the circumstance of their being compelled by the holders to exchange as much of it as is excessive for the London paper which is limited; which is limited, I mean, in consequence of a principle of limitation which the directors of the Bank of England have prescribed to themselves.

[211]

The country paper, let it then be observed, does not add any thing to the quantity of the London paper; for the effectual limitation of the London paper is the great point, which it must be borne in mind, that we have assumed. The country paper, therefore, does not in any degree diminish the price of the London paper; for its price must remain fixed so long as its quantity continues fixed, supposing, as we do in our present argument, that the demand for it is the same. It has been proved, however, that the country paper is rendered, by its exchangeableness with the London paper, almost exactly equal to it in value. It is, then, rendered almost exactly equal in value to a paper of which the value is completely sustained. Thus, therefore, the limitation of the supply of the single article of London paper, of which, however, we are taking for granted that the demand continues the same, is the means both of sustaining the value of London paper, and also of sustaining the value as well as limiting the quantity of the whole paper of the country.

L'ensemble de leurs opérations de nature pécuniaire doit être tel qu'il freine toujours une hausse locale du prix des marchandises dans l'un ou l'autre endroit, même si elle est si petite qu'elle est à peine perceptible. De cette manière, l'échangeabilité du papier de province en papier londonien ne manquera donc jamais d'égaliser presque tout à fait leurs valeurs. Il importe d'ailleurs de préciser clairement que leur valeur sera égalisée, ou presque, non pas par une tendance du papier londonien à prendre part à la valeur basse acquise par le papier de province, parce que ce dernier n'est pas limité par aucune action volontaire des émetteurs ; ni par une tendance de chacun à approcher en valeur de l'autre ; mais par une tendance du papier de province à prendre exactement la valeur élevée du papier londonien, du fait que ce dernier est restreint par les émetteurs. Il est clair que ceci doit être le cas, à partir de la remarque qu'on vient de faire ; car on a montré que le papier de province, quand bien même il peut échouer à être limité en quantité par quelque modération ou prudence des émetteurs, n'en est pas moins efficacement limité par la circonstance que les émetteurs sont obligés par les détenteurs d'échanger la partie excédentaire contre du papier londonien qui est limité ; qui est limité, j'entends, en conséquence d'un principe de limitation que les administrateurs de la Banque d'Angleterre se sont prescrit à eux-mêmes.

Observons alors que le papier de province n'ajoute rien à la quantité du papier londonien[20] ; car la limitation efficace du papier londonien est le point crucial, dont il faut garder à l'esprit que nous l'avons supposé. Le papier de province ne diminue donc en rien le prix du papier londonien ; car le prix de ce dernier doit rester fixe aussi longtemps que sa quantité continue à être fixe, si on suppose, comme nous le faisons dans le présent raisonnement, que sa demande reste la même. On a prouvé, cependant, que l'échangeabilité du papier de province en papier londonien le rend presque exactement égal en valeur à ce dernier. Il est alors rendu presque exactement égal en valeur à un papier dont la valeur est complètement soutenue. Ainsi, la limitation de l'offre du seul article du papier londonien, dont, cependant, nous tenons pour acquis que la demande reste inchangée, est donc à la fois le moyen de soutenir la valeur du papier londonien, et de soutenir la valeur aussi bien que de limiter la quantité de tout le papier du pays.

---

20 Ceci est un abus de langage corrigé par la suite.

It is, however, necessary here to point out to the reader, that, in the immediately preceding observations, we have assumed certain facts to exist, for the sake of stating clearly a general principle. It will be the object of a succeeding Chapter to shew in what respects the case which has been supposed differs from the actual one.

Il est cependant nécessaire ici de préciser au lecteur, que dans les observations qu'on vient de faire, nous avons supposé l'existence de certains faits dans le but d'énoncer clairement un principe général. Ce sera l'objet du chapitre suivant de montrer à quels égards les conditions que nous avons supposées diffèrent des conditions réelles.

NOTES

a In the event of any great public alarm, such, for instance, as that which might be occasioned by the landing in this country of any considerable body of enemies, it is likely that the price of Bank of England notes, compared with that of stocks, or other articles for which there is a ready money market, would in like manner rise, even though the quantity of paper should continue the same: this would happen in consequence of that encreased demand for bank notes, to which it has been repeatedly observed that a state of consternation always gives occasion. Many bankers, at such a time, would feel a doubt whether they might not be drawn upon more largely than usual by some of their more timid customers; and whether, also, they might not be subjected to more than common difficulty in selling government securities, an article which, in ordinary times, they are used to turn into cash on the shortest notice, and which, while a prompt sale of them is to be depended on, they prefer to bank notes, because an interest is gained by holding the one, and not by detaining the other.

During the short crisis of an invasion, the advantage of accruing interest would be little regarded, and each banker, therefore, would make an effort to exchange his exchequer bills, or, perhaps, his stocks, for Bank of England notes, an effort which must prove generally ineffectual, supposing the quantity issued to be the same; but which, however, would have the effect of bringing down the comparative price of the article so eagerly offered in exchange for notes. Thus the price of government securities would appear to fall, when, in part at least, it would rather be the price of bank notes which should be said to rise. Some encrease of the bank issues seems very justifiable at such a time; such an encrease, I mean, as should be sufficient only to prevent what may be termed an unnatural rise in the value of bank notes. This issue would be the means of preventing a misconception among the public respecting the degree of distrust in government securities entertained by the dealers in them, a circumstance which might be of some political importance in a moment of general consternation.

b "By issuing too great a quantity of paper, of which the excess was continually returning in order to be exchanged for gold and silver, the Bank of England was, for many years together, obliged to coin gold to the extent of between eight hundred thousand pounds and a million a year. For this great coinage the bank (in consequence of the worn and degraded state into which the gold coin had fallen a few years ago) was frequently obliged to purchase gold bullion at the high price of 4*l.* an ounce, which it soon after issued in coin at 3*l.* 17*s.* 10½*d.* an ounce, losing, in this manner, between two and a half and three per cent. Though the bank, therefore, paid no seignorage, though the government was properly at the expence of the coinage, this liberality of government did not prevent altogether the expence of the bank."—Enquiry into the Nature and Causes of the Wealth of Nations, by Dr. A. Smith, Vol. I. page 451, 4th edit. Oct.

NOTES DE L'AUTEUR

a Dans l'éventualité d'une grande alarme publique, comme par exemple celle que pourrait occasionner le débarquement dans notre pays d'un corps expéditionnaire ennemi considérable, il est vraisemblable que le prix des billets de la Banque d'Angleterre, comparé à celui de rentes, ou d'autres articles pour lesquels il y a un marché en argent comptant, augmente pareillement, même si la quantité de papier devait rester constante. Ceci se produirait en conséquence de la demande accrue de billets de banque, dont on a observé à plusieurs reprises qu'un état de consternation la provoque toujours. À un tel moment, beaucoup de banquiers se demanderont si certains de leurs clients plus timorés ne tirent pas sur eux davantage que d'habitude ; et aussi s'ils ne pourraient pas avoir plus de difficulté que de coutume à vendre des titres d'État, un article qu'en temps ordinaire, ils ont l'habitude de convertir en argent liquide dans les plus brefs délais, et qu'ils préfèrent aux billets de banque, même s'ils doivent pouvoir compter sur une vente rapide de ces titres, parce qu'ils gagnent un intérêt en détenant les uns, et non les autres.

Pendant la courte crise d'une invasion, on prêtera peu attention à l'avantage des intérêts courus, et chaque banquier s'efforcera donc d'échanger ses billets de l'Échiquier, voire ses rentes, contre des billets de la Banque d'Angleterre, un effort qui doit en général s'avérer inefficace, à supposer que la quantité émise soit inchangée ; mais qui aura cependant l'effet d'abaisser le prix comparé de l'article offert avec tant d'empressement en échange des billets. Il apparaîtra ainsi que le prix des titres d'État chute, alors qu'en partie au moins, ce serait plutôt du prix des billets de banque qu'on devrait dire qu'il augmente. Une certaine augmentation des émissions de la Banque semble très justifiable à un tel moment ; j'entends une augmentation telle qu'elle devrait juste suffire à empêcher ce qu'on peut appeler une hausse artificielle de la valeur des billets de banque. Cette émission serait le moyen d'empêcher une idée fausse du public à propos du degré de la méfiance éprouvée à l'égard des titres d'État par leurs revendeurs, une circonstance qui pourrait bien revêtir une certaine importance politique dans un moment de consternation générale.

b « La Banque d'Angleterre, pour avoir émis une trop grande quantité de papier, dont l'excédent lui revenait continuellement à l'échange contre de l'or et de l'argent, a été obligée, pendant de nombreuses années de suite, de faire battre de la monnaie d'or jusqu'à concurrence d'une somme annuelle de 800 000 à un million de livres [...]. Pour cet immense monnayage, la banque, à cause de l'état usé et dégradé où la monnaie d'or était depuis quelques années, se vit souvent obligée d'acheter, jusqu'au prix de 4 livres l'once, l'or en lingots, qu'elle émettait bientôt après sous forme de pièces de monnaie, à 3 livres 17 shillings 10 pence ½ l'once ; ce qui lui faisait une perte de 2½ à 3 % [...]. Quoique la Banque n'eût point de droit de seigneuriage à payer, et quoique, comme il sied, la dépense de monnayage fût aux frais du gouvernement, cette libéralité du gouvernement ne l'a pas empêchée de faire beaucoup de dépense. » – *Recherche sur la Nature et les Causes de la Richesse des Nations*, par Adam Smith, vol. I, page 451, 4e édition, in-octavo. [Smith (1976, II.ii.54) ; Smith (1991, t. 1, p. 385-386) ; Smith (2000, p. 309-310).]

c "When the market price either of gold or silver bullion continues for several years together steadily and constantly eithermore or less above, or more or less below, the mint price, we may be assured that this steady and constant either superiority or inferiority of price is the effect of something in the state of the coin, which, at that time, renders a certain quantity of coin either of more value or of less value than the precise quantity of bullion which it ought to contain."—Smith on the Wealth of Nations, Vol. I. page 69, 4th edit. Oct.

d "In every country the greater part of the current coin is almost always more or less worn or otherwise degenerated from its standard. In Great Britain, it was, before the late reformation, a good deal so, the gold being more than two per cent. and the silver more than eight per cent. below its standard weight. But if forty-four guineas and a half containing their full standard weight, a pound weight of gold, could purchase very little more than a pound weight of uncoined gold, forty-four guineas and a half wanting a part of their weight, could not purchase a pound weight, and something was to be added, in order to make up the deficiency. The current price of gold bullion at market, therefore, instead of being the same with the mint price, or *46l.* 14*s.* 6*d.* was then about *47l.* 14*s.* and sometimes about *48l.* When the greater part of the coin, however, was in this degenerate condition, forty-four guineas and a half, fresh from the mint, would purchase no more goods in the market than any other ordinary guineas; because, when they come into the coffers of the merchant, being confounded with other money, they could not afterwards be distinguished, without more trouble than the difference was worth. Like other guineas, they were worth no more than *46l.* 14*s.* 6*d.* If thrown into the melting pot, however, they produced, without any sensible loss, a pound weight of standard gold, which could be sold at any time for between *47l.* 14*s.* and *48l.* either in gold or silver. There was an evident profit, therefore, in melting down new coined money; and it was done so instantaneously, that no precaution of government could prevent it. The operations of the mint were, upon this account, somewhat like the web of Penelope; the work that was done in the day was undone in the night. The mint was employed not so much in making daily additions to the coin, as in replacing the very best part of it which was daily melted down."

e "Were the private people who carry their gold and silver to the mint to pay themselves for the coinage, it would add to the value of those metals in the same manner as the fashion does to that of plate. Coined gold and silver would be more valuable than uncoined. The seignorage, if it was not exorbitant, would add to the bullion the whole value of the duty, because the government having every where the exclusive privilege of coining, no coin can come to market cheaper than they think proper to afford it.

"A seignorage will, in many cases, take away altogether, and will in all cases diminish, the profit of melting down the new coin. This profit always arises from the difference between the quantity of bullion which the common currency ought to contain, and that which it actually does contain.

c « Mais lorsque [...] le prix de marché des lingots d'or ou d'argent se soutient pour plusieurs années d'une manière durable et constante plus ou moins au-dessous du prix pour lequel ils sont reçus à la Monnaie, ou plus ou moins au-dessus, nous pouvons être certains que cette infériorité ou supériorité de prix durable et constante est l'effet de quelque circonstance dans l'état des pièces de monnaie, qui rend, à l'époque dont il s'agit, une certaine quantité de numéraire de plus grande ou de moindre valeur que la quantité précise de métal brut qu'elle devrait contenir. » – Smith sur la *Richesse des Nations*, vol. I, page 69, 4e édition, in-octavo. [Smith (1976, I.v.40 ; 1991, t. 1, p 115-116 ; 2000, p. 53).]

d « [Dans] tout pays, la plus grande partie des pièces courantes est presque toujours plus ou moins usée ou dégradée de manière ou d'autre au-dessous de son poids légal. Elle l'était en Grande-Bretagne, avant la récente refonte [1774], à un point considérable, l'or étant de plus de 2 % au-dessous de son poids légal, et l'argent de plus de 8 %. Or, si 44 guinées et demie contenant parfaitement leur poids légal, une livre d'or, ne peuvent acheter que très peu au-delà d'une livre pesant d'or non monnayé, 44 guinées et demie manquant d'une partie de leur poids ne pouvaient pas acheter une livre d'or, et il fallait ajouter quelque chose pour compenser le déficit ; par conséquent, le prix courant du lingot d'or au marché, au lieu d'être le même que le prix auquel il était reçu à la Monnaie, c'est-à-dire de 46 livres 14 shillings 6 pence la livre pesant, était alors d'environ 47 livres 14 shillings, et quelquefois d'environ 48 livres. Cependant, quand la plus grande partie des pièces était dans cet état de dégradation, 44 guinées et demie toutes neuves, sortant de l'hôtel des Monnaies, n'auraient pas acheté au marché plus de marchandises que les autres guinées ordinaires, parce que ces guinées neuves, une fois entrées dans la caisse du marchand et confondues avec d'autres pièces de monnaie, ne pouvaient plus désormais en être distinguées, sans qu'il en coûtât pour cela plus de peine que la différence n'aurait valu. Tout comme d'autres guinées, elles ne valaient pas plus de 46 livres 14 shillings 6 pence la livre pesant : néanmoins, jetées dans le creuset, elles produisaient, sans aucun déchet sensible, une livre pesant d'or au titre, qu'on pouvait vendre en tout temps pour une somme d'environ 47 livres 14 shillings, ou 48 livres en or ou en argent [...]. Il y avait donc un profit évident à fondre les pièces nouvellement frappées, et cela se faisait si promptement, qu'il n'y avait pas de précautions du gouvernement capables de l'empêcher. Les opérations de l'hôtel des Monnaies étaient à cet égard à peu près comme la toile de Pénélope ; l'ouvrage fait dans le jour était défait pendant la nuit. L'hôtel des Monnaies était occupé bien moins à faire des additions journalières à la quantité des espèces courantes, qu'à en remplacer la partie la meilleure qui était fondue journellement. » [Smith (1976, IV.vi.18 ; 1991, t. 2, p. 155-156 ; 2002, p. 569-570). Rappelons qu'une guinée valait 21 shillings, soit 1,05 £. D'autre part un lingot d'or d'une livre (unité de masse) pèse 12 onces.]

e « Si les particuliers qui portent leur or et leur argent à la Monnaie étaient tenus d'en payer le monnayage, alors il ajouterait à la valeur de ces métaux, tout comme la façon ajoute à celle des ouvrages d'orfèvrerie. L'or et l'argent monnayés auraient plus de valeur que non monnayés. Un droit de seigneuriage qui ne serait pas exorbitant ajouterait au métal toute la valeur du droit, parce que le gouvernement ayant partout le privilège exclusif de battre monnaie, aucune pièce de monnaie ne pourrait se présenter dans le commerce à meilleur marché que le gouvernement ne jugerait à propos de la fournir. »

« Le profit de fondre les pièces neuves sera, dans bien des cas, totalement anéanti, et dans tous il sera diminué, au moyen d'un droit de seigneuriage. Ce profit procède toujours de la différence entre la quantité de métal que devrait contenir la monnaie courante, et ce qu'elle en contient réellement.

If this difference is less than the seignorage, there will be loss instead of profit. If it is equal to the seignorage, there will neither be profit nor loss. If it is greater than the seignorage, there will, indeed, be some profit; but less than if there were no seignorage."—Smith's Wealth of Nations, Vol. II. Book IV. Chap. VI. pages 333, 334, and 335.

These observations of Dr. Smith, on the subject of a seignorage, seem erroneous in the following respects. Plate, when bought, is purchased in order not to be sold again, but to be retained by the possessor, and the price paid by the original buyer may, therefore, be not unfairly considered, as it is by Dr. Smith, to be the current price of the article. Gold, on the contrary, is no sooner bought and coined, than it is sent into circulation, it is sold, that is to say (or exchanged for commodities), again and again. What we mean, therefore, by the current price of gold coin, is that price at which it passes, not in the original bargain for bullion between the seller of it and the bank, but in the general course of this subsequent circulation. Guineas, moreover, not only circulate at home, but are liable to be sent abroad in the event of any unfavourable balance of trade. They are worth, in that case, just as much as the foreign country will give for them; and the foreign country, in estimating their value, since it means to melt them, does not at all take into its calculation the expence of the coinage of the piece of metal. It acts like a buyer not of new but of old plate, who destines it to the melting pot, and, therefore, refuses to allow any thing for "the fashion."

This foreign price of our coin principally determines the current value of the price of coin in England. It appears to me to do this in the following manner.

When the price which our coin will fetch in foreign countries is such as to tempt it out of the kingdom, the directors of the bank naturally diminish, in some degree, the quantity of their paper, through an anxiety for the safety of their establishment. By diminishing their paper, they raise its value; and in raising its value, they raise also the value in England of the current coin which is exchanged for it. Thus the value of our gold coin conforms itself to the value of the current paper, and the current paper is rendered by the bank directors of that value which it is necessary that it should bear in order to prevent large exportations; a value sometimes rising a little above, and sometimes falling a little below, the price which our coin bears abroad; a price, in the formation of which no regard is had to the fashion.

A seignorage, nevertheless, might add to the current value of the coin of the kingdom for the following reason. It might incline the directors of the bank to improve the value of their paper by a stricter limitation of it, for the sake of more effectually exempting themselves from an occasional burthen, which is now borne for them by the government. The point *below* which they would wish to prevent their paper from falling would still be the same as it is now, namely, the selling price of our coin when melted and carried to foreign countries: the care, however, which they would take to prevent its falling below that price would, perhaps, be greater, and would be such as to raise its average price, if, in the event of each depression, they should be subject not only, as they are now, to loss in the purchase of gold, but to a further loss in coining it. There seems no reason, however, to suppose, that the degree of fluctuation which is now apt to subsist between the market price and mint price of gold could, by any efforts of the bank, be materially lessened. It results from the fluctuations in the exchange; and those fluctuations, in general, proceed from variations in the markets of Europe, which affect the balance of trade, and cannot, by any management of bank paper, be exactly counteracted.

Si cette différence est moindre que le seigneuriage, il y aura perte au lieu de profit. Si elle est égale au droit de seigneuriage, il n'y aura ni profit ni perte. Si elle est plus grande que le montant du seigneuriage, il y aura en effet quelque profit, mais moindre que s'il n'y avait point de seigneuriage. » – La *Richesse des Nations* de Smith, vol. II, livre IV, chap. VI, pages 333, 334 et 335. [Smith (1976, IV.vi.19 et 21 ; 1991, t. 2, p. 156-157 ; 2002, p. 570-571). Rappelons qu'il n'y avait pas de seigneuriage en Grande-Bretagne, au sens où le monnayage était gratuit.]

Ces observations d'Adam Smith au sujet d'un seigneuriage semblent erronées aux égards suivants. Quand on achète de l'orfèvrerie, on ne l'achète pas pour la revendre, mais pour qu'elle soit conservée par le propriétaire ; et il n'est donc pas incorrect de considérer, comme le fait Adam Smith, le prix payé par l'acheteur original comme le prix courant de l'article. Au contraire, à peine acheté et monnayé, l'or est mis en circulation ; c'est-à-dire qu'il est vendu (ou échangé contre des marchandises), encore et encore. Donc ce que nous entendons par le prix courant de la pièce d'or, c'est le prix auquel elle s'échange, non pas dans le marché conclu initialement pour des lingots entre leur vendeur et la Banque, mais dans le cours général de cette circulation ultérieure. D'ailleurs les guinées ne circulent pas seulement à l'intérieur du pays, mais elles sont exposées à être envoyées à l'étranger dans l'éventualité d'une balance commerciale défavorable. Dans ce cas, elles valent juste ce que le pays étranger donnera pour elles ; et le pays étranger, en estimant leur valeur, ne prendra pas du tout en compte dans son calcul la dépense du monnayage des pièces de métal, puisqu'il compte les fondre. Il agit comme un acheteur, non pas de nouvelles, mais de vieilles pièces d'orfèvrerie, qui les destine au creuset, et refuse par conséquent de tenir aucun compte de « la façon ».

Ce prix étranger de nos pièces détermine à titre principal la valeur courante du prix des pièces en Angleterre. Il me semble qu'il le fait de la façon suivante.

Quand le prix que nos pièces obtiendront dans les pays étrangers est tel qu'il les attire hors du Royaume, les administrateurs de la Banque diminuent naturellement, à un certain degré, la quantité de leur papier, par inquiétude pour la sécurité de leur établissement. En diminuant leur papier, ils haussent sa valeur ; et en haussant sa valeur, ils haussent aussi la valeur en Angleterre des pièces courantes qu'on échange pour ce papier. La valeur de nos pièces d'or se conforme ainsi à la valeur du papier courant, et les administrateurs de la Banque font attribuer au papier courant la valeur qu'il est nécessaire qu'il ait afin d'empêcher de grandes exportations ; une valeur qui augmente parfois un peu au-dessus, et tombe parfois un peu en dessous du prix de nos pièces à l'étranger ; un prix, dans la formation duquel on ne prête aucune attention à la façon.

Un seigneuriage pourrait néanmoins ajouter à la valeur courante des pièces du Royaume pour la raison suivante. Il pourrait incliner les administrateurs de la Banque à améliorer la valeur de leur papier en le limitant plus strictement, en vue de s'exempter plus efficacement d'une charge occasionnelle, qui est maintenant supportée pour eux par le Gouvernement. Le point *au-dessous* duquel ils souhaiteraient empêcher leur papier de tomber serait toujours le même que ce qu'il est maintenant, à savoir, le prix de vente de nos pièces une fois fondues et transportées à l'étranger. Cependant, le soin qu'ils prendraient à empêcher sa chute en dessous de ce prix serait peut-être plus grand, et serait de nature à augmenter son prix moyen, si, dans le cas de toute baisse de prix, ils étaient soumis non seulement, comme ils le sont maintenant, à une perte pour l'achat d'or, mais à une perte supplémentaire lors du monnayage [à savoir le seigneuriage]. Néanmoins, il semble n'y avoir aucune raison de penser que le degré de fluctuation qui est susceptible d'exister maintenant entre le prix de marché de l'or et son prix à la Monnaie puisse être substantiellement réduit, par aucun effort de la Banque. Il résulte des fluctuations du change ; et ces fluctuations procèdent en général de variations des marchés européens qui affectent la balance commerciale, et ne peuvent pas être exactement contrecarrées par aucune gestion du papier bancaire.

f "The coffers of a banking company which issues more paper than can be employed in the circulation of the country, and of which the excess is continually returning upon them for payment, though they ought to be filled much fuller, yet must empty themselves much faster than if their business was confined within more reasonable bounds, and must require not only a more violent but a more constant and uninterrupted exertion of expence in order to replenish them. The coin, too, which is thus continually drawn in such large quantities from their coffers cannot be employed in the circulation of the country. It comes in place of a paper which is over and above what can be employed in that circulation, and is, therefore, over and above what can be employed in it too. But as that coin will not be allowed to lie idle, it must, in one shape or another, be sent abroad, in order to find that profitable employment which it cannot find at home; and this continual exportation of gold and silver, by enhancing the difficulty, must necessarily enhance still further the expence of the bank in finding more gold and silver in order to replenish those coffers which empty themselves so very rapidly."—Vol. I. page 450.

g The case here put is assumed to exist only by way of argument. The point intended to be shown, is, that the case cannot happen; or, at least, that such cannot be the case, at the same time, of all the country banks in the kingdom. A single individual, it is true, may find his means of borrowing at a particular country bank to encrease in the manner which is here supposed; for he may obtain a preference over other borrowers. A single bank, also, may find its means of lending to encrease; for its notes may usurp the place of those of other banks. There can, however, be no material enlargement on the whole of the paper of the country, while the facility of borrowing in London remains the same.

f « [La caisse d'une] compagnie de banque qui émet plus de papier que n'en peut employer la circulation du pays, et à qui l'excédent de son papier revient sans cesse à remboursement […], bien qu'il faille la tenir mieux garnie, se videra néanmoins beaucoup plus vite que si la compagnie eût resserré ses affaires dans des bornes plus raisonnables, et pour la remplir, il faudra faire des efforts de dépense, non seulement plus violents, mais encore plus constants et ininterrompus. D'ailleurs, les pièces qui sortent continuellement de sa caisse en si grandes quantités ne peuvent être employées dans la circulation du pays. Elles viennent prendre la place d'un papier qui excède ce que cette circulation peut employer, et excédent donc aussi ce que cette circulation peut employer. Mais comme on ne permettra pas à ces pièces de rester oisives, il faut, sous une forme ou sous une autre, les envoyer au-dehors pour y trouver l'emploi avantageux qu'elles ne peuvent trouver à l'intérieur ; et cette exportation continuelle d'or et d'argent doit augmenter nécessairement pour la banque la difficulté et, par conséquent, la dépense de se procurer [davantage] d'or et d'argent pour remplir cette caisse qui se vide avec tant de rapidité. » – vol. I. page 450. [Smith (1976, II.ii.50-51 ; 1991, t. 1, p. 384-385 ; 2000, p. 308). Thornton recompose le texte de Smith, qui distingue clairement entre le stock de métaux précieux que détient la banque (la caisse qu'il faut « tenir mieux garnie »), et le flux de ceux-ci. À la fin de la citation, Thornton remplace « *new gold and silver* » par « *more gold and silver* », alors qu'il ne s'agit pas pour Smith d'une addition nette au stock de métaux précieux de la banque. Le début du texte de la présente note est emprunté à un passage cité plus complètement p. 345.]

g On a supposé les conditions présentées ici uniquement pour les besoins du raisonnement. Le point que nous souhaitons montrer est qu'elles ne peuvent pas se produire ; ou, tout au moins, que tel ne peut pas être simultanément le cas de toutes les banques de province du Royaume. Un individu isolé, il est vrai, peut trouver que ses moyens d'emprunter auprès d'une banque de province particulière augmentent de la façon qu'on a supposée ici ; car il pourrait bénéficier d'une préférence sur d'autres emprunteurs. Une banque isolée peut aussi trouver que ses moyens de prêter augmentent ; car ses billets peuvent usurper la place de ceux d'autres banques. Cependant, il ne peut y avoir aucune augmentation substantielle de l'ensemble du papier du pays, tandis que la facilité d'emprunter à Londres demeure la même.

CHAP. IX

Of the Circumstances which cause the Paper of the Bank of England, as well as all the other Paper of the Country, to fail of having their Value regulated according to any exact Proportion to the Quantity of Bank of England Notes.

Several points may be considered as having been assumed, for the sake of describing clearly the principle which was laid down in the close of the former Chapter. They may be stated to have been the following.

First, the notes of the Bank of England were spoken of as forming exclusively the whole circulating medium of the district which surrounds the metropolis, and as having no circulation beyond the boundaries of that district. The object was, then, to evince, that supposing, secondly, the quantity of Bank of England paper to continue the same; and supposing, thirdly, the payments within the district to be the same; and supposing also, fourthly, the general circumstances to be such as to render the same quantity of circulating medium just as sufficient as before to effect the same payments; the Bank of England paper could not fail both to maintain its own value, and also to maintain the value as well to restrict the quantity of the general paper of the country.

In attempting to shew in what respects the case thus put may have differed from the actual one, I shall advert to each of the four points which have just been mentioned.

CHAPITRE IX

Des circonstances qui empêchent la valeur du papier de la Banque d'Angleterre, tout comme celles de tous les autres papiers du pays, d'être réglées conformément à une proportion exacte de la quantité des billets de la Banque d'Angleterre.

INTRODUCTION

On peut considérer que plusieurs suppositions ont été faites dans le but de décrire clairement le principe posé au terme du chapitre précédent. Elles peuvent être énoncées comme suit.

Tout d'abord, on a parlé des billets de la Banque d'Angleterre comme constituant de façon exclusive l'intégralité du moyen circulant de la région de la métropole, et ne circulant pas au-delà des limites de cette région. Nous avons supposé, en deuxième lieu, que la quantité de papier de la Banque d'Angleterre restait inchangée[1] ; en troisième lieu, que les paiements au sein de la région de Londres restaient les mêmes ; et nous avons aussi supposé, en quatrième lieu, que les circonstances générales étaient telles que la même quantité de moyen circulant était tout aussi suffisante qu'avant pour effectuer les mêmes paiements. L'objectif était de démontrer que le papier de la Banque d'Angleterre ne pouvait pas manquer à la fois de maintenir sa propre valeur, et de maintenir aussi la valeur et de restreindre la quantité de l'ensemble du papier du pays.

Pour essayer de montrer à quels égards les conditions formulées de la sorte peuvent s'être écartées de la situation réelle, j'évoquerai chacune des quatre suppositions que je viens de mentionner.

---

1 À strictement parler, le chapitre VIII avance que « la limitation efficace du papier londonien est le point crucial » (« Comment la limitation… »).

First, the notes of the Bank of England have a circulation, which is not perfectly exclusive, over any definable district. In the metropolis itself, and in its neighbourhood, they are the only current paper, some coin circulating also. In many distant parts of the country a very small quantity of Bank of England notes circulate, and also much other paper, as well as a certain quantity of coin. This London and country coin, as well as country paper, may [213] happen through various causes to supplant the Bank of England paper, or to be supplanted by it, either in a greater or in a less degree; and every such variation will have an effect which it is necessary to consider. If, for example, a larger quantity than usual of Bank of England notes should circulate in the country; then the quantity of them which remains applicable to the uses of the London district will be smaller, supposing the total amount issued to be the same. In the case, therefore, of more Bank of England notes circulating in the country, and in the case also of some Bank of England notes occupying the place of guineas antecedently current in London, an issue of a larger total quantity of Bank of Engand paper will be necessary, in order to give the same means as before of effecting London payments, and in order to produce the same limitation as before of the total quantity of circulating paper in the country.

All the one and two pound notes of the Bank of England (a species of paper which has been issued only since the suspension of its cash payments) have clearly formed that sort of addition to the bank paper of which I have been speaking. These have circulated, some in London, and many of them in the country, in the place of guineas, which have disappeared; and the amount of them has lately been two millions.

PREMIÈRE SUPPOSITION : LES BILLETS DE LA BANQUE NE CIRCULENT QUE DANS LA RÉGION DE LONDRES, ET Y CONSTITUENT LE SEUL MOYEN CIRCULANT

Tout d'abord, la circulation des billets de la Banque d'Angleterre n'est pas parfaitement exclusive, dans aucune région qu'on puisse définir. Dans la métropole elle-même et dans son voisinage, ils sont le seul papier à avoir cours, quelques pièces circulant aussi. Dans beaucoup de parties éloignées du pays circule une très petite quantité de billets de la Banque d'Angleterre, et aussi beaucoup de papier d'autres émetteurs, de même qu'une certaine quantité de pièces. Ces pièces de Londres et de province, tout comme le papier de province, peuvent par diverses causes se trouver supplanter le papier la Banque d'Angleterre, ou être supplantés par lui, à un degré plus ou moins élevé ; et chacune de ces variations aura un effet qu'il convient d'envisager. Si, par exemple, une quantité plus grande qu'à l'ordinaire de billets de la Banque d'Angleterre circulait en province, alors la quantité de ceux-ci restant utilisable dans la région de Londres serait moindre, à supposer que le montant total émis reste le même. Donc, au cas où davantage de billets de la Banque d'Angleterre circulent en province, ainsi qu'au cas où des billets de la Banque d'Angleterre occupent la place de guinées qui étaient auparavant courantes à Londres, l'émission d'une plus grande quantité totale de papier de la Banque d'Angleterre sera nécessaire, afin de donner les mêmes moyens qu'avant d'effectuer les paiements londoniens, et de produire la même limitation qu'avant de la quantité totale de papier circulant dans le pays.

Tous les billets d'une et de deux livres de la Banque d'Angleterre (une espèce de papier qui n'a été émise que depuis la suspension de ses paiements en espèces) ont clairement constitué la sorte d'addition au papier bancaire dont je viens de parler. Ils ont circulé, certains à Londres, et beaucoup en province, en remplacement des guinées, qui ont disparu ; et leur montant s'élevait il y a peu à deux millions[2].

2 Ce chiffre sera discuté plus bas (« Deuxième supposition »).

In order, therefore, to produce the same effect on the country paper as before the suspension, the total amount of Bank of England notes lately circulating ought to have exceeded the quantity issued before the suspension by about two millions, supposing all other things the same. There are other causes which occasionally produce variations in that part of the Bank of England paper, which assists in supplying the distant country circulation: and these variations may sometimes be considerable, and may not easily be estimated. They probably, however, have not lately been material. For though, while the practice of paying in gold has been suspended, country banks, on the one hand may have been encouraged somewhat more than before to push their notes into circulation, and may thus have supplanted some of the paper of the Bank of England usually passing in their neighbourhood; [214] they certainly, on the other hand, have many of them kept lately in their drawer a fund of Bank of England notes, which was not heretofore deemed necessary, for the sake of being able to offer these in payment of their own paper[a].

I have to consider, secondly, how far, allowing for that difference of two millions of which mention has been made, the circulating quantity of Bank of England paper has lately corresponded with that of antecedent periods.

The average amount of Bank of England notes in circulation during three years ending in December 1795, appears to have been 11,975,573*l.* The amount in circulation on the 26th of February 1797, the day antecedent to the suspension of the cash payments of the bank, has been already stated to have been about 8,600,000*l.*, this being that very low sum to which they were then reduced.

Donc, pour produire le même effet sur le papier de province qu'avant la Suspension, le montant total des billets de la Banque d'Angleterre circulant ces derniers temps doit avoir dépassé d'environ deux millions la quantité émise avant la Suspension, toutes autres choses égales par ailleurs. Il y a d'autres causes qui produisent à l'occasion des variations de la partie du papier de la Banque d'Angleterre qui contribue à alimenter la circulation des régions éloignées. Et ces variations peuvent parfois être considérables, et ne sont pas faciles à estimer. Cependant, elles n'ont probablement pas été substantielles ces derniers temps. Certes, depuis que la pratique du paiement en or a été suspendue, les banques de province peuvent d'un côté avoir été encouragées un peu plus qu'avant à mettre leurs billets en circulation, et avoir supplanté de cette façon une partie du papier de la Banque d'Angleterre habituellement utilisé dans leur voisinage ; mais d'un autre côté, elles ont certainement, pour beaucoup d'entre elles, gardé ces derniers temps dans leurs tiroirs un fonds de billets de la Banque d'Angleterre, qui n'était pas jusqu'ici jugé nécessaire, afin de pouvoir les offrir en remboursement de leur propre papier[a].

DEUXIÈME SUPPOSITION : LA QUANTITÉ DE BILLETS DE LA BANQUE N'A PAS VARIÉ

En deuxième lieu, je dois examiner dans quelle mesure, compte tenu de cet écart de deux millions qu'on a mentionné, la quantité de papier de la Banque d'Angleterre en circulation a correspondu ces derniers temps à celle de périodes antérieures.

Le montant moyen de billets de la Banque d'Angleterre en circulation pendant les trois années se terminant en décembre 1795, semble avoir été de 11 975 573 £[3]. On a déjà indiqué que le montant en circulation le 26 février 1797, la veille de la suspension des paiements en espèces de la Banque, était d'environ 8 600 000 £, ceci étant la somme très basse à laquelle il avait alors été réduit[4].

3 Annexe 21 au *Third Report...* de 1797, reproduit dans House of Commons (1803, p. 191).

4 Chapitre IV, « Remarque sur la relation entre prêts et émissions. »

By a statement of their amount on the 6th December 1800, laid before the House of Commons, they appear to have been then 15,450,970*l.* This last mentioned sum includes the two millions of one and two pound notes. If these two millions are deducted, the amount on the 6th December 1800 will exceed the average amount in three years antecedent to the suspension of the cash payments of the bank by 1,475,397*l.* It remains, however, to be observed, that the notes of the Bank of England were stated to the House of Commons by the governor of that company, in the spring of 1801, to have been then reduced to a sum less by about a million and a half than their amount on the 6th December 1800. The total quantity, therefore, of the Bank of England notes in circulation in one part of the spring of 1801, if the two millions be deducted, almost exactly agrees with their average amount during the three years ending December 1795[b].

[215]

We have to consider, thirdly, whether the payments of the metropolis may be likely to have been the same in the last year as in some preceding years.

Il ressort d'une communication de leur quantité en circulation le 6 décembre 1800, faite devant la Chambre des Communes, qu'ils s'élevaient alors à 15 450 970 £[5]. Cette dernière somme inclut les deux millions de billets d'une et de deux livres. Déduction faite de ces deux millions, le montant du 6 décembre 1800 dépasse de 1 475 397 £ le montant moyen pendant les trois années antérieures à la suspension des paiements en espèces de la Banque. Il reste cependant à observer que le gouverneur de la Banque a déclaré à la Chambre des Communes au printemps 1801, que les billets de la Banque d'Angleterre avaient alors été réduits à un montant inférieur d'environ un million et demi à leur montant le 6 décembre 1800[6]. Si l'on déduit les deux millions, la quantité totale de billets de la Banque d'Angleterre en circulation durant une partie du printemps de 1801, concorde donc presque exactement avec leur montant moyen pendant les trois années se terminant en décembre 1795[b].

TROISIÈME SUPPOSITION : LES PAIEMENTS LONDONIENS N'ONT PAS VARIÉ

Nous devons examiner, en troisième lieu, si les paiements de la métropole sont susceptibles d'avoir été les mêmes au cours de l'année écoulée que pendant les quelques années précédentes.

---

5 *Cf.* chap. IV, p. 147, n. 12.

6 Le gouverneur (Samuel Thornton) a cité ce chiffre lors d'un débat tenu le 23 mars 1801, auquel il participait au titre de député (*The Parliamentary Register*, vol. 14, 1801, p. 556). Plus précisément, il a évoqué une baisse d'1,5 millions par rapport à « avant le mois de janvier », ce qui correspond au texte de son frère qui suggère un montant, hors petites coupures, de 12 millions. Ces chiffres sont discutés dans la Présentation de la présente édition.

A subject, in the examination of which there may seem to be some difficulty, shall here, in the first place, be discussed. It has been already observed, that the quantity of Bank of England notes is limited by the bank directors who issue them; and that the quantity of country bank paper, though restricted in an equal degree, is limited not by the act of the issuers, but through the circumstance of its exchangeableness for London paper. By saying that the country paper is limited in an equal degree, I always mean not that one uniform proportion is maintained between the quantity of the London paper and that of the country paper, but only that the quantity of the one, in comparison with the demand for that one, is the same, or nearly the same, as the quantity of the other in proportion to the call for the other.
[216]
The reader, in reasoning on this state of the case, may, perhaps, be inclined to infer, and it is a question which seems to deserve consideration, that when the Bank of England paper is more than usually restricted, the pressure in London which in such case takes place (for it is there that the general pressure originates), may be likely to relieve itself either by drawing to London a large part of the Bank of England paper usually circulating in the country, the place which it occupied being supplied by country paper, or by causing many of the payments of London to transfer themselves to the country. If either of these two consequences should result from every pressure in London, then, even though the total amount of Bank of England paper should be diminished, that part of it which circulates in London may possibly continue to be just as sufficient as before to perform the task assigned to it of effecting the London payments; and in that case the country paper also, since it always takes the price of the London paper, will so far [217] encrease itself as to become in the same manner as before commensurate with the country payments. If any considerable effect of this kind should follow from every limitation of the London paper; then the principle which was laid down in the close of the former Chapter in a great measure fails: and the bank has not that power which was ascribed to it of restricting the quantity and regulating the value of the paper of the country.

LE RÔLE DE L'ABONDANCE COMPARÉE DU PAPIER LONDONIEN ET DE PROVINCE

On discutera d'abord ici un sujet dont l'examen semble soulever certaines difficultés. On a déjà observé que la quantité de billets de la Banque d'Angleterre est limitée par les administrateurs de la Banque qui les émettent ; et que la quantité de papier des banques de province, quoique restreinte à un degré égal, est limitée non pas par l'action des émetteurs, mais par la circonstance de son échangeabilité en papier londonien[7]. En disant que le papier de province est limité à un degré égal, je veux toujours dire, non pas qu'une proportion uniforme est maintenue entre la quantité du papier londonien et celle du papier de province, mais seulement que la quantité de l'un, en comparaison avec la demande de celui-ci, est la même, ou peu s'en faut, que la quantité de l'autre en proportion de la demande de l'autre.

Le lecteur, en raisonnant sur cette énoncé de la situation, sera peut-être incliné à conclure, et c'est une question qui semble mériter considération, que quand le papier de la Banque d'Angleterre est restreint plus qu'à l'ordinaire, la pression qui s'exerce dans ce cas à Londres (car c'est là que la pression générale trouve son origine), est susceptible d'être soulagée, soit en attirant à Londres une grande partie du papier de la Banque d'Angleterre qui circule habituellement en province, la place qu'il y occupait étant prise par du papier de province, soit en provoquant le transfert en province de nombreux paiements londoniens. Si l'une ou l'autre de ces deux conséquences devait résulter de toute pression à Londres, alors, quand bien même le montant total du papier de la Banque d'Angleterre devait être diminué, la part de celui-ci qui circule à Londres pourrait bien continuer d'être tout aussi suffisante qu'avant pour assurer la tâche qui lui est assignée d'effectuer les paiements londoniens ; et dans ce cas le papier de province, puisqu'il prend toujours le prix du papier londonien, augmenterait lui aussi jusqu'à être proportionné comme avant aux paiements de province. Si un effet considérable de cette sorte fait suite à toute limitation du papier de Londres, alors le principe qui a été posé à la fin du chapitre précédent est dans une grande mesure en défaut : et la Banque n'a pas ce pouvoir qu'on lui a attribué de restreindre la quantité et de régler la valeur du papier du pays.

7 *Cf.* chap. VIII, p. 351 *sq.*

That a pressure in London is not likely to produce the first of the two effects which have been mentioned, that of drawing to London the Bank of England notes circulating in the country is a point on which I shall not separately dwell, except so far as to observe, that a pressure in London, if it be very sudden and severe, may be suspected of having a tendency directly contrary to that of bringing Bank of England notes from the country to London; for it is apt, through the alarm which it excites, to produce, as was formerly explained, an extraordinary diminution of country bank notes; a diminution, I mean, which is even greater in proportion to the country payments to be effected than that of the notes of the Bank of England in proportion to the London payments. In such case, a necessity is created for the substitution of other circulating medium in the place of the country paper which has been suppressed. The substitute principally demanded will be gold; but some Bank of England paper is not unlikely to be also employed in filling the void.

In proceeding to enquire whether a pressure in London, arising from the restriction of Bank of England paper, is likely to cause the transfer to the country of many of the payments usually made in London, I shall advert to past experience.

It was mentioned in an early Chapter of this Work, that there seems to have existed, for some time, an encreasing disposition to transfer to London the pecuniary part of even those commercial transactions which belong properly to the country. It here naturally occurs to us to enquire for what reason the restriction of the notes of the Bank of England by the issuers in time past, has not served to remove this disposition, and even to cause the [218] quantity of London payments, compared with those of the country, continually to lessen, rather than to encrease. The Bank of England paper, let it here be observed, operated before the suspension of the cash payments of the bank in restricting the country paper, exactly in the same manner as it has done since that event. It is commonly and very naturally supposed, that it was the exchangeableness of the country paper for guineas which used to sustain its value. This, however, was not the case: its value was sustained by its exchangeableness for Bank of England notes.

Qu'une pression à Londres ne soit pas susceptible de produire le premier des deux effets mentionnés, celui d'attirer à Londres les billets de la Banque d'Angleterre circulant en province, c'est un point sur lequel je ne m'étendrai pas séparément, si ce n'est pour observer qu'une pression à Londres, si elle est très soudaine et grave, peut être soupçonnée d'avoir une tendance directement contraire à celle de ramener des billets de la Banque d'Angleterre de la province à Londres. Elle est en effet de nature à produire, par l'alarme qu'elle suscite, et comme on l'a expliqué précédemment, une diminution extraordinaire des billets de banque de province ; j'entends par là une diminution qui est encore plus grande en proportion des paiements à effectuer en province que celle des billets de la Banque d'Angleterre en proportion des paiements londoniens. En pareil cas se crée une nécessité de substituer un autre moyen circulant au papier de province qui a été supprimé. Le principal substitut réclamé sera l'or ; mais on est aussi susceptible d'employer du papier de la Banque d'Angleterre pour combler le vide.

En examinant si une pression à Londres, résultant de la restriction du papier de la Banque d'Angleterre, est susceptible de causer le transfert en province de beaucoup des paiements habituellement effectués à Londres, je ferai appel à l'expérience du passé.

On a mentionné dans un chapitre antérieur de cet ouvrage[8], qu'il semble y avoir existé pendant quelque temps une disposition croissante à transférer à Londres la partie pécuniaire de même celles des transactions commerciales qui relèvent à proprement parler de la province. Ceci nous suggère naturellement d'examiner pourquoi la restriction des billets de la Banque d'Angleterre par les émetteurs dans le passé, n'a pas permis d'éliminer cette disposition, ni même de causer une diminution continue de la quantité de paiements londoniens, comparée à ceux de la province, plutôt qu'une augmentation. Observons qu'avant la suspension des paiements en espèces de la Banque, le mode opératoire de la restriction du papier de province par celui de la Banque d'Angleterre était exactement le même que depuis cet événement. On pense communément et très naturellement, que c'était l'échangeabilité en guinées du papier de province qui soutenait alors sa valeur. Ce n'était pourtant pas le cas : sa valeur était soutenue par son échangeabilité en billets de la Banque d'Angleterre.

8 Chapitre IV, « De la nature de l'institution... ».

The country paper bore always and necessarily the same value as the notes of the Bank of England; and not always or necessarily the same value as the gold contained in the coin, for which the country paper was exchangeable. It is true, indeed, that the quantity of gold in our coin had an influence on the value of country paper. It had, however, only an influence which was imperfect and indirect. It served to dictate to the directors of the Bank of England what was that quantity of paper which they might properly emit. For, if at any time the exchanges of the country became so unfavourable as to produce a material excess of the market price above the mint price of gold; the directors of the bank, as appears by the evidence of some of their body given to parliament, were disposed to resort to a reduction of their paper as a means of diminishing or removing the excess, and of thus providing for the security of their establishment. They, moreover, have at all times been accustomed to observe some limit as to the quantity of their notes, for the same prudential reasons.

This interest in the prevention of any great excess of the market price above the mint price of gold was in no degree felt by the country banker; for the loss sustained by every new conversion of bullion into coin was borne not by him, but by the Bank of England, out of whose coffers all the guineas called for in every part of the kingdom were supplied. The Bank of England, if coin was demanded of it, had to purchase bullion at a losing price. The country banker, if coin was in like manner required of him, had only to possess himself of a Bank of England note, which was [219] exchangeable at the bank for guineas without any discount. If, therefore, the directors of the Bank of England suffered their paper to be worth less than the gold contained in the coin for which their paper was exchangeable, the country paper was worth less also; or, in other words, the degree of expence and difficulty which the country banker incurred in obtaining guineas, was to be measured by the degree of expence and difficulty incurred in obtaining Bank of England notes, and not by the degree of expence and difficulty incurred in buying and then coining gold.

Le papier de province avait toujours et nécessairement la même valeur que les billets de la Banque d'Angleterre ; et pas toujours ni nécessairement la même valeur que le contenu en or des pièces, contre lesquelles le papier de province était échangeable. Il est vrai, en effet, que la teneur en or de nos pièces avait une influence sur la valeur du papier de province. Elle n'avait, cependant, qu'une influence imparfaite et indirecte. Elle permettait de dicter aux administrateurs de la Banque d'Angleterre la quantité de papier qu'il convenait d'émettre. Car si jamais les changes du pays devenaient défavorables au point de produire un excédent significatif du prix de marché de l'or sur son prix à la Monnaie ; les administrateurs de la Banque, comme il ressort aussi des dépositions de certains d'entre eux au Parlement, étaient disposés à recourir à une réduction de leur papier comme un moyen de diminuer ou d'éliminer l'excédent, et de pourvoir ainsi à la sécurité de leur établissement. De plus, ils avaient coutume d'observer à tout moment une certaine limite quant à la quantité de leurs billets, pour les mêmes raisons prudentielles.

Cet intérêt à prévenir tout excédent important du prix de marché de l'or sur son prix à la Monnaie n'était nullement ressenti par le banquier de province ; car la perte subie en raison de toute nouvelle conversion de lingots en espèces n'était pas supportée par lui, mais par la Banque d'Angleterre, des coffres de laquelle provenaient toutes les guinées réclamées dans chaque partie du Royaume. Si des pièces lui étaient réclamées, la Banque d'Angleterre devait acheter des lingots à perte. Si on exigeait de manière semblable des pièces du banquier de province, celui-ci n'avait qu'à se procurer un billet de la Banque d'Angleterre, qui était échangeable en guinées à la Banque sans aucun escompte. Donc, si les administrateurs de la Banque d'Angleterre toléraient que leur papier vaille moins que l'or contenu dans les pièces contre lesquelles leur papier était échangeable, le papier de province valait moins lui aussi ; ou, en d'autres termes, le niveau de dépense et de difficulté qu'encourait le banquier de province pour obtenir des guinées, devait être mesuré par le niveau de dépense et de difficulté encouru pour obtenir des billets de la Banque d'Angleterre, et non par le niveau de dépense et de difficulté encouru pour acheter, puis monnayer de l'or.

The necessity which the Bank of England felt of curing any great excess of the market price above the mint price of gold, caused the limitation of Bank of England paper; and then this limitation, in proportion as it took place, produced the limitation of the paper of the country. It was in this manner that an excessive issue of the paper of the kingdom was restrained before the suspension of the cash payments of the Bank of England. If, then, the directors of the bank were used before the suspension of their cash payments to limit their issues through a necessity which sometimes urged them, and if thus they limited the paper of the country in the manner which has been described, it follows that, supposing them after that event to have restrained their issues in like manner, though through a somewhat less urgent motive, the general effect must have been the same. There can, therefore, be no more reason to suppose a transfer to have lately taken place of London payments to the country, or of Bank of England notes circulating in the country to London, than there is to suppose the same transfer to have taken place in the time when the bank paid in gold. Both the nature of the pressure, and the principle on which our paper credit stood, were the same at both periods.

It remains for us to enquire, how far the payments of London are likely to have varied through any other cause. It is probable that, under ordinary circumstances, they do not fluctuate in any very considerable degree within a short distance of time. War seems likely, on the whole, to encrease them, both by the additional business in the stocks, and also by the other pecuniary transactions [220] on the account of government (transactions generally carried on entirely in London), to which it gives occasion. It also encreases the payments of London, in common with those of the country, by contributing to a general rise in the price of articles. It is, however, necessary to guard this observation. In respect to the total *quantity* of consumable articles produced and sold in the kingdom, war, perhaps, may be considered as usually making little difference;

La nécessité qu'a ressentie la Banque d'Angleterre de remédier à tout excédent important du prix de marché de l'or sur son prix à la Monnaie, a causé la limitation du papier de la Banque d'Angleterre ; puis cette limitation, dans la proportion où elle avait lieu, a produit la limitation du papier de province. C'était de cette manière qu'une émission excessive de papier du Royaume était restreinte avant la suspension des paiements en espèces de la Banque d'Angleterre. Dès lors, si les administrateurs de la Banque avaient coutume, avant la suspension de leurs paiements en espèces, de limiter leurs émissions par une nécessité qui les pressait parfois, et s'ils limitaient ainsi le papier de province de la façon qu'on a décrite, il s'ensuit que, si après cet événement ils ont restreint leurs émissions de manière semblable, quoique pour un motif quelque peu moins pressant[9], l'effet général doit avoir été le même. Il ne peut donc y avoir plus de raison de penser qu'un transfert a récemment eu lieu de paiements londoniens vers la province, ou de billets de la Banque d'Angleterre circulant en province vers Londres, qu'il y en a de penser que le même transfert a eu lieu à l'époque où la Banque payait en or. Aussi bien la nature de la pression, que le principe sur lequel reposait notre papier de crédit, étaient les mêmes aux deux périodes.

LE RÔLE DE LA GUERRE

Il nous reste à examiner dans quelle mesure les paiements de Londres sont susceptibles d'avoir varié pour toute autre raison. Il est probable que, dans des circonstances ordinaires, ils ne fluctuent pas à un degré très élevé sur un court laps de temps. Il semble vraisemblable qu'une guerre les augmente dans l'ensemble, à la fois par les transactions supplémentaires sur les rentes, et par les autres transactions pécuniaires pour le compte du Gouvernement qu'elle occasionne (des transactions effectuées en général entièrement à Londres). Elle augmente aussi les paiements de Londres, tout comme ceux de province, en contribuant à une hausse générale du prix des articles. Il est cependant nécessaire de nuancer cette observation. Pour ce qui est de la *quantité* totale d'articles consommables produits et vendus dans le Royaume, peut-être peut-on considérer qu'une guerre fait d'habitude peu de différence ;

9 Car ils n'étaient plus tenus de rembourser les billets.

for, while it gives a spur to some, it operates as a check to other branches of industry; and, while it encreases national consumption, it may possibly diminish, in an almost equal degree, that of individual. It raises, however, the *price* of commodities, and thus enlarges the general amount of payments, though it more particularly augments those payments which are made in the metropolis. This general augmentation, however, of the price of our articles, unattended by a similar rise in the price of the commodities of other countries, obstructs, as has been already shewn, the exportation of our goods; since it renders them less able to stand the competition to which they are subject in foreign markets, unless a compensation for the rise is afforded to the foreigner in the computation of the exchange between the two countries. The reader may, perhaps, be led here to imagine, that the bank ought to prevent this rise, according to the principles which it is the object of this Chapter to establish, a sufficiently considerable reduction of its paper being all that is necessary for the purpose. No doubt the fact is, that the tendency of goods to rise is continually restrained by the limitation of the paper of the Bank of England. And I apprehend that it is restrained just as much as it is proper, or, perhaps, practicable, to restrain it, if the paper of the bank is so far confined as to prevent an excess of the market price above the mint price of gold: for, in that case, it is restrained so far as still to afford to our goods the opportunity of sale in a foreign market, without giving to the foreigner that compensation in the exchange which leads to the exportation of the current coin of the country. To suppose the bank paper to be restrained much farther, is to suppose a profit on the importation of bullion; a profit, to which the continuance [221] of the importations of that article must soon put a period. In saying, therefore, that war enhances the price of goods, and thus causes an encrease of payments, we ought here to bear in mind that it ought only to be allowed to lift them up to that point to which they can be raised consistently with the general maintenance of our exchanges; and that, so far as they *permanently* stand above that point, it is the enlarged and too great quantity of notes of the Bank of England which is to be considered as the cause of the high price of goods, rather than the high price of goods which is to be taken to be the cause of the enlarged quantity of notes of the Bank of England[c].

car si elle donne une impulsion à certaines branches d'activité, elle agit comme un frein pour d'autres ; et alors qu'elle augmente la consommation nationale[10], il se pourrait qu'elle diminue, à un degré presque égal, celle des individus. Elle augmente cependant le *prix* des marchandises, et gonfle ainsi le montant des paiements dans leur ensemble, bien qu'elle augmente plus particulièrement les paiements faits dans la métropole. Cette augmentation générale du prix de nos articles, non suivie d'une hausse semblable du prix des marchandises d'autres pays, entrave cependant, comme on l'a déjà montré, l'exportation de nos marchandises ; car elle les rend moins à même de soutenir la concurrence à laquelle elles sont soumises sur les marchés étrangers, à moins qu'une compensation pour la hausse ne soit accordée à l'étranger dans le calcul du change entre les deux pays. Il se peut que le lecteur soit amené ici à imaginer que la Banque doit empêcher cette hausse, selon les principes qu'il est l'objet de ce chapitre d'établir, une réduction suffisamment importante de son papier étant tout ce qui est nécessaire dans ce but. Sans aucun doute, le fait est que la tendance à la hausse des biens est continuellement restreinte par la limitation du papier de la Banque d'Angleterre. Et je pense qu'elle est restreinte juste autant qu'il est convenable, ou, peut-être, faisable, si le papier de la Banque est limité au point de prévenir un excédent du prix de marché de l'or sur son prix à la Monnaie. Dans ce cas, en effet, il est restreint au point d'offrir toujours à nos biens la possibilité d'être vendus sur un marché étranger, sans donner à l'étranger la compensation dans le change qui mène à l'exportation des pièces courantes du pays. Supposer que le papier bancaire est restreint beaucoup plus, c'est supposer un profit sur l'importation du lingot ; un profit auquel la continuation des importations de cet article doit bientôt mettre un terme. Dès lors, en disant que la guerre hausse le prix des biens, et cause ainsi une augmentation des paiements, nous devons ici garder à l'esprit qu'il ne faut l'autoriser à les hausser qu'au point compatible avec le maintien de l'ensemble des changes ; et que, pour autant que les prix se maintiennent de manière *permanente* au-dessus de ce point, c'est la quantité accrue à l'excès de billets de la Banque d'Angleterre qui est à considérer comme la cause du prix élevé des marchandises, plutôt que le prix élevé des biens qu'il faudrait prendre pour la cause de la quantité accrue de billets de la Banque d'Angleterre[c].

10 C'est-à-dire publique.

There is considerable danger, lest, in this respect, we should, in some degree, at least, mistake the effect for the cause; and should too much incline to consider an advanced price of commodities to be both the cause of an encreased issue of paper and the justification of it.

War, on the contrary, may be supposed to lessen the amount of general payments, or, at least, to check their growth, so far as it obstructs the accumulation of wealth and the natural progress of commerce. We know, however, that, during the late war, the amount of our exported and imported articles continued greatly to encrease. This happened partly, no doubt, through the general tendency of our trade to enlarge itself, partly through the advantages resulting from some new colonial acquisitions, and partly [222] from the circumstance of the commerce of our competitors having been still more interrupted than our own. Our exports and imports, it is true, form no just measure of the total quantity either of our commercial transactions or of our general payments: they afford, however, some presumption of the enlargement of both. If we take into consideration all the points which have been touched upon, there will appear sufficient reason to believe, that, during the late war, a very considerable and progressive augmentation of the payments of the metropolis must have taken place.

It now remains only to consider, fourthly, how far circumstances may have been such as to have rendered the same quantity of Bank of England notes either more or less sufficient for effecting the same quantity of London payments.

Il y a un grand danger qu'à cet égard, nous ne confondions, au moins à un certain degré, l'effet avec la cause ; et que nous ne soyons trop enclins à considérer un prix élevé des marchandises comme à la fois la cause de l'émission accrue de papier et sa justification.

Au contraire, on peut penser qu'une guerre diminue le montant des paiements dans leur ensemble, ou du moins, qu'elle freine leur croissance, dans la mesure où elle fait obstacle à l'accumulation de richesse et au progrès naturel du commerce. Nous savons cependant que pendant la dernière guerre, la quantité de nos articles exportés et importés a continué à beaucoup augmenter. Sans aucun doute, ceci s'est-il produit en partie en raison de la tendance générale de notre commerce à se développer, en partie grâce aux avantages résultant de quelques nouvelles acquisitions coloniales[11], et en partie par la circonstance que le commerce de nos concurrents a été interrompu encore plus que le nôtre. Nos exportations et importations, il est vrai, ne constituent pas une mesure juste de la quantité totale de nos transactions commerciales ou de l'ensemble de nos paiements : elles offrent cependant une certaine présomption de l'augmentation de chacune des unes et des autres. Si nous prenons en considération tous les points évoqués, il apparaîtra des raisons suffisantes de croire que pendant la dernière guerre, une augmentation très considérable et progressive des paiements de la métropole doit avoir eu lieu.

QUATRIÈME SUPPOSITION : IL FAUT LA MÊME QUANTITÉ DE BILLETS POUR EFFECTUER LES MÊMES PAIEMENTS

Il ne nous reste maintenant qu'à examiner, en quatrième lieu, dans quelle mesure les circonstances ont pu rendre la même quantité de billets de la Banque d'Angleterre plus ou moins suffisante pour effectuer la même quantité de paiements londoniens[12].

---

11 Les Britanniques occupaient la colonie du Cap et une partie de Ceylan, respectivement depuis 1795 et 1796.

12 Il y a une légère différence entre cette formulation de la quatrième supposition et celle de l'introduction du chapitre.

Several causes may have contributed to spare the use of notes. First, it is to be remembered, that a small extension of their quantity may be sufficient to effect a comparatively large number of additional payments; for the private bankers in London, who are the chief holders of Bank of England paper, by no means find it necessary to enlarge their stock of it in full proportion to the encreased number of their pecuniary transactions. The talent of œconomizing bank notes is also a continually improving one; and the very circumstance of the suspension of the cash payments of the bank, by serving to strengthen mercantile credit, has favoured the exercise of œconomy in the use of the paper of the Bank of England. When payments were currently made in gold, the country banks were subject to sudden demands for cash through temporary alarms among the holders of their notes. From these they have lately been more exempt, in consequence of no other option having been given to those who demanded payment of country bank paper than that of receiving Bank of England notes in return. Since the suspension of the cash payments of the bank, credit has been less subject to interruption, and the quantity both of country paper and of Bank of England notes has probably been less variable; or, if the fluctuations of the latter have been as considerable as before, [223] they may have more nearly corresponded with the variations in the wants of the public[d].

To sum up the observations which have now been made: it thus appears, that, since the suspension of the cash payments of the bank, the number of its notes has been the same, or nearly the same, as before that event, if those two millions of one and two pound notes, which have been a mere substitute for gold, are deducted; that the payments, however, of the metropolis have been much encreased; but that, on the other hand, the same number of notes has probably sufficed of late for more than the same number of payments.

Plusieurs causes ont pu contribuer à épargner l'usage de billets. Rappelons-nous d'abord qu'une petite extension de leur quantité peut suffire à effectuer un nombre comparativement élevé de paiements additionnels ; car les banquiers particuliers à Londres, qui sont les principaux détenteurs de papier de la Banque d'Angleterre, ne trouvent en rien nécessaire d'agrandir leur stock de celui-ci en proportion exacte de l'accroissement du nombre de leurs transactions pécuniaires. Le talent d'économiser des billets de banque s'améliore aussi de façon continue ; et la circonstance même de la suspension des paiements en espèces de la Banque, en permettant de renforcer le crédit commercial, a favorisé l'exercice d'économie dans l'utilisation du papier de la Banque d'Angleterre. Quand les paiements étaient couramment effectués en or, les banques de province étaient sujettes à des demandes soudaines d'espèces en raison d'alarmes temporaires parmi les détenteurs de leurs billets. Elles en ont été davantage exemptes ces derniers temps, parce qu'aucune autre option n'était donnée à ceux qui réclamaient le paiement du papier de banques de province, que celle de recevoir en échange des billets de la Banque d'Angleterre. Depuis la suspension des paiements en espèces de la Banque, le crédit a été moins sujet à des interruptions, et la quantité tant du papier de province que des billets de la Banque d'Angleterre a probablement été moins variable ; ou, si les fluctuations de ces derniers ont été aussi importantes qu'avant, elles ont pu correspondre de plus près aux variations des besoins du public[d].

CONCLUSIONS

Résumons les observations qu'on vient de faire. Il apparaît que, depuis la suspension des paiements en espèces de la Banque, le nombre de ses billets a été le même, ou presque, qu'avant cet événement, si l'on déduit les deux millions de billets d'une et de deux livres, qui ont été un simple substitut à l'or ; que les paiements de la métropole ont néanmoins beaucoup augmenté ; mais que, par ailleurs, le même nombre de billets a probablement suffi ces derniers temps pour un nombre supérieur de paiements.

It has not been the object of these remarks to found upon them any exact estimate of the effect which the quantity of Bank of England paper lately issued is likely to have had on the cost of commodities, or on the market price of bullion; but rather, on the contrary, to shew that no such estimate can with confidence be formed, on account of the number of circumstances, some of them very difficult to be appreciated, which affect the question. I believe the fact to be, that very little correspondence has subsisted [224] between the fluctuation in the amount of Bank of England notes in circulation at different times, and the variations in the general price of articles at the same periods; and this want of a very discernible connexion between the cause and the effect, seems not unlikely to have led some persons too hastily to conclude, that the enlargement and diminution of Bank of England paper have not that influence on the exchanges or on the price of commodities which has been spoken of[e].

Let it, therefore, be carefully remembered, that I by no means suppose a limitation of London paper to operate simply by causing an equal reduction of country paper, and then such a fall in the price of goods over the kingdom as is exactly commensurate with the general diminution of paper; and, finally, also such a variation in the exchange as is precisely proportionate to the reduction of paper, and to the fall in the price of goods. Counteracting circumstances of various kinds may prevent these proportions from being maintained: and the full effects may not follow their cause until after the lapse of some period of time.

It must, in particular, be borne in mind, that a limitation of Bank of England paper affects prices in a great measure by its operation on the state of commercial confidence; and this influence on the minds of men will be far from uniform. A small limitation of Bank of England paper may give a great shock to confidence, when the state of credit is delicate; and may, therefore, at such a time, much discourage speculation. The very same limitation, under other circumstances of the country, may be almost without effect.

L'objet de ces remarques n'était pas de fonder sur elles aucune estimation précise de l'effet que la quantité de papier récemment émis par la Banque d'Angleterre est susceptible d'avoir eu sur le coût des marchandises, ou sur le prix de marché du lingot ; mais plutôt, au contraire, de montrer qu'aucune estimation de ce genre ne peut être formée avec confiance, en raison du nombre de circonstances, certaines d'entre elles très difficiles à apprécier, qui affectent la question. Le fait est, je crois, qu'il a existé très peu de correspondance entre les fluctuations de la quantité de billets de la Banque d'Angleterre en circulation à différents moments, et les variations de l'ensemble des prix des articles aux mêmes périodes ; et cette absence de connexion très discernable entre cause et effet, est susceptible d'avoir conduit quelques personnes à conclure trop hâtivement, que l'accroissement et la diminution du papier de la Banque d'Angleterre n'ont pas eu sur les changes ou le prix des marchandises l'influence dont on a parlé[e].

Rappelons donc avec soin que je ne pense en rien qu'une limitation du papier londonien agit simplement en causant une réduction égale du papier de province, puis une chute du prix des marchandises à travers le Royaume qui soit exactement du même ordre que la diminution du papier dans son ensemble ; et finalement, aussi une variation du change qui soit précisément en proportion de la réduction du papier, et de la chute du prix des biens. Diverses circonstances contraires peuvent empêcher ces proportions d'être maintenues : et les pleins effets peuvent ne pas suivre leur cause avant que ne s'écoule un certain laps de temps.

Il faut en particulier garder à l'esprit, qu'une limitation du papier de la Banque d'Angleterre affecte les prix dans une grande mesure par son action sur l'état de la confiance commerciale ; et cette influence sur les esprits des hommes sera loin d'être uniforme. Une petite limitation du papier de la Banque d'Angleterre peut grandement ébranler la confiance, quand l'état du crédit est délicat ; et peut donc, à un tel moment, beaucoup décourager la spéculation[13]. Exactement la même limitation, dans d'autres circonstances du pays, pourrait être presque sans effet.

13 Au sens d'investissement risqué.

[225]

But although there is so great difficulty in estimating the precise influence on the cost of articles, or on the market price of bullion, which each alternation in the quantity of Bank of England notes may produce, there is no reason, on that account, to doubt the general truth of the proposition which was laid down in the close of the former chapter, namely, that the restriction of the paper of the Bank of England is the means both of maintaining its own value, and of maintaining the value, as well as of limiting the quantity, of all the paper in the country. Although it should be difficult, or even impossible, to determine to what point the limitation must be carried in order to produce a given effect, it may be sufficiently clear that the tendency of the limitation is to secure the benefit in question.

The perplexities of this subject being such as I have now described, it naturally occurs to us to reason from the effect to the cause, and to infer a too great issue of paper when we perceive that there is an excess of the market price above the mint price of gold. But this inference is one which, for reasons formerly given, should always be very cautiously made; for it is to be borne in mind, that the excess may arise from other causes besides that of a too great emission of paper. Let the manner in which an extravagant issue of notes operates in producing the excess be recollected. It raises, and probably by slow degrees, the cost of British goods. It thus obstructs the export of them, unless a compensation for the high price is afforded to the foreign buyer in the rate of exchange; and the variation in our exchange produces a low valuation of our coin, compared with that of bullion. The state of the exchange, then, is the immediate cause of the evil in question. Now, a suspension of the foreign demand for British manufactures, or an encrease of the British demand for foreign articles, circumstances which may arise when there is no encrease of bank paper, are the much more frequent as well as the more obvious causes of a fall in our exchange, and, therefore, also of a high price of bullion.

We are thus led back to the point which was dwelt upon some time since. Our two defective harvests, and the interruptions [226] experienced in our export trade, very sufficiently account for the late fluctuation of our exchanges.

Mais bien qu'il y ait une si grande difficulté à estimer l'influence précise que peut avoir sur le coût des articles, ou sur le prix de marché du lingot, chaque alternance dans la quantité de billets de la Banque d'Angleterre, il n'y a pour autant aucune raison de douter de la vérité générale de la proposition avancée à la fin du chapitre précédent, à savoir que la restriction du papier de la Banque d'Angleterre est le moyen à la fois de maintenir sa propre valeur, et de maintenir la valeur, aussi bien que de limiter la quantité, de tout le papier du pays. Bien qu'il soit difficile, voire impossible, de déterminer le point auquel la limitation doit être portée afin de produire un effet donné, il est assez clair que la limitation tend à assurer l'avantage en question.

Les embarras de ce sujet étant ceux que je viens de décrire, nous sommes naturellement tentés de raisonner en allant de l'effet à la cause[14], et de conclure à une trop grande émission de papier quand nous percevons un excédent du prix de marché de l'or sur son prix à la Monnaie. Mais, pour des raisons données précédemment, il faudrait toujours tirer une telle conclusion avec beaucoup de précaution ; car il faut garder à l'esprit que l'excédent peut résulter d'autres causes que celle d'une trop grande émission de papier. Souvenons-nous de la façon dont une émission exagérée de billets agit sur la production de l'excédent. Elle augmente, et probablement par degrés lents, le coût des biens britanniques. Elle fait ainsi obstacle à leur exportation, à moins qu'une compensation pour le prix élevé ne soit accordée à l'acheteur étranger dans le taux de change ; et la variation de notre change produit une évaluation basse de nos pièces, comparée à celle du lingot. L'état du change est alors la cause immédiate du mal en question. Cela dit, une suspension de la demande étrangère de produits manufacturés britanniques, ou une augmentation de la demande britannique d'articles étrangers, des circonstances qui peuvent se produire en l'absence d'augmentation du papier bancaire, sont les causes beaucoup plus fréquentes, et plus évidentes, d'une chute de notre change, et donc aussi d'un prix élevé du lingot.

Nous voici ainsi ramenés au point sur lequel nous nous sommes étendus il y a quelque temps. Nos deux récoltes déficitaires, et les interruptions qu'a connues notre commerce d'exportation, expliquent à suffisance les récentes fluctuations de nos changes.

14 C'est l'expression utilisée par Boyd (1801, p. 5) pour caractériser sa démarche.

In these respects there has evidently been much in our situation which has been remarkable; while, as has been proved in the present Chapter, there has been nothing which ought to be deemed extraordinary in the quantity of paper issued by the Bank of England.

It must, however, be admitted, that if an excessive issue of Bank of England notes produces, as it has been shewn to do, an unfavourable exchange; a reduction of them below the accustomed number must have a tendency to improve our exchange, by whatever means it may have been made to turn against us. But, after this admission, it may be remarked, that it may be necessary to encounter much evil in effecting the reduction. We have been lately placed between two dangers; between that of a depreciated paper currency on the one hand, and that of an interruption to our paper credit, and a consequent stagnation of our commerce and manufactures, on the other. And, on the whole, we have, perhaps, owed much to that liberal policy of the directors of the Bank of England, which has led them to maintain a quantity of notes in appearance encreased, and in reality not diminished, in spite of some political as well as popular prejudices on this subject; at a time, also, when their conduct was observed with particular jealousy, on account of the suspension of their cash payments, and even when the course of exchange was much against us. Whether the bank may have erred a little on the one side or on the other, is a point which it would be invidious very critically to examine, and difficult to determine with certainty. It seems sufficiently clear, that if, at the period of the late northern confederacy, when our exchanges were the least favourable, the bank had materially diminished its paper, the embarrassment of our manufacturers and merchants, which the state of the continent had begun to render great, would have immediately become far greater; and that manufacturing labour, which was then in some degree interrupted by a suspension of the demand for British goods on the continent, would have been likewise obstructed at the same season (a season of peculiar pressure on the common people, from [227] the circumstance of the scarcity) by a more than ordinary difficulty which our manufacturers would have experienced in effecting their payments.

À ces égards, il y a eu à l'évidence beaucoup dans notre situation qui a été remarquable ; tandis que, comme on l'a prouvé dans le présent chapitre, il n'y a rien qui doive être jugé extraordinaire dans la quantité de papier émise par la Banque d'Angleterre.

Il faut cependant admettre que si une émission excessive de billets de la Banque d'Angleterre produit, comme on l'a montré, un change défavorable ; leur réduction en-dessous du nombre habituel doit avoir une tendance à améliorer notre change, quels que soient les moyens qui l'aient conduit à se retourner contre nous. Mais ceci étant admis, on peut remarquer qu'il peut être nécessaire de faire face à beaucoup de maux quand on effectue la réduction. Nous avons il y a peu été placés entre deux dangers ; entre celui d'une monnaie de papier dépréciée d'une part, et celui d'une interruption du crédit de notre papier, et de la stagnation qui en résulte de notre commerce et de nos manufactures, de l'autre. Et, dans l'ensemble, en dépit de certains préjugés politiques aussi bien que populaires à ce sujet, nous sommes peut-être très redevables de la politique libérale des administrateurs de la Banque d'Angleterre, qui les a conduits à maintenir une quantité de billets augmentée en apparence[15], et en réalité non diminuée ; à un moment, aussi, où leur conduite était observée avec une méfiance particulière, à cause de la suspension de leurs paiements en espèces, et précisément quand le cours du change nous était très défavorable. Que la Banque ait pu se tromper un peu dans un sens ou dans l'autre, c'est un point qu'il serait désobligeant d'examiner de façon très critique, et difficile à déterminer avec certitude. Il semble assez clair que si, à l'époque de la feue Ligue du Nord[16], quand nos changes étaient les moins favorables, la Banque avait substantiellement diminué son papier, l'embarras de nos fabricants et négociants, que l'état du Continent avait commencé à amplifier, serait immédiatement devenu bien plus grand ; et l'emploi manufacturier, qui était alors à un certain degré interrompu par une suspension de la demande de biens britanniques sur le Continent, aurait été entravé de façon semblable au même moment (une époque de pression particulière sur les gens du commun, à cause de la circonstance de la disette) par la difficulté plus grande qu'à l'ordinaire qu'auraient éprouvé nos fabricants à effectuer leurs paiements.

15 En raison des petites coupures.

16 La « Ligue du Nord » constituait une menace pour la Grande-Bretagne au début de 1801 ; elle a été évoquée au chapitre v, p. 357.

The stock of goods in our warehouses, made ready for subsequent exportation, would, in this case, have been smaller; and we might, therefore, on the whole, have had to look forward to a less early rectification of our exchanges. The difficulties of 1793 might have been added to those of the spring of 1801; and if commercial confidence had failed, political credit might in consequence have been shaken at one of the most critical periods of our history.

From the principles recently laid down, some additional inferences may be deduced.

It was the object of several former Chapters to point out the evil of a too contracted issue of paper. The general tendency of the present, as well as of the preceding one, has been to shew the danger of a too extended emission. Two kinds of error on the subject of the affairs of the Bank of England have been prevalent. Some political persons have assumed it to be a principle, that in proportion as the gold of the bank lessens, its paper, or, as is sometimes said, its loans (for the amount of the one has been confounded with that of the other), ought to be reduced. It has been already shewn, that a maxim of this sort, if strictly followed up, would lead to universal failure. A sentiment has prevailed among other persons, which has bordered on a very different extreme. They have complained of nothing, except the too scanty liberality of the bank, and have seen no danger in almost any extension of its discounts, or profusion in the issue of its paper, provided only the bills discounted (that is, the bills received by the bank in return for its notes) were real bills, and were those also of sufficiently safe and responsible houses.

Le stock de marchandises dans nos entrepôts, préparées en vue d'une exportation ultérieure, aurait dans ce cas été moindre ; et nous aurions donc pu, dans l'ensemble, nous attendre à une correction moins précoce de nos changes[17]. Les difficultés de 1793 auraient pu s'ajouter à celles du printemps de 1801[18] ; et si la confiance commerciale avait fait défaut, le crédit politique aurait pu être ébranlé en conséquence, lors d'une des périodes les plus critiques de notre histoire.

CONCLUSIONS ADDITIONNELLES

On peut tirer quelques conclusions additionnelles des principes qu'on vient d'établir.

C'était l'objet de plusieurs chapitres antérieurs de mettre en évidence le tort que cause une contraction trop forte de l'émission de papier. La tendance générale du présent chapitre, de même que celle du précédent, a été de montrer le danger d'une émission trop étendue. Deux sortes d'erreur au sujet des affaires de la Banque d'Angleterre ont été répandues. Quelques hommes politiques ont posé en principe, qu'en proportion de la baisse de l'or de la Banque, il fallait réduire son papier, ou comme on dit parfois, ses prêts (car le montant de l'un a été confondu avec celui des autres)[19]. On a déjà montré qu'une règle de cette sorte, suivie à la lettre, conduit à l'échec universel. Un sentiment a prévalu parmi d'autres personnes, qui a approché un extrême très différent. Elles ne se sont plaintes de rien, si ce n'est de la libéralité trop chiche de la Banque, et n'ont vu aucun danger dans presque aucune extension de ses escomptes, ou profusion dans l'émission de son papier, pourvu que les traites escomptées (c'est-à-dire, les traites reçues par la Banque en échange de ses billets) soient des effets réels, et émanent aussi de maisons suffisamment sûres et responsables.

---

17 Les changes s'étaient légèrement améliorés entre début 1801 et début 1802.

18 Les difficultés de 1793 provenaient notamment d'une politique restrictive du crédit. Elles ont été évoquées au chapitre III, « Preuve de ce fait… ».

19 Comme Charles Fox déjà mentionné en note du chap. IV, p. 163.

But it will appear from the principles laid down in this and the preceding Chapter, that there may be a disposition among very rich and punctual men to borrow a sum far exceeding that which it may be prudent in the bank to lend. Every additional loan obtained from the bank, if we suppose its gold to remain the same, implies an encreased issue of paper; but the measure of such issue [228] has been shewn to be regulated by a principle which is not even connected with the question of the opulence of the borrowers at the bank, or of the nature of the bills discounted. The borrowers make a promise (and we will suppose that there is no reason to doubt the fulfilment of it) that the loan shall be repaid with punctuality. But in what manner is the payment to be effected? It will be made either in notes furnished by the Bank of England itself, or else in gold supplied by the same company, which notes and gold the bank must take care to render interchangeable for each other; and this is only to be done by keeping down their quantity, and thus maintaining their value.

Objections have been made by some to the monopoly of the bank. And its indisposition to lend to safe houses, on the security of real bills, to an extent which is deemed sufficient, has probably been the circumstance which has induced some mercantile persons to favour the idea of the establishment of a rival establishment. Competition, it is thought, would lead to greater liberality; and, in a variety of respects, would operate beneficially in this case, as it is known to do in many others.

It has been evinced, however, in the present Chapter, that we derive a material advantage from the power enjoyed by the Bank of England of exclusively furnishing the paper circulation of the metropolis. To this very circumstance the bank stands indebted for its faculty of regulating all the paper of the kingdom. On the bank is devolved the task of providing guineas for the whole country: with the bank is lodged the power of so restricting the general paper, as to render bullion purchasable, except in some extraordinary cases of alarm or difficulty.

Mais il apparaîtra des principes posés dans le présent chapitre et le précédent, qu'il peut y avoir parmi des hommes très riches et ponctuels une disposition à emprunter une somme dépassant de loin celle qu'il serait prudent pour la Banque de prêter. Chaque prêt supplémentaire obtenu de la Banque, à supposer que son or reste le même, implique une émission accrue de papier ; mais on a montré que la taille d'une telle émission était réglée par un principe qui n'est même pas en lien avec la question de l'opulence des emprunteurs à la Banque, ou de la nature des traites escomptées. Les emprunteurs font une promesse (et nous admettrons qu'il n'y a aucune raison de douter de son accomplissement) que le prêt sera remboursé ponctuellement. Mais comment faut-il effectuer le remboursement ? Il sera fait soit en billets fournis par la Banque d'Angleterre elle-même, soit en or fourni par la même compagnie, billets et or que la Banque doit prendre soin de rendre interchangeables l'un avec l'autre ; et ceci ne peut être fait qu'en réduisant leur quantité[20], et en maintenant ainsi leur valeur.

SUR LE MONOPOLE DE LA BANQUE

Certains ont fait des objections au monopole de la Banque. Et le fait qu'elle n'était pas disposée à prêter à des maisons sûres, sur la sûreté d'effets réels, à une échelle jugée suffisante, a probablement été la circonstance qui a incité quelques hommes d'affaires à approuver l'idée de la création d'un établissement rival[21]. La concurrence, pense-t-on, mènerait à une libéralité plus grande ; et à beaucoup d'égards, elle agirait dans ce cas de façon bénéfique, comme on sait qu'elle l'a fait dans beaucoup d'autres.

Il a cependant été démontré dans le présent chapitre, que nous tirons un avantage substantiel du pouvoir dont jouit la Banque d'Angleterre de fournir de façon exclusive la circulation de papier de la métropole. C'est à cette circonstance précise que la Banque est redevable de sa faculté de régler tout le papier du Royaume. À la Banque est dévolue la tâche de fournir des guinées à tout le pays : c'est dans la Banque que réside le pouvoir de limiter l'ensemble du papier, de façon à rendre le lingot achetable, excepté dans quelques cas extraordinaires d'alarme ou de difficulté.

20 Thornton vise les billets.

21 Thornton fait allusion au plan de la « *London Tavern* » déjà évoqué au chap. IV, p. 161.

If these excepted cases should arise, and the cash payments of the bank should be suspended, an event of the possible recurrence of which we must not altogether exclude the idea; then the same circumstance of the monopoly of the bank affords to it the means of still sustaining the value both of its own paper and of that of the whole island. It serves also to impose upon the directors of this powerful company a complete responsibility. If a rival institution to the Bank of England were established, [229] both the power and the responsibility would be divided; and, through the additional temptation to exercise that liberality in lending, which it is the object of competition to promote, the London notes, and also the country bills and notes, would be more liable to become excessive. Our paper credit would, therefore, stand in every respect on a less safe foundation.

Si ces cas exceptionnels devaient se présenter, et que les paiements en espèces de la Banque étaient suspendus, un événement dont nous ne devons pas non plus totalement exclure l'idée qu'il puisse se répéter ; alors la même circonstance du monopole de la Banque lui offre les moyens de soutenir toujours la valeur à la fois de son propre papier et de celui de l'île entière. Elle permet aussi d'imposer aux administrateurs de cette compagnie puissante une responsabilité complète. Si on établissait une institution rivale de la Banque d'Angleterre, le pouvoir et la responsabilité seraient tous deux divisés ; et par la tentation supplémentaire de faire preuve dans les prêts de la libéralité que la concurrence a pour objet de promouvoir, les billets de Londres, de même que les traites et les billets de province, seraient davantage exposés à devenir excédentaires. Notre papier de crédit reposerait dès lors à tous égards sur un fondement moins sûr.

NOTES

a Some Bank of England notes have also been recently employed in the place of small bills on London, the use of which has been discouraged by the late additional duty on bills and notes.

b This account of the comparative quantities of the Bank of England notes circulating before, and of those circulating after the suspension of the cash payments of the bank, differs greatly from that of Mr. Boyd, who has, in his pamphlet, minutely investigated the same subject. The causes of this disagreement are the following.

He mentions, as I have done, the amount of Bank of England notes to have been, on the 6th December 1800, 15,450,970*l.* He then compares this their [*sic*] highest amount (for such, or nearly such, I consider it to be), first with their lowest amount, namely, with their amount on the 26th February 1797, which was 8,640,250*l.*, and then with their average amount for three years antecedent to the suspension of the cash payments of the bank, viz. 11,975,573*l.*, the same average amount at which I have reckoned them, for I have adopted Mr. Boyd's own statement. He then infers, that, on the first of his principles of comparison, an addition of nearly four-fifths, and, on the second, of three-tenths, had been made to the sum in circulation.

To this representation the answer is, as will appear from the text, first, that of the 15,450,970*l.* stated to the House of Commons to be the amount of Bank of England notes in circulation on the 6th December 1800, the sum of about two millions, consisting in one and two pound notes, ought to have been deducted by Mr. Boyd in forming his comparison. These notes evidently filled the place which was before occupied by guineas. They were, for that reason, not added to the 13,450,970*l.* in the return made by the bank to parliament, as they have been in the pamphlet of Mr. Boyd, but were set down as a separate article. Bankers have commonly given out these one and two pound notes as a substitute for guineas; and every individual, whether in London or in the country, who has had a note of this description in his pocket, has obviously kept it in the place of gold.

It is to be replied, secondly, that the sum of 8,640,250*l.*, with which one of the comparisons of Mr. Boyd is made, is that remarkably low sum to which the bank improperly, as I have ventured to suspect, and certainly to the no small distress of the metropolis, had suffered their notes to fall on the day antecedent to the suspension of their cash payments, a sum of the smallness of which Mr. Boyd himself has complained. Their notes on the 18th February, that is, exactly one week before, were .... £.9,137,950
They were two weeks before 9,431,550
Three weeks before 9,667,460
A month before 10,024,740
And five weeks before 10,550,830
Their notes, also, immediately after they were at that lowest sum of 8,640,250*l.*, with which Mr. Boyd forms the first of his comparisons, were encreased considerably: they were, on the 4th March, that is, one week after, 10,416,520*l.*, and they were gradually raised still higher.

NOTES DE L'AUTEUR

a Des billets de la Banque d'Angleterre ont aussi été utilisés récemment au lieu de petites traites sur Londres, dont l'utilisation a été découragée par la récente taxe supplémentaire sur les traites et les billets. [*Cf.* chapitre VII, « Des avantages… ».]

b Ce décompte des quantités comparées de billets de la Banque d'Angleterre circulant avant et après la suspension des paiements en espèces de la Banque, est très différent de celui de M. Boyd, qui a minutieusement étudié le même sujet dans sa brochure [Boyd (1801), Préface à la 1re éd.]. Les causes de ce désaccord sont les suivantes.

Il indique, comme je l'ai fait, que le montant des billets de la Banque d'Angleterre était de 15 450 970 £ le 6 décembre 1800. Il compare alors leur montant le plus élevé (car je considère ce montant [mentionné à l'instant] comme tel, ou presque), d'abord à leur montant le plus bas, à savoir leur montant au 26 février 1797, qui était de 8 640 250 £, puis à leur montant moyen pour les trois années précédant la suspension des paiements en espèces de la Banque, à savoir 11 975 573 £, le même montant moyen auquel je les ai évalués, car j'ai adopté les propres chiffres de M. Boyd. Il en infère alors, que sur base du premier de ses principes de comparaison, une addition de presque 80 % a été faite à la somme en circulation, et sur base du second, de 30 %.

Comme il apparaîtra du texte, la première réponse à cette présentation est qu'en faisant sa comparaison, M. Boyd aurait dû déduire la somme d'environ deux millions, consistant en billets d'une et de deux livres, des 15 450 970 £ indiquées à la Chambre des Communes comme étant le montant de billets de la Banque d'Angleterre en circulation le 6 décembre 1800. Ces billets [d'une et de deux livres] ont évidemment pris la place occupée auparavant par des guinées. C'est pour cette raison qu'ils n'ont pas été ajoutés aux 13 450 970 £ dans le rapport de la Banque au Parlement, comme ils l'ont été dans la brochure de M. Boyd, mais qu'ils ont été mentionnés comme un poste séparé. Les banquiers ont en général donné ces billets d'une et de deux livres comme substitut aux guinées ; et toute personne, que ce soit à Londres ou en province, qui a eu en poche une coupure de ce montant, l'a évidemment détenue en remplacement de l'or.

En second lieu, il faut répondre que la somme de 8 640 250 £, avec laquelle M. Boyd fait une des comparaisons, est la somme remarquablement basse à laquelle la Banque avait toléré de façon inappropriée, comme je me suis risqué à le conjecturer, et certainement pour la plus grande détresse de la métropole, que tombent ses billets à la veille de la suspension de ses paiements en espèces, une somme d'une modicité dont s'est plaint M. Boyd lui-même. Le 18 février, c'est-à-dire exactement une semaine avant, les billets de la Banque s'élevaient à . . . . 9 137 950 £.
Ils s'élevaient deux semaines avant à . . . . 9 431 550 £,
Trois semaines avant à . . . . 9 667 460 £,
Un mois avant à . . . . 10 024 740 £,
Et cinq semaines avant à . . . . 10 550 830 £.
Juste après avoir atteint leur plus bas de 8 640 250 £, avec lequel M. Boyd fait la première de ses comparaisons, les billets de la Banque ont aussi été fortement augmentés : ils s'élevaient le 4 mars, c'est-à-dire une semaine après, à 10 416 520 £, et ils ont graduellement été augmentés encore plus haut. [Ces chiffres proviennent de l'Annexe 22 du *Third Report…* de 1797, reproduit dans House of Commons (1803, p. 191).]

There can, therefore, be no doubt that the comparison ought to have been made with the number which were in circulation, not at the remarkable æra of the 26th February 1797, but only during an average of years preceding the suspension.

The fact of the Bank of England notes having been reduced near a million and a half in the spring of 1801, a circumstance which renders the amount of themalmost exactly equal at the two periods at which both I and Mr. Boyd have made our comparison, could not be known to Mr. Boyd at the time of writing his pamphlet.

Mr. Boyd founds, on the supposed fact of the vast encrease of Bank of England notes, the opinion which he states in the beginning of his Work, that "to the augmentation of bank paper not convertible into specie, more than to any other cause, is to be ascribed the high price of provisions."

c It was observed in a former place, that this difficult and disputable point would be again adverted to in the progress of the present Work. The fairest mode, as it appears to me, of determining which ought to be deemed the cause and which the effect, is that which has been adopted in the text; namely, to charge too much paper with being the cause when the price of bullion is rendered permanently higher than that of coin, and, when otherwise, to consider it rather as an effect. By the term "permanently," I, however, mean such a degree of permanence as may serve to shew that the fall of our exchanges, and the rise in the price of bullion, are not referable to any extraordinary and passing event, such as that of one or even of two particularly bad harvests; for these may not unfairly be termed temporary circumstances, though their influence may extend over a period of one or two years. In general it may, perhaps, also be assumed, that an excessive issue of paper has not been the leading cause of a fall in the exchange, if it afterwards turns out that the exchange is able to recover itself without any material reduction of the quantity of paper.

d Immediately after the payment of the quarterly dividends on the public funds, the amount of Bank of England paper in circulation is considerably encreased; but the expectation that the plenty of it will soon cease, disposes bankers and others to hold for a time a superfluous quantity. In consequence of the additions to the public debt made during the war, the occasional enlargements of the quantity of bank paper, arising from this cause, have become much more considerable.

Il ne peut donc y avoir aucun doute que la comparaison aurait dû être faite avec le nombre en circulation, non pas à la date remarquable du 26 février 1797, mais seulement pendant une moyenne d'années précédant la suspension. [Les deux « réponses » qui précèdent avaient déjà été formulées par Baring (1801, p. 10 et 14). La seconde réponse de Thornton semble injuste quand on sait que Boyd effectue les deux comparaisons. De plus, dans un contexte légèrement différent, Boyd utilise la même moyenne triennale comme référence parce qu'« il serait de mauvaise foi [*uncandid*] de prendre la période de réduction maximale comme point de comparaison avec aucune période ultérieure » (Boyd, 1801, p. 13). Boyd est prudent, et indique après les calculs rapportés par Thornton : « Mais, en se reposant sur le seul rapport sur les billets de la Banque (sans rapport sur les soldes en compte, dont la Banque est redevable de manière semblable, ni sur les espèces dans ses coffres), on ne peut pas former d'estimation précise de la différence positive entre la circulation présente et passée. » Baring (1801, p. 13) a sans doute perçu la pertinence de cette remarque, et écrit : « Je n'entre pas dans des considérations sur les soldes dus sur des comptes privés [...] ». Il se trouve que les dépôts (« soldes en compte ») avaient beaucoup augmenté entre février 1800 et février 1801 (House of Commons, 1832, Annexe 5).]

Le fait que les billets de la Banque d'Angleterre aient été réduits de près d'un million et demi au printemps 1801, une circonstance qui rend leur montant presque exactement égal aux deux périodes auxquelles M. Boyd et moi-même avons fait notre comparaison, n'aurait pas pu être connu de M. Boyd au moment d'écrire sa brochure.

C'est sur le fait supposé de l'énorme augmentation des billets de la Banque d'Angleterre, que M. Boyd fonde l'opinion qu'il énonce au début de son travail, que « c'est à l'augmentation du papier bancaire non convertible en espèces, plus qu'à toute autre cause, que le prix élevé des denrées doit être attribué. » [*Cf.* Boyd (1801, p. xx de l'Avant-propos de la 1re édition). La citation est approximative mais fidèle sur le fond; Boyd écrit « non convertible en espèces » en italiques. Horner observera très justement que la baisse de la circulation d'1,5 millions évoquée par Thornton renforce la thèse de Boyd d'une circulation excessive en 1800 (Horner, 1802, p. 200; 2002, p. 160).]

c On a observé précédemment qu'on prêterait à nouveau attention à ce point difficile et sujet à controverse dans la suite du présent travail [Chap. VIII, « Effet sur le prix des biens », p. 335]. À mon avis, la façon la plus juste de déterminer ce qui doit être jugé comme la cause et comme l'effet, est celle qui a été adoptée dans le texte; à savoir, d'accuser l'abondance de papier d'être la cause quand le prix du lingot est rendu plus élevé que celui des pièces de manière permanente, et, quand il en va autrement, de la considérer plutôt comme l'effet. Par le terme « de manière permanente », j'entends cependant un degré de permanence tel qu'il permette de montrer que la chute de nos changes, et la hausse du prix du lingot, ne peuvent pas être rapportées à aucun événement extraordinaire et passager, comme celui d'une ou même de deux récoltes particulièrement mauvaises; car ces dernières peuvent être à juste titre qualifiées de circonstances temporaires, bien que leur influence puisse s'étendre sur une période d'un ou deux ans. En général, on peut peut-être aussi admettre qu'une émission excessive de papier n'a pas été la cause principale d'une chute du change, s'il s'avère après coup que le change peut se rétablir sans aucune réduction substantielle de la quantité de papier.

d Juste après le paiement des intérêts trimestriels des fonds publics, le montant du papier de la Banque d'Angleterre en circulation augmente fortement; mais l'anticipation que son abondance cessera bientôt, dispose les banquiers et d'autres à en détenir pour un temps une quantité superflue. Suite aux additions à la dette publique faites pendant la guerre, les augmentations occasionnelles de la quantité de papier bancaire, provenant de cette cause, sont devenues beaucoup plus importantes.

A diminution of notes, if known to be temporary, and if also moderate, produces, on the other hand, little pressure; for the expectation of returning abundance serves to maintain confidence, and to dispose the bankers to deem a somewhat reduced stock of bank paper for the time sufficient. The chief occasion of a diminution of the number of bank notes has been, that of the payment of the instalments on the public loans. The government, during the latter years of the war, issued from week to week a species of exchequer bills, which they received back in part of the payments on the loans. By thus lessening the quantity of paper taken out of circulation at the time of each instalment, they gave new facility to the operation of raising the public money; an operation which, however great, has in itself no other difficulty than that which arises from the too sudden diminution of London paper to which it is apt to lead. It can scarcely be necessary to add, that a great loan may, nevertheless, portend difficulty in other quarters, and that the degree of ease with which the payment of our loans may be accomplished, is, therefore, no true criterion of the state of the public resources.

e It is not long since the Bank of England first adopted the custom of issuing notes for five pounds. These have circulated for some years in the place partly of gold, partly of country bank notes, and partly also, though it is impossible to say in what degree, in the place of ten pound Bank of England notes. There is, therefore, an unknown number of notes for five pounds which has formed that sort of addition to the Bank of England paper, which has no influence in raising the price of articles. This is only one of many circumstances, some operating in one direction, and some in the contrary, which render it difficult to draw a correct inference from those accounts of the quantity of Bank of England notes circulating at a variety of periods, which have been lately laid before parliament.

D'autre part, une diminution des billets, si on sait qu'elle est temporaire, et aussi si elle est modérée, exerce peu de pression ; car l'anticipation du retour de leur abondance permet de maintenir la confiance, et dispose les banquiers à juger un stock légèrement réduit de papier bancaire comme suffisant pour un temps. La cause principale d'une diminution du nombre de billets de banque a été celle du paiement des tranches des emprunts publics. Pendant les dernières années de la guerre, le Gouvernement a émis de semaine en semaine une espèce de billet de l'Échiquier, qui lui était retourné en paiement partiel des emprunts. En diminuant ainsi la quantité de papier retirée de la circulation au moment de chaque paiement de tranche, il a donné une facilité nouvelle à la procédure visant à lever l'argent public ; une procédure qui, aussi importante soit-elle, ne présente en elle-même aucune autre difficulté que celle qui résulte de la diminution trop soudaine du papier londonien à laquelle elle est susceptible de mener. Il est à peine nécessaire d'ajouter qu'un grand emprunt peut néanmoins présager de difficultés dans d'autres domaines, et que le degré de facilité avec lequel le paiement de nos emprunts peut être accompli n'est donc pas un bon critère de l'état des ressources publiques. [Le lecteur aura compris que la Banque, comme caissier de l'État, gérait les transactions relatives à la dette publique.]

e Il n'y a pas longtemps que la Banque d'Angleterre a adopté pour la première fois la coutume d'émettre des billets de cinq livres [1793]. Ceux-ci ont circulé pendant quelques années en partie à la place de l'or, en partie à la place de billets de banques de province, et en partie aussi, bien qu'il soit impossible de dire à quel degré, à la place de billets de dix livres de la Banque d'Angleterre. Il y a donc un nombre inconnu de billets de cinq livres qui a constitué la sorte d'addition au papier de la Banque d'Angleterre qui n'a pas d'influence sur la hausse du prix des articles. Ce n'est qu'une des nombreuses circonstances, certaines agissant dans une direction, et d'autres dans une direction opposée, qui rendent difficile de tirer une conclusion correcte des décomptes de la quantité des billets de la Banque d'Angleterre circulant à diverses périodes, qui ont été récemment communiqués au Parlement. [Ces décomptes ne distinguaient que les billets de moins de cinq livres.]

CHAP. X

Objections to the Doctrine of the two preceding Chapters answered—Of the Circumstances which render it necessary that the Bank should impose its own Limit on the Quantity of its Paper.—Effect of the Law against Usury.—Proof of the Necessity of restricting the Bank Loans, drawn from the Case of the Transfer of Capital to Foreign Countries.

Since it is not improbable that the reasoning of the preceding Chapters may have failed to produce full conviction in the mind of those who have been in the habit of deeming all limitation of the bank paper by the bank itself to be unnecessary; some few pages may be usefully employed in answering popular objections to the doctrine which has been laid down, and in more fully elucidating the subject.

"The encrease of Bank of England paper," we will suppose it to be still said by an objector, "is the effect and not the cause of an advanced price of commodities. To enlarge the Bank of England notes merely in proportion as safe and real bills are offered in return for them, is only to exchange one species of paper for another, namely, Bank of England notes for bills, which, though not so current or so safe as bank notes, are sufficiently worthy of credit. It is, therefore, simply to afford a guarantee to the transactions of the merchant, and thus to render that accommodation to commerce which it belongs to the bank to give."

CHAPITRE X

Réponses aux objections à la doctrine des deux chapitres précédents. – Des circonstances qui rendent nécessaire que la Banque impose sa propre limite à la quantité de son papier. – Effet de la loi contre l'usure. – Preuve de la nécessité de restreindre les prêts de la Banque, tirée du cas du transfert de capital à des pays étrangers.

RÉPONSES AUX OBJECTIONS À LA DOCTRINE DES DEUX CHAPITRES PRÉCÉDENTS : INTRODUCTION

Comme il n'est pas improbable que le raisonnement des chapitres précédents ait échoué à convaincre pleinement l'esprit de ceux qui avaient coutume de juger inutile toute limitation du papier bancaire par la Banque elle-même ; nous pouvons consacrer utilement quelques pages à répondre à des objections populaires à la doctrine qui a été avancée, et à éclairer plus complètement le sujet.

« L'augmentation du papier de la Banque d'Angleterre », c'est ce que nous imaginerons que dirait toujours un objecteur à notre raisonnement, « est l'effet et non la cause d'un prix élevé des marchandises. Augmenter les billets de la Banque d'Angleterre simplement dans la proportion où des effets sûrs et réels sont offerts en échange de ceux-ci, revient à échanger une espèce de papier contre une autre, à savoir, des billets de la Banque d'Angleterre contre des effets qui, bien que n'étant pas aussi courants ni aussi sûrs que des billets de banque, sont suffisamment dignes de crédit. C'est donc simplement accorder une garantie aux transactions du négociant, et procurer ainsi au commerce cette facilité qu'il incombe à la Banque de donner. »

"The depreciation of paper," it may be added, "is apt to arise not so much from an extension of its quantity, as from a want of sufficient confidence in it. The great object of the bank should, therefore, be to maintain the public confidence; to which it contributes by furnishing, in return for bills confessedly good, a species of paper still better. The evil of an unfavourable exchange, and of a consequent high price of gold, arises from an unfavourable [231] balance of trade, and from that cause only. The true mode of preventing this evil, or of remedying it, if unfortunately it exists, is to encrease the national industry. The way to encourage industry is to give full scope to trade and manufactures by a liberal emission of paper. The balance of trade will not fail to be rendered favourable by that abundance of exportable articles which the labour thus excited must necessarily create. The course of exchange will, consequently, be supported; all excess of the market price above the mint price of gold will be prevented; and thus the value of our paper will be sustained by the very means of its encrease." Suppose a reasoner, on the same side, to add, that when the credit of the assignats of France was overthrown, the fall, especially at the first, was owing rather to the prevalence of distrust than to the excessive quantity of the article, and that the depreciation of assignats rarely bore a regular proportion to the extension of their amount[a].

It may, with equal truth, be affirmed by the objector, that if a reference be made to the prices of corn in the London corn-market at various æreas, and also to the account of the quantity of bank notes stated by the bank to have been in circulation at the same or at immediately preceding periods, the price of grain in London will by no means be found to have been high in proportion as the number of Bank of England notes has been great, and low in proportion as it has been small; but that the very contrary has often been remarkably the case.

To these objections it may be answered, that they who represent an unlimited issue of Bank of England paper as having no tendency to produce the evils of a rise in the price of commodities in Great [232] Britain, of a fall in our exchange, and of an excess of the market price above the mint price of gold, are bound to prove one of the two following propositions:

Il pourrait être ajouté que : « La dépréciation du papier est susceptible de provenir non tant d'une extension de sa quantité, que d'un manque de confiance suffisante en lui. Le grand objectif de la Banque devrait donc être de maintenir la confiance publique ; à laquelle elle contribue en fournissant, en échange d'effets qui sont sans contredit de bonne qualité, une variété de papier encore meilleure. Le mal d'un change défavorable, et du prix élevé de l'or qui en résulte, provient d'un solde commercial défavorable, et de cette cause seulement. La bonne façon d'empêcher ce mal, ou d'y remédier si malheureusement il se produit, est d'augmenter l'activité nationale. Le moyen d'encourager l'activité est de donner les coudées franches au commerce et aux manufactures par une émission libérale de papier. Le solde commercial ne manquera pas d'être rendu favorable par l'abondance d'articles exportables que doit nécessairement créer le travail stimulé de la sorte. Le cours du change sera par conséquent soutenu ; tout excédent du prix du marché de l'or sur son prix à la Monnaie sera empêché ; et ainsi, la valeur de notre papier sera soutenue au moyen même de son augmentation. »

Supposez[1] qu'un raisonneur, du même bord, ajoute que quand le crédit des assignats français s'est effondré, sa chute, particulièrement au début, était due plutôt à la prévalence de la défiance qu'à la quantité excessive de cet article, et que la dépréciation des assignats était rarement en proportion régulière de l'étendue de leur montant[a].

L'objecteur pourrait affirmer avec autant de vérité, que si on se réfère aux prix pratiqués sur le marché aux grains de Londres à divers moments, ainsi qu'au décompte communiqué par la Banque de la quantité de ses billets en circulation aux mêmes périodes, ou à des périodes immédiatement antérieures, on constatera que le prix des grains à Londres n'a nullement été élevé dans la proportion où le nombre des billets de la Banque d'Angleterre était grand, ni bas dans la proportion où il était petit ; mais que, de façon remarquable, cela a été bien souvent tout le contraire[2].

On peut répondre à ces objections, que ceux qui présentent une émission illimitée de papier de la Banque d'Angleterre comme n'ayant aucune tendance à produire les maux d'une hausse du prix des marchandises en Grande-Bretagne, d'une chute de notre change, et d'un excédent du prix de marché de l'or sur son prix à la Monnaie, sont tenus de prouver une des deux propositions suivantes :

1 Ce paragraphe n'est pas distingué dans l'édition de 1802, mais bien dans celle de 1807.
2 Voir aussi chap. VIII, « Effet sur le prix des biens », et chap. XI, « Papier de crédit... ».

either, first, that, supposing the directors of the bank to make the most enormous addition to their paper; to raise it, let us suppose, to fifty millions, even this augmentation will not lead to the consequences which have been mentioned; or if they do not affirm this strong position, but admit that there is a certain quantity of notes which will not fail to produce the evils in question, then, secondly, in order to prove that the bank need not place any limit to the issue of its own paper, they are bound to shew that the bank paper has a natural tendency sufficiently to limit itself.

Let us separately investigate each of these two points.

When we assume the fact of the bank paper being raised from its present amount of about fifteen millions to the sum of fifty millions, we are led, in the first place, to enquire in whose hands the additional sum of thirty-five millions would be placed, and what would be the motive for holding it? I admit, or rather it is a point on which I would insist, that the maintenance of the price of the assignats of France by no means rested entirely, nor, for a time, even principally, on their quantity. It depended much on the opinion entertained by Frenchmen respecting the value of the lands declared to be purchasable by means of this particular kind of paper, and respecting the fidelity of the French government to its engagements. Assignats, it is true, bore no interest; but the prospect of an ultimate profit to be reaped by the possessor of them, would operate, for a time, exactly like an accruing interest, in causing many persons to detain them; and, therefore, although they were used as a circulating medium, it is probable that only a part of them was turned to this purpose, and that even that part circulated but slowly.

soit, en premier lieu, qu'à supposer que les administrateurs de la Banque fassent l'addition la plus énorme à leur papier ; qu'ils l'augmentent, disons, à cinquante millions, même cette augmentation ne conduira pas aux conséquences mentionnées ; soit, s'ils n'affirment pas cette position forte, mais admettent qu'il y a une certaine quantité de billets qui ne manquera pas de produire les maux en question, alors ils sont tenus de montrer, en second lieu, que le papier bancaire a une tendance naturelle à se limiter suffisamment lui-même, afin de prouver que la Banque n'a pas besoin d'imposer aucune limite à l'émission de son propre papier.

Investiguons séparément chacun de ces deux points.

EFFETS D'UNE GRANDE AUGMENTATION DU PAPIER

MOTIF DE DÉTENTION DES BILLETS ; COMPARAISON AVEC LES ASSIGNATS

Quand nous imaginons une augmentation du papier bancaire de son montant actuel d'environ quinze millions à la somme de cinquante millions[3], nous sommes conduits, en premier lieu, à enquérir entre quelles mains la somme additionnelle de trente-cinq millions aboutirait, et quel serait le motif de la détenir. J'admets, ou plutôt c'est un point sur lequel je souhaite insister, que le maintien du prix des assignats français n'a pas du tout reposé entièrement, ni même, pendant un temps, principalement, sur leur quantité. Il dépendait beaucoup de l'opinion des Français à l'égard de la valeur des terres déclarées achetables au moyen de ce type particulier de papier, et à l'égard de la fidélité du gouvernement français à ses engagements. Les assignats, il est vrai, ne portaient aucun intérêt[4] ; mais la perspective d'un profit final à récolter par leur propriétaire a agi, pour un temps, exactement comme un intérêt couru, en poussant beaucoup de personnes à les détenir ; et dès lors, bien que les assignats étaient employés comme un moyen circulant, il est probable que seule une partie d'entre eux ait été consacrée à ce but, et que même cette partie ne circulait que lentement.

3 Ce scénario sera introduit plus bas (« Illustration… ») ; il porte sur les billets de la seule Banque d'Angleterre.

4 Sauf dans les premiers mois de leur existence, en 1789-1790.

The reader is here desired to recollect a point which was explained in an early part of this work; namely, that the quantity of circulating medium which can be employed without injury to its value, is to be estimated not merely by its proportion to the quantity of trade or of payments, but also by the relative rapidity [233] of its circulation. A species of circulating medium which changes hands once in ten days, will need to be a hundred times as great in quantity as the paper which passes through ten hands in one day. When that sanguine spirit which had at first inspired the holders of assignats subsided, the article would naturally sink in value with considerable rapidity; and in proportion as its price fell, the French government would be under the necessity of extending its issues. It is, therefore, not at all surprising that French assignats should, for a time, have borne a price which was proportionate not so much to their quantity as to their credit. Their quantity, however, after a certain period, operated on their credit, and became a very powerful cause of their depreciation.

Bank of England notes are exactly the converse to assignats in the points which have been mentioned; and their value, on that account, will be found to depend not so properly on their credit as on their quantity. It is true, that when, in consequence of alarm, a run is made upon the bank for guineas, the same confidence which is placed in gold is not reposed in Bank of England paper. Even in this case, however, it is only a small part of the community which is eager for gold: the holders of a very large proportion of the bank paper remain exactly as well contented as before to use it as the medium of their payments. And since the hoarders of gold prefer it not to paper only, but to land, to goods, and to almost every species of property, the paper of the bank cannot be affirmed to fall into discredit in consequence of applications for coin made with a view to hoard it, so properly as gold may be said to come into peculiar demand. In a season of alarm, our guineas are preferred by some persons both to our bank notes and to goods, on the same principle on which, in a state of extreme political convulsion, diamonds, because they may be still more easily transported or concealed, would probably be preferred to gold.

On invite ici le lecteur à se rappeler un point qui a été expliqué au début de ce travail[5] ; à savoir, que la quantité de moyen circulant qui peut être utilisée sans porter atteinte à sa valeur, ne doit pas être estimée simplement par sa proportion avec la quantité d'échanges ou de paiements, mais aussi par la vitesse relative de sa circulation. Une espèce de moyen circulant qui change de mains tous les dix jours, devra être cent fois aussi grande en quantité que du papier qui passe par dix mains en un jour. Quand l'esprit sanguin qui avait d'abord inspiré les détenteurs d'assignats s'est effondré, cet article a naturellement chuté en valeur à une vitesse considérable ; et dans la proportion où son prix chutait, le gouvernement français se trouvait dans la nécessité d'augmenter ses émissions. Il n'est donc pas du tout surprenant que le prix des assignats français ait été, pour un temps, proportionné non tant à leur quantité qu'à leur crédit. Cependant, après un certain temps, leur quantité a agi sur leur crédit, et est devenue une cause très puissante de leur dépréciation.

Les billets de la Banque d'Angleterre sont exactement l'inverse des assignats quant aux points qu'on a mentionnés ; et pour cette raison, leur valeur va s'avérer dépendre non tant de leur crédit que de leur quantité. Il est vrai que, lorsqu'en conséquence d'une alarme, on accourt à la Banque pour des guinées, on ne place pas dans l'or la même confiance que dans le papier de la Banque d'Angleterre. Même dans ce cas, cependant, ce n'est qu'une petite partie de la communauté qui est avide d'or. Les détenteurs d'une très grande proportion du papier bancaire restent exactement aussi satisfaits qu'avant de l'employer comme le moyen de leurs paiements. Et puisque ceux qui thésaurisent l'or le préfèrent non seulement au papier, mais aussi à la terre, aux biens, et à presque chaque espèce d'avoir, on ne peut pas affirmer que le papier de la Banque tombe en discrédit en conséquence des demandes de pièces d'or faites en vue de les thésauriser, aussi justement qu'on peut dire que l'or fait l'objet d'une demande particulière. En période d'alarme, certaines personnes préfèrent nos guinées à la fois à nos billets de banque et aux biens, selon le même principe que, dans un état de convulsion politique extrême, des diamants seraient probablement préférés à l'or, parce qu'ils peuvent être encore plus facilement transportés ou dissimulés.

5 Chapitre III, « Erreur d'Adam Smith ».

By saying, therefore, that the value of bank notes depends not on their credit, but on their quantity, I mean to affirm that their credit, so far as it affects their value, is always good, and that the common fluctuations of their price, in exchange both for goods and [234] bullion, are not, in the smallest degree, to be referred to variations in the degree of confidence placed by Englishmen in the good faith or the solidity of the Bank of England. The magnitude of its capital is perfectly well known, and not the slightest doubt subsists respecting the sufficiency of its effects to answer much more than all its engagements. If the rise and fall in the public confidence in bank notes were the cause of the gradations in their price, the period at which their value would have been the lowest would have been that which followed the suspension of the cash payments of the bank; an event certainly calculated, more than any other which has been experienced, to affect the reputation of that company. But it is a most remarkable fact, and a fact decisive on the present point, that the exchanges of this country improved, or, in other words, that Bank of England paper rose in value when compared with bullion, in the months subsequent to the suspension of its payments in cash.

Bank of England paper, therefore, is not apt to vary in its value in consequence of the fluctuations of the public confidence in it; but essentially differs in this respect from the late assignats of France. It presents to the holder no hope of future profit from the detention of it. Not only does it bear no interest (in this point, indeed, resembling assignats), but it offers no substitute for interest; it holds out no privileges, certain or contingent, real or pretended, tempting the possessor to detain it. There is, on the contrary, a known and continually increasing loss sustained by keeping it. On this account the quantity held by each person is only that which the amount of payments to be effected by it renders, in his opinion, necessary.

We are at present assuming, for the sake of illustrating the subject, that thirty-five millions of additional bank paper are retained in the hands of the public. Imagine a London banker to acquire his share in them.

Donc, en disant que la valeur des billets de banque ne dépend pas de leur crédit, mais de leur quantité, j'entends affirmer que leur crédit, pour autant qu'il affecte leur valeur, est toujours solide, et que les fluctuations ordinaires de leur prix, en échange à la fois de biens et de lingots, ne doivent pas, aussi peu que ce soit, être rapportées à des variations du degré de confiance placé par les Anglais dans la bonne foi ou la solidité de la Banque d'Angleterre. L'ampleur de son capital est parfaitement bien connue, et il n'y a pas le moindre doute que ses effets suffisent à faire face à beaucoup plus que tous ses engagements. Si la hausse et la baisse de la confiance du public dans les billets de banque étaient la cause des gradations de leur prix, le moment où leur valeur aurait été la plus basse aurait été celui qui a suivi la suspension des paiements en espèces de la Banque ; un événement certainement de nature, plus que tout autre dont on ait fait l'expérience, à affecter la réputation de cette société. Mais c'est un fait remarquable, et un fait décisif pour la question présente, que les changes de notre pays se sont améliorés[6], ou en d'autres termes, que le papier de la Banque d'Angleterre a augmenté de valeur en comparaison avec le lingot dans les mois qui ont suivi la suspension de ses paiements en espèces.

Le papier de la Banque d'Angleterre n'est donc pas sujet à des variations de sa valeur à la suite des fluctuations de la confiance du public ; mais il diffère à cet égard de façon essentielle des récents assignats français. Il n'offre au propriétaire aucun espoir de profit futur tiré de sa détention. Non seulement il ne porte aucun intérêt (à cet égard, en effet, il ressemble aux assignats), mais il n'offre pas de substitut à l'intérêt ; il ne présente aucun privilège, certain ou contingent, réel ou prétendu, qui inciterait le propriétaire à le détenir. Au contraire, on subit en le conservant une perte connue et continuellement croissante. C'est pourquoi la quantité que chaque personne en détient n'est que celle que la quantité de paiements à effectuer avec elle rend, à son avis, nécessaire.

ILLUSTRATION : CAS D'UNE ÉMISSION SUPPLÉMENTAIRE

Nous supposons à présent, à titre d'illustration, que trente-cinq millions de papier bancaire additionnel sont retenus dans les mains du public. Imaginez qu'un banquier londonien en acquière sa part.

6 *Cf.* l'Annexe I.

The supply of bank notes which he chuses to reserve in his drawer is always estimated by the scale of his payments; or, to speak more correctly, by the probable amount of the fluctuations in his stock of notes, which fluctuations are proportionate, [235] or nearly proportionate, to the scale of his payments. So long, therefore, as his payments remain the same (and they will not materially alter while the price of goods suffers no variation, supposing his transactions to retain their former proportion to those of the whole kingdom), he will be perfectly indisposed to hold fifty thousand pounds in bank notes, in the place of each fifteen thousand pounds which he has been accustomed to deem necessary. He will make haste to part with the whole superfluous quantity; he will offer to lend it to any safe merchants, and even at a reduced rate of interest, in case he shall find that borrowers cannot otherwise be invited.

If we imagine the merchants to become possessed of the new paper, the same difficulty of accounting for the detention[1] of it remains; unless we admit that the principles laid down in the two former Chapters are just, and that the larger quantity of circulating medium will cause goods to rise in value, and will thus find for itself employment.

There seems to be only two modes in which we can conceive the additional paper to be disposed of. It may be imagined either, first, to be used in transferring an encreased quantity of articles, which it must, in that case, be assumed that the new paper itself has tended to create; or, secondly, in transferring the same articles at a higher price.

Let us examine the first of these cases.

An encreased quantity of articles can only arise from additional commodities either brought from abroad or produced at home through the exertion of new industry. An extraordinary issue of paper will bring goods from abroad only so far as it enables the country to export either gold, or additional commodities created at home, as the means of paying for the foreign articles. The export of gold has its limit. It is, moreover, desirable, for reasons which have been fully stated, that this limit should be narrow. Whether a very great emission of notes tends to encrease the quantity of goods produced at home, is the point which remains to be considered.

1 « Detection » *in* Thornton (1939a).

La provision de billets de banque qu'il choisit de réserver en caisse est toujours estimée d'après l'échelle de ses paiements ; ou, pour parler plus correctement, d'après le montant probable des fluctuations de son stock de billets, lesquelles sont proportionnelles, ou presque, à l'échelle de ses paiements. Donc aussi longtemps que ses paiements restent les mêmes (et ils ne varieront pas substantiellement tant que le prix des biens ne subit aucune variation, si l'on suppose que ses transactions conservent leur proportion antérieure avec celles de tout le Royaume), il ne sera nullement disposé à détenir cinquante mille livres en billets de banque, au lieu des quinze mille livres qu'il avait coutume de juger nécessaires. Il se hâtera de se défaire de toute la quantité superflue ; il offrira de la prêter à tout négociant sûr, et cela même à un taux d'intérêt réduit, s'il trouve que des emprunteurs ne peuvent pas y être invités autrement.

Si nous imaginons que les négociants entrent en possession du nouveau papier, la même difficulté de rendre compte de sa détention demeure ; à moins d'admettre que les principes avancés dans les deux chapitres précédents ne soient justes, et que la quantité accrue de moyens circulants ne fasse augmenter les biens en valeur, et trouve ainsi à s'employer.

Il semble qu'on ne puisse concevoir que deux manières de disposer du papier supplémentaire. On peut imaginer qu'on l'utilise soit à transférer une quantité accrue d'articles, dont il faut, dans ce cas, supposer que le nouveau papier lui-même a tendu à la créer ; soit à transférer les mêmes articles à un prix plus élevé.

CRÉATION D'ACTIVITÉS ADDITIONNELLES ET AUGMENTATION DU PRIX DES ARTICLES

Examinons le premier de ces cas.

Une quantité accrue d'articles ne peut provenir que de marchandises supplémentaires, soit en provenance de l'étranger, soit produites dans le pays par l'exercice de nouvelles activités. Une émission extraordinaire de papier n'apportera des marchandises de l'étranger que pour autant qu'elle permette au pays d'exporter ou de l'or, ou des marchandises additionnelles créées dans le pays, comme moyens de payer les articles étrangers. L'exportation d'or a ses limites. Il est de plus souhaitable, pour des raisons qui ont été développées, que ces limites soient étroites. Il reste à examiner si une très grande émission de billets tend à augmenter la quantité de biens produits dans le pays.

In examining this question, an error into which it is very natural [236] to fall must be developed. When the Bank of England enlarges its paper, it augments, in the same degree, as we must here suppose, its loans to individuals. These favoured persons immediately conceive, and not without reason, that they have obtained an additional though borrowed capital, by which they can push their own particular manufacture or branch of commerce; and they are apt, also, though not with equal justice, to infer, that the new capital thus acquired by themselves is wholly an accession to that of the kingdom; for it does not occur to them that the commerce or manufactures of any other individuals can be at all reduced in consequence of this encrease of their own.

But, first, it is obvious, that the antecedently idle persons to whom we may suppose the new capital to give employ, are limited in number; and that, therefore, if the encreased issue is indefinite, it will set to work labourers, of whom a part will be drawn from other, and, perhaps, no less useful occupations. It may be inferred from this consideration, that there are some bounds to the benefit which is to be derived from an augmentation of paper; and, also, that a liberal, or, at most, a large encrease of it, will have all the advantageous effects of the most extravagant emission.

Let us also consider the mode in which the new paper operates through the medium of these individual borrowers, as unquestionably it does, in giving life to fresh industry. The bank notes convey to them the power of obtaining for their own use, or of destining to such purposes as they please, a certain portion of purchasable commodities. The extraordinary emission of paper causes no immediate difference in the *total* quantity of articles belonging to the kingdom. This is self-evident. But it communicates to the new borrowers at the bank a power of taking to themselves a larger share of the existing goods than they would otherwise have been able to command. If the holders of the new paper thus acquire the power over a larger portion of the existing stock of the kingdom, the possessors of the old paper must have the power over a smaller part. The same paper, therefore, will purchase fewer goods, or, in other words, commodities will rise in their nominal value.

En examinant cette question, il convient de s'étendre sur une erreur à laquelle on succombe très naturellement. Quand la Banque d'Angleterre augmente son papier, elle étend au même degré, comme nous devons ici le supposer, ses prêts à des individus. Les bénéficiaires s'imaginent immédiatement, et non sans raison, qu'ils ont obtenu un capital additionnel, quoiqu'emprunté, grâce auquel ils peuvent promouvoir leur propre manufacture ou sphère commerciale ; et ils sont aussi portés à conclure, quoique pas avec une justesse égale, que le nouveau capital qu'ils ont ainsi acquis constitue entièrement une addition à celui du Royaume ; car il ne leur vient pas à l'esprit que le commerce ou les manufactures d'autres personnes puissent être aucunement réduits en conséquence de cette augmentation des leurs.

Mais, d'abord, il va de soi que les personnes précédemment oisives à qui nous pouvons penser que le nouveau capital donnera un emploi, sont limitées en nombre ; et donc que, si l'émission accrue est sans fin, elle mettra au travail des ouvriers dont une partie sera détournée d'une autre occupation, peut-être non moins utile. On peut conclure de cette considération qu'il y a certaines limites à l'avantage à retirer d'une augmentation du papier ; et aussi, qu'une augmentation libérale, ou, au plus, une grande augmentation de celui-ci, aura tous les effets avantageux de l'émission la plus extravagante[7].

Considérons aussi la façon dont le nouveau papier agit par l'intermédiaire de ces emprunteurs individuels, comme il le fait incontestablement, pour donner naissance à des activités nouvelles. Les billets de banque leur confèrent le pouvoir d'obtenir pour leur usage propre, ou de destiner aux fins qui leur plairaient, une certaine portion des marchandises achetables. L'émission extraordinaire de papier ne cause aucune différence immédiate dans la quantité *totale* d'articles appartenant au Royaume. C'est une évidence. Mais elle communique aux nouveaux emprunteurs de la Banque un pouvoir de s'approprier une part des marchandises existantes plus grande que celle dont ils auraient pu disposer sans cela. Si les détenteurs du nouveau papier acquièrent ainsi le pouvoir de disposer d'une plus grande portion du fonds existant du Royaume, les propriétaires de l'ancien papier doivent disposer d'une part moindre. Le même papier achètera donc moins de biens, ou, en d'autres termes, les marchandises augmenteront en valeur nominale.

7 Une « grande » augmentation est donc plus grande qu'une augmentation simplement « libérale ».

The [237] proprietors of the new paper will become greater encouragers of industry than before; the owners of the old paper, being able to command less property, will have less power of employing labour. For industry is excited, strictly speaking, not by paper, but by that stock which the paper affords the means of purchasing. Money of every kind is an order for goods. It is so considered by the labourer when he receives it, and is almost instantly turned into money's worth. It is merely the instrument by which the purchasable stock of the country is distributed with convenience and advantage among the several members of the community.

It may be said, however, and not untruly, that an encreased issue of paper tends to produce a more brisk demand for the existing goods, and a somewhat more prompt consumption of them; that the more prompt consumption supposes a diminution of the ordinary stock, and the application of that part of it, which is consumed, to the purpose of giving life to fresh industry; that the fresh industry thus excited will be the means of gradually creating additional stock, which will serve to replace the stock by which the industry had been supported; and that the new circulating medium will, in this manner, create for itself much new employment.

The supposition which has now been made is admitted to be just. Let the reader, however, take notice, that it assumes the demand both for goods and labour to become more eager than before.—Now the consequence of this encreased eagerness in the demand must, unquestionably, be an enhancement of the price of labour and commodities, which is the very point for which I am contending. Indeed, whatever view we take of the subject, we seem obliged to admit, that, although additional industry will be one effect of an extraordinary emission of paper, a rise in the cost of articles will be another.

Probably no small part of that industry which is excited by new paper is produced through the very means of the enhancement of the cost of commodities. While paper is encreasing, and articles continue rising, mercantile speculations appear more than ordinarily profitable. The trader, for example, who sells his commodity in [238] three months after he purchased it, obtains an extra gain, which is equal to such advance in the general price of things as the new paper has caused during the three months in question:

Les propriétaires du nouveau papier encourageront plus l'activité qu'avant ; les propriétaires de l'ancien papier, comme ils peuvent disposer de moins d'avoirs, auront moins de pouvoir d'employer le travail. Car à strictement parler, l'industrie est stimulée, non par le papier, mais par le fonds que le papier donne les moyens d'acheter. L'argent de toute espèce est une commande de biens. Il est considéré comme tel par le travailleur quand il le reçoit, et est presque immédiatement transformé en la contrevaleur de l'argent. C'est simplement l'instrument par lequel le fonds achetable du pays est commodément et avantageusement réparti entre les multiples membres de la communauté.

On peut néanmoins dire sans se tromper, qu'une émission accrue de papier tend à produire une demande plus vive des biens existants, et une consommation un peu plus rapide de ceux-ci ; que la consommation plus rapide entraîne une diminution du fonds ordinaire, et l'application de la partie de celui-ci qui est consommée, à donner naissance à des activités nouvelles ; que les activités nouvelles ainsi stimulées seront les moyens de créer graduellement un fonds additionnel, qui servira à remplacer le fonds par lequel l'activité avait été soutenue ; et que le nouveau moyen circulant se créera de cette manière pour lui-même beaucoup de nouveaux emplois.

On admet que la supposition qu'on vient de faire est juste. Que le lecteur note bien, cependant, qu'elle postule que la demande de biens et de travail devient plus empressée qu'avant. – Or, la conséquence de cet empressement accru de la demande doit être, sans conteste, une hausse du prix du travail et des marchandises, ce qui est précisément ma thèse. De quelque manière que nous envisagions la question, nous sommes obligés d'admettre que, quoiqu'un surcroît d'activité sera un effet d'une émission extraordinaire de papier, une hausse du coût des articles en sera un autre.

Il est probable qu'une partie non négligeable de cette activité stimulée par du nouveau papier soit produite au moyen même de la hausse du coût des marchandises. Tant que le papier augmente, et que les articles continuent de monter en prix, les spéculations commerciales apparaissent plus profitables que d'ordinaire. Par exemple, le commerçant qui revend sa marchandise trois mois après l'avoir achetée, obtient un gain supplémentaire égal à la hausse du prix général des choses que le nouveau papier a causée durant les trois mois en question :

—he confounds this gain with the other profits of his commerce; and is induced, by the apparent success of his undertakings, to pursue them with more than usual spirit. The manufacturer feels the same kind of encouragement to extend his operations; and the enlarged issue of paper supplies both him and the merchant with the means of carrying their plans into effect. As[2] soon, however, as the circulating medium ceases to encrease, the extra profit is at an end; and, if we assume the augmented paper to be brought back to its ordinary quantity, we must suppose industry to languish for a time, through the ill success which will appear to attend mercantile transactions.

Mr. Hume has an observation in his Essay on Money, which, in some degree, confirms the remarks which have been made in the text. Having represented an influx of money as exciting industry (and we may presume an encrease of paper to have exactly the same effect), "At first," he says, "no alteration is perceived; by degrees the price rises first of one commodity, then of another, till the whole, at last, reaches a just proportion with the new quantity of specie which is in the kingdom. *In my opinion, it is only in this interval or intermediate situation between the acquisition of money and rise of prices*" (Mr. Hume must mean, no doubt, the completion of the rise, and not the commencement of it) "*that the encreasing quantity of gold and silver is favourable to industry*[b]."

[239]

It must be also admitted, that, provided we assume an excessive issue of paper to lift up, as it may for a time, the cost of goods though not the price of labour, some augmentation of stock will be the consequence; for the labourer, according to this supposition, may be forced by his necessity to consume fewer articles, though he may exercise the same industry. But this saving, as well as any additional one which may arise from a similar defalcation of the revenue of the unproductive members of the society, will be attended with a proportionate hardship and injustice.

2 « Bs » *in* Thornton (1939a).

– il confond ce gain avec les autres profits de son commerce ; et est incité, par le succès apparent de ses entreprises, à les poursuivre avec plus d'ardeur que de coutume. Le fabricant éprouve le même genre d'encouragement à étendre ses activités ; et l'émission accrue de papier lui offre, tout comme au négociant, les moyens de mettre ses plans à exécution. Cependant, dès que le moyen circulant cesse d'augmenter, le profit supplémentaire touche à sa fin ; et, si nous supposons que le papier augmenté est ramené à sa quantité ordinaire, nous devons penser que l'activité languira quelque temps, en raison de l'insuccès qui semblera accompagner les transactions commerciales.

Dans son essai *Sur la Monnaie*, Hume fait une observation, qui confirme à un certain degré les remarques faites dans le texte. Après avoir présenté un afflux de numéraire comme stimulant l'activité (et on peut présumer qu'une augmentation de papier aura exactement le même effet), il écrit :

> Au départ, on ne perçoit aucun changement ; le prix augmente par degrés, d'abord d'une marchandise, puis d'une autre ; jusqu'à ce que l'ensemble atteigne finalement une juste proportion avec la nouvelle quantité d'espèces qui est dans le royaume. *À mon avis, ce n'est que dans cet intervalle, ou situation intermédiaire, entre l'acquisition de numéraire et la hausse des prix, que la quantité croissante d'or et d'argent est favorable à l'activité*[b, 8].

(M. Hume doit vouloir dire, sans aucun doute, le terme de la hausse, et non son commencement).

Il faut aussi admettre que, si nous supposons qu'une émission excessive de papier hausse, comme elle le peut pour un temps, le coût des biens, mais non le prix du travail, il en résultera une certaine augmentation du fonds ; car l'ouvrier, selon cette supposition, peut être forcé par sa situation de nécessité à consommer moins d'articles, bien qu'il puisse exercer la même activité. Mais cette épargne[9], de même que toute épargne supplémentaire qui pourrait résulter d'une réduction semblable du revenu des membres improductifs de la société, ira de pair avec des souffrances et une injustice proportionnées.

---

8 *Cf.* Hume (1987, p. 172) ; italiques de Thornton. Ce même passage de Hume sera cité et commenté par Thornton (1939d, p. 355) dans son discours du 14 mai 1811 à la Chambre des Communes, lors du débat sur le *Bullion Report*.

9 C'est-à-dire la réduction de la consommation par ouvrier. Dans ce cas, un même fonds permet d'employer davantage d'ouvriers. L'idée que les salaires tardent à s'ajuster aux prix a déjà été énoncée à la fin du chap. VII, « Deuxième inconvénient… ».

This supposition also implies the acknowledgment of the point for which we are contending, that an encreased issue of paper tends to raise the price of commodities.

It has thus been admitted that paper possesses the faculty of enlarging the quantity of commodities by giving life to some new industry. It has, however, been affirmed, that the encrease of industry will by no means keep pace with the augmentation of paper. The question now to be considered is, whether, if we suppose thirty-five millions of new paper to be suddenly issued, the fresh industry which would, consequently, be excited, would create a quantity of goods, the sale of which would give employment to all the new paper. Let it be admitted, for the sake of illustrating this point, that the thirty-five millions of additional bank notes will have the extraordinary power of calling at once into being thirty-five millions of new goods; still it may be remarked, that even all this additional property would by no means find employment for that equal quantity of paper which is here assumed to have given existence to it.

[240]

We shall be able to explain this circumstance, as well as to throw some new light on the general subject, by supposing an individual, A, to become, in consequence of an extraordinary issue of paper, a new borrower at the bank to the extent of twenty thousand pounds. The twenty thousand pounds, while it is held in the shape of paper, affording him no interest; he will make haste to part with it, by purchasing goods, stocks, land, or some other article, to the extent of the sum in question. Suppose him to make the purchase from B, in three days after he received the notes. B is now in possession of twenty thousand pounds in new bank paper, created by the extraordinary emission; and is, in like manner, in haste to part with it. Imagine him, also, to pay away the same paper in return for goods at the end of three days.

Cette supposition implique aussi la reconnaissance de la thèse que nous défendons, qu'une émission de papier accrue tend à augmenter le prix des marchandises.

TOUT LE NOUVEAU PAPIER SERA-T-IL EMPLOYÉ PAR LES NOUVELLES ACTIVITÉS ?

On a ainsi admis que le papier possède la faculté d'augmenter la quantité de marchandises en donnant naissance à quelques activités nouvelles. Il a cependant été affirmé que l'augmentation de l'activité ne suivra nullement le rythme de l'augmentation du papier. La question à considérer maintenant est si, à supposer que trente-cinq millions de nouveau papier soient soudain émis, l'activité nouvelle qui serait stimulée en conséquence créerait une quantité de biens dont la vente donnerait un emploi à tout le nouveau papier. Admettons pour illustrer ce point, que les trente-cinq millions de billets de banque additionnels aient l'extraordinaire pouvoir de donner naissance tout de suite à trente-cinq millions de biens nouveaux ; on peut toutefois remarquer que même tous ces avoirs supplémentaires ne trouveraient nullement à employer la quantité égale de papier dont on suppose ici qu'elle leur a donné naissance[10].

Nous serons en mesure d'expliquer cette circonstance, ainsi que de jeter un nouvel éclairage sur le sujet général, en supposant qu'un individu *A* devienne, en conséquence d'une émission extraordinaire de papier, un nouvel emprunteur à la Banque à concurrence de vingt mille livres. Les vingt mille livres, si elles sont détenues sous forme de papier, qui ne lui rapporte aucun intérêt ; il se hâtera de s'en défaire en achetant des marchandises, des titres, des terres, ou quelque autre article, à concurrence de la somme en question. Supposez qu'il fasse l'achat à *B*, dans un délai de trois jours après avoir reçu les billets. *B* est maintenant en possession de vingt mille livres de nouveau papier bancaire, créé par l'émission extraordinaire ; et il a pareillement hâte de s'en défaire. Imaginez que lui aussi dépense le même papier en échange de marchandises après trois jours.

---

10 Rappelons que la circulation de billets de la Banque d'Angleterre s'élevait approximativement à 15 millions en 1800. Le PIB nominal était de l'ordre de 300 millions (Thomas et Dimsdale, 2017). Si les 35 millions de « biens nouveaux » peuvent s'interpréter comme une hausse du PIB, il s'agirait d'une hausse de plus de 10 %. La circulation de pièces dépassait de loin celle des billets.

Thus the same notes will in six days have effected two purchases amounting together to forty thousand pounds. If we imagine the like transaction to be repeated again and again; the same notes will in twelve days have effected the purchase of goods amounting to eighty thousand pounds; in about a month to two hundred thousand pounds; and in a year to about two millions. Thirty-five millions of new paper will thus effect in a year the sale of goods to the extent of two or three thousand millions. In order, therefore, to account for the employment of the thirty-five millions, we must assume, if we allow no rise in prices to take place, such a new quantity of goods to be called into existence by the magic influence of the new paper, as to become a subject for purchases, amounting, in a year, to no less than these two or three thousand millions. We must assume the creation not of thirty-five millions of property, but of five, ten, or, perhaps, twenty times that sum; or else we must suppose, what is not supposable, that the newly created capital of thirty-five millions changes hands as frequently as the thirty-five millions of bank notes which created it; that is to say, that the new property undergoes a fresh sale on every third day.

The case which has been put is inaccurate, inasmuch as the payments effected by bank notes are on the account not merely of goods and other articles sold, but likewise of numberless sums [241] borrowed and repaid. It is probable, however, that payments of this latter kind will always bear a nearly uniform proportion to those of the other class. The general inference which was intended to be drawn from the case, will, therefore, be just.

In speaking formerly of the reduction of bank paper, much pains were taken to point out the important difference between that limitation of loans which leads to a diminution of paper, and that which produces no such diminution; and it was then observed, that it was by the quantity of Bank of England paper,

Ainsi les mêmes billets auront en six jours effectué deux achats s'élevant ensemble à quarante mille livres. Si nous imaginons que cette même transaction se répète encore et encore ; les mêmes billets auront en douze jours effectué l'achat de biens pour un montant de quatre-vingt mille livres ; en environ un mois de deux cent mille livres ; et en un an d'environ deux millions. Trente-cinq millions de nouveau papier effectueront ainsi en un an la vente de biens de l'ordre de deux ou trois mille millions. Donc, pour rendre compte de l'emploi des trente-cinq millions, et si nous n'autorisons aucune hausse des prix, nous devons supposer qu'une quantité nouvelle de biens soit appelée à exister par l'influence magique du nouveau papier, telle qu'elle fasse l'objet d'achats s'élevant, sur un an, à pas moins que ces deux ou trois mille millions. Nous devons supposer la création, non pas de trente-cinq millions d'avoirs, mais de cinq, dix, ou peut-être vingt fois cette somme ; ou bien nous devons imaginer, ce qui est inimaginable, que le capital nouvellement créé de trente-cinq millions change de mains aussi fréquemment que les trente-cinq millions de billets de banque qui l'ont créé ; c'est-à-dire, que les nouveaux avoirs fassent l'objet d'une nouvelle vente tous les trois jours[11].

Le scénario qui a été présenté est inexact, dans la mesure où les paiements effectués par des billets de banque le sont non seulement pour le compte de biens et d'autres articles vendus, mais aussi d'innombrables sommes empruntées et remboursées. Il est probable, cependant, que les paiements de cette dernière espèce[12] seront toujours en proportion presque uniforme avec ceux de l'autre classe. La conclusion générale qu'on comptait tirer du scénario, sera donc juste.

En parlant plus haut de la réduction de papier bancaire[13], nous nous sommes donné beaucoup de mal pour mettre en évidence la différence importante entre la limitation des prêts qui débouche sur une diminution de papier, et celle qui n'en produit pas ; et on a alors observé que c'était par la quantité de papier de la Banque d'Angleterre,

11 Thornton distingue entre création d'« avoirs » ou de « capital » d'une part, et transactions (« achats ») de l'autre. La vitesse de circulation « revenu » des billets, définie comme le ratio PIB nominal / billets en circulation, était à l'époque de l'ordre de 20 (*cf.* note précédente). Le ratio de vingt mentionné par Thornton ne paraît pas invraisemblable. Avec ses autres hypothèses, il implique que chaque £ de PIB donnerait lieu à 5 £ de transactions par an. Murphy (2003, p. 33-34) a un point de vue différent.

12 C'est-à-dire les paiements au titre d'opérations financières, par opposition aux opérations commerciales.

13 Il s'agit de la réduction de la circulation de billets précédant la suspension des paiements. *Cf.* chap. IV, « Remarque sur la relation… ».

and not by the amount of loans, or by the amount of loans so far only as they influence the quantity of paper, that a judgment was to be formed of the pressure on the metropolis, and of the reduction of prices. Many of the remarks then made respecting the limitation of bank paper, apply with nearly equal force to the subject of its encrease.

It has now been fully shewn, first, that Bank of England paper is an article of such a nature, that a very superfluous quantity of it will never be for a long time retained in any quarter; and, secondly, that the vast encrease of it, which, for the sake of more convenient discussion, was assumed to take place, cannot possibly create such a new capital as shall furnish the new paper with employment. There remains, therefore, no other mode of accounting for the uses to which the additional supply of it can be turned, than that of supposing it to be occupied in carrying on the sales of the same, or nearly the same, quantity of articles as before, at an advanced price the cost of goods being made to bear the same, or nearly the same, proportion to their former cost, which the total quantity of paper at the one period bears to the total quantity at the other.

We are thus brought, though by a different course, to the point at which we arrived in an early part of a former Chapter. An enlarged issue of paper, it was then observed, produces an encreased facility of borrowing, as well as an opinion of encreased facility; and thus adds to the eagerness of purchasers. It communicates an additional power of purchasing, not only to the original borrower at the bank, but successively, also, as has now been shewn, to all the [242] other individuals into whose hands the new bank notes pass in the course of their circulation.

Very strong confirmation of the present doctrine may be furnished by a reference to the case of gold. No one doubts, that, in the event of an augmented supply of this article from the mines, the value of it would fall nearly in proportion to the extension of its quantity; especially if it were used for the sole purpose of a circulating medium, and were also the only kind of circulating medium. The metropolis of Great Britain is so circumstanced, that the issue of an extraordinary quantity of bank paper for the purpose of effecting the payments of London, in a considerable degree resembles the creation of an extraordinary supply of gold for the general uses of the world.

et non par le montant des prêts, ou alors par le montant des prêts dans la seule mesure où ils influencent la quantité de papier, qu'il fallait se former un jugement sur la pression sur la métropole, et sur la réduction des prix. Beaucoup des remarques faites alors sur la limitation du papier bancaire, s'appliquent avec une force presque égale au sujet de son augmentation.

On a maintenant pleinement montré, tout d'abord, que le papier de la Banque d'Angleterre est un article d'une nature telle qu'une quantité très superflue n'en sera jamais conservée par qui ce soit pour longtemps ; et, en second lieu, que l'immense augmentation de celui-ci, qu'on a supposée avoir lieu pour faciliter la discussion, est incapable de créer le nouveau capital qui fournirait un emploi au nouveau papier. Il ne reste donc pas d'autre façon de rendre compte des utilisations auxquelles l'approvisionnement supplémentaire de papier peut être consacré, que de penser qu'il est utilisé à effectuer les ventes de la même quantité d'articles qu'avant, ou presque, à un prix rehaussé, le coût des biens étant dans la même proportion, ou presque, avec leur ancien coût, que la quantité totale de papier d'une période l'est avec la quantité totale de l'autre.

Nous sommes ainsi amenés, quoique par un cours différent, au point auquel nous étions arrivés au début d'un chapitre précédent[14]. Une émission accrue de papier, on l'avait alors observé, accroît la facilité d'emprunter, ainsi que le sentiment d'une facilité accrue ; et ajoute ainsi à l'empressement des acheteurs. Elle communique un pouvoir d'achat supplémentaire, non seulement à l'emprunteur original à la Banque, mais aussi successivement, comme on vient de le montrer, à toutes les autres personnes dans les mains desquelles passent les nouveaux billets de banque au cours de leur circulation.

Une référence au cas de l'or fournit une confirmation très forte de la présente doctrine. Personne ne doute que, dans l'éventualité d'une offre accrue de cet article par les mines, sa valeur chuterait presque en proportion de l'extension de sa quantité ; spécialement s'il était utilisé dans la seule fonction de moyen circulant, et s'il était aussi la seule espèce de moyen circulant. La situation de la métropole de la Grande-Bretagne est telle, que l'émission d'une quantité extraordinaire de papier bancaire afin d'effectuer les paiements de Londres ressemble à un degré considérable à la création d'une offre d'or extraordinaire pour tous les usages du monde.

---

14 Chapitre VIII, « Effet sur le prix des biens ».

It was stated in the beginning of this Chapter, as one objection to the doctrine which I have been endeavouring to establish, that "to enlarge the quantity of Bank of England notes merely in proportion as sufficient and real bills are offered in return for them, is only to exchange one species of paper for another, namely, Bank of England notes for bills, which, though not so current or so safe as bank notes, are sufficiently worthy of credit. That it was, therefore, simply to afford a guarantee to the transactions of the merchant, and thus to render that accommodation to commerce where it belongs to the bank to give." This objection will be sufficiently answered by repeating an observation which has been already frequently made, namely, that the effect produced by paper credit on the price of articles depends not merely on the quantity of paper in existence, but also on its currency, or, in other words, on the rapidity of its circulation. It was admitted in the objection, that bills are not current like bank notes, and that it is the greater currency of the latter which causes the exchange to be desired.

It was mentioned, as another argument against the doctrine which has been laid down, that corn has not usually borne any sort of proportion to the quantity of Bank of England paper in circulation at the same time. The answer is, that the directors of the bank have never augmented their notes in such a degree as to be likely [243] to produce any material alteration in the general price of goods; that one or more of those circumstances which were dwelt upon in the preceding Chapter, may have counteracted the tendency of the fluctuations of the quantity of paper to produce correspondent variations in the price of commodities; and, above all, that even a small reduction of the supply of grain can hardly fail to lead to a rise in its value when exchanged for paper, so great as to forbid all comparison between the effects of an alteration of the quantity of the one article and of an alteration of the quantity of the other.

DEUX AUTRES OBJECTIONS

On a énoncé au début de ce chapitre[15], comme une objection à la doctrine que j'avais entrepris d'établir, qu'« Augmenter les billets de la Banque d'Angleterre simplement dans la proportion où des effets sûrs et réels sont offerts en échange de ceux-ci, revient à échanger une espèce de papier contre une autre, à savoir, des billets de la Banque d'Angleterre contre des effets, qui, bien que n'étant pas aussi courants ni aussi sûrs que des billets de banque, sont suffisamment dignes de crédit. C'est donc simplement accorder une garantie aux transactions du négociant, et procurer ainsi au commerce cette facilité qu'il incombe à la Banque de donner. » On répondra suffisamment à cette objection en répétant une observation qui a été déjà faite fréquemment, à savoir que l'effet produit par le papier de crédit sur le prix des articles ne dépend pas simplement de la quantité de papier en existence, mais aussi du degré auquel il a cours, ou en d'autres termes, de sa vitesse de circulation[16]. L'objection admettait que des traites n'ont pas cours de la même façon que des billets de banque, et que c'est le caractère plus courant de ces derniers qui rend l'échange désirable.

On a mentionné comme un autre argument contre la doctrine qui a été avancée, que le prix des grains n'a pas habituellement respecté aucune sorte de proportion avec la quantité de papier de la Banque d'Angleterre en circulation au même moment. La réponse est que les administrateurs de la Banque n'ont jamais augmenté leurs billets à un degré tel qu'il soit susceptible de modifier de façon substantielle le prix général des biens ; qu'une ou plusieurs des circonstances sur lesquelles nous nous sommes étendus dans le chapitre précédent, ont pu contrecarrer la tendance des fluctuations de la quantité de papier à produire des variations correspondantes du prix des marchandises ; et, avant tout, que même une petite réduction de l'approvisionnement en grains ne peut manquer de mener à une telle hausse de sa valeur en termes de papier, qu'elle interdit toute comparaison des effets d'une modification de la quantité du premier article et d'une modification de la quantité de l'autre.

15 « Réponses aux objections… ». Thornton reviendra sur cette question plus loin, dans la section « Règles possibles de restriction des prêts ».

16 L'argument de Thornton contre la doctrine des « effets réels » est ici qu'elle conduit à remplacer du papier à vitesse de circulation basse (les effets de commerce) par du papier à vitesse de circulation élevée (les billets de banque), ce qui est inflationniste.

Paper has been spoken of as raising the cost of commodities, at the most, only in proportion to its encreased quantity. But in the case of a diminished supply of corn, the price rises according to a very different ratio; and for this obvious reason, that we cannot accustom ourselves to the use of a reduced allowance of grain, in the same manner in which we are able, by degrees, to accommodate ourselves to a smaller quantity of circulating medium[c].

[244]

Let the principle which was laid down as regulating the cost of all articles be recollected. The question of prices is a question of power, and of power only; and, in the event of the scarcity of any commodity, the buyers are more or less under the power of the sellers, in proportion as the article in question is of more or less urgent necessity.

That the quantity of circulating paper must be limited, in order to the due maintenance of its value, is a principle on which it is of especial consequence to insist, as it has been overlooked by some writers on paper credit. In the work of Sir James Stewart on Political Œconomy, banks are discussed at considerable length; but little intimation is given of the necessity of confining the total quantity of circulating paper, or of the tendency of an excessive emission to render the exchange unfavourable, and thus to cause gold to be drawn away. On the other hand, the duty of not giving out bank paper, except for sufficient value received (a point on which, at the present time, there is less occasion to enlarge), is strongly urged by this writer, and the security of bills of exchange is implied by him to be inadequate, that of land alone being fully approved. Bank notes emitted without obtaining value in return, are termed by him paper issued for "value consumed;" and are represented as the great source both of loss and danger to a banking company. His mode of expressing himself on this point is such as to make him appear to lend much countenance to the error which it is the object of the present Chapter to expose; namely, that of imagining that a proper limitation of bank notes may be sufficiently secured by attending merely to the nature of the security for which they are given[d].

On a dit du papier qu'il augmentait le coût des marchandises, tout au plus, en proportion de sa quantité accrue. Mais dans le cas d'une diminution de l'approvisionnement en grains, le prix grimpe dans un ratio très différent ; et ceci pour la raison évidente, que nous ne pouvons pas nous faire à l'habitude d'une allocation réduite de grain, de la même manière que nous pouvons, par degrés, nous accommoder d'une quantité moindre de moyen circulant[c].

Rappelons le principe avancé comme réglant le coût de tous les articles. La question des prix est une question de pouvoir, et de pouvoir uniquement ; et dans l'éventualité de la pénurie d'une marchandise quelconque, les acheteurs sont plus ou moins soumis au pouvoir des vendeurs, dans la proportion où l'article en question est d'une nécessité plus ou moins urgente[17].

NÉCESSITÉ DE LIMITER LE PAPIER : À PROPOS DE STEWART, SMITH ET LOCKE

Il est particulièrement important d'insister sur le principe que la quantité de papier circulant doit être limitée, en vue du maintien nécessaire de sa valeur, car il a été négligé par quelques auteurs traitant du papier de crédit. Sir James Stewart discute longuement les banques dans son ouvrage sur l'Économie Politique ; mais il donne peu d'indications sur la nécessité de borner la quantité totale de papier circulant, ni sur la tendance d'une émission excessive à rendre le change défavorable, et à causer ainsi des retraits d'or. D'autre part, cet auteur insiste fortement sur le devoir de ne pas émettre de papier bancaire, excepté pour valeur reçue[18] suffisante (un point sur lequel il y a moins lieu de s'étendre à présent), et il sous-entend que la sûreté de lettres de change est insuffisante, celle de la terre étant la seule à trouver grâce à ses yeux. Des billets de banque émis sans obtenir de valeur en contrepartie, sont qualifiés par lui de papier émis pour « valeur consommée » ; et sont présentés comme la grande source à la fois de perte et de danger pour une compagnie bancaire. La façon dont il s'exprime sur ce point fait apparaître qu'il prête beaucoup de crédit à l'erreur dont l'exposé fait l'objet du présent chapitre ; à savoir, celle d'imaginer qu'une limitation appropriée des billets de banque peut être suffisamment assurée en se contentant de prêter attention à la nature de la sûreté contre laquelle ils sont donnés[d].

17 Chapitre VIII, « De la tendance… ».

18 Voir l'Annexe II.

[245]

Dr. A. Smith, who is a more late writer, has asserted the necessity of a limitation of paper, in the passage which was quoted in an early part of this work; but he has done this in terms which are inaccurate, and he has given an erroneous and inadequate idea of the evil which may result from a very extended emission.

Mr. Locke has lent some countenance to the error which I am endeavouring to expose, by his way of considering the subject of the balance of trade, which is the same mode in which I supposed, in the beginning of this Chapter, an objector to conceive of it. "The evil of an unfavourable exchange," I imagined my opponent to say, "and of a consequent high price of gold, arises from an unfavourable balance of trade, and from that only. The true way of preventing this evil, or of remedying it, if it unfortunately exists, is to encrease the national industry; and the way to encourage industry, is to give full scope to trade and manufactures by a liberal emission of paper. The balance of trade will not fail to be rendered favourable by that abundance of exportable articles which the labour thus excited must necessarily be supposed to create."

Mr. Locke's language respecting an unfavourable balance of trade, and its influence in causing gold to be melted down and exported, is as follows.

"Profit," he says, "can be made by melting down our money, but only in two cases. First, when the current prices[3] of the same denomination are unequal and of different weights, some heavier some lighter; for then the traders in money cull out the heavier, and melt them down with profit.—The other case wherein our money comes to be melted down, is a losing trade, or, which is the same thing in other words, an over great consumption of [246] foreign commodities. Whenever the over-balance of foreign trade makes it difficult for our merchants to get bills of exchange, the exchange presently rises. If the law makes the exportation of our coin penal, it will be melted down; if it leaves the exportation of our coin free, it will be carried out in specie—one way or other, go it must. But this melting down carries not away one grain of our treasure out of England.—*The coming and going of that depends wholly upon the balance of trade*[e]."

3 *Sic* (pour « pieces »).

Adam Smith, qui est un auteur plus récent, a affirmé la nécessité d'une limitation du papier dans le passage qu'on a cité plus tôt dans ce travail[19] ; mais il l'a fait en des termes qui sont inexacts, et il a donné une idée incorrecte et insuffisante du mal qui peut résulter d'une émission très étendue.

Locke a prêté quelque crédit à l'erreur que je m'efforce d'exposer par sa manière de considérer le sujet de la balance commerciale, qui est la même que celle dont j'ai imaginé, au début de ce chapitre, qu'un objecteur la concevrait[20]. « Le mal d'un change défavorable, » comme j'imaginais que dirait mon adversaire, « et du prix élevé de l'or qui en résulte, provient d'une balance commerciale défavorable, et de cela uniquement. Le bon moyen d'empêcher ce mal, ou d'y remédier si malheureusement il se produisait, est d'augmenter l'activité nationale ; et le moyen d'encourager l'activité est de donner les coudées franches au commerce et aux manufactures par une émission libérale de papier. La balance commerciale ne manquera pas d'être rendue favorable par l'abondance d'articles exportables que le travail ainsi stimulé doit nécessairement être censé créer. »

Le langage de M. Locke à propos d'une balance commerciale défavorable, et de son influence sur la fonte et l'exportation d'or, est le suivant :

> [...] on peut faire un profit, dit-il, en fondant notre monnaie, mais dans deux cas seulement. D'abord, quand les pièces[21] courantes de même valeur de frappe sont inégales et de poids différents, certaines plus lourdes et d'autres plus légères ; car alors les commerçants en monnaie recueillent les plus lourdes, et les fondent avec profit [...]. L'autre cas où il arrive que notre monnaie soit fondue, est un commerce déficitaire, ou, ce qui revient au même en d'autres termes, une consommation surabondante de marchandises étrangères. Toutes les fois que le déséquilibre du commerce étranger rend difficile à nos négociants l'obtention de lettres de change, le change augmentera [...]. Si la loi interdit l'exportation de nos pièces, elles seront fondues ; si elle l'autorise [...], elles seront transportées sous forme d'espèces. D'une façon ou d'une autre, elles doivent partir [...]. Mais cette fonte n'emporte pas hors d'Angleterre un grain de notre trésor. *Le va-et-vient de celui-ci dépend entièrement de la balance commerciale*[e, 22].

---

19 Chapitre III, « Erreur d'Adam Smith ».

20 Il y a des différences de détail entre la formulation du début du chapitre (« Réponses aux objections... ») et celle qui suit.

21 Coquille dans l'édition originale et l'édition américaine de 1807.

22 Thornton combine plusieurs passages de Locke ; nous avons explicité les omissions. Les italiques sont de Thornton. *Cf.* John Locke (2011, p. 34-37 du texte anglais) ou Locke (1991). Thornton reviendra sur ce passage de Locke dans son discours aux Communes du 14 mai 1811 (Thornton, 1939d, p. 351 *sq.*).

The error which I consider as encouraged and supported by this passage of Mr. Locke (and much similar language is to be found in other writers), is this:—the passage implies, that it is the comparative state of our exports and imports which regulates the exchange, and not at all the state of the exchange which regulates the comparative state of our exports and imports. It leads us to suppose, that an unfavourable balance of trade (that is, the excess of the goods imported above those exported) is exclusively the cause, and that the bad state of the exchange is altogether the effect. The passage inclines us not at all to suspect a circumstance which Mr. Hume admits in a note in his Essay on Money, namely, "that an unfavourable exchange becomes a new encouragement to export."

The point which I wish here to establish may be still more clearly explained in the following manner. It has been shewn in a former Chapter, and, indeed, it is stated by Mr. Locke, that the selling price of bills determines the rate of exchange. When, therefore, for example, persons abroad wishing to sell bills on England are more numerous than those who are disposed to buy them, the price of bills must drop; and it must continue to fall until it becomes so low as to tempt some individuals to become purchasers of them. They who buy the bills on England, are the buyers of so many orders to receive in England either money or bank notes. The money or bank notes thus received, unless left in some English hand (and they will be so left in some few cases only), must be invested in British articles, and exported. The profit afforded by the fall in the selling price of the bills must, therefore, be sufficient to [247] cause the speculation of the buyers of the bills to answer—the speculation I mean of either bringing over British gold, which would not otherwise have been transferred, or of purchasing and exporting British commodities which would not otherwise have been at that time transported.

L'erreur, dont je considère que ce passage de M. Locke (et un langage fort semblable peut être trouvé chez d'autres auteurs) l'encourage et la soutient, est la suivante : le passage laisse entendre que c'est l'état comparé de nos exportations et importations qui règle le change, et pas du tout l'état du change qui règle l'état comparé de nos exportations et importations. Il nous conduit à penser qu'une balance commerciale défavorable (c'est-à-dire, l'excédent des biens importés sur les biens exportés) est exclusivement la cause, et que le mauvais état du change est entièrement l'effet. Le passage ne nous incline en rien à suspecter une circonstance que M. Hume admet dans une note de son essai *Sur la Monnaie*, à savoir, « qu'un change défavorable devient un nouvel encouragement à exporter[23] ».

Le point que je souhaite établir ici peut être expliqué plus clairement encore de la façon suivante. On a montré dans un chapitre antérieur[24], et en effet, M. Locke l'affirme, que le prix de vente des lettres de change détermine le taux de change. Donc quand, par exemple, les personnes à l'étranger souhaitant vendre des traites sur l'Angleterre sont plus nombreuses que celles qui sont disposées à les acheter, le prix des lettres de change doit chuter ; et il doit continuer à chuter jusqu'à ce qu'il devienne si bas qu'il tente quelques individus à s'en porter acquéreurs. Ceux qui achètent des traites sur l'Angleterre, achètent des ordres de recevoir en Angleterre des espèces ou des billets de banque. Les espèces ou les billets de banque reçus de cette façon, à moins qu'ils ne restent entre quelques mains anglaises (ce qui ne se produira que dans quelques cas seulement), doivent être investis en articles britanniques, et exportés. Le profit que permet la chute du prix de vente des traites doit donc suffire à ce que rapporte la spéculation des acheteurs des traites – j'entends par là la spéculation consistant soit à exporter de l'or britannique, qui n'aurait pas été transféré sans cela, soit à acheter et exporter des marchandises britanniques qui, sans cela, n'auraient pas non plus été transportées à ce moment.

23 Cette remarque figure en réalité dans l'essai *Sur la Balance du Commerce*. Hume écrit : « Il y a une autre cause qui, quoique plus limitée dans son action, contrarie la balance commerciale défavorable avec toute nation particulière avec laquelle le royaume fait commerce. Quand nous importons davantage de biens que nous n'en exportons, le change se retourne contre nous, et ceci devient un nouvel encouragement à exporter ; autant que le seraient les frais de transport et d'assurance du numéraire qui sont dus. Car le change ne peut jamais augmenter qu'un peu plus haut que cette somme. » (Hume, 1987, p. 381, n. 7).

24 Chapitre v, « Du cours du change ».

Thus, therefore, an unfavourable exchange may be considered not only as becoming, according to Mr. Hume's expression, "a new encouragement to export," but as affording all that degree of encouragement to export which is necessary to secure as much actual exportation either of gold or of goods, or both, as shall serve to equalize the exports and imports; unless, indeed, the same cause, namely, the unfavourableness of the exchange, should tempt foreigners to remit money to England, and lodge it for a time in our hands, with a view to the profit to be obtained by this species of speculation.

The principle which I would lay down on the subject now under consideration, is, I think, simple and intelligible, and it applies itself to all periods of time, and to every kind of circulating medium which may happen to be in use. I would be understood to say, that in a country in which *coin alone* circulates, if, through any accident the quantity should become greater in proportion to the goods which it has to transfer than it is in other countries, the coin becomes cheap as compared with goods, or, in other words, that goods become dear as compared with coin, and that a profit on the exportation of coin arises. This profit, indeed, soon ceases through the actual exportation of the article which is excessive.

I would say again, that in a country in which *coin and paper* circulate at the same time, if the two taken together should, in like manner, become, in the same sense of the term, excessive, a similar effect will follow. There will, I mean, be a profit on sending away the coin, and a consequent exportation of it.

I would say, thirdly, that in a country in which *paper alone* circulates, if the quantity be in the same sense excessive, supposing the credit of the banks which issued it to be perfect, the paper will fall in value in proportion to the excess, on an exactly similar principle; or, in other words, that goods will rise; and that a [248] necessity will exist for granting, in the shape of exchange, a bounty on the exportation of them equal to that which would have been afforded in the two former suppositions, assuming the quantity of circulating medium to be excessive in an equal degree in all the three cases.

On peut donc considérer qu'un change défavorable devient ainsi non seulement « un nouvel encouragement à exporter », selon l'expression de M. Hume, mais qu'il fournit tout le degré d'encouragement à exporter qu'il faut pour assurer assez d'exportation effective d'or ou de marchandises, ou des deux, pour permettre d'égaliser les exportations et les importations ; à moins, en effet, que la même cause, à savoir un change défavorable, n'incite des étrangers à remettre de l'argent en Angleterre, et à le placer pendant un certain temps entre nos mains, en vue du profit que peut offrir cette espèce de spéculation.

NÉCESSITÉ DE LIMITER LE PAPIER : EXPLICATION

Le principe que j'avancerais sur le sujet maintenant à l'étude est, je pense, simple et intelligible, et il s'applique à toutes les périodes de temps, et à chaque espèce de moyen circulant qui puisse se trouver être en usage. Je veux dire que dans un pays où *seules les pièces* circulent, si, par quelque accident, leur quantité devenait plus grande que dans d'autres pays en proportion des marchandises qu'elles doivent transférer, les pièces deviendraient bon marché par rapport aux biens, ou, en d'autres termes, je veux dire que les biens deviendraient chers par rapport aux pièces, et qu'un profit apparaîtrait sur l'exportation de pièces[25]. Ce profit, du reste, cesse bientôt par l'exportation effective de l'article excédentaire.

Je dirais encore, que dans un pays où *pièces et papier* circulent en même temps, si les deux pris ensemble devaient, de manière semblable, devenir, dans le même sens du terme, excédentaires, un effet semblable s'ensuivra. Il y aura, j'entends, un profit à expédier les pièces à l'étranger, et par conséquent une exportation de celles-ci.

Je dirais, en troisième lieu, que dans un pays où *seul le papier* circule, si la quantité en était dans le même sens excédentaire, et en supposant que le crédit des banques qui l'ont émis soit parfait, le papier diminuera de valeur en proportion de l'excédent, selon un principe exactement semblable ; ou, en d'autres termes, que les biens hausseront de prix ; et qu'une nécessité existera d'accorder, sous la forme du change, une prime à l'exportation des biens égale à celle qui aurait été accordée dans les deux cas précédents, en supposant que la quantité de moyen circulant soit dans les trois cas excédentaire au même degré.

---

25 Cette idée avait été exprimée par Hume dans un passage cité au chapitre suivant (« Hume : première partie »).

It thus appears, that "the coming and going of gold" does not (as Mr. Locke expresses it, and as was supposed in the objection at the beginning of this Chapter) "depend wholly on the balance of trade." It depends on the quantity of circulating medium issued; or it depends, as I will allow, on the balance of trade, if that balance is admitted to depend on the quantity of circulating medium issued. Mr. Locke, however, is very far from leading his reader to conceive that the balance of trade depends on the quantity of circulating medium issued; for he describes an unfavourable balance as resulting from a "losing trade," and from an "over great consumption of foreign commodities;" terms which seem to imply an unprosperous state of commerce, and a too expensive disposition in the people, and which naturally lead to the conclusion, that the prosperity of the country will effectually secure us against the danger of the exportation of our coin, whatever may be the quantity of our paper.

It has now, I trust, been made sufficiently to appear, that banks, if they pay in gold, or if, while not paying in gold, they maintain the value of their notes, must observe some limit in respect to their emission of them.

If, indeed, we could suppose a country to have no intercourse with any other, we might imagine an unlimited issue of paper to take place without producing any difference in its value when exchanged for gold. In that case it would be necessary to assume the price of goods to rise indefinitely, but the people to be content to use a less and less proportion of gold to paper, and on that account to continue to consider the relative value of gold and paper as the same. This unlimited rise in the price of goods, and equally indefinite fall in the value of gold, are everywhere precluded by the commercial communications which take place between different parts [249] of the world; gold in exchange for goods, allowing for the expense of transporting them, necessarily bearing that price, or nearly that price, in each country which it bears in all. The variations in the value of bullion, as compared with that of the circulating medium, serve, therefore, to detect and restrain that too great emission of notes to which all countries would otherwise be prone; and those operations of the exchange, which have been described, are the means by which every bank is compelled to make the value of its paper conform itself to the ancient standard.

Il apparaît ainsi que « le va-et-vient de l'or » (comme le formule M. Locke, et comme le prétendait l'objection au début de ce chapitre) ne « dépend [pas] entièrement de la balance commerciale ». Il dépend de la quantité de moyen circulant émis ; ou il dépend, comme je le concéderai, du solde commercial, si l'on admet que ce solde dépend de la quantité émise de moyen circulant. M. Locke, cependant, est très loin de conduire son lecteur à concevoir que le solde commercial dépende de la quantité émise de moyen circulant ; parce qu'il décrit une balance défavorable comme résultant d'un « commerce déficitaire », et d'« une consommation surabondante de marchandises étrangères[26] » ; des termes qui semblent sous-entendre une absence de prospérité du commerce, et une disposition trop dispendieuse de la population, et qui conduisent naturellement à la conclusion, que la prospérité du pays nous prémunira efficacement contre le danger de l'exportation de nos pièces, quelle que soit la quantité de notre papier.

On a maintenant, je crois, fait apparaître à suffisance que les banques, si elles payent en or, ou si, tout en ne payant pas en or, elles maintiennent la valeur de leurs billets, doivent observer une certaine limite à l'égard de leur émission de ceux-ci.

En effet, si nous pouvions supposer un pays n'ayant aucun rapport avec aucun autre, nous pourrions imaginer qu'une émission illimitée de papier ait lieu sans produire aucune différence de sa valeur quand on l'échange pour de l'or. Dans ce cas il faudrait supposer que le prix des marchandises augmente sans fin, mais que les gens se satisfassent d'employer toujours moins d'or en proportion du papier, et qu'ils continuent pour cette raison à considérer comme inchangée la valeur relative de l'or et du papier. Cette hausse illimitée du prix des biens, et cette chute également sans fin de la valeur de l'or, sont partout exclues par les communications commerciales qui ont lieu entre différentes régions du monde ; car l'or échangé contre des biens, compte tenu de leurs frais de transport, a nécessairement dans chaque pays le prix, ou presque, qu'il a dans tous les autres. Les variations de la valeur du lingot en comparaison avec celle du moyen circulant, permettent donc de détecter et de restreindre l'émission trop grande de billets à laquelle, sans cela, tous les pays seraient enclins ; et le mode opératoire du change qui a été décrit, est le moyen par lequel chaque banque est forcée de faire se conformer la valeur de son papier à l'étalon ancien.

26 Locke (2011, p. 35 du texte anglais).

Let the case of the continental bank notes, already spoken of, be here adverted to. The depreciation of these has been apt to originate, as I conceive, in the state of the exchanges. The unfavourable exchange has produced a difference between the value of bullion and that both of the current paper of those banks and of the current coin; and, when this difference has become permanent and considerable, a discount on the paper has established itself; in other words, coin has ceased to bear the price of paper, and has taken the price of bullion, and from that time the paper alone has passed at the reduced rate. The difference between the value of the circulating medium of this country and that of bullion has always been sufficiently small to prevent the like discount from arising, and so long as we avoid a discount, persons, in general, do not discover that any depreciation of our paper exists. But even the most insignificant of those depressions in the value of our circulating medium, which are indicated by the exchange, are to be referred to the same immediate cause from which the depreciation of the bank paper on the continent has originated. I do not mean that our smaller and their greater depreciations are alike to be referred to an excess of paper. I would affirm, however, that they have equally resulted from the circumstance *of goods, at the time in question, being too high in value* (possibly, in the one case, through an excess of paper, and, in the other, through a fluctuation in the markets) *to bear to be exported in sufficient quantity to satisfy the debt for which payment has been demanded, unless an advantage in the exchange was granted to the exporting merchant.*

[250]

It may be convenient to the reader here to recapitulate the several points which have been lately dwelt upon.

I have shewn, first, that since Bank of England paper affords no profit to the holder, a very superfluous quantity is not likely to be held in any quarter; and that the additional thirty-five millions, which have been spoken of[4], must, therefore, be supposed to be employed either in transferring an encreased quantity of goods, which, in that case, it must be assumed to have itself created, or in transferring the same goods at a higher price.

4 « Off » *in* Thornton (1939a).

Penchons-nous sur le cas, dont on a déjà parlé, des billets de banque du Continent[27]. À mon avis, leur dépréciation est susceptible d'avoir trouvé son origine dans l'état des changes. Le change défavorable a produit une différence entre la valeur du lingot et celle à la fois du papier courant de ces banques et des pièces courantes ; et quand cette différence est devenue permanente et considérable, une décote du papier s'est établie ; en d'autres termes, les pièces ont cessé d'avoir le prix du papier, et ont pris le prix du lingot, et à partir de ce moment seul le papier a eu cours au taux réduit. La différence entre la valeur du moyen circulant de notre pays et celle du lingot a toujours été suffisamment petite pour empêcher une décote semblable d'apparaître ; et aussi longtemps qu'on évite une décote, les gens, en général, ne découvrent pas qu'il existe aucune dépréciation de notre papier. Mais même les plus insignifiantes des baisses de valeur de notre moyen circulant, qui sont indiquées par le change, doivent être rapportées à la même cause immédiate que celle dont a résulté la dépréciation du papier bancaire sur le Continent. Je ne veux pas dire que les dépréciations, les nôtres plus petites et les leurs plus grandes, doivent être rapportées de la même façon à un excès de papier. J'affirmerais cependant, qu'elles ont également résulté de la circonstance que *les biens, à l'époque en question, étaient trop élevés en valeur* (peut-être, dans un cas, en raison d'un excès de papier, et dans l'autre, d'une fluctuation sur les marchés[28]) *pour être exportés en quantité suffisante pour acquitter la dette dont le paiement était exigé, à moins qu'un avantage dans le change ne soit accordé au négociant exportateur.*

CONCLUSION (PREMIER POINT)

Il peut être commode pour le lecteur de récapituler ici les divers points sur lesquels on vient de s'étendre.

J'ai d'abord montré que, puisque le papier de la Banque d'Angleterre n'offre aucun profit à son détenteur, une quantité très superflue n'est pas susceptible d'être conservée par quiconque ; et qu'il faut penser que les trente-cinq millions supplémentaires dont on a parlé sont utilisés à échanger une quantité accrue de biens, dont, dans ce cas, il faut supposer qu'ils les ont eux-mêmes créés, ou à transférer les mêmes biens qu'avant à un prix plus élevé.

27 Chap. IV, « De la nature de l'institution… ».

28 Le premier cas se rapporte au Continent, l'autre à la Grande-Bretagne.

I have, then, insisted, that since the fresh industry which is excited cannot be supposed to be commensurate with the new paper, it is necessary to assume (conformably to the principles of a former Chapter), that a great rise in the price of commodities will take place. This rise in the cost of articles in Great Britain must produce, as has been also shewn, a diminution of the demand for them abroad, unless a compensation for their high price is given to the foreigner in the rate of exchange; so that the too great emission of paper will be the cause of a disadvantageous balance of trade, and also of an unfavourable exchange; or, in other words, of a low valuation of the circulating medium of Great Britain when compared with that of other countries.

It has, likewise, been observed, that even the smallest of those depressions in the value of our circulating medium, which are indicated by the exchange, arise out of the same circumstance which has produced the greater depreciations of the continental bank paper; goods, it has been said, being rendered too high (in the one instance, probably, by an excess of paper, in the other by a fluctuation in the markets) to bear to be exported in sufficient quantity to satisfy the debts for which payment has been demanded, unless a bounty, in the shape of the exchange, be granted to the exporting merchant[f].

[251]

We come next to the second topic of enquiry, namely, whether those bounds within which Bank of England paper must be confined, in order to guard against a dangerous depreciation of it, are likely to be observed, in consequence of some natural tendency which it has to limit itself, so that it is unnecessary that the bank should restrain it.

J'ai alors souligné que, puisqu'on ne peut pas penser que les activités nouvelles qui sont stimulées soient proportionnées au nouveau papier, il est nécessaire de postuler (conformément aux principes d'un chapitre précédent[29]), qu'une grande hausse du prix des marchandises aura lieu. Comme on l'a aussi montré, cette hausse du coût des articles en Grande-Bretagne doit produire une diminution de la demande de ceux-ci à l'étranger, à moins qu'une compensation pour leur prix élevé ne soit donnée à l'étranger dans le taux de change ; de sorte que l'émission trop grande de papier causera une balance commerciale désavantageuse, et aussi un change défavorable ; ou, en d'autres termes, une évaluation basse du moyen circulant de Grande-Bretagne en comparaison avec celui d'autres pays.

On a de même observé que même les plus petites des baisses de valeur de notre moyen circulant, qui sont indiquées par le change, proviennent de la même circonstance qui a produit les dépréciations plus grandes du papier bancaire continental ; les biens, on l'a dit, étant trop renchéris (dans un cas, probablement, par un excès de papier, dans l'autre par une fluctuation sur les marchés) pour être exportés en quantité suffisante pour acquitter les dettes pour lesquelles un paiement a été exigé, à moins qu'une prime, sous la forme du change, ne soit accordée au négociant exportateur[f].

DES CIRCONSTANCES QUI RENDENT NÉCESSAIRE QUE LA BANQUE IMPOSE SA PROPRE LIMITE À LA QUANTITÉ DE SON PAPIER

Nous en venons au second sujet d'investigation, à savoir si les bornes à l'intérieur desquelles le papier de la Banque d'Angleterre doit être confiné, afin de se prémunir contre une dépréciation dangereuse de celui-ci, sont susceptibles d'être observées en conséquence de quelque tendance naturelle qu'il aurait à se limiter lui-même, de sorte qu'il est inutile que la Banque le restreigne.

---

29 Chapitre VIII.

In examining this question, I mean also to enquire whether the adoption merely of such rules as may tend, in a general way, to confine the loans of the bank, may be sufficient; or whether, also, any limitation of the specific sums lent may be necessary.

[252]

First, it is obvious that the principle of lending, simply in proportion to the property of those who desire to borrow, cannot be a safe one. If mere capital were to give a title to bank loans, the borrowers might become beyond measure numerous; even all proprietors of the public funds might prefer a claim for assistance.

If it should be said that the bank loans ought to be afforded only [253] to traders, and on the security of real bills, that is to say, of bills drawn on the occasion of an actual sale of goods, let it be remembered that real bills, as was observed in an early part of this work, may be multiplied to an extremely great extent; and, moreover, that it is only necessary sufficiently to extend the customary length of credit, in order to effect the greatest imaginable multiplication of them. If the bank directors were to measure their discounts by the amount of real bills offered, it may be apprehended, that bankers and other discounters, who now take this better kind of paper, might become much more considerable holders of mere notes of hand, or of fictitious bills; and that an opportunity might thus be afforded of pouring a vast additional quantity of real bills into the Bank of England.

It may be imagined, that if the directors were to govern their conduct by a regard partly to the capital of the borrowers, partly to the species of bills offered, but partly, also, to the probability of punctual payment, the addition of this third check to the former might suffice. But it is here to be recollected, that the bank itself, if we suppose a progressive enlargement of notes, must be assumed to furnish perpetually encreasing means of effecting payments, and thus to render punctuality in fulfilling even the most extravagant engagements convenient and easy to the merchants.

En m'enquérant de cette question, j'entends aussi examiner si la simple adoption de règles tendant à limiter les prêts de la Banque, d'une manière générale, pourrait être suffisante ; ou si une limitation des sommes spécifiques qu'elle prête pourrait aussi être nécessaire.

RÈGLES POSSIBLES DE RESTRICTION DES PRÊTS

Tout d'abord, il est évident que le principe de prêter simplement en proportion des avoirs de ceux qui désirent emprunter, ne peut pas être sûr. Si le simple capital devait donner un titre aux crédits bancaires, les emprunteurs pourraient devenir démesurément nombreux ; tous les propriétaires de fonds publics pourraient même préférer réclamer une assistance.

Si l'on disait que les crédits bancaires ne doivent être accordés qu'à des commerçants, et sur la sûreté d'effets réels, c'est-à-dire de traites tirées à l'occasion de la vente effective de biens, qu'on se rappelle que des effets réels peuvent être multipliés dans des proportions extrêmement grandes, comme on l'a observé dans une partie précédente de ce travail[30] ; et en outre, qu'il n'y a qu'à suffisamment prolonger la durée habituelle du crédit, pour effectuer la plus grande multiplication imaginable de ces effets. Si les administrateurs de la Banque devaient proportionner leurs escomptes au montant d'effets réels offerts, on pourrait craindre que les banquiers et les autres escompteurs, qui prennent maintenant cette sorte de papier de meilleure qualité, en viennent à détenir beaucoup plus de simples billets à ordre, ou de traites fictives ; et qu'une occasion pourrait ainsi être donnée de déverser une énorme quantité supplémentaire d'effets réels sur la Banque d'Angleterre.

On peut imaginer que si les administrateurs devaient régler leur conduite en prêtant attention en partie au capital des emprunteurs, et en partie à la nature des effets offerts, mais en partie aussi à la probabilité d'un paiement ponctuel, l'addition de ce troisième frein aux précédents pourrait suffire. Mais rappelons-nous ici qu'il faut supposer que, si nous imaginons une augmentation progressive des billets, la Banque elle-même fournit des moyens en augmentation perpétuelle d'effectuer des paiements, et rend ainsi commode et aisée pour les négociants la ponctualité dans l'accomplissement des engagements même les plus extravagants.

---

30 Chapitre II, « Concordances entre effets réels et effets de complaisance ».

It only remains to enquire, lastly, whether any principle of moderation and forbearance on the part of borrowers at the bank may be likely to exempt the directors of that institution from the necessity of imposing their own limit.

It may possibly be thought, that a liberal extension of loans would soon satisfy all demands, and that the true point at which the encrease of the paper of the bank ought to stop, would be discovered by the unwillingness of the merchants to continue borrowing.

In order to ascertain how far the desire of obtaining loans at the bank may be expected at any time to be carried, we must enquire into the subject of the quantum of profit likely to be derived from borrowing there under the existing circumstances. This is to be judged of by considering two points: the amount, first of interest [254] to be paid on the sum borrowed; and, secondly, of the mercantile or other gain to be obtained by the employment of the borrowed capital. The gain which can be acquired by the means of commerce is commonly the highest which can be had; and it also regulates, in a great measure, the rate in all other cases. We may, therefore, consider this question as turning principally on a comparison of the rate of interest taken at the bank with the current rate of mercantile profit.

The bank is prohibited, by the state of the law, from demanding, even in time of war, an interest of more than five per cent., which is the same rate at which it discounts in a period of profound peace. It might, undoubtedly, at all seasons, sufficiently limit its paper by means of the price at which it lends, if the legislature did not interpose an obstacle to the constant adoption of this principle of restriction.

Any supposition that it would be safe to permit the bank paper to limit itself, because this would be to take the more *natural* course, is, therefore, altogether erroneous. It implies that there is no occasion to advert to the rate of interest in consideration of which the bank paper is furnished, or to change that rate according to the varying circumstances of the country.

MODÉRATION POSSIBLE DES PRÊTS PAR LES EMPRUNTEURS ; EFFET DE LA LOI CONTRE L'USURE

Il ne reste plus qu'à s'enquérir, enfin, si un principe de modération et de patience de la part des emprunteurs de la Banque pourrait exempter les administrateurs de cet établissement de la nécessité d'imposer leur propre limite.

On pourrait peut-être penser qu'une extension libérale des prêts aurait tôt fait de satisfaire toutes les demandes, et que le vrai point auquel doit s'arrêter l'augmentation du papier de la Banque serait découvert par la réticence des négociants à continuer d'emprunter.

Afin de s'assurer jusqu'où l'on peut s'attendre que soit porté à un moment quelconque le désir d'obtenir des prêts de la Banque, nous devons examiner le sujet du quantum de profit qu'on peut tirer d'emprunts auprès d'elle dans les circonstances existantes. Il faut en juger en considérant deux points : d'abord le montant d'intérêt à payer sur la somme empruntée ; et en second lieu, le montant du gain commercial ou autre qu'on peut obtenir en employant le capital emprunté. Le gain qui peut être acquis au moyen du commerce est d'ordinaire le plus élevé qu'on puisse obtenir ; et il règle aussi, dans une grande mesure, le taux de profit dans tous les autres cas. Nous pouvons donc considérer que cette question tourne principalement autour d'une comparaison du taux d'intérêt pris par la Banque avec le taux de profit commercial courant.

La législation actuelle interdit à la Banque de réclamer, même en temps de guerre, un intérêt de plus de 5 %, ce qui est le même taux auquel elle escompte dans une période de paix profonde[31]. Elle pourrait assurément, à tout moment, suffisamment limiter son papier au moyen du prix auquel elle prête, si le législateur n'interposait pas un obstacle à l'adoption constante de ce principe de restriction.

Toute supposition qu'il serait sûr de permettre au papier bancaire de se limiter lui-même, parce que ceci reviendrait à prendre le cours le plus *naturel*, est donc totalement incorrecte. Elle implique qu'il n'y a pas lieu de prêter attention au taux d'intérêt en considération duquel le papier bancaire est fourni, ni de modifier ce taux selon les circonstances variables du pays.

---

31 Il s'agit de l'*Usury Act* de 1714, déjà mentionné. Cette législation sera abrogée en 1854.

At some seasons an interest, perhaps, of six per cent. per annum, at others, of five, or even of four per cent., may afford that degree of advantage to borrowers which shall be about sufficient to limit, in the due measure, the demand upon the bank for discounts. Experience, in some measure, proves the justice of this observation, for, in time of peace, the bank has found it easy to confine its paper by demanding five per cent. for interest; whereas, in war, and especially in the progress and towards the conclusion of it, as well as for some time afterwards, the directors have been subject, as I apprehend, to very earnest solicitations for discount, their notes, nevertheless, not being particularly diminished. It is, therefore, unreasonable to presume that there will always be a disposition in the borrowers at the bank to prescribe to themselves exactly those bounds which a regard to the safety of the bank would suggest. [255] The interest of the two parties is not the same in this respect. The borrowers, in consequence of that artificial state of things which is produced by the law against usury, obtain their loans too cheap. That which they obtain too cheap they demand in too great quantity. To trust to their moderation and forbearance under such circumstances, is to commit the safety of the bank to the discretion of those who, though both as merchants and as British subjects they may approve in the general of the proper limitation of bank paper, have, nevertheless, in this respect, an individual interest, which is at variance with that of the Bank of England.

The temptation to borrow, in time of war, too largely at the bank, arises, as has been observed, from the high rate of mercantile profit. Capital is then scarce, and the gain accruing from the employment of it is proportionably considerable.

The reader, possibly, may think that an extension of bank loans, by furnishing additional capital, may reduce the profit on the use of it, and may thus lessen the temptation to borrow at five per cent. It has been already remarked in this Chapter, that capital by which term *bonâ fide* property was intended, cannot be suddenly and materially encreased by any emission of paper. That the rate of mercantile profit depends on the quantity of this *bonâ fide* capital and not on the amount of the nominal value which an encreased emission of paper may give to it, is a circumstance which it will now be easy to point out.

À certains moments un intérêt de, peut-être, 6 % par an, à d'autres, de 5 %, ou même de 4 %, pourrait offrir aux emprunteurs le degré d'avantage qui suffira à peu près à limiter dans la mesure requise la demande d'escomptes à la Banque. Dans une certaine mesure, l'expérience montre la justesse de cette observation, car en temps de paix, la Banque n'a pas eu de mal à limiter son papier en réclamant 5 % d'intérêt ; tandis que durant la guerre, et en particulier pendant sa progression et vers la fin de celle-ci, de même que quelque temps après[32], les administrateurs ont été soumis, comme je le perçois, à des sollicitations d'escompte très pressantes, sans toutefois que leurs billets ne soient particulièrement diminués. Il est donc déraisonnable de présumer qu'il y aura toujours dans le chef des emprunteurs de la Banque une disposition à se prescrire à eux-mêmes exactement les limites que suggérerait le souci de la sécurité de la Banque. À cet égard, l'intérêt des deux parties n'est pas identique. Les emprunteurs, en conséquence de l'état de choses artificiel produit par la loi contre l'usure, obtiennent leurs prêts trop bon marché. Ce qu'ils obtiennent trop bon marché sera demandé en quantité trop grande. Faire confiance à leur modération et à leur patience dans de telles circonstances, c'est confier la sécurité de la Banque à la discrétion de ceux qui, quoiqu'à la fois comme négociants et comme sujets britanniques ils puissent en général approuver la limitation appropriée du papier bancaire, ont néanmoins, à cet égard, un intérêt individuel aux antipodes de celui de la Banque d'Angleterre.

La tentation de trop emprunter à la Banque en temps de guerre provient, comme on l'a observé, du taux de profit commercial élevé. Le capital est alors rare, et le gain provenant de son emploi est proportionnellement considérable.

Peut-être le lecteur pourrait-il penser qu'une extension des crédits bancaires, en fournissant un capital supplémentaire, pourrait réduire le profit de son utilisation, et pourrait ainsi diminuer la tentation d'emprunter à 5 %. On a déjà remarqué dans ce chapitre que le capital, un terme qui visait des avoirs authentiques, ne peut pas être augmenté de façon soudaine et substantielle par aucune émission de papier. Que le taux de profit commercial dépend de la quantité de ce capital authentique, et non du montant nominal qu'une émission accrue de papier peut lui donner, c'est une circonstance qu'il sera maintenant facile de montrer.

---

32 Les combats avaient cessé en septembre 1801, et un accord de paix préliminaire avait été signé le 30 septembre 1801, soit quelque six mois avant la parution de l'ouvrage de Thornton.

I admit, that a large extension of bank loans may give a temporary check to the eagerness of the general demand for them. It will cause paper to be for a time over abundant, and the price paid for the use of it, consequently, to fall.

It seems clear, however, on the principles already stated, that when the augmented quantity of paper shall have been for some time stationary, and shall have produced its full effect in raising the price of goods, the temptation to borrow at five per cent. will be exactly the same as before; for the existing paper will then bear only the same proportion to the existing quantity of goods, when sold at the existing prices, which the former paper bore to [256] the former quantity of goods, when sold at the former prices: the power of purchasing will, therefore, be the same; the terms of lending and borrowing must be presumed to be the same; the amount of circulating medium alone will have altered, and it will have simply caused the same goods to pass for a larger quantity of paper. To assume under such circumstances the same rate of mercantile profit to subsist, is only to suppose that the trader will be situated neither more nor less advantageously than before; and that the annual gain which he will obtain by trading with the same quantity of goods, will bear the same proportion as before to their current cost. If this observation be just, there can be no reason to believe that even the most liberal extension of bank loans will have the smallest tendency to produce a permanent diminution of the applications to the bank for discount. It is the progressive augmentation of bank paper, and not the magnitude of its existing amount, which gives the relief. It thus appears, that the moderation and forbearance among borrowers, which were supposed likely to restrain the too great emission of paper, are only to be excited by the means of its perpetual encrease; by the means, that is to say, of the very evil which it was assumed that they would be sufficient to prevent.

The danger of enlarging the loans of the bank in proportion to the extension of the demand for them, may be more[5] particularly shewn by adverting to the case of the sudden transfer to foreign countries of capital which had been antecedently lodged in this.

5 « Nore » *in* Thornton (1939a).

J'admets qu'une grande extension des prêts bancaires peut mettre un frein temporaire à l'empressement de leur demande générale. Elle causera pendant un certain temps une surabondance de papier, et par conséquent, une chute du prix payé pour son utilisation.

Il semble clair, cependant, d'après les principes déjà énoncés, que lorsque la quantité accrue de papier aura été stationnaire pendant quelque temps, et aura produit son plein effet sur la hausse du prix des biens, la tentation d'emprunter à 5 % sera exactement la même qu'avant ; car la proportion entre le papier existant et la quantité existante de marchandises, vendue aux prix existants, sera la même qu'entre l'ancien papier et l'ancienne quantité de marchandises, vendue aux anciens prix : le pouvoir d'achat sera donc le même ; les termes des prêts et des emprunts doivent être présumés les mêmes ; seul le montant du moyen circulant aura changé, et il aura simplement fait échanger les mêmes biens contre une plus grande quantité de papier. Supposer que subsiste dans de telles circonstances le même taux de profit commercial, revient à supposer que la situation du commerçant ne sera ni plus ni moins avantageuse qu'avant ; et que le gain annuel qu'il obtiendra en commerçant avec la même quantité de biens, respectera la même proportion qu'avant avec leur coût actuel. Si cette observation est correcte, il ne peut y avoir aucune raison de croire que même l'extension la plus libérale des prêts bancaires aura la moindre tendance à produire une diminution permanente des demandes d'escompte à la Banque. C'est l'augmentation progressive du papier bancaire, et non l'ampleur du montant existant de celui-ci, qui procure le soulagement. Il apparaît ainsi que la modération et la patience parmi les emprunteurs, qu'on pensait susceptibles de restreindre l'émission trop grande de papier, ne peuvent être stimulés qu'au moyen de son augmentation perpétuelle ; c'est-à-dire au moyen du mal même dont on supposait qu'elles suffiraient à l'empêcher.

PREUVE DE LA NÉCESSITÉ DE RESTREINDRE LES PRÊTS DE LA BANQUE, TIRÉE DU CAS DU TRANSFERT DE CAPITAL À DES PAYS ÉTRANGERS

Le danger d'augmenter les prêts de la Banque en proportion de l'étendue de la demande de ceux-ci, peut être montré plus en détail en examinant le cas du transfert soudain à des pays étrangers de capital qui avait été précédemment placé dans le nôtre.

Let us suppose the foreign owners, either of British stocks, or of property left in the hands of English correspondents, to draw during the space of three months to a very large amount; and let us imagine that, in consequence of such an event, the exchange turns against Great Britain to the extent of five per cent.; and moreover that at the end of the three months, the drafts ceasing, and the mercantile state of the country improving, the exchange returns to its proper level. In this case any Englishman who can send goods abroad on his own account, and draw for them during the three months in question, will gain an extra profit of five per cent., [257] supposing him to buy them in England for the same English money and to sell them abroad for the same foreign money, for which goods may be bought and sold at the periods preceding, and following the interval of time of which we are speaking. A similar extra profit will be obtainable during the same three months by a variety of other modes of employing capital. It is obvious, for example, that the public funds may be expected to experience a sudden fall through the great sale of foreign property in the stocks, which we have imagined to take place. He, therefore, who shall buy into the funds at the season of depression, and shall sell out at the expiration of the three months, will be likely to derive a benefit from this species of speculation. It is also plain that the quantity of goods in Great Britain will be reduced through the enlarged exportations, as well as through the suspension of imports, to which the state of the exchange will have given occasion. The profit, therefore, on the use of the remaining stock will be generally augmented. The exportation of bullion will afford a gain of the same sum of five per cent the expence of transporting it being, indeed, deducted. The demand upon the bank for discounts is, therefore, likely to be particularly earnest during the period of which we are speaking; and it is important here to notice, that the ground on which it will be made will not be that which was spoken of in an early part of this work. It will not be the privation of that quantity of circulating medium which is necessary for carrying on the accustomed payments, for these will be very immaterially encreased; the cause of the extraordinary applications to the bank will be the temporary advantage which may be gained, or the loss which may be avoided, by borrowing, during the three months in question, at the rate of five per cent.

Supposons que les propriétaires étrangers de rentes britanniques, ou d'avoirs laissés entre les mains de correspondants anglais, tirent pendant l'espace de trois mois pour un montant très élevé ; et imaginons qu'en conséquence d'un tel événement, le change se retourne contre la Grande-Bretagne à concurrence de 5 % ; et supposons de plus qu'au bout des trois mois, les tirages ayant cessé, et la situation commerciale du pays s'améliorant, le change revienne à son niveau approprié. Dans ce cas, tout Anglais en mesure d'expédier des biens à l'étranger pour son propre compte, et de tirer pour eux pendant les trois mois en question, gagnera un profit supplémentaire de 5 %, en supposant qu'il les achète en Angleterre au même prix en monnaie anglaise et les vende à l'étranger au même prix en monnaie étrangère, que ceux auxquels ces biens pouvaient être achetés et vendus aux périodes avant et après l'intervalle de temps dont nous parlons. On pourra obtenir un profit supplémentaire semblable pendant les mêmes trois mois par une variété d'autres façons d'utiliser son capital. Il est évident, par exemple, qu'on peut s'attendre à ce que les fonds publics subissent une chute soudaine à la suite de la grande vente de rentes détenues par des étrangers, que nous avons imaginée avoir lieu. Donc, celui qui achètera ces fonds au moment de la baisse de leur prix, et les liquidera à l'expiration des trois mois, sera susceptible de tirer un avantage de cette espèce de spéculation. Il est clair aussi que la quantité de biens en Grande-Bretagne sera réduite par les exportations accrues, tout comme par la suspension des importations que l'état du change aura provoquée. Le profit sur l'utilisation du fonds restant sera donc en général augmenté. L'exportation de lingots offrira un gain de la même somme de 5 %, après déduction des frais de transport. La demande d'escomptes à la Banque est donc susceptible d'être particulièrement pressante au cours de la période dont nous parlons ; et il est important de noter ici que le fondement sur lequel elle repose, ne sera pas celui dont on a parlé dans une partie précédente de cet ouvrage[33]. Ce ne sera pas la privation de la quantité de moyen circulant nécessaire pour effectuer les paiements habituels, car ces derniers auront augmenté de façon négligeable ; la cause des demandes extraordinaires à la Banque sera l'avantage temporaire qui peut être gagné, ou la perte qui peut être évitée, en empruntant au taux de 5 % pendant les trois mois en question.

33 Chap. IV, « De la nature de l'institution ». La demande est ici motivée par des transactions spéculatives.

A pressure, it is true, may be occasioned by the multitude of foreign drafts, and it may resemble that which would arise from a diminution of Bank of England paper. Some of those merchants in whose hands the foreign property had been placed may not be able, with sufficient readiness, to spare from their commerce the sums necessary to answer the bills drawn upon them. Creditors, not being permitted to demand more than five per cent. interest [258] from their debtors, are apt, at particular junctures, to call in their money, for the sake of taking to themselves the extraordinary benefit to be obtained by the use of capital. The disappointments thus brought on persons trading with borrowed wealth are often productive of much evil. The maintenance of the accustomed quantity of Bank of England notes may, therefore, be insufficient to furnish the means of securing the usual regularity of the payments of the metropolis; and a material diminution of paper may be particularly inconvenient. Possibly an augmentation of it may be necessary to the due maintenance of credit. If we suppose, however, a very great encrease of bank notes to take place (and an encrease, probably, equal to the total capital transferred on account of foreigners, will immediately be desired), the result must be a very important fall in the exchange, in addition to the fall of five per cent. already mentioned; and a new and proportionate danger to the Bank of England.

The point which it has been the object here to explain, might have been equally illustrated by imagining either the case of a strong disposition in many British subjects to transfer their own property to foreign countries, in order to lodge it there; or the case of a general eagerness to extend foreign commerce; for we must assume the transfer to foreign parts of an additional British capital to take place on either of these suppositions.

The preceding observations explain the reason of a determination, adopted some time since by the bank directors, to limit the total weekly amount of loans furnished by them to the merchants.

Il est vrai qu'une pression peut être occasionnée par la multitude de tirages étrangers, et elle pourrait ressembler à celle qui proviendrait d'une diminution du papier de la Banque d'Angleterre. Certains des négociants entre les mains desquels les avoirs étrangers avaient été confiés pourraient ne pas être capables de distraire de leur commerce, avec la diligence suffisante, les sommes nécessaires à honorer les lettres de change tirées sur eux. Les créanciers, n'étant pas autorisés à réclamer plus de 5 % d'intérêt à leurs débiteurs, sont susceptibles, dans des circonstances particulières, de réclamer le remboursement de leurs prêts, en vue de s'approprier l'avantage extraordinaire qui peut être obtenu en employant le capital. Les désappointements infligés ainsi à des personnes commerçant avec une richesse empruntée produisent souvent beaucoup de maux. Le maintien de la quantité habituelle de billets de la Banque d'Angleterre pourrait donc ne pas suffire à fournir les moyens d'assurer la régularité habituelle des paiements de la métropole ; et une diminution substantielle du papier peut être particulièrement incommode. Une augmentation de celui-ci pourrait bien être nécessaire au maintien nécessaire du crédit. Cependant, si nous imaginons qu'il se produise une grande augmentation des billets de banque (et il est probable qu'une augmentation égale à tout le capital transféré pour le compte des étrangers soit souhaitée immédiatement), le résultat doit en être une chute très importante du change, en plus de la chute de 5 % déjà mentionnée ; et un danger nouveau et proportionnel pour la Banque d'Angleterre.

Nous aurions tout aussi bien pu illustrer le point qu'on a cherché à expliquer ici, en imaginant le cas d'une forte disposition dans le chef de beaucoup de sujets britanniques à transférer leurs propres avoirs dans des pays étrangers, pour les y placer ; ou encore le cas d'un empressement général à étendre le commerce étranger ; car il y a lieu de penser qu'un transfert à des pays étrangers de capital britannique supplémentaire a lieu dans l'un et l'autre de ces cas.

OPPORTUNITÉ DE LA LIMITATION HEBDOMADAIRE DES PRÊTS

Les observations qui précèdent expliquent la raison d'une décision, adoptée depuis quelque temps par les administrateurs de la Banque, de limiter le montant hebdomadaire total des prêts qu'elle fournit aux négociants[34].

34 Il s'agit de la *Resolution of Court of Directors respecting Discounts*, du 31 décembre 1795, qui instaure un système de rationnement des escomptes ; *cf.* House of Lords (1797, p. 173), et Clapham (1944, vol. 1, p. 269).

The adoption of a regulation for this purpose seems to have been rendered necessary by that impossibility of otherwise sufficiently limiting, at all times, the Bank of England paper, which it has been the design of this Chapter to point out.

The regulation in question I consider as intended to confine within a specific, though in some degree fluctuating, sum, the loans of the bank, for the sake of restricting the paper. The variations in the amount of loans fail of producing exactly correspondent variations in the amount of paper, in proportion as the gold of the [259] bank fluctuates. But the regulation being a weekly one, opportunity is afforded of correcting this attendant imperfection before any material evil can have arisen. The changes which occur in the amount of the loans to government form another ground for taking into weekly consideration the sum which shall, in the succeeding week, be afforded to the merchants.

To limit the total amount of paper issued, and to resort for this purpose, whenever the temptation to borrow is strong, to some effectual principle of restriction; in no case, however, materially to diminish the sum in circulation, but to let it vibrate only within certain limits; to afford a slow and cautious extension of it, as the general trade of the kingdom enlarges itself; to allow of some special, though temporary, encrease in the event of any extraordinary alarm or difficulty, as the best means of preventing a great demand at home for guineas; and to lean to the side of diminution, in the case of gold going abroad, and of the general exchanges continuing long unfavourable; this seems to be the true policy of the directors of an institution circumstanced like that of the Bank of England. To suffer either the solicitations of merchants, or the wishes of government, to determine the measure of the bank issues, is unquestionably to adopt a very false principle of conduct.

L'adoption d'un règlement à cet effet semble avoir été rendue nécessaire par l'impossibilité de limiter suffisamment d'une autre manière, et à tout moment, le papier de la Banque d'Angleterre, – impossibilité dont c'était le dessein de ce chapitre de la mettre en évidence.

Je considère que le règlement en question vise à confiner les prêts de la Banque en-deçà d'une somme spécifique, qui fluctue cependant à un certain degré, afin de restreindre le papier. Les variations du montant des prêts échouent à produire des variations de la quantité de papier qui lui correspondent exactement, dans la mesure où l'or de la Banque fluctue. Mais comme le règlement est hebdomadaire, l'occasion est donnée de corriger cette imperfection qui l'accompagne avant que quelque dommage substantiel ne puisse en avoir résulté. Les variations qui se produisent dans le montant des prêts au Gouvernement sont une autre raison de réexaminer chaque semaine la somme qui sera accordée aux négociants au cours de la semaine qui suit.

CONCLUSION

La bonne politique des administrateurs d'un établissement confronté aux circonstances de la Banque d'Angleterre semble bien être la suivante : limiter le montant total du papier émis, et recourir dans ce but, toutes les fois que la tentation d'emprunter est forte, à un principe de restriction efficace ; en aucun cas, cependant, ne diminuer substantiellement la somme en circulation, mais ne la laisser osciller que dans certaines limites ; autoriser une extension lente et prudente de cette somme, quand l'ensemble du commerce du Royaume s'agrandit ; permettre une certaine augmentation spéciale, bien que temporaire, dans tout cas d'alarme ou de difficulté extraordinaires, comme le meilleur moyen d'empêcher une grande demande intérieure de guinées ; et enfin, pencher en faveur d'une diminution, si l'or part à l'étranger, et que les changes dans leur ensemble restent longtemps défavorables. Tolérer les sollicitations des négociants, ou les souhaits du Gouvernement, pour déterminer la mesure des émissions de la Banque, revient incontestablement à adopter un principe de conduite très mauvais.

NOTES

a The following extract from Mr. Arthur Young's Tour through France, seems to establish the abovementioned fact.

"In September 1790, four hundred millions of assignats were in circulation; but the discount at Bourdeaux never exceeded ten, at Paris six, per cent. And in May 1791, after many hundred millions more were issued, the discount was from seven to ten per cent. Condorcet, with other theorists, expected that the prices of corn, and of other necessaries of life, would enormously advance; but the contrary happened to be the event—the price of corn declined. The assignats amounted, on the dissolution of the first assembly, to eighteen hundred millions."—Vol. I. 4to edition, page 520.

b Mr. Hume, in observing that, when money encreases, "the price rises first of one commodity, then of another, till the whole, at last, reaches a just proportion with the new quantity of specie which is in the kingdom," appears to me not sufficiently to advert to the tendency of money to go abroad as soon as it shall have raised the gold price of articles above their level in other countries, allowing for the charges of transportation; a subject which will be more fully treated of in the next Chapter. He also describes the operation of an encrease of coin in raising prices as proceeding somewhat more slowly than, perhaps, it would be found to do. An augmentation of Bank of England notes operates, no doubt, in this respect, more quickly than an encrease of money; for the London bankers, who are the great holders of bank paper, are likely to be much less disposed to detain, for example, a double quantity of it, than all the individuals of the kingdom are to detain in their several drawers, or in their pockets, a double quantity of guineas. The banking system, by committing the business of payments to few hands, has made much difference in respect to the time within which an encreased quantity of circulating medium may be supposed to raise the price of articles. It has given to many great holders of Bank of England paper a very strong interest on the side of not keeping a superfluous quantity of it.

That an encrease of the circulating medium tends to afford temporary encouragement to industry, seems also to be proved by the effects of the Mississippi scheme in France; for it is affirmed by French writers, that the notes of Mr. Law's bank appeared for a time to have a very powerful influence in extending the demand for labour, and in augmenting the visible and *bonâ fide* property of the kingdom.

c The following extract from the work of Sir W. Davenant, who wrote from 1695 to 1712, may give some idea of the vast effect which a small failure of the supply of corn has on the price of this necessary of life.

NOTES DE L'AUTEUR

a L'extrait suivant des *Voyages en France* de M. Arthur Young semble établir le fait mentionné plus haut.

« [En] septembre 1790, [...] il y avait seulement 400 millions d'assignats en circulation, avec une dépréciation de 10 % à Bordeaux, et [...] une dépréciation de 6 % à Paris ; [...] cependant, en mai 1791, après que bien des centaines de millions eurent été émis, la dépréciation n'était que de 7 à 10 %. Une autre méprise encore, c'est que l'on s'attendait à une énorme hausse de tous les prix ordinaires, laquelle ne se produisit pas, car le prix du blé baissa plutôt ; expérience remarquable, qui mérite que l'on s'en souvienne. Le marquis de Condorcet a supposé que le froment s'élèverait de 24 à 36 livres le setier, peut-être en un jour. Au moment de la dissolution de la première Assemblée, le montant des assignats était de 1,8 milliards de livres. » – vol. I, édition in-quarto, p. 520. [Nous citons d'après Arthur Young (1931, t. 2, p. 1009). Cette traduction est plus fidèle à l'original (Young, 1792) que la transcription de Thornton. Young se réfère à Nicolas de Condorcet (1790). Les assignats ont été créés fin 1789 par l'Assemblée nationale constituante, et étaient gagés sur les biens nationaux ; ils ont disparu en 1796. La dépréciation mentionnée par Young est calculée par rapport au numéraire ; c'est donc ce que Thornton appelle une « décote ».]

b Quand il observe que, lorsque le numéraire augmente, « le prix augmente [...], d'abord d'une marchandise, puis d'une autre ; jusqu'à ce que l'ensemble atteigne finalement une juste proportion avec la nouvelle quantité d'espèces qui est dans le royaume. », M. Hume ne me semble pas suffisamment attentif à la tendance du numéraire à aller à l'étranger dès qu'il aura augmenté le prix en or des articles au-dessus de leur niveau dans d'autres pays, compte tenu des frais du transport ; un sujet qui sera traité plus complètement dans le prochain chapitre. Il décrit aussi l'action d'une augmentation des pièces sur la hausse des prix comme procédant un peu plus lentement qu'on ne l'observerait peut-être en réalité. Il n'y a pas de doute qu'une augmentation de billets de la Banque d'Angleterre agit, à cet égard, plus vite qu'une augmentation du numéraire ; car il est vraisemblable que les banquiers londoniens, qui sont les grands détenteurs du papier bancaire, sont beaucoup moins disposés à détenir, par exemple, une quantité double de papier, que ne le sont tous les habitants du Royaume à détenir dans leurs divers tiroirs, ou dans leurs poches, une quantité double de guinées. Le système bancaire, en confiant l'activité des paiements à peu de mains, a fait une grande différence pour ce qui est du temps qu'il faut à une quantité accrue de moyens circulants pour augmenter le prix des articles. Il a donné à beaucoup de grands détenteurs de papier de la Banque d'Angleterre un intérêt prononcé à ne pas en garder une quantité superflue.

Qu'une augmentation du moyen circulant tende à offrir un encouragement temporaire à l'activité, semble aussi être prouvé par les effets du Système de Law en France ; car des auteurs français affirment qu'il est apparu que les billets de la banque de M. Law ont exercé pendant un certain temps une influence très puissante sur l'augmentation de la demande de travail, et l'augmentation des avoirs visibles et authentiques du royaume.

c L'extrait suivant du travail de Sir W. Davenant, qui a écrit de 1695 à 1712, peut donner une idée de l'effet énorme qu'une petite insuffisance de l'approvisionnement en grains a sur le prix de cette denrée de première nécessité.

"It is observed, that but one-tenth defect in the harvest may raise the price three-tenths; and when we have but half our crop, which now and then happens, the remainder is spun out by thrift and good management, and eked out by the use of other grain; but this will not do for above one year, and would be a small help in the succession of two or three unseasonable harvests.

"We take it, that a defect in the harvest may raise the price of corn in the following proportions:

"A defect of		
1 tenth		3 tenths,
2 tenths	raises the price	8 tenths,
3 tenths	above the common rate	1 six-tenths,
4 tenths		2 eight-tenths,
5 tenths		4 five-tenths.

"So that, when corn rises to treble the common rate, it may be presumed that we want above one-third of the common produce; and if we should want five-tenths, or half the common produce, the price would rise to near five times the common rate."

This scale is not likely to be very accurate. It is, indeed, by no means clear, whether it proceeds on the supposition of a deficiency of the antecedent crop only; or of a deficiency of the total stock, that is to say, of the antecedent crop and of the stock remaining over from a former year taken together; which are two very different questions. And many circumstances may render such calculations, however just, by no means equally applicable to every period. The passage, therefore, is quoted merely for the purpose of giving some general ideas on the subject.

d "When paper is issued for no value received, the security of such paper stands alone upon the original capital of the bank; whereas, when it is issued for value received, that value is the security on which it immediately stands, and the bank stock is, properly speaking, only subsidiary.

"I have dwelt the longer on this circumstance [« curcumstance » *in* Thornton (1939a)] (namely, that of taking sufficient property in pledge for the notes issued), because many who are unacquainted with the nature of banks have a difficulty to comprehend how they should ever be at a loss for money, as they have a mint of their own, which requires nothing but paper and ink to create millions. But if they consider the principles of banking, they will find that every note issued for value consumed, in place of value received and preserved, is neither more nor less than a partial spending either of their capital or profits on the bank."—Stewart's Political Œconomy, Book IV. Part II. Chap. IV.

Chapter V. is a short chapter, of which the object is to shew that "banks" issuing circulating paper "ought to issue their notes on private not mercantile credit." By private credit, that of "lands and personal estates" appears to be meant.

e Further Considerations concerning raising the Value of Money.

« On observe qu'un déficit d'un dixième de la récolte peut hausser le prix de trois dixièmes ; et quand nous n'avons que la moitié de notre récolte, ce qui arrive de temps à autre, ce qui reste est traîné en longueur grâce à l'esprit d'économie et la bonne gestion, et suppléé en employant d'autres grains ; mais ceci ne marchera pas plus d'un an, et ne sera pas d'un grand secours si deux ou trois mauvaises récoltes se succèdent.

« Nous admettons qu'une récolte déficiente peut augmenter le prix des grains dans les proportions suivantes :

« Un déficit de :

1 dixième		3 dixièmes	
2 dixièmes	augmente	8 dixièmes	au-dessus du
3 dixièmes	le prix de	1 six dixièmes	prix habituel.
4 dixièmes		2 huit dixièmes	
5 dixièmes		4 cinq dixièmes	

« De sorte que, quand le grain renchérit au triple du prix ordinaire, on peut présumer qu'il nous manque un tiers de la production ordinaire ; et s'il nous manque les cinq dixièmes, soit la moitié de la production ordinaire, le prix augmenterait à près de cinq fois le prix ordinaire. »

Cette échelle n'est sans doute pas très précise. En effet, il n'est nullement clair si elle procède de l'hypothèse d'une insuffisance de la seule récolte précédente ; ou d'une insuffisance du stock total, c'est-à-dire, de la récolte précédente et du stock restant d'une année précédente pris ensemble ; ce qui sont deux questions très différentes. Et de nombreuses circonstances peuvent rendre de tels calculs, aussi justes soient-ils, inégalement applicables à chaque période. Le passage cité a donc simplement pour but de donner quelques idées générales sur le sujet. [*Cf.* Charles Davenant (1699). Thornton le confond peut-être avec son père « Sir W(illiam) » Davenant. Voir aussi Anthony Endres (1987).]

d « Quand le papier est émis sans valeur reçue, la sécurité d'un tel papier repose sur le seul capital initial de la banque ; tandis que, quand il est émis pour valeur reçue, cette valeur est la sûreté sur laquelle elle repose immédiatement, et le capital de la banque n'est, à proprement parler, que subsidiaire.

« Je me suis étendu sur cette circonstance (à savoir, celle de prendre suffisamment d'avoirs en garantie pour les billets émis), parce que beaucoup de personnes, qui ne sont pas familières de la nature des banques, ont du mal à comprendre comment elles sont toujours à court de numéraire, puisqu'elles ont une Monnaie à elles, qui n'a besoin que de papier et d'encre pour créer des millions. Mais s'ils considèrent les principes de la banque, ils découvriront que chaque billet émis pour valeur consommée, au lieu de pour valeur reçue et préservée, n'est ni plus ni moins qu'une dépense partielle du capital ou des bénéfices de la banque. » – *Économie Politique* de Stewart, Livre IV, Partie II, Chap. IV. [Steuart (1767, vol. 2, p. 151). Le passage entre parenthèses est une précision apportée par Thornton.]

Le Chapitre V [de Stewart] est un chapitre court, dont l'objet est de montrer que les « banques » émettant du papier circulant « doivent émettre leurs billets sur du crédit privé et non commercial. » [*Ibidem*, p. 153]. Par crédit privé, il apparaît que [Stewart] entend celui de « terres et domaines personnels ».

e *Nouvelles considérations sur le rehaussement de la valeur de la monnaie* [1699].

f Some proof of the tendency of a too great emission of paper to render the exchange unfavourable by the means which have been described, and to cause the current coin to be exported, is furnished by the following extracts from arrets of the French government, issued a short time after the establishment of Mr. Law's bank. The reader is desired to take notice, that this bank was instituted on the same professed principles with the Bank of England; was, for a time, independent of the government, though sanctioned by it; possessed a capital of one hundred millions of livres, and lent money on good security. Being, however, permitted to issue notes to the vast amount of about thirty-eight millions sterling, the credit (in some degree a well founded one) which this bank obtained, encouraged the formation of the Mississippi scheme, and led to other doubtful undertakings. The bank paper being rendered exchangeable for the actions (or stock) of the Mississippi company, though at a regulated discount, the value of it, like that of the late assignats of France, was made to depend on the public opinion of the profits of a speculation, and, therefore, on the credit of the circulating article, rather more, perhaps, than on its quantity.

Extract from the King's arret, dated 21st May, 1720.—"The King having caused to be examined in his council the condition to which the kingdom was reduced before the establishment of the bank, that he might compare it with its present condition, it has appeared to the King, that the high rate of the interest of money had done more damage to the kingdom than all the expences which the late King had been at during his several wars. By the establishment of the bank, the King has restored things to good order. The nobility have found, *in the encrease of the value of their lands*, means to make themselves easy; manufactures, commerce, and navigation, are re-established; the lands are cultivated, and the artificer works."

By the arret of the 5th March, his Majesty ordained, "that actions of the India (or Mississippi) company might be converted into bank notes, and those notes into actions, according to the proportion which at that time was reckoned most just with respect to the value of the coin. It remained for his Majesty to find an expedient *for re-establishing the value of the coin in such proportion as might suit foreign commerce and the vent of the products of the country*. His Majesty has provided for these things by his declaration of 11 March, which *orders the reduction of the value of the coin*."

This singular arret then proceeds to observe, that since "this *reduction*" of the coin "must necessarily produce a *diminution* of the price of commodities" (a measure calculated to produce its encrease, and which would only fail to have this effect so far as the too great issue of paper had already produced it), "his Majesty," therefore, "has judged the general interest of his subjects required that the price or *nominal value of actions and of bank notes should be lessened for maintaining them in a just proportion with the coin and other commodities of the kingdom, for hindering the too high value of coin from sinking the public credit, and for preventing the losses which his subjects might suffer in commerce with foreigners*."

The arret then directs that actions of 10,000 livres should be reduced to 5,000, and bank notes of 1,000 to 500.

The people, after this arret, which doubled the public injury under the pretence of dispensing equal justice, refused to take the notes, and the arret was revoked. Another arret, reducing the actions alone, was substituted. Still, however (as is observed by Mr. Postlethwaite, from whom this account is taken), the people having been frighted would not meddle with bank notes except in payment for their goods which they raised four times above their usual value or upon a very great discount."

f Une preuve de la tendance d'une émission excessive de papier à rendre le change défavorable par les moyens qui ont été décrits, et à causer l'exportation des pièces qui ont cours, est fournie par les extraits suivants des arrêts du gouvernement français, publiés peu après la création de la banque de M. Law. Le lecteur est invité à noter que cette banque a été créée selon les mêmes principes que ceux que professe la Banque d'Angleterre ; elle fut, pendant un temps, indépendante du gouvernement, quoique sanctionnée par lui ; elle disposait d'un capital de cent millions de livres tournois, et accordait des crédits sur des sûretés de qualité. Étant cependant autorisée à émettre des billets pour le montant énorme d'environ trente-huit millions de livres sterling, le crédit (à un certain degré bien fondé) dont bénéficiait cette banque, a encouragé la formation du Système de Law, et mené à d'autres entreprises douteuses. Le papier bancaire étant rendu échangeable en actions [en français dans le texte] de la Compagnie des Indes, quoiqu'au prix d'une décote réglementée, sa valeur, comme celle des récents assignats français, était vouée à dépendre de l'opinion du public sur les profits d'une spéculation, et, par conséquent, du crédit de l'article circulant, davantage, peut-être, que de sa quantité.

Extrait de l'arrêt du Roi, daté du 21 mai 1720 : « Le Roi ayant fait examiner en son Conseil l'état où le Royaume se trouvait réduit avant l'établissement de la Banque, pour le comparer avec l'état présent, Sa Majesté aurait reconnu que le haut prix de l'argent avait porté plus de préjudice au Royaume, que toutes les dépenses auxquelles le feu Roi avait été obligé pendant les différentes guerres [...]. Par l'établissement de la Banque et de la Compagnie des Indes, le Roi a remis l'ordre dans ses affaires : la noblesse a trouvé *dans l'augmentation du prix de ses terres* les moyens de se libérer : les manufactures, le commerce et la navigation sont rétablies : Les terres sont cultivées, et l'artisan travaille. »

Par l'arrêt du 5 mars, Sa Majesté a ordonné « que les actions [de la Compagnie des Indes] fussent convertibles en billets de la Banque, et ces billets en actions, suivant la proportion qui était alors la plus juste par rapport à la valeur des espèces. [...] Il restait à Sa Majesté [...] à *rétablir le prix des monnaies dans une proportion qui convînt au commerce étranger, et au débit des denrées.* Sa Majesté a pourvu à ces différents objets par ses arrêts, et particulièrement par sa Déclaration du 11 mars dernier, qui *ordonne les réductions du prix des espèces* [...]. »

Cet arrêt singulier poursuit alors en observant que puisque « cette *réduction* de la pièce de monnaie doit nécessairement produire une *diminution* du prix des marchandises » (une mesure de nature à produire son augmentation, et qui n'échouerait à produire cet effet que pour autant que l'émission excessive de papier l'aurait déjà produit), « Sa Majesté », donc, « a jugé que l'intérêt général de ses sujets demandait, qu'on diminuât le prix ou *la valeur numéraire des actions des Indes et des billets de la Banque, pour soutenir ces effets dans une juste proportion avec les espèces et les autres biens du Royaume ; empêcher que la plus forte valeur des espèces ne diminuât le crédit public ; et enfin prévenir les pertes que ses sujets souffriraient dans le commerce avec les étrangers.* »

L'arrêt ordonne alors que des actions de 10 000 livres soient réduites à 5 000, et des billets de banque de 1 000 à 500.

Après cet arrêt, qui doublait le préjudice causé au public sous prétexte de dispenser également la justice, les gens ont refusé de prendre les billets, et l'arrêt a été révoqué. Un autre arrêt, réduisant les seules actions, l'a remplacé. Néanmoins, (comme l'observe M. Postlethwaite, à qui ce compte rendu est emprunté), « les personnes, ayant été traumatisées, ne touchaient plus à des billets de banque, sauf en paiement de leurs biens qu'ils auraient augmenté au quadruple de leur valeur habituelle, ou alors avec une décote très importante. »

Another ordinance of the King, to the following effect, was then issued.—"His Majesty being informed that many of his subjects, who, in these latter times, have got considerable fortunes, forgetting what they owe to their country, have sent the greatest part thereof into foreign countries; and that some others of his said subjects *keep in the said countries considerable sums in specie*, with a design to place the same there, which has kept up the course of exchange to the advantage of foreigners" (the exportation of the gold would tend so far as it went to improve the course of exchange, and was an effect of the unfavourable exchange and not the cause), "and has occasioned the exporting out of the kingdom a considerable quantity of specie. And his Majesty, considering how much it is important to remedy an abuse so contrary to the laws of government, though without constraining the liberty of commerce; his Majesty, with the advice of Monsieur the Duke of Orleans, regent, ordains, that in general all his subjects shall be *obliged to recall their funds*, and cause the same to be brought again into the kingdom within two months from the publication of this present ordinance."

It appears from the first of these arrets, that an encreased emission of paper tends to raise prices as well as to excite industry; from the second that it leads, however, to a very unfavourable exchange, and to the exportation of the coin of a country; and that the reduction of the value of the coin is the remedy which is naturally resorted to. The same point is confirmed by the third arret.

All the three arrets unite in proving the gross ignorance which at this time prevailed on the subject of exchanges and of paper credit, and in shewing, therefore, the unfairness of inferring from the Mississippi project in France the instability of our own paper credit. In the instance of our own South Sea scheme, no new bank was instituted, and the credit of the Bank of England paper was sustained.

Une autre ordonnance du Roi a alors été publiée, en vue de ce qui suit : – « Sa Majesté ayant été informée que plusieurs de ses Sujets qui ont fait dans ces derniers temps des fortunes considérables oubliant ce qu'ils doivent à leur patrie [...], en ont envoyé la plus grande partie dans les pays étrangers [...], et que quelques autres de sesdits sujets *conservent dans lesdits pays étrangers des sommes considérables en espèces* dans l'intention de les y placer : ce qui a soutenu le change en faveur de l'étranger » (l'exportation de l'or devrait jusqu'à un certain point tendre à améliorer le cours du change, et était un effet du change défavorable et non sa cause), « et a fait sortir une quantité considérable d'espèces hors du Royaume ; et Sa Majesté considérant combien il est important de remédier à un pareil abus si contraire aux lois du Gouvernement [...], sans gêner cependant la liberté du commerce [...]. Sa Majesté de l'avis de Monsieur le Duc d'Orléans, régent, [...] ordonne que tous ceux de ses sujets généralement quelconques [...] *seront tenus d'en retirer leurs fonds*, et de les rentrer dans le Royaume dans l'espace de deux mois au plus tard, à compter du jour de la publication de la présente Ordonnance. »

Il apparaît du premier de ces arrêts, qu'une plus grande émission de papier tend à augmenter les prix aussi bien qu'à stimuler l'activité ; du deuxième qu'elle conduit cependant à un change très défavorable, et à l'exportation des pièces du pays ; et que la réduction de la valeur des pièces est le remède auquel on recourt naturellement. Le même point est confirmé par le troisième arrêt [l'ordonnance].

Les trois arrêts se rejoignent en prouvant l'ignorance grossière qui prévalait à cette époque à propos des changes et du papier de crédit, et en montrant donc l'injustice de conclure du Système de Law en France à l'instabilité de notre propre papier de crédit. Dans le cas de notre propre Compagnie des mers du Sud, aucune nouvelle banque n'a été créée, et le papier de crédit de la Banque d'Angleterre est resté soutenu. [La version originale des deux arrêts a été empruntée à Barthélemy Marmont du Hautchamp (1739) ; celle de l'ordonnance (du 20 juin 1720) à François Henri Boug d'Orschwiller (1775, t. 1). « Postlethwaite » est Malachy Postlethwayt (1707 ?-1767), auteur d'un *Universal Dictionary of Trade and Commerce* (1774). Le passage cité (avec des différences de détail par rapport à l'édition de 1774 qu'utilisait, semble-t-il, Thornton) provient de l'article « Mississippi ». Le *Dictionary* est partiellement traduit du *Dictionnaire universel de commerce* de Jacques Savary des Brûlons (1657-1716).]

CHAPTER XI

Of the Influence of Paper Credit on the Price of Commodities.—Observations on some Passages of Montesquieu and Hume.—Conclusion.

This subject has been in so great a degree anticipated by the discussions which have taken place; that it will scarcely be necessary to do more than to remind the reader of the principles which have been laid down, and to point out the manner in which they bear upon the present question.

It was observed in a former Chapter, that a very considerable advance in the price of the commodities bought and sold in one quarter of this kingdom, while there was no such rise in any other, was not supposable; because the holders of the circulating medium current in the spot in which goods were imagined to have been rendered dear, would exchange it for the circulating medium of the part in which they were assumed to be cheap, and would then buy the commodities of the latter place, and transport them to the former, for the sake of the profit on the transaction.

The exchangeableness of our country paper for our London paper was represented as always in this manner preventing the quantity of paper circulating in one place from being very disproportionate to the quantity circulating in another; and as also precluding any great local rise in the price of commodities within our own island.

CHAPITRE XI

De l'influence du papier de crédit sur le prix des marchandises. – Observations sur quelques passages de Montesquieu et de Hume. – Conclusion.

DE L'INFLUENCE DU PAPIER DE CRÉDIT SUR LE PRIX DES MARCHANDISES

Ce sujet a été à un tel point anticipé par les discussions qui ont eu lieu ; qu'il sera à peine nécessaire de faire plus que de rappeler au lecteur les principes qui ont été avancés, et de préciser la façon dont ils portent sur la question présente.

On a observé dans un chapitre précédent[1], qu'une hausse très considérable du prix des biens achetés et vendus dans un coin de ce Royaume, alors qu'il n'y avait pas de hausse semblable dans aucun autre, n'était pas imaginable ; parce que les détenteurs du moyen circulant qui a cours à l'endroit où l'on imagine que les biens sont renchéris, l'échangeraient pour le moyen circulant de la région où l'on suppose qu'ils sont bon marché, et achèteraient alors les marchandises de ce dernier endroit, et les transporteraient au premier, en vue du profit sur la transaction.

On a présenté l'échangeabilité du papier de province en papier londonien comme empêchant toujours de cette manière que la quantité de papier circulant dans un endroit soit très disproportionnée à celle circulant dans un autre ; et aussi comme excluant toute forte hausse locale du prix des marchandises sur notre île.

1 Chapitre VIII, « Comment la limitation… ».

We may justly extend our views, and conceive of Europe, and even of the world, as forming one great kingdom, over the whole of which goods pass and repass, as suits the interest of the merchant, nearly in the same manner in which they spread themselves through this single country.

In one particular, indeed, the resemblance between the two cases fails. Country bank paper, as compared with Bank of England [261] notes, cannot be, to a material degree, excessive in any part of England; because, by the custom of our country banks, it is convertible, without any discount, into the London paper. But British paper is not exchangeable for the circulating medium of the continent, unless a discount, or difference be allowed. Of this fluctuating discount, or difference, the variations in the course of exchange are the measure.

It is true that the continental circulating medium, like our own, varies in value. Both, however, commonly vibrate only within certain limits; and both may be considered as fluctuating exactly so far as their value differs from that of bullion. To say that bullion varies in its price, is to say that there is an alteration in the general exchangeable value of that article, which constitutes the standard of the world.

We are led, by these observations, to divide our subject into two branches of enquiry: first, into the question how far our paper credit may have raised the price of goods in Great Britain, by causing their current price here (that is to say, their price in British paper, as well as in British coin) to be higher than their bullion price; and, secondly, how far also the bullion price of our commodities here (that is to say, their value in exchange for the article of bullion) may be suspected of having been enhanced by means of the paper credit of Great Britain.

As to the first question; the highest influence which a too extended paper credit can have had in raising the current price of commodities in Great Britain above their bullion price, must be measured by the difference which has subsisted between the market price and mint price of gold; or, which is nearly the same thing, by the fluctuation in the state of our general exchanges.

Nous pouvons à juste titre généraliser, et concevoir l'Europe, et même le monde, comme formant un grand royaume, sur l'ensemble duquel les biens passent et repassent, comme il convient à l'intérêt du négociant, presque de la même manière qu'ils se répandent à travers notre seul pays.

Sur un point particulier, à vrai dire, la ressemblance entre les deux cas s'arrête. Le papier des banques de province, comparé aux billets de la Banque d'Angleterre, ne peut pas être excédentaire à un degré substantiel dans aucune partie de l'Angleterre ; parce que, par la coutume de nos banques de province, il est convertible en papier londonien sans aucune décote. Mais le papier britannique n'est pas échangeable en moyen circulant du Continent, à moins qu'on ne permette une décote, ou une différence. Les variations du cours du change sont la mesure de cette décote fluctuante, ou de cette différence.

Il est vrai que le moyen circulant continental, comme le nôtre, varie en valeur. Tous deux, cependant, n'oscillent d'ordinaire que dans certaines limites ; et on peut considérer qu'ils fluctuent tous deux exactement pour autant que leur valeur diffère de celle du lingot. Dire que le lingot varie en prix, c'est dire qu'il y a un changement de la valeur échangeable générale[2] de cet article, qui constitue l'étalon mondial.

Ces observations nous conduisent à diviser notre sujet en deux branches d'enquête : d'abord, la question de savoir à quel point notre papier de crédit peut avoir augmenté le prix des biens en Grande-Bretagne, en rendant leur prix courant ici (c'est-à-dire, leur prix en papier britannique, de même qu'en pièces britanniques) plus élevé que leur prix en lingots ; et, en second lieu, celle de savoir à quel point on peut suspecter le prix en lingots de nos biens ici (c'est-à-dire, leur valeur en échange de l'article du lingot) d'avoir été haussé au moyen du papier de crédit de Grande-Bretagne.

L'INFLUENCE DU PAPIER DE CRÉDIT SUR LE PRIX COURANT DES MARCHANDISES

Quant à la première question ; la plus grande influence qu'un papier de crédit trop abondant peut avoir eu sur la hausse du prix courant des marchandises en Grande-Bretagne au-dessus de leur prix en lingots, doit être mesurée par la différence qui a existé entre le prix de marché de l'or et son prix à la Monnaie ; ou, ce qui est presque la même chose, par la fluctuation de l'état de nos changes dans leur ensemble.

2 Dans la suite de ce chapitre, « général » s'interprétera souvent comme « mondial ».

This difference or fluctuation has at no period been more than about ten or twelve per cent. Even this variation, however, has not been fairly referable to a too great issue of paper, but rather to the peculiar circumstances of the country; and, in particular, to our two bad harvests, which sufficiently account for the unfavourable state of our exchanges.

The second question is, how far the bullion price of our commodities [262] may be suspected of having been raised through the influence of the paper credit of Great Britain.

It was formerly stated, that the bullion price of articles may be considered to be their general price: because bullion necessarily bears that value, or nearly that value, in each country, in exchange for goods, which it bears in all, allowance being made for the expence of their transmission, inclusive of export and import duties, ordinary profit of the merchant, freight, insurance, and other customary charges. The expence of the transportation of commodities from the several places of their growth or manufacture, an expence which is great in some cases, and small in others, is the measure of the difference subsisting between the bullion prices of the same articles, at the same time, in different parts of the world. Each addition to this difference implies an extra profit on the transportation either of bullion or of goods; and must be supposed soon to cause the one or the other to be carried over in such quantity as to restore their due relative price. Every rise, therefore, of the bullion price in Great Britain of those commodities which she is accustomed to export, if we suppose the usual exportation to continue, implies an equal, or nearly equal, enhancement of the bullion price of all articles of the same class in every foreign part in which our commodities are sold.

Great Britain so remarkably takes the lead in manufactures and commerce, that she may not unjustly be deemed to have the power, especially in a time of general war, of prescribing to foreign countries the rate at which they shall buy her commodities.

Cette différence ou fluctuation n'a à aucun moment dépassé environ 10 ou 12 %. Même cette variation, cependant, n'a pas été en toute justice attribuable à une trop grande émission de papier, mais plutôt aux circonstances particulières du pays ; et, en particulier, à nos deux mauvaises récoltes, qui rendent compte à suffisance de l'état défavorable de nos changes.

L'INFLUENCE DU PAPIER DE CRÉDIT SUR LE PRIX EN LINGOTS DES MARCHANDISES

La seconde question est de savoir à quel point on peut suspecter le prix en lingots de nos marchandises d'avoir été haussé par l'influence du papier de crédit de Grande-Bretagne.

On a affirmé précédemment que le prix en lingots des articles peut être considéré comme leur prix général[3] : parce que le lingot a nécessairement la même valeur, ou presque, dans chaque pays, en échange de biens, que dans tous les autres, compte tenu des frais de leur transmission, y compris les droits à l'exportation et à l'importation, le profit ordinaire du négociant, le fret, les assurances, et les autres frais habituels. La dépense de transport des marchandises à partir des différents endroits où elles croissent ou sont fabriquées, une dépense grande dans certains cas, et petite dans d'autres, est la mesure de l'écart existant simultanément entre les prix en lingots des mêmes articles, dans différentes parties du monde. Chaque addition à cet écart implique un profit supplémentaire sur le transport du lingot ou des biens ; et il y a lieu de croire qu'elle causera bientôt que l'un ou l'autre soit effectué en telle quantité qu'il restaure le prix relatif qui leur revient. Donc chaque hausse du prix en lingots en Grande-Bretagne des biens qu'elle a coutume d'exporter, si nous supposons que l'exportation habituelle se poursuit, implique une hausse égale, ou presque, du prix en lingots de tous les articles de la même classe dans chaque contrée étrangère où nos marchandises sont vendues.

La Grande-Bretagne prend la tête de façon si remarquable en matière de manufactures et de commerce, qu'il n'est pas injuste de juger qu'elle a le pouvoir, spécialement en temps de guerre générale, de prescrire aux pays étrangers le taux auquel ils achèteront ses marchandises.

---

3 Voir chap. IV, « Les exportations... », p. 211, n. e, et chap. X, « Nécessité de limiter le papier : explication », p. 439.

That monopoly of the supply, however, which I am here supposing Great Britain to possess, is, probably, but temporary, and, in every respect, imperfect. In most of her sales abroad she meets with strong competition; for, though other countries may not rival her in the quality of her goods, they can, generally, furnish a substitute, which, if British prices are much lifted up, will gain, by comparative cheapness, the preference. Every great enhancement of the cost of our articles must lessen the foreign demand for them. It must reduce our exported and augment our imported [263] goods. By thus turning the balance of trade against us, and rendering our exchanges unfavourable, it must cause the rise at home to be a rise not in the bullion price of our articles, the subject which we are now considering, but in the paper or current price, the point which was noticed before. If the advance is in the paper or current price, the bank is compelled to restrict its issues; and the reduction of the quantity of bank notes has a tendency to limit the cost not only of those particular commodities which are the subjects of exportation, but of every commodity in the kingdom.

That the bullion price of some British articles has lately been much encreased, and that the bullion price of all, or of almost all, has in some degree risen, are facts which cannot be doubted. But that this enhancement[1] is to be charged to an increase of paper, is not equally to be admitted; for it is plain that other causes have powerfully operated, namely, a state of war, new taxes, and two bad harvests, which, by raising the price of bread, have in some degree lifted up that of labour, and of all commodities. Our prices may have also been partly augmented by the enhancement of the cost of raw materials brought from other countries.

Although it should be granted, as it must, either that the amount of our paper has been enlarged in proportion to the extension of pecuniary transactions; or that an encreased œconomy in the use of it has rendered an equal quantity sufficient for more payments (and it seems of little moment which of these two suppositions is adopted): still, it might be questioned whether the extended issue of paper ought to be deemed the cause of the high prices; or whether the high prices ought not to be deemed the cause, and the encrease of paper the effect.

1 « Enhancmenet » *in* Thornton (1939a).

Cependant, ce monopole de l'approvisionnement que je suppose ici détenu par la Grande-Bretagne, n'est probablement que temporaire, et à tous égards imparfait. Dans la plupart de ses ventes à l'étranger, elle fait face à une rude concurrence ; car bien que d'autres pays puissent ne pas rivaliser avec elle pour la qualité de leurs biens, ils peuvent en général fournir un substitut qui, si les prix britanniques sont beaucoup rehaussés, emportera la préférence par son prix comparativement bas. Toute grande hausse du coût de nos articles doit diminuer la demande étrangère de ceux-ci. Elle doit réduire nos exportations et augmenter nos importations. En retournant ainsi contre nous la balance commerciale, et en rendant nos changes défavorables, elle doit faire de la hausse intérieure, une hausse non pas du prix en lingots de nos articles, le sujet que nous examinons maintenant, mais de leur prix en papier ou courant, le point qui a été observé précédemment. Si la hausse a trait au prix en papier ou courant, la Banque est forcée de limiter ses émissions ; et la réduction de la quantité de billets de banque a tendance à limiter le coût non seulement des marchandises particulières qui font l'objet d'exportation, mais de toute marchandise dans le Royaume.

Que le prix en lingots de certains articles britanniques ait été beaucoup augmenté récemment, et que le prix en lingots de tous, ou presque, ait augmenté à un certain degré, ce sont des faits incontestables. Mais que cette hausse doive être imputée à une augmentation du papier, ne doit pas être également admis ; car il est clair que d'autres causes ont puissamment agi, notamment un état de guerre, de nouveaux impôts, et deux mauvaises récoltes qui, en augmentant le prix du pain, ont à un certain degré augmenté celui du travail et de toutes les marchandises. Nos prix ont pu aussi avoir été en partie augmentés par la hausse du coût de matières premières provenant d'autres pays.

Concédons, comme il se doit, soit que le montant de notre papier a été accru en proportion de l'extension des transactions pécuniaires ; soit qu'une économie accrue dans son utilisation a rendu une quantité égale suffisante pour plus de paiements (et laquelle de ces deux suppositions on adopte semble de peu d'importance). On peut toutefois se demander si l'émission accrue de papier doit être jugée comme la cause des prix élevés ; ou si les prix élevés ne doivent pas être jugés comme étant la cause, et l'augmentation du papier l'effet.

It was before remarked, that it seems in general more fair to consider the latter to be the case, when the extension of paper is not such as to be the means of reducing its value below that of bullion. To prove the reasonableness of this observation, let us imagine the paper credit of this country to be abolished, and our payments to be conducted by a circulating medium consisting wholly of gold; and let us assume that we still find ourselves able to procure for our [264] commodities sent abroad a higher bullion price than before. In this case the bullion price of articles at home will also experience a rise; for the high bullion prices abroad will have the effect of enlarging our exported and diminishing our imported goods; of rendering our balance of trade favourable, and of bringing gold into the kingdom; which encrease of gold will have precisely the same effect as an augmentation of paper, namely, that of raising British prices. The bullion will continue to flow in until it shall have brought the bullion price of goods in England to a level with the bullion price of the same articles in foreign parts, allowing for charges of transportation. On the ability, therefore, of Great Britain to maintain a high bullion price for her goods abroad, would depend the bullion price of her commodities at home, in the event of her employing gold as her only circulating medium.

If we suppose paper to constitute the circulating medium of Great Britain, and an encreased bullion price for her commodities abroad to be in like manner obtainable, the case will in the main be similar, though in one particular it will differ. The case will be similar, inasmuch as Great Britain will experience, exactly as if she made use only of gold, an encrease in the price of her commodities at home, as well as an enlargement of the quantity of her circulating medium; such an enlargement, I mean, as is necessary for effecting her more extended payments. The case will differ, inasmuch as, instead of importing the additional circulating medium which is wanted, she will create it. The production, therefore, of a rather less quantity of exportable articles will be necessary on the one supposition than on the other; and the state of the exchange itself will be in some degree affected by this variation in the circumstances of the two cases.

On a remarqué auparavant qu'il semble en général plus juste de considérer que la dernière hypothèse est correcte, quand l'extension du papier n'est pas telle qu'elle ait pour effet de réduire sa valeur en-dessous de celle du lingot[4]. Pour prouver le caractère raisonnable de cette observation, imaginons qu'on abolisse le papier de crédit de notre pays, et que nos paiements soient effectués à l'aide d'un moyen circulant consistant entièrement en or ; et supposons que nous nous trouvions toujours capables d'obtenir pour nos biens envoyés à l'étranger un prix en lingots plus élevé qu'avant. Dans ce cas les prix en lingots des articles intérieurs connaîtront aussi une hausse ; car les prix en lingots élevés à l'étranger auront l'effet d'augmenter nos exportations et de diminuer nos importations ; de rendre notre balance commerciale favorable, et d'amener l'or dans le Royaume ; laquelle augmentation de l'or aura précisément le même effet qu'une augmentation du papier, à savoir, celui d'augmenter les prix britanniques. Les lingots continueront d'affluer jusqu'à ce qu'ils aient amené le prix en lingots des biens en Angleterre au même niveau que le prix en lingots des mêmes articles à l'étranger, compte tenu des frais de transport. Dans l'éventualité où la Grande-Bretagne utiliserait l'or comme seul moyen circulant, le prix intérieur en lingots de ses biens dépendrait donc de sa capacité à maintenir un prix en lingots élevé de ses biens à l'étranger.

Si nous supposons que c'est le papier qui constitue le moyen circulant de Grande-Bretagne, et qu'un prix en lingots accru puisse de la même manière être obtenu pour ses marchandises à l'étranger, la situation sera pour l'essentiel similaire, cependant elle différera sur un point particulier. La situation sera similaire, dans la mesure où la Grande-Bretagne connaîtra, exactement comme si elle n'utilisait que l'or, une augmentation du prix intérieur de ses marchandises, de même qu'une augmentation de la quantité de son moyen circulant ; une augmentation, j'entends, autant qu'il est nécessaire pour effectuer ses paiements plus étendus. La situation sera différente dans la mesure où, au lieu d'importer le moyen circulant additionnel dont elle a besoin, elle le créera. La production d'une quantité plutôt moindre d'articles exportables sera nécessaire dans un cas de figure que dans l'autre ; et l'état du change lui-même sera à un certain degré affecté par cette variation dans les circonstances des deux cas.

---

4 *Cf.* chapitre IX, « Le rôle de la guerre », p. 381, où Thornton précise que la dépréciation du papier ne doit pas être « permanente ».

It may, perhaps, be thought, that I have considered the bullion price of goods in Great Britain as exclusively depending on the bullion price of the same kind of commodities abroad; and that I ought to have stated the converse to be also in some measure the fact, namely, the bullion price of articles abroad to depend in part on the bullion prices of Great Britain. I have intended thus to [265] represent the case. My position has been this,—that the bullion price of articles in Great Britain conforms itself to the bullion price abroad; but that, in the formation of this bullion price abroad, the British price has some share of influence: and this influence I have considered to be proportioned to the degree of our monopoly of the supply of the foreign markets.

There is an additional mode of considering the influence of paper credit on the bullion price of articles.

The encreased use of paper in each individual country must contribute to lower the price of bullion, by lessening the general demand for it in the world. On every advance in the cost of commodities, it may be suspected that the means of effecting the encreased payments are supplied not by bringing more gold into use but rather by the enlargement of that part of the circulating medium which consists in paper. No inconsiderable portion of British gold coin is employed in effecting the fractional parts of payments; and the total amount of these does not encrease in the same proportion in which the sum total of payments is augmented[a]. Moreover, the art of œconomizing gold is continually advancing. The very vicissitudes of commerce, probably, tend to improve it. A time of distress, such as was felt in 1793, compels many to resort to new expedients, tending to spare the use both of Bank of England notes [266] and of coin. The measures adopted, at first, through necessity, are afterwards persisted in because they are œconomical. To put the case which we have more recently experienced. An unfavourable balance of trade, arising out of the disadvantageous circumstances of the country, causes our guineas to go abroad.

On pensera peut-être que j'ai considéré que le prix en lingots des biens en Grande-Bretagne dépendait exclusivement du prix en lingots de la même sorte de biens à l'étranger ; et que j'aurais dû dire que l'inverse était aussi le cas dans une certaine mesure, à savoir que le prix en lingots des articles à l'étranger dépend en partie des prix en lingots de Grande-Bretagne. J'avais bien l'intention de présenter les choses ainsi. Ma position était la suivante, – que le prix en lingots des articles en Grande-Bretagne se conforme au prix en lingots à l'étranger ; mais que, dans la formation de ce prix en lingots à l'étranger, le prix britannique a une certaine part d'influence : et j'ai considéré que cette influence était proportionnée au degré de notre monopole dans l'approvisionnement des marchés extérieurs.

UTILISATION ACCRUE DU PAPIER ET PRIX EN LINGOTS

Il y a une façon supplémentaire de considérer l'influence du papier de crédit sur le prix en lingots des articles.

L'utilisation accrue du papier dans chaque pays particulier doit contribuer à abaisser le prix du lingot, en diminuant la demande générale de celui-ci dans le monde. À chaque hausse du coût des marchandises, on peut suspecter que les moyens d'effectuer les paiements accrus soient fournis, non pas en mettant plus d'or en circulation, mais plutôt en augmentant la part du moyen circulant qui consiste en papier. Une partie non négligeable des pièces d'or britanniques est utilisée à effectuer les parties fractionnelles des paiements ; et le montant total de ceux-ci n'augmente pas dans la même proportion que la somme totale des paiements[a]. D'ailleurs, l'art d'économiser l'or progresse continuellement. Les vicissitudes mêmes du commerce tendent probablement à l'améliorer. Une période de pénurie[5], comme on l'a connue en 1793, oblige de nombreuses personnes à recourir à de nouveaux expédients tendant à épargner l'usage à la fois de billets de la Banque d'Angleterre et de pièces. Adoptées au début par nécessité, les mesures persistent ensuite parce qu'elles sont économes. Présentons le cas dont nous avons tout récemment fait l'expérience. Une balance commerciale défavorable, provenant des circonstances désavantageuses du pays, fait partir nos guinées à l'étranger.

5 Il s'agit d'une pénurie de numéraire et/ou de billets.

Paper is necessary to supply their place. Experience of the loss incurred by hoarding money, and of the practicability of sustaining both private and public credit during the absence of gold, strengthens the general confidence in a paper currency, and encourages a permanently encreased use of it. If we could suppose as large a substitution of paper in the place of coin to take place in other countries as we have lately experienced in our own; the diminution of the demand for bullion might be such as very materially to affect its general value, and to enhance the money price of articles over the world.

There is, however, a limit to this evil. The annual supply of the precious metals is obtained from mines, of which some afford to the proprietors a higher and others a lower revenue, and some probably no revenue at all. If we suppose the encreased use of paper to lower, in any degree, the value of the precious metals; we must assume those mines which have not yielded any rent, to be no longer worked; and the supply of gold and silver to be, in consequence, somewhat reduced. If we imagine the reduction of the price of the precious metals to be progressive, we must conceive a period to arrive when all mines will be unable to defray the charge of extracting the ore, except those which now yield the very highest rent. At this point the fall will necessarily stop. In other words, gold and silver must continue to bear that price, or nearly that price, at which they are now exchangeable for commodities, a deduction being made of the total present rent derived from the richest mines; a deduction which, if Dr. A. Smith's observations on this subject are just, cannot be very considerable.

Du papier est nécessaire pour les remplacer. L'expérience de la perte encourue en thésaurisant du numéraire, et de la praticabilité du soutien du crédit privé et public pendant l'absence de l'or, renforce la confiance générale dans une monnaie de papier, et encourage un usage de celle-ci accru en permanence. Si nous pouvions supposer qu'ait lieu dans d'autres pays une substitution du papier aux pièces aussi étendue que celle que nous avons connue dans le nôtre ; la diminution de la demande de lingots pourrait être telle qu'elle affecte très substantiellement sa valeur générale, et qu'elle augmente le prix en numéraire des articles de par le monde.

Il y a cependant une limite à ce mal. L'approvisionnement annuel en métaux précieux est obtenu de mines, dont certaines offrent aux propriétaires un revenu plus élevé et d'autres un revenu moindre, et certaines probablement aucun revenu du tout. Si nous supposons que l'usage accru de papier abaisse, à quelque degré que ce soit, la valeur des métaux précieux ; nous devons supposer que les mines qui n'ont rapporté aucune rente, ne seront plus en activité ; et que l'approvisionnement en or et argent sera par conséquent quelque peu réduit. Si nous imaginons que la réduction du prix des métaux précieux est progressive, nous devons concevoir qu'il arrive un moment où toutes les mines ne pourront pas supporter les frais d'extraction du minerai, sauf celles qui rapportent actuellement la rente la plus élevée. À ce point la chute s'arrêtera nécessairement. En d'autres termes, l'or et l'argent doivent conserver le prix, ou presque, auquel ils sont maintenant échangeables en marchandises, déduction faite de la rente totale actuellement tirée des mines les plus riches ; une déduction qui, si les observations d'Adam Smith à ce sujet sont justes, ne peut pas être très importante[6].

6 Smith (1976, I.xi.c.25 ; 1991, t. 1, p. 248 *sq.* ; 2000, p. 183 *sq.*).

Mr. de Montesquieu has represented, in the following manner, the principle which regulates the price of the precious metals. He "compares the mass of gold and silver in the whole world with the quantity of merchandize therein contained," and "every [267] commodity with a certain portion of the entire mass of gold and silver:" and then observes, that, "Since the property of mankind is not all at once in trade, and as the metals or money also are not all in trade at the same time; the price is fixed in the compound ratio of the total of things with the total of signs, and that of the total of things in trade with the total of signs in trade also." This theory, though not altogether to be rejected, is laid down in a manner which is very loose and fallacious[b].

Not to mention the misconception of the subject which may arise from the silence of Mr. de Montesquieu respecting the state of the mines, it may be observed, first, that he alludes, in a manner so imperfect as to be scarcely intelligible, to those effects of the different degrees of rapidity in the circulation both of money and goods, which it has been one object of this work to explain. It is on the degree of the rapidity of the circulation of each, combined with the consideration of quantity, and not on the quantity alone, that the value of the circulating medium of any country depends.

Mr. de Montesquieu also leaves out of his consideration the custom of transacting payments by means of entries in books, and of other expedients. In proportion as contrivances of this sort prevail, and they must abound more and more as commercial knowledge advances in the world; the demand for bullion will be diminished.

OBSERVATIONS SUR QUELQUES PASSAGES DE MONTESQUIEU ET DE HUME

OBSERVATIONS SUR MONTESQUIEU

M. de Montesquieu a présenté comme suit le principe qui règle le prix des métaux précieux. Il « compare la masse de l'or et de l'argent qui est dans le monde, avec la somme des marchandises qui y sont », et « chaque denrée ou marchandise en particulier [...] à une certaine portion de la masse entière de l'or et de l'argent », et observe alors que :

> [C]omme ce qui forme la propriété parmi les hommes n'est pas tout à la fois dans le commerce, et que les métaux ou les monnaies, qui en sont les signes, n'y sont pas aussi dans le même temps, les prix se fixeront en raison composée du total des choses avec le total des signes, et de celle du total des choses qui sont dans le commerce, avec le total des signes qui y sont aussi[7].

Cette théorie, bien qu'elle ne soit pas entièrement à rejeter, est avancée d'une manière qui est très vague et fallacieuse[b].

Sans parler de l'idée fausse sur le sujet qui peut naître du silence de M. de Montesquieu sur l'état des mines, on peut d'abord observer qu'il fait allusion d'une façon si imparfaite qu'elle est à peine intelligible, aux effets des différents degrés de vitesse de circulation de la monnaie et des biens, dont l'explication a été un objet de ce travail. C'est de la vitesse de circulation de chacun des deux, en combinaison avec la considération de la quantité, et non de la seule quantité, que dépend la valeur du moyen circulant de tout pays.

M. de Montesquieu omet aussi de son examen la coutume de régler les paiements au moyen d'écritures comptables, et d'autres expédients. Dans la mesure où des inventions de cette sorte sont répandues ; et elles doivent abonder de plus en plus avec les progrès des connaissances commerciales dans le monde ; la demande de lingots sera diminuée.

7 Montesquieu (2011, livre XXII, chap. VII).

He also does not advert to that reserve of gold and silver in the coffers of the banks of various countries which merely forms a provision against contingencies. The amount of this reserve will depend on the opinion which the banks entertain respecting the extent of the sum likely to be suddenly drawn from them, in consequence either of fluctuations in the national balances of trade, or of temporary interruptions of credit among individuals. In proportion, therefore, as the variations in the national balances of trade, as well as in the state of commercial confidence, are greater or smaller, the fund of gold which is kept out of circulation will be [268] more or less considerable. On the amount of this fund depends, in no inconsiderable degree, the price of bullion in the world.

Mr. de Montesquieu likewise omits to take into his account that now immense and perpetually encreasing influence in sparing the precious metals which arises from the use of paper credit. The false impression which he gives of this subject, may chiefly be referred to his not having contemplated the effects of the introduction of the banking system.

Mr. Hume has spoken strongly of the influence of paper credit in sparing the use of the precious metals, and in proportionably lowering their value, and raising that of labour and of commodities.[2] He inveighs against bank paper on this account, as well as on some others; but, in so doing, he appears to assume, that paper credit causes a merely local rise in the price of articles; a rise, I mean, which extends itself only over the whole of the single independent country in which the paper is issued. That bank is considered by him as most advantageous to a state, which locks up all the gold received in return for its notes [he admits that it will have no profit on its dealings][3], and thus causes the total quantity of circulating medium to remain the same. The price of labour, he says, will, in this manner, be kept down. The Bank of Amsterdam is approved by him, on account of its being an establishment of this nature[c].

2 « , » *in* Thornton (1939a).

3 Crochets de Thornton.

Il ne prête pas non plus attention à la réserve d'or et d'argent dans les coffres des banques de divers pays qui forme simplement une provision pour des événements contingents. Le montant de cette réserve dépendra de l'opinion des banques sur l'ampleur de la somme susceptible d'être soudain tirée d'elles, soit en conséquence de fluctuations des balances commerciales nationales, soit en raison d'interruptions temporaires du crédit entre particuliers. Donc, dans la proportion où les variations des balances commerciales nationales, de même que l'état de confiance commerciale, sont plus grands ou plus petits, le fonds d'or gardé hors de la circulation sera plus ou moins considérable. C'est du montant de ce fonds que dépend, à un degré non négligeable, le prix du lingot dans le monde.

De même, M. de Montesquieu omet de prendre en compte l'effet sur l'épargne des métaux précieux, maintenant immense et perpétuellement croissant, qui provient de l'usage du papier de crédit. L'impression fausse qu'il donne de ce sujet, peut principalement être rapportée au fait qu'il n'a pas envisagé les effets de l'introduction du système bancaire.

PREMIÈRES OBSERVATIONS SUR HUME

M. Hume a parlé avec force de l'influence du papier de crédit sur l'épargne de l'usage des métaux précieux, ainsi que sur l'abaissement proportionnel de leur valeur, et le rehaussement proportionnel de celles du travail et des marchandises. Il fulmine contre le papier bancaire pour cette raison, de même que pour quelques autres ; mais, ce faisant, il semble supposer que le papier de crédit cause une hausse simplement locale du prix des articles ; une hausse, j'entends, qui ne s'étend qu'à l'ensemble du seul pays indépendant où le papier est émis. La banque qu'il considère comme la plus avantageuse à un État, est celle qui enferme tout l'or reçu en échange de ses billets [il admet qu'elle ne fera aucun profit sur ses affaires][8], et qui maintient ainsi constante la quantité totale du moyen circulant. De cette manière, dit-il, le prix du travail sera contenu. Il approuve la banque d'Amsterdam parce qu'elle est un établissement de cette nature[c].

8 Crochets de Thornton.

[269] In thus representing the subject, he appears to forget, that, when the total circulating medium of a country, whether consisting of gold, or of paper, or of both, is rendered excessive; when it has thus lifted up the gold price of articles above the point at which they stand in adjacent countries, the gold is obliged, by the operation [270] of the exchange, to transport itself to these other parts; and that paper credit, therefore, enhances the prices not of that single spot in which it passes, but of the adjoining places, and of the world. The state which issues paper only in such quantity as to maintain its general exchanges, may be considered as substituting paper in the place of gold, and as gaining additional stock in return for whatever coin it may cause to be exported. It derives, therefore, from its own issue, the whole advantage of this augmentation of capital. It participates with other countries in that inconvenience of a generally encreased price of commodities which its paper has contributed to produce.

That the popular opinion which was lately entertained of the great influence of paper credit in raising the price not only of commodities in general, but of provisions in particular, had no just foundation, is a position which admits of easy proof.

First that opinion has proceeded on the assumption of the fact of a vast encrease of the total circulating medium of the kingdom, within the last two or three years, the period during which the high prices have subsisted. But I have shewn both that the amount of the notes of the Bank of England has lately not been such as to imply a material augmentation of the circulating medium of the metropolis, and, also, that the quantity of circulating medium in the country necessarily conforms itself to that of London, for which it is exchangeable. It has obviously been the use of country bank [271] notes, and especially of the smaller ones, in the place of gold, not in addition to it, which has been the chief occasion of the prevailing suspicion:

En présentant le sujet de la sorte, il semble qu'il oublie que quand tout le moyen circulant d'un pays est rendu excédentaire, qu'il consiste en or, en papier, ou l'un et l'autre ; quand il a ainsi haussé les prix en or[9] des articles au-dessus de leur niveau dans les pays limitrophes, l'or est obligé, par l'action du change, de se transporter dans ces autres lieux ; et il semble qu'il oublie aussi que le papier de crédit hausse donc les prix, non dans le seul lieu où il a cours, mais dans les endroits contigus, et dans le monde. On peut considérer que l'État qui n'émet du papier que dans une quantité telle qu'il maintient ses changes généraux, substitue du papier à l'or, et gagne un fonds supplémentaire en échange de toute pièce qu'il puisse faire exporter. Il tire donc de sa propre émission l'avantage entier de cette augmentation de capital. Il participe avec d'autres pays aux désagréments d'un prix généralement accru des marchandises que son papier a contribué à produire.

AUTRES OBSERVATIONS SUR LE PAPIER DE CRÉDIT ET L'AUGMENTATION DES PRIX DES MARCHANDISES ET DES DENRÉES EN PARTICULIER

On a récemment émis l'idée que le papier de crédit exerçait une grande influence sur l'augmentation du prix, non seulement des marchandises en général mais des denrées en particulier ; que cette opinion populaire n'a pas de fondement juste, c'est une position facile à prouver[10].

Tout d'abord, cette opinion a procédé du postulat du fait d'une énorme augmentation du moyen circulant total du Royaume dans les deux ou trois dernières années, la période où les prix ont été élevés. Mais j'ai montré à la fois que la quantité des billets de la Banque d'Angleterre n'a pas récemment été telle qu'elle implique une augmentation substantielle du moyen circulant de la métropole, et que la quantité du moyen circulant de province se conforme nécessairement à celle de celui de Londres, contre lequel il est échangeable[11]. Évidemment, c'est l'utilisation de billets de banques de province, et particulièrement des plus petites, en remplacement de l'or, et non en addition à celui-ci, qui a principalement donné lieu au soupçon qui prévaut :

9 Il s'agit des prix en lingots avant variation de change.

10 Thornton vise notamment Boyd (1801, p. 51-69). Ce thème est aussi abordé au chapitre VII, « Des avantages... ».

11 Voir respectivement le chapitre IX, « Deuxième supposition », et le chapitre VIII, « Comment la limitation... ».

for the common complaint has been not only that paper has been multiplied, but, also, that guineas have been hardly to be seen: and it has not been considered, that by this double invective some sort of acknowledgment is made that the one article is only that substitute for the other, by which none of the supposed effect on the price of commodities can be produced.

It is sometimes said, that the additional loans which the paper of the country banks has enabled them to furnish, have encouraged mercantile speculation; and that we may ascribe to the spirit thus excited much of the late rise in the price of articles in general, and of corn in particular.

There is an error in the public sentiment on this subject, which it is important to correct.

It has been already shewn, that it is by the amount not of the loans of the Bank of England, but of its paper; or if of its loans, of these merely as indicating the quantity of its paper, that we are to estimate the influence on the cost of commodities. The same remark may be applied to the subject of the loans and paper of country banks. For the sake of more fully illustrating this point, let us examine into the several ways in which a country banker may be supposed to extend his loans, without augmenting the quantity of circulating medium in the kingdom.

He may be enabled to do this, first, through the enlargement of the deposits lodged with him. In this case some of his customers may be considered as leaving with him, or as lending to him, a sum which is lent by him to other customers. This is the same thing as if some individuals were to lend to others, without the intervention of the banker. Loans of this nature will be admitted not to have the supposed influence on prices.

A country banker may also encrease his loans, without augmenting the quantity of the circulating medium of the country, in the following manner. He may extend the issue of his own paper, and then that paper may circulate in the place of gold either hoarded [272] or exported. If the gold is hoarded; if a quantity of coin locked up by one man equals the amount of the new paper issued by another it is plain that there will not be the supposed influence on prices. If the gold is exported, we must consider it in the same light with any other commodity sent abroad. It is true that the paper, according to this supposition, may be said to give existence to an additional exportable article:

car on se plaignait d'ordinaire, non seulement que le papier avait été multiplié, mais aussi qu'on pouvait à peine voir des guinées : et on n'a pas considéré qu'on reconnaissait en quelque sorte par cette double récrimination qu'un article n'est que le substitut de l'autre, par lequel aucun des effets supposés sur le prix des marchandises ne peut être produit.

On dit parfois que les prêts supplémentaires, que le papier des banques de province leur a permis d'accorder, ont encouragé la spéculation commerciale ; et que nous pouvons attribuer à l'esprit incité de la sorte une bonne part de la hausse récente des prix des articles en général, et des grains en particulier.

Il y a dans le sentiment public à ce sujet une erreur qu'il importe de corriger.

On a déjà montré que ce n'est pas par le montant des prêts de la Banque d'Angleterre, mais par celui de son papier ; ou, si c'est par le montant de ses prêts, de ceux-ci comme simples indicateurs de la quantité de son papier, que nous devons estimer l'influence sur le coût des marchandises. La même remarque s'applique à la question des prêts et du papier des banques de province. Afin d'illustrer ce point plus complètement, examinons les multiples manières dont on peut penser qu'un banquier de province accorde ses prêts, sans augmenter la quantité de moyen circulant dans le Royaume.

D'abord, il peut être mis en mesure de le faire par l'extension des dépôts effectués chez lui. Dans ce cas, on peut considérer que certains de ses clients lui confient, ou lui prêtent, une somme qu'il prête à d'autres clients. C'est la même chose que si quelques personnes prêtaient à d'autres, sans l'intervention du banquier. On admettra que des prêts de cette nature n'ont pas sur les prix l'influence qu'on prétend.

Un banquier de province peut aussi augmenter ses prêts, sans augmenter la quantité du moyen circulant du pays, de la façon suivante. Il peut étendre l'émission de son propre papier, et ce papier peut ensuite circuler à la place de l'or thésaurisé ou exporté. Si l'or est thésaurisé ; si une quantité de pièces enfermée par une personne est égale à la quantité de nouveau papier émise par une autre, il est clair qu'il n'y aura pas l'influence sur les prix qu'on prétend. Si l'or est exporté, nous devons le considérer à l'instar de toute autre marchandise envoyée à l'étranger. Il est vrai qu'on peut dire que, dans ce cas, le papier donne naissance à un article exportable supplémentaire :

but so also does every encreased exertion of the national industry, as well as every favourable harvest. An augmentation of prices is no more to be inferred from the creation of a new exportable commodity in the one case than in the others.

The following facts furnish a convincing proof that the late high prices of corn have not been owing to the enlargement of Bank of England paper.

By the account which the bank rendered to Parliament, it appears, that the amount of Bank of England notes was, on the 25th of February, 1795, 13,539,160*l.* In the three months immediately following the 25th of February, 1795, the average price of wheat, in the London corn-market, was about 57*s.* per quarter.

By the same bank account, it appears, that the amount of Bank of England notes was, on the 25th of February 1796, 11,030, 116*l.* In the three months immediately following the 25th of February, 1796 the average price of wheat, in the London corn-market, was about 94*s.* per quarter.

Thus wheat bore a comparatively low price when the amount of bank notes in circulation was greater; and a comparatively high price when their amount was smaller. It bore the moderate price of 57*s.* per quarter, at a time when the amount of Bank of England notes was full as considerable (allowing for about two millions of 1*l.* and 2*l.* notes) as it is known to have been at any period.

mais chaque recrudescence de l'activité nationale le fait aussi, tout comme chaque bonne récolte. On ne peut pas plus dans un cas que dans l'autre inférer une augmentation des prix de la création d'une nouvelle marchandise exportable.

Les faits suivants fournissent une preuve convaincante que les récents prix élevés des grains n'étaient pas attribuables à l'augmentation du papier de la Banque d'Angleterre.

D'après les comptes rendus par la Banque au Parlement, il apparaît que le montant des billets de la Banque d'Angleterre s'élevait, le 25 février 1795, à 13 539 160 £. Pendant les trois mois qui ont immédiatement suivi le 25 février 1795, le prix moyen du blé sur le marché aux grains de Londres était d'environ 57 *s.* le quart[12].

D'après les mêmes comptes de la Banque, il apparaît que le montant des billets de la Banque d'Angleterre était de 11 030 116 £ le 25 février 1796. Pendant les trois mois qui ont immédiatement suivi le 25 février 1796, le prix moyen du blé sur le marché aux grains de Londres était d'environ 94 *s.* le quart.

Ainsi, le blé avait un prix comparativement bas quand le montant de billets en circulation était plus élevé ; et un prix comparativement élevé quand leur montant était moindre. Il avait le prix modéré de 57 *s.* le quart, à un moment où le montant des billets de la Banque d'Angleterre était tout aussi élevé qu'il ne l'a jamais été à ce que l'on sait (compte tenu d'environ deux millions de billets d'une et de deux livres)[13].

---

12 Soit huit boisseaux. Les chiffres de Thornton sont cohérents avec ceux de Stern (1964, p. 175) qui renseigne les prix par boisseau de Winchester, et avec ceux de Boyd (1801, Annexe *A*). Contrairement à Boyd, Thornton n'évoque pas les prix « dans les deux ou trois dernières années », la période à laquelle il semble vouloir s'intéresser (p. 487). Il devait être de notoriété publique que les prix avaient été beaucoup plus élevés en 1800 qu'en 1795-1796.

13 On comparera utilement avec Boyd (1801, p. 51). On sait que Thornton considère que les montants des billets en circulation après la Suspension doivent être corrigés des petites coupures. Thornton pense sans doute aux chiffres évoqués au chapitre IX (« Deuxième supposition... »). Les chiffres publiés en 1801 pour novembre 1800 et janvier 1801 étaient très légèrement supérieurs à ceux de février 1795 (*The Parliamentary Register*, vol. 14, 1801, p. 713).

Paper credit may be considered as tending, in some respects, to reduce the price of commodities. It was compared, in a former chapter, to a cheap species of machinery, which is substituted in the place of a dear one; and it is obvious, that, in proportion as any instrument of manufactures or commerce is less expensive, [273] the articles which it contributes to produce may be afforded at a lower rate.

Paper credit, also, promotes general cheapness, by sparing much expence and trouble in weighing, counting, and transporting, money; and by thus facilitating more particularly the larger transactions of the merchant. Mr. Hume appears to suppose, that, when a great encrease of it takes place, the augmentation is artificially produced. But it has been shewn, that mercantile persons naturally resort more and more to the use of paper, in proportion as wealth accumulates, confidence improves, and commerce advances. The consumers of commodities may be considered as having an interest in permitting the merchants to follow their own plans of œconomy, in this respect, in the same manner as in all others.

But whatever may be the amount of that influence on the price of commodities which ought to be ascribed to paper credit, one point is clear, namely, that, during the period in which our paper has extended itself, our trade has prospered, the state of our agriculture has advanced, and both the capital and the income of the country have been augmented.

The chief mischiefs which, according to Mr. Hume, are to be apprehended from any considerable addition to our paper currency, may be stated to be the following: first, the great enhancement of the price of British labour and commodities, an evil with which we ought unquestionably to connect that of the diminution of the sale of our manufactures in foreign markets; secondly, the inconvenience to which we may be exposed in time of war through the want of sufficient means of making remittances in bullion to other countries; and, thirdly, the confusion which the failure of paper credit may produce at home in the event of any great disorder in the nation.

SUITE DES OBSERVATIONS SUR HUME

On peut considérer que le papier de crédit tend, à certains égards, à réduire le prix des biens. On l'a comparé, dans un chapitre précédent[14], à une espèce bon marché de machine, qu'on substitue à une machine chère ; et il est évident que, dans la mesure où un instrument des manufactures ou du commerce est moins onéreux, les articles qu'il contribue à produire pourront être obtenus à un taux plus bas.

Le papier de crédit favorise aussi des prix généralement bas, en évitant beaucoup de dépenses et d'embarras dans le pesage, le comptage, et le transport du numéraire ; et en facilitant ainsi plus spécialement les transactions de plus grande taille du négociant. M. Hume semble penser que, quand a lieu une grande augmentation du papier de crédit, l'augmentation est produite artificiellement[15]. Mais nous avons montré que les hommes d'affaires recourent naturellement de plus en plus à l'utilisation du papier, à mesure que la richesse s'accumule, que la confiance s'améliore, et que le commerce progresse. On peut considérer que les consommateurs de marchandises ont un intérêt à permettre aux négociants de suivre leurs propres plans d'économie à cet égard, de la même manière qu'à tous les autres.

Mais quelle que soit l'importance de l'influence sur les prix des marchandises qu'on doive imputer au papier de crédit, un point est clair, à savoir qu'au cours de la période où notre papier s'est multiplié, notre commerce a prospéré, l'état de notre agriculture a avancé, et le capital et le revenu du pays ont tous deux augmenté.

Les dommages principaux qui, selon M. Hume, doivent être redoutés de toute addition considérable à notre monnaie de papier, peuvent être énoncés comme suit : d'abord, la grande hausse du prix du travail et des marchandises britanniques, un mal auquel nous devons incontestablement relier celui de la diminution des ventes de nos manufactures sur les marchés étrangers ; deuxièmement, les désagréments auxquels nous pouvons être exposés en temps de guerre par le manque de moyens suffisants de faire des paiements en lingots à d'autres pays ; et, en troisième lieu, la confusion que le discrédit du papier peut produire chez nous dans l'éventualité d'un grand désordre dans la nation.

---

14 Chapitre VII, « Des avantages... ».

15 Voir la citation de Hume en note c du présent chapitre (p. 501 et 503).

That the first consequence (the great enhancement of the price of British labour and commodities) cannot follow from the enlargement of our paper currency in the degree which Mr. Hume supposes, has been proved from the circumstance of our paper causing guineas to go abroad, and tending, therefore, to raise the [274] prices of the world rather than those of our own single island. That our prices, however high, have not been such as to lessen the vent abroad of our home-made articles, and have, therefore, not been raised above the prices of other countries, is proved by those documents from our custom-house which state the continually encreasing quantity of manufactures exported by Great Britain[d].

That the second evil (that of our being reduced to difficulty in making remittances abroad in time of war through the want of bullion) is one which there is less reason to dread than Mr. Hume has imagined, may likewise be inferred from recent experience. We have been able to maintain the credit of our funds, and to carry on all our financial operations, during the whole of the late expensive and protracted contest, although in the commencement of it our stock of circulating gold was probably less than in many former periods; and although, also, in the last years of the struggle, a period in which we lent considerable sums to Ireland, and had to purchase immense quantities of foreign grain, we were in a great measure deprived of current coin, and the cash payments of the Bank of England remained suspended.

Mr. Hume himself has remarked: "That want of money can never injure any state *within itself*; for that men and commodities are the real strength of any community." He might have added, that Want of money can never injure any state *in its transactions with foreign countries*, provided it sufficiently abounds with commodities which are in demand abroad, and which it can afford to sell at a bullion price lower than that for which foreign articles of a similar kind can be afforded. The power of manufacturing at a cheap rate is far more valuable than any stock of bullion.

Que la première conséquence (la grande hausse du prix du travail et des marchandises britanniques) ne puisse pas découler de l'augmentation de notre monnaie de papier au degré que suppose M. Hume, cela a été prouvé par la circonstance que notre papier faisait partir des guinées à l'étranger, et tendait donc à augmenter les prix mondiaux plutôt que ceux de notre seule île. Que nos prix, aussi élevés soient-ils, n'aient pas été de nature à diminuer les débouchés extérieurs de notre production intérieure, et n'ont donc pas été augmentés au-dessus des prix d'autres pays, est prouvé par les documents des Douanes qui renseignent la croissance continue de la quantité de manufactures exportées par la Grande-Bretagne[d].

On peut de même inférer de l'expérience récente qu'il y a moins de raisons de redouter le deuxième inconvénient (que nous soyons réduits à des difficultés lors de paiements à l'étranger en temps de guerre par manque de lingots), que ne l'a imaginé M. Hume. Nous avons été en mesure de maintenir le crédit de nos rentes, et de poursuivre toutes nos opérations financières, pendant tout le récent conflit coûteux et prolongé, bien qu'au début de celui-ci notre stock d'or en circulation ait probablement été moindre qu'en beaucoup de périodes antérieures. Et [cela s'est fait] aussi, bien que pendant les dernières années des hostilités, une période où nous avons prêté des sommes considérables à l'Irlande[16], et avons dû acheter d'immenses quantités de grains étrangers, nous ayons dans une grande mesure été privés de pièces courantes, et que les paiements en espèces de la Banque d'Angleterre soient restés suspendus.

M. Hume lui-même a remarqué « que [le] manque de numéraire ne peut jamais causer du tort à aucun État *en lui-même* ; car les hommes et les marchandises sont la vraie force de toute communauté[17] ». Il aurait pu ajouter que Manque de numéraire[18] ne peut jamais nuire à aucun État *dans ses transactions avec les pays étrangers*, pourvu qu'il abonde suffisamment en marchandises qui sont demandées à l'étranger, et qu'il puisse se permettre de vendre à un prix en lingots inférieur à celui auquel des articles étrangers d'une espèce semblable peuvent être acquis. Le pouvoir de fabriquer à bas prix est bien plus précieux que tout stock de lingots.

---

16 Le Royaume-Uni unissant l'Irlande et la Grande-Bretagne avait été créé le 1er janvier 1801. L'Irlande conservait une monnaie distincte.

17 *De la Monnaie* (Hume, 1987, p. 176). Italiques de Thornton. La citation est en partie erronée, et omet l'article « le ».

18 *Sic.*

Even the greatest quantity of gold which we can be supposed at any time [275] to possess, bears but a small proportion to our extraordinary expenditure in time of war, and affords a security which is extremely slender in comparison of that which we derive from the commercial capital, the manufacturing skill, and the other resources of the country.

That the third evil (the confusion which the failure of paper credit may produce in the event of any disorder at home) is less a subject for apprehension than Mr. Hume and other British writers have conceived, is a point which a great part of the preceding work will have contributed to establish.

During the late scenes of trouble and consternation on the continent, the possession of a stock of the precious metals probably added little to the security of any nation. When the French armies approached, or when an insurrection was projected, a stock of gold and silver possessed by a government bank might contribute to invite attack; or if the fund should at such a juncture be expended in the public service, it would not long continue to perform the office of a circulating medium. It might even disappear after effecting a single payment.

Our own island has been preserved, through the favour of Providence, from those violent convulsions which have been felt on the continent. We have, however, been exposed to many smaller evils, and, in particular, to the interruption of our mercantile credit. It was probable that the enemy, knowing how much our political strength depended on our commercial prosperity, and our commercial prosperity on the due maintenance of mercantile confidence among us, would direct his endeavours to the very object of exciting alarms over the kingdom, with the view of thus disturbing the course of our trade and manufactures. It therefore became us to protect ourselves by the best means in our power against this species of injury; and the continuance of the law for suspending the cash payments of the Bank of England has been one of the steps which parliament has deemed necessary.

Même la plus grande quantité d'or que nous pourrions jamais posséder, ne représente qu'une petite proportion de nos dépenses extraordinaires en temps de guerre, et offre une sécurité qui est extrêmement ténue en comparaison de celle que nous tirons du capital commercial, des compétences manufacturières, et des autres ressources du pays.

Que le troisième inconvénient (la confusion que peut produire le discrédit du papier dans l'éventualité d'un désordre intérieur) soit moins à craindre que ne le pensaient M. Hume et d'autres auteurs britanniques, c'est un point qu'une grande partie du travail qui précède aura contribué à établir.

Pendant les récentes scènes de troubles et de consternation sur le Continent, la possession d'un stock de métaux précieux a probablement peu ajouté à la sécurité d'aucune nation. Quand les armées françaises ont approché, ou quand une insurrection a été projetée, un stock d'or et d'argent en possession d'une banque gouvernementale aurait pu contribuer à inviter une attaque ; ou si dans une telle conjoncture le fonds avait été dépensé au service du public, il n'aurait pas continué longtemps à remplir le rôle d'un moyen circulant. Il aurait même pu disparaître après avoir effectué un seul paiement.

Par la faveur de la Providence, notre propre île a été préservée des convulsions violentes qu'a connues le Continent. Nous avons cependant été exposés à beaucoup de maux moindres, et, en particulier, à l'interruption de notre crédit commercial. Il était probable que l'ennemi, sachant combien notre force politique dépendait de notre prospérité commerciale, et notre prospérité commerciale du maintien nécessaire de la confiance commerciale parmi nous, dirigerait ses efforts vers l'objectif même de fomenter des alarmes à travers le Royaume, en vue de perturber ainsi le cours de notre commerce et de nos manufactures. Il nous incombait donc de nous protéger contre cette espèce de dommage par les meilleurs moyens en notre pouvoir ; et le renouvellement de la loi de suspension des paiements en espèces de la Banque d'Angleterre a été une des démarches que le Parlement a jugées nécessaires.

There can be no doubt, that, in the situation in which we have thus found ourselves placed, we have been greatly benefited by the [276] circumstance of our having been previously accustomed to the free use of a paper credit. In a commercial country, subjected to that moderate degree of occasional alarm and danger which we have experienced, gold is by no means that kind of circulating medium which is the most desirable. It is apt to circulate with very different degrees of rapidity, and also to be suddenly withdrawn, in consequence of its being an article intrinsically valuable, and capable of being easily concealed. If, during the war, it had been our only medium of payment, we might sometimes have been almost totally deprived of the means of carrying on our pecuniary transactions; and much confusion in the affairs of our merchants, great interruption of manufacturing labour, and very serious evils to the state, might have been the consequences.

Paper credit has, on this account, been highly important to us. Our former familiarity with it prepared us for the more extended use of it. And our experience of its power of supplying the want of gold in times of difficulty and peril, is a circumstance which, though it ought not to encourage a general disuse of coin, may justly add to the future confidence of the nation.

FINIS

CONCLUSION

Il ne peut y avoir aucun doute, que dans la situation où nous nous sommes ainsi trouvés placés, nous avons grandement bénéficié de la circonstance que nous avions précédemment été accoutumés à la libre utilisation du papier de crédit. Dans un pays commercial, soumis au degré modéré d'alarme et de danger occasionnels que nous avons connu, l'or n'est en aucun cas l'espèce de moyen circulant la plus désirable. Il est susceptible de circuler à des degrés de vitesse très différents, et aussi d'être soudainement retiré, car c'est un article intrinsèquement précieux, et capable d'être aisément dissimulé. S'il avait été notre seul moyen de paiement pendant la guerre, nous aurions parfois pu être presque totalement privés du moyen d'effectuer nos transactions pécuniaires ; et il aurait pu en résulter beaucoup de confusion dans les affaires de nos négociants, une grande interruption du travail manufacturier, et des inconvénients très graves pour l'État.

Pour ces raisons, le papier de crédit a été très important pour nous. Notre familiarité antérieure avec lui nous a préparés à son usage plus étendu. Et notre expérience du pouvoir qu'il a de suppléer au manque d'or par des temps de difficultés et de péril, est une circonstance qui, bien qu'elle ne doive pas encourager une désuétude générale des pièces, peut à juste titre ajouter à la confiance future de la nation.

FINIS

NOTES

a The bank notes in circulation commonly are notes for five, ten, fifteen, twenty, twenty-five, thirty, forty, fifty, and one hundred pounds and upwards. If we suppose the price of all articles to be doubled, then we may assume every payment of one guinea to be a payment of two guineas, and to employ a double quantity of gold; every payment of two guineas to be a payment of four guineas, and also to employ a double quantity of gold; but every payment of three guineas will be a payment of six, and it may employ a five pound note, the fractional part only being paid in money. This particular payment will, therefore, require less gold. A payment of four guineas will be a payment of eight, and will also require less gold. The payments of more than four guineas, when, in like manner, doubled, will some of them employ a greater and some a less quantity of gold than before. They will employ, taking them together, the same quantity. It is evident from this statement, that an encrease of the quantity of the circulating medium of a country employing paper in its larger payments, and coin only in the smaller, will consist chiefly of paper; a circumstance which may considerably tend to prevent an encreased demand for bullion on the occasion of an augmentation of prices, and which may, therefore, greatly facilitate a rise of the bullion price of articles in the world.

b It is controverted at great length in the work of Sir James Stewart on Political Œconomy.

c It has been already observed, that, when the French possessed themselves of Holland, it was discovered that the Bank of Amsterdam had been accustomed privately to lend its deposits of specie to the city of Amsterdam, and, also, to the old Dutch government. The specie thus lent, as soon as goods in exchange for it experienced even a very small rise in Holland, would naturally find its way to other countries. The following are the passages from Mr. Hume, referred to in the text.

"In general we may observe, that the dearness of every thing, from plenty of money, is a disadvantage which attends an established commerce, and sets bounds to it in every country, by enabling the poorer states to undersell the richer in all foreign markets.

"This has made me entertain a doubt concerning the benefit of banks and paper credit, which are so generally esteemed advantageous to every nation.

"That provisions and labour should become dear by the encrease of trade and money, is, in many respects, an inconvenience; but an inconvenience that is unavoidable, and the effect of that public wealth and prosperity which are the end of all our wishes. It is compensated by the advantages which we reap from the possession of these precious metals, and the weight which they give the nation in all foreign wars and negotiations. But there appears no reason for encreasing that inconvenience by a counterfeit money, which foreigners will not accept of in any payment, and which any great disorder in the state will reduce to nothing. There are, it is true, many people in every rich state, who, having large sums of money, would prefer paper, with good security, as being of more easy transport, and more safe custody.

NOTES DE L'AUTEUR

a Les billets de banque qui circulent communément sont des billets de cinq, dix, quinze, vingt, vingt-cinq, trente, quarante, cinquante, et cent livres et davantage. Si nous supposons un doublement du prix de tous les articles, alors nous pouvons penser que chaque paiement d'une guinée devient un paiement de deux guinées, et utilise une quantité d'or double ; que chaque paiement de deux guinées devient un paiement de quatre guinées, et utilise aussi une quantité d'or double ; mais que chaque paiement de trois guinées devient un paiement de six [c'est-à-dire 6,3 £], et utilise un billet de cinq livres, seule la partie fractionnelle étant payée en espèces. Ce paiement particulier exigera donc moins d'or. Un paiement de quatre guinées deviendra un paiement de huit, et exigera aussi moins d'or. Quand ils sont doublés de manière semblable, les paiements de plus de quatre guinées utiliseront pour certains une quantité d'or plus élevée qu'avant, et pour d'autres une quantité moindre. Ils utiliseront, pris ensemble, la même quantité. Il est évident à partir de ce qui précède, qu'une augmentation de la quantité du moyen circulant d'un pays utilisant le papier pour ses paiements de montant plus élevé, et des pièces uniquement pour les plus petits, consistera principalement en papier ; une circonstance qui peut tendre de façon importante à empêcher une demande accrue de lingots à l'occasion d'une augmentation de prix, et qui peut donc grandement faciliter une hausse du prix en lingots des articles dans le monde.

b Elle est débattue de manière approfondie dans l'ouvrage de Sir James Stewart sur l'*Économie politique* [Steuart (1767)].

c Il a déjà été observé que lorsque les Français se sont emparés de la Hollande, on a découvert que la banque d'Amsterdam avait coutume de prêter secrètement ses dépôts d'espèces à la ville d'Amsterdam, ainsi qu'à l'ancien gouvernement néerlandais [Chap. IV, « De la nature de l'institution… »]. Les espèces ainsi prêtées trouvaient naturellement le chemin d'autres pays, aussitôt que les biens achetés en échange connaissaient une hausse même minime en Hollande. Ce qui suit sont les passages de M. Hume auxquels le texte se réfère.

« [...] en général, nous pouvons observer que la cherté de toute chose, provenant de l'abondance de numéraire, est un désavantage qui accompagne un commerce établi, et lui impose des limites dans chaque pays, en permettant aux États plus pauvres de vendre moins cher que les riches dans tous les marchés étrangers.

« Ceci m'a fait nourrir un doute concernant le caractère bénéfique des *banques* et du *papier de crédit*, qu'on estime de façon si générale avantageux pour toute nation.

« Que les denrées et la main d'œuvre renchérissent à la suite de l'augmentation du commerce et du numéraire, c'est à beaucoup d'égards un inconvénient ; mais un inconvénient qui est inévitable, et qui est l'effet de la richesse et de la prospérité publiques qui font l'objet de tous nos vœux. Cet inconvénient est compensé par les avantages que nous recueillons de la possession de ces métaux précieux, et du poids qu'ils donnent à la nation dans toutes les guerres et négociations étrangères. Mais il n'apparaît aucune raison d'augmenter cet inconvénient par un numéraire contrefait, que les étrangers n'accepteront pour aucun paiement, et que tout grand désordre dans l'État réduira à rien. Il y a, il est vrai, beaucoup de gens dans tout État riche, qui disposant de grandes sommes de numéraire, préféreraient du papier avec de bonnes sûretés ; car ce papier est d'un transport plus aisé, et d'une conservation plus sûre.

If the public provide not a bank, private bankers will take advantage of this circumstance, as the goldsmiths formerly did in London, or as the bankers do, at present, in Dublin and, therefore, it is better that a public company should enjoy the benefit of that paper credit, which always will have place in every opulent kingdom. But to endeavour artificially to encrease such a credit, can never be the interest of any trading nation, but must lay them under disadvantages, by encreasing money beyond its natural proportion to labour and commodities, and thereby heightening their price to the merchant and manufacturer. And, in this view, it must be allowed that no bank could be more advantageous than such a one which locked up all the money it received [this is the case with the Bank of Amsterdam] [Note de Hume mise entre crochets par Thornton]; and never augmented the circulating coin, as is usual, by returning part of its treasure into commerce. A public bank, by this expedient, might cut off much of the dealings of private bankers and moneyjobbers; and, though the state bore the charge of salaries to the directors and tellers of this bank (for, according to the preceding supposition, it would have no profit from its dealings), the national advantage resulting from the low price of labour, and the destruction of paper credit, would be a sufficient compensation."—Hume's Essay on Money.

That the encrease of the money of an individual state can have no very great and permanent effect in raising the price of labour, or of commodities, on account of the tendency of so much of the coin as is excessive to transport itself to other countries, as soon as it shall have raised the cost of articles above their general level in the world (the principle contended for in the text), is shewn, on the authority of Mr. Hume himself, in the following passage. Mr. Hume, indeed, names money alone; but his observation is equally applicable to the case of money and paper taken together, of which I have spoken.

"Suppose four-fifths of all the money in Great Britain to be annihilated in one night, and the nation reduced to the same condition, with regard to specie, as in the reigns of the Harrys and Edwards; what would be the consequence? Must not the price of all labour and commodities sink in proportion, and everything be sold as cheap as they were in those ages? What nation would then dispute with us in any foreign market; or pretend to navigate or to sell manufactures at the same price which to us would afford sufficient profit? In how little time, therefore, must this bring back the money which we had lost, and raise us to the level of all the neighbouring nations; where, after we have arrived, we immediately lose the advantage of the cheapness of labour and commodities; and the farther flowing in of money is stopped by our fulness and repletion?

"Again; suppose that all the money of Great Britain were multiplied fivefold in a night; must not the contrary effect follow? Must not all labour and commodities rise to such an exorbitant height, that no neighbouring nations could afford to buy from us; while their commodities, on the other hand, became, comparatively, so cheap, that, in spite of all laws which could be formed, they would be run in upon us, and our's flow out, till we fell to a level with foreigners, and lose that great superiority of riches which has laid us under such disadvantages?

Si une autorité publique ne fournit pas de banque, des banquiers particuliers tireront parti de cette circonstance ; comme les orfèvres le firent jadis à Londres, ou comme les banquiers le font à présent à Dublin [il y avait plusieurs banques d'émission privées à Dublin à cette époque (1750)]. Et c'est pourquoi on peut penser qu'il vaut mieux qu'une compagnie publique jouisse de l'avantage de ce papier de crédit, qui aura toujours sa place dans tout royaume opulent. Mais s'efforcer d'augmenter *artificiellement* un tel crédit ne peut jamais être de l'intérêt d'aucune nation commerçante ; mais cela doit lui causer des désavantages, en augmentant la monnaie au-delà de sa proportion naturelle avec la main d'œuvre et les marchandises, et, ce faisant, en haussant leur prix pour le négociant et le fabricant [la "monnaie" désigne ici le numéraire proprement dit et le "numéraire contrefait" mentionné plus haut]. Et au vu de cela, il faut admettre qu'aucune banque ne saurait être plus avantageuse qu'une banque qui enfermerait tout le numéraire qu'elle recevrait [C'est le cas de la Banque d'Amsterdam (note de Hume mise entre crochets par Thornton)], et n'augmenterait jamais les pièces en circulation, comme il est habituel, en retournant une partie de son trésor dans le commerce. Par cet expédient, une banque publique pourrait mettre fin à une grande partie des affaires des banquiers particuliers et des agioteurs ; et quoique l'État supporterait la charge des administrateurs et des caissiers de cette banque (car, suivant la supposition précédente, il ne tirerait aucun profit de ses affaires), l'avantage national résultant du bas prix de la main d'œuvre et de la destruction de papier de crédit, serait une compensation suffisante. » – Hume, *Essai sur la Monnaie.* [Hume (1987, p. 170-171 ; italiques de Thornton. À partir de 1764, l'essai du même recueil *Sur la Balance du Commerce* contiendra aussi des remarques moins négatives sur le papier de crédit.]

Que l'augmentation du numéraire d'un État individuel ne puisse pas avoir un effet très grand ni permanent sur l'augmentation du prix du travail ni des marchandises, en raison de la tendance de la partie des pièces qui est excédentaire à se transporter dans d'autres pays, dès qu'elles auront haussé le coût des articles au-dessus de leur niveau général dans le monde (le principe défendu dans le texte), cela est montré, sur l'autorité de M. Hume lui-même, dans le passage suivant. Certes, M. Hume ne mentionne que le numéraire ; mais son observation s'applique également au cas, dont j'ai parlé, du numéraire et du papier pris ensemble.

« Supposons que quatre cinquièmes de tout le numéraire de Grande-Bretagne soient anéantis en une nuit, et que la nation soit réduite à la même condition, en matière d'espèces, que sous les règnes des Henri et des Édouard [soit, au moins deux siècles plus tôt] ; quelle en serait la conséquence ? Le prix de toute la main d'œuvre et de toutes les marchandises ne devra-t-il pas chuter en proportion, et tout ne devra-t-il pas être vendu aussi bon marché qu'à cette époque ? Quelle nation pourrait alors rivaliser avec nous sur n'importe quel marché étranger, ou prétendre naviguer ou vendre des marchandises au même prix que celui qui nous offrirait un profit suffisant ? En combien peu de temps ceci devra-t-il donc ramener le numéraire que nous avions perdu, et nous élever au niveau de toutes les nations avoisinantes ? Une fois arrivés là, nous perdrons immédiatement l'avantage de la main d'œuvre et des marchandises bon marché ; et la poursuite de l'afflux de numéraire sera arrêtée par notre saturation et réplétion.

« Supposons, à l'inverse, que tout le numéraire de Grande-Bretagne soit multiplié par cinq en une nuit, l'effet contraire ne devra-t-il pas s'ensuivre ? La main d'œuvre et les marchandises ne devront-elles pas toutes s'élever à une hauteur si exorbitante qu'aucune nation voisine ne pourrait se permettre de nous faire des achats ; tandis que, par ailleurs, leurs marchandises deviendraient si bon marché en comparaison, qu'en dépit de toutes les lois qu'on pourrait édicter, elles accourraient sur nous, et notre numéraire s'écoulerait au-dehors ; jusqu'à ce que nous retombions à niveau avec les étrangers, et perdions cette grande supériorité de richesse, qui nous avait soumis à de tels désavantages ?

"Now it is evident that the same causes which would correct these exorbitant inequalities, were they to happen miraculously, must prevent their happening in the common course of nature; and must for ever, in all neighbouring nations, preserve money nearly proportionate to the art and industry of each nation."—Hume's Essay on the Balance of Trade.

d The British manufactures exported in 1785 amounted to—

			11,082,000 £.	In	1792	to	18,336,000 £
In	1786	to	11,830,000 £		1793	–	13,892,000 £
	1787	–	12,053,000 £		1794	–	16,725,000 £
	1788	–	12,724,000 £		1795	–	16,527,000 £
	1789	–	13,779,000 £		1796	–	19,102,000 £
	1790	–	14,921,000 £		1797	–	16,903,000 £
	1791	–	16,810,000 £		1798	–	19,771,000 £.

« *Or il est évident que les mêmes causes qui corrigeraient ces inégalités exorbitantes, si par miracle elles se produisaient, doivent empêcher qu'elles se produisent dans le cours ordinaire de la nature, et doivent à jamais, dans toutes les nations voisines, préserver le numéraire presque en proportion des arts et de l'industrie de chaque nation.* » – Hume, *Essai sur la Balance du Commerce*. [Hume (1987, p. 185) ; italiques de Thornton.]

d Les exportations de manufactures britanniques se sont élevées en 1785 à :

			11 082 000 £.	En	1792	à	18 336 000 £
En	1786	à	11 830 000 £		1793	–	13 892 000 £
	1787	–	12 053 000 £		1794	–	16 725 000 £
	1788	–	12 724 000 £		1795	–	16 527 000 £
	1789	–	13 779 000 £		1796	–	19 102 000 £
	1790	–	14 921 000 £		1797	–	16 903 000 £
	1791	–	16 810 000 £		1798	–	19 771 000 £.

[Il s'agit à strictement parler des exportations de « *British Produce and Manufactures* », c'est-à-dire des exportations de marchandises produites en Grande-Bretagne. On notera que ces chiffres ne sont pas en « croissance continue ». Ces chiffres étaient communiqués annuellement aux Communes : on trouvera la série 1785-1800 dans *Journals of the House of Commons* (vol. 56, 1801, Annexe 40, p. 846) ; Thornton a probablement utilisé les chiffres communiqués en 1799, non reproduits dans cette publication ; ses chiffres pour 1798 étaient manifestement préliminaires. Ces chiffres s'apparentent à des indicateurs de quantité, car ils reposent sur les prix à l'exportation fixes. Voir aussi Thomas et Dimsdale (2017, Tableau A.34c).]

ANNEXE I

Quelques statistiques

Cette annexe présente quelques séries en rapport direct avec les variables évoquées par Thornton, sans viser à confirmer ni infirmer ses thèses. La plupart des chiffres présentés, qui sont d'une robustesse inégale, n'étaient pas disponibles lors de la rédaction du *Papier de crédit*, soit parce qu'ils étaient confidentiels (c'est le cas de la plupart des postes du bilan de la Banque d'Angleterre), soit parce qu'ils n'existaient pas (c'est le cas des indices de prix). Sauf mention contraire, ils proviennent de Thomas et Dimsdale (2017)[1].

Les graphiques 1 et 2 retracent l'évolution du bilan de la Banque d'Angleterre. Comme Thornton, nous ne tenons pas compte du capital social, ni des placements correspondants en rentes d'État. Les chiffres, exprimés en millions de livres, sont relatifs à la fin du mois de février de chaque année[2]. Ils sont donc légèrement en avance sur les autres données, qui ont trait aux années calendaires.

1 Les travaux de Norman Silberling (1919, 1923) sont également utiles.

2 Ces chiffres sont pour l'essentiel ceux de l'Annexe 5 de House of Commons (1832), qui fournit aussi des bilans semestriels. Les « 7 *day and other bills* » et les petites coupures sont incorporées dans le total des billets. Les montants des petites coupures proviennent de la même source. Il y a un léger décalage de date entre les chiffres pour 1797 et ceux du bilan étudié par Thornton au chapitre IV. Des moyennes trimestrielles sont disponibles pour certains postes dans l'annexe 83 du texte précité et Silberling (1923). Les chiffres communiqués à l'époque au Parlement étaient des moyennes sur des périodes légèrement différentes. Ils n'allaient pas jusqu'à fournir les chiffres de l'encaisse-or, un secret bien gardé. Clapham rapporte qu'en réponse au gouverneur de la Banque qui lui demandait en 1795 s'il avait une idée de l'encaisse-or : « [Pitt] s'est montré vraiment gêné de ne s'être jamais fait une idée de ce sujet, qui lui permettrait d'en juger avec quelque précision ». Ceci figure dans les minutes du *Committee of Treasury* de la Banque, avec la mention au crayon « *not to be taken* » (Clapham, 1944, t. 1, p. 267).

Graphique 1 : Actif de la Banque d'Angleterre (£m)

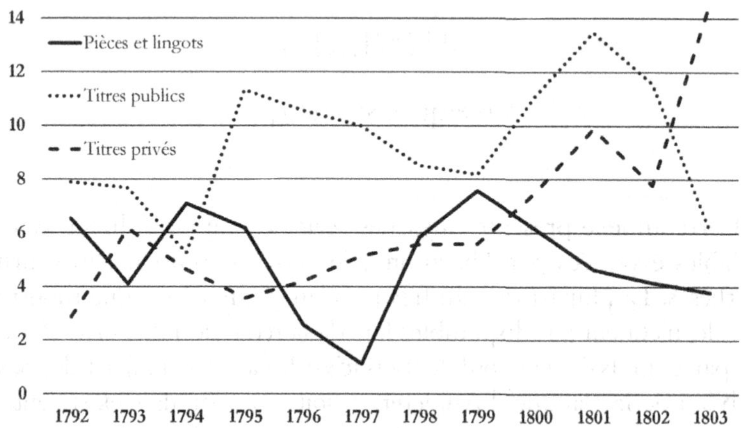

Graphique 2 : Passif de la Banque d'Angleterre (£m.)

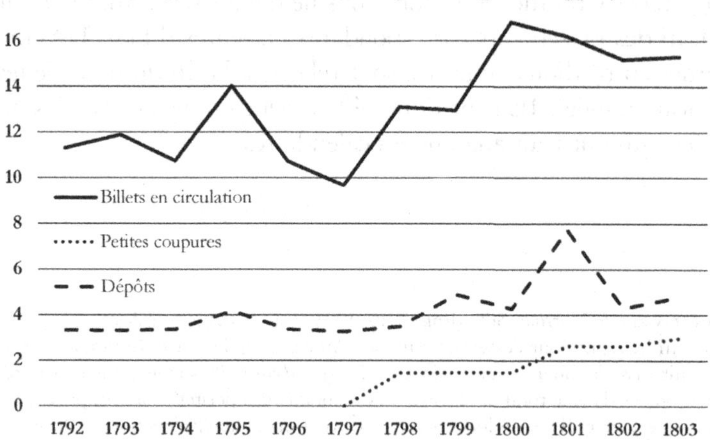

À l'actif, on remarque trois épisodes de baisse de l'encaisse-or : le premier s'achève en 1793, le deuxième débouche sur la suspension des paiements en 1797, et est suivi d'un rebond jusqu'en 1799, puis d'une troisième décrue qui était toujours en cours à la publication du *Papier de crédit.* La circulation des billets a légèrement augmenté entre 1792 et 1793, alors que leur baisse entre 1795 et 1797 a été brutale. La figure montre une baisse de la circulation de billets entre février 1800 et février 1801. Soulignons cependant que les moyennes annuelles ont augmenté d'année en année entre 1800 et 1802. Pour la période précédant la Paix d'Amiens, les moyennes trimestrielles ont atteint un maximum au premier trimestre 1801[3]. Les divergences entre les évolutions de l'encaisse-or et des billets nous amènent aux crédits : croissants entre 1792 et 1793, stables entre 1795 et 1797 (avec de grandes différences entre le secteur privé et le gouvernement). Au cours du troisième épisode de baisse de l'encaisse-or, une baisse des crédits n'apparaît qu'à partir de 1801 (grosso modo entre la publication de la *Lettre* de Boyd et celle du *Papier de crédit*).

La graphique 3 présente deux indicateurs de prix : un indice des prix à la consommation[4], et un indicateur de l'évolution des prix du blé à Londres. Notons que nous représentons les deux indicateurs en écart relatif à la moyenne, dans l'esprit de l'époque qui tendait à privilégier le niveau des variables sur leur taux de variation. L'idée d'un indice général des prix n'était pas inconnue à l'époque : Sir George Shuckburgh Evelyn, astronome et député aux Communes, en avait publié un en 1798, ce qui n'avait pas échappé à Bentham[5]. Mais ces calculs à caractère expérimental étaient sans doute inconnus de Thornton (et de Boyd). L'indice moderne montre clairement la baisse de prix de 1796 à 1797, suivie par une hausse importante qui culmine en 1800. Cette évolution des prix suit de près celle des billets – Boyd aurait apprécié.

---

3 Malheureusement, des moyennes trimestrielles ne sont disponibles que pour certains postes du bilan.

4 Thomas et Dimsdale (2017), Tableau A47, « *Consumer price index, Preferred measure* » pour la Grande-Bretagne, basé sur Feinstein (1998).

5 Voir Kendall (1969) et Stark (1954). Wheatley (1803) utilisera ces chiffres.

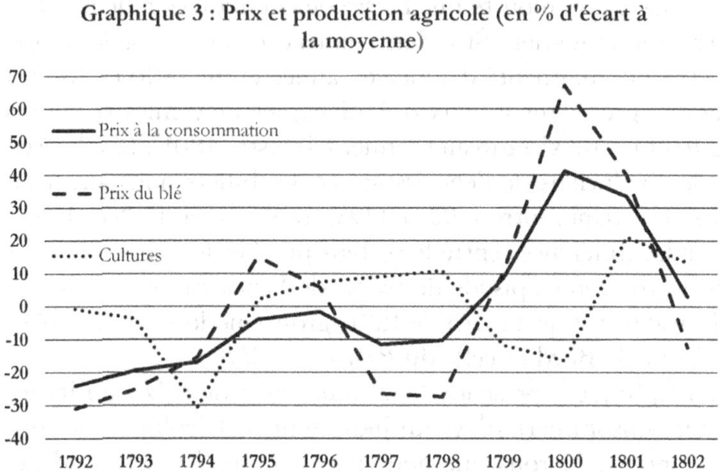

La statistique des prix du blé s'apparente aux chiffres fournis par Boyd, et sporadiquement par Thornton[6]. Elle illustre notamment les hausses spectaculaires du prix du blé en 1795, 1799 et 1800, qui donneront lieu à des émeutes frumentaires. Nous complétons ces séries par des chiffres sur la production des cultures agricoles[7]. Les prix du blé étaient l'indicateur de prix le plus accessible à l'époque, et c'est ainsi que Boyd (1801) avait comparé leur évolution à celle des billets jusqu'en 1797, en prenant soin d'utiliser des moyennes sur des périodes relativement longues. Il était conscient de leur sensibilité aux conditions agricoles : « Je ne prétends nullement que le prix élevé des grains (que l'opinion publique semble attribuer à l'effet d'une récolte défavorable) est *seulement* provoqué par la cause générale d'un excès de circulation de papier, non fondé, comme toute circulation de papier devrait l'être, sur les métaux précieux. Je soutiens seulement que s'il y a (comme on l'allègue) une *réelle disette* de grain, les effets de cette disette doivent être beaucoup augmentés par la *cause générale* dont je conçois qu'elle a provoqué la hausse générale du prix de toute chose. » (Boyd, 1801, p. 51 ; italiques de Boyd). La

6 Elle se base sur Mitchell et Deane (1971, p. 485 *sq.*). Voir aussi Solar et Klovland (2011) pour des chiffres par année de production.

7 Thomas et Dimsdale (2017), Tableau A3, « *Index of arable output* » pour la seule Angleterre, emprunté à Broadberry *et al.* (2015).

formulation de Boyd est révélatrice : la réalité des mauvaises récoltes de 1799-1800 n'est pour lui qu'une hypothèse. Il ironise d'ailleurs dans sa *Lettre* sur les propos à cet égard « d'un noble Duc, très élevé dans l'administration des affaires intérieures de ce pays » (Boyd, 1801, p. 54); il vise les déclarations du duc de Portland, Ministre de l'Intérieur, en septembre 1800, évoquées dans la Présentation.

Écrivant un an après Boyd, et disposant de plus d'information sur les émissions, Thornton doit savoir qu'aussi bien les prix que les billets ont augmenté entre 1795-1796 et 1799-1800, les deux périodes qu'il est le plus naturel de comparer. Mais sa thèse est que la hausse de prix n'est pas due à l'émission de billets, ou alors si peu. Peut-être pour ridiculiser la thèse de Boyd, il met en exergue un cas de relation inverse entre quantité de billets et prix du blé en comparant deux trimestres en 1795 et 1796 : « Les faits suivants fournissent une preuve convaincante que les récents prix élevés des grains [il vise manifestement 1800] n'étaient pas attribuables à l'augmentation du papier de la Banque d'Angleterre. » (p. 491). Contrairement à Boyd, il se garde bien d'utiliser des observations de prix récentes. Et curieusement, il donne lui-même au chapitre précédent des verges pour se faire battre : il y explique que l'absence de corrélation entre quantité de billets et prix du blé ne suffit pas à prouver qu'une hausse des émissions n'influence pas le niveau général des prix[8]. Boyd et Thornton sont tous deux confrontés à la difficulté de trancher empiriquement la question avec les instruments de leur temps, et interprètent les données tant bien que mal en faveur de leurs thèses respectives.

En reconnaissant le rôle des mauvaises récoltes, Thornton adoptait en quelque sorte un point de vue « gouvernemental ». Beaucoup mettaient en cause les accapareurs et autres spéculateurs. Ni Malthus, ni Boyd ni Thornton n'accordent beaucoup de crédit à cette hypothèse, mais Boyd souligne que le crédit peut encourager leurs pratiques[9]. Thornton expose sa position à deux reprises : aux chapitres VII (« Des avantages... ») et

8 La loi de King-Davenant, qu'il évoque au chapitre précédent, explique bien ce qui s'est passé entre le printemps 1795 et le printemps 1796. Thornton devait se douter que s'il avait appliqué la même méthodologie aux données de 1799 et 1800, il aurait constaté une liaison positive entre circulation et prix du blé.

9 Dans une lettre à un ami écrite quelques jours après la publication de sa brochure de 1800, Malthus indique ironiquement : « Si la populace me jette à l'eau, j'espère que les monopoleurs et accapareurs me donneront des vêtements secs » (Malthus, 1897, p. 271).

XI (« Autres observations… »). D'autres encore, notamment parmi les opposants à la guerre, mettaient en cause « la guerre » comme explication de la disette, une explication que rejette Boyd. Thornton était probablement sensible au fait que la guerre compliquait et renchérissait les importations de denrées alimentaires, même s'il ne mentionne pas explicitement cet aspect, mais n'en tirait pas argument contre la guerre[10].

Graphique 4. Change et balance des paiements

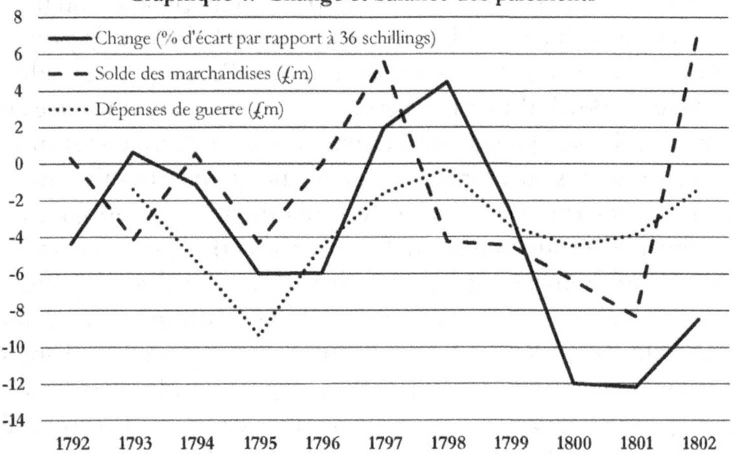

La graphique 4 est consacrée au change et à la balance des paiements. Le change sur Hambourg (de dimension schilling/£) repose sur les chiffres mensuels de King (1804), que Thornton connaissait, et est présenté en pourcent d'écart par rapport au pair, évalué à 36 schillings par Hawtrey (1935, p. 464)[11]. La graphique 4 illustre aussi l'évolution

10 Malthus reconnaît la réalité des mauvaises récoltes (Johnson, 1949). Il voit dans l'aide aux pauvres un facteur aggravant de la hausse des prix. Il insiste brièvement sur le rôle de la pression démographique ; Boyd fait aussi état de cette dernière explication, mais pour la rejeter – peut-être connaissait-il le texte de Malthus qui venait de paraître.

11 Il existe d'autres indicateurs des changes. Soulignons qu'il est difficile d'obtenir des séries continues du prix de marché du lingot, et que Thornton était réticent à l'utilisation de séries du prix de l'argent (King (1804) en fournit une en parallèle avec sa série des changes sur Hambourg). L'information disponible par ailleurs confirme le message de la série présentée : dépréciation légère en 1795-1796, et nettement plus prononcée en 1800-1802. Voir à ce propos Silberling (1919), Hawtrey (1935), Neal (1991) et Boyer-Xambeu *et al.* (1994).

du solde des marchandises[12], et celle du négatif des dépenses de guerre britanniques sur le continent européen, exprimés en millions de livres. Ce dernier agrégat, dû à Silberling (1924a), peut s'interpréter comme une estimation de l'effet de la guerre sur les importations de services, les transferts et les prêts à l'étranger[13]. On devine que le solde des marchandises a été influencé par les importations extraordinaires de blé liées aux mauvaises récoltes, ce que confirme Silberling (*ibid.*). On ne peut manquer d'être frappé par la relation entre dégradation des changes et le déficit de la balance des paiements.

---

12 *Cf.* Thomas et Dimsdale (2017), Tableau A36, « *Balance of visible merchandise trade, Overseas Trade Statistics basis, Goods Exports (f.o.b.) – Goods Imports (c.i.f.)* », pour la Grande-Bretagne.

13 Voir aussi Sherwig (1969). L'indicateur ne tient pas compte des prêts à l'Irlande évoqués au chapitre XI.

ANNEXE II

Les lettres de change

Au chapitre II, Thornton utilise un exemple schématique pour introduire les lettres de change. Cet exemple fait intervenir quatre parties : des marchands de York et de Londres, et des fabricants des deux villes. Leurs transactions génèrent des dettes des marchands d'une ville vis-à-vis des fabricants de l'autre. En l'absence de lettres de change, leurs transactions se solderaient par des transports de numéraire d'une ville à l'autre. Ces paiements sont figurés ci-dessous par les flèches verticales en pointillés (rectangle intérieur). L'utilisation de lettres de change permet d'y substituer des paiement purement locaux (flèches horizontales en trait plein).

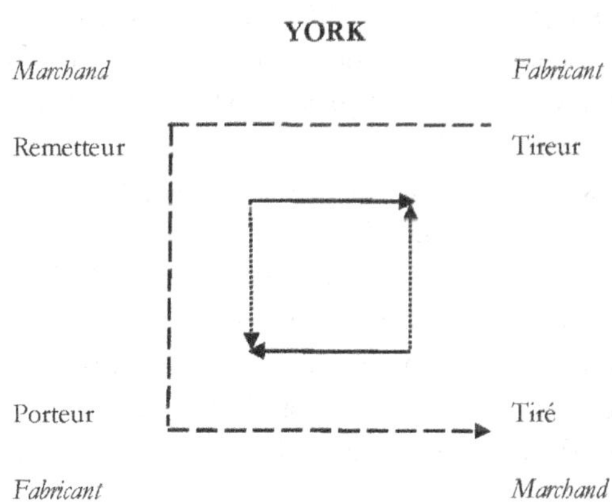

Le marchand de York paye le fabricant de York (à qui il ne doit rien), à charge pour ce dernier de faire payer le créancier initial du marchand de York, à savoir le fabricant londonien. Le marchand de York fournit donc une « valeur » au fabricant local en échange d'un ordre de paiement (la lettre de change) qu'il prend et fera remettre à son créancier, le fabricant londonien. Le marchand de York est donc le « donneur de valeur », ou encore le « preneur » et le « remetteur » de la lettre de change. Ceci est illustré par le segment supérieur de la trajectoire de la lettre de change, représentée par la flèche « extérieure » (en trait brisé) représentée ci-dessus

Le fabricant de York, qui signe le document, est le « tireur » car son ordre de paiement permettra de tirer un paiement du marchand londonien, le « tiré », en faveur du fabricant londonien. C'est pourquoi on parle aussi de « traite » pour désigner la lettre de change. Ce jeu de passe-passe aboutit à remplacer la dette initiale du marchand de York au fabricant londonien par un dette nouvelle du marchand londonien au même fabricant londonien.

Le fabricant londonien, bénéficiaire de la lettre de change, en est le « porteur[1] ». Si la lettre de change est payable à terme, il demandera au tiré de l'accepter, ce par quoi le tiré, qui devient un « accepteur », s'engage à la payer.

La présentation schématique de Thornton ne fait pas intervenir d'intermédiaires financiers et suggère une coordination extraordinaire entre les quatre parties. En pratique, comme Thornton l'explique notamment au chapitre VII (« Des banques de province »), les marchands des deux places demanderont à leurs banquiers respectifs d'émettre des lettres de change, et ces lettres pourront être tirées sur le correspondant de la banque dans l'autre place[2]. Le résultat final est cependant le même : on remplace des paiements en numéraire entre places (flèches verticales) par des paiements locaux (flèches horizontales), ou encore, on échange « une dette due à une personne contre une dette due à une autre » (chap. III, p. 107), en l'occurrence la dette du marchand londonien envers le fabricant de York contre une dette envers le fabricant londonien[3].

---

1 Tout au moins, le porteur initial, car la lettre pourra être cédée à des tiers, comme on le verra.

2 Voir aussi la note g, p. 213.

3 Thornton écrit aussi (chap. II, p. 85) que « la dette d'un individu est échangée contre la dette d'un autre » : c'est le cas du fabricant londonien dont la créance sur le marchand de York est remplacée par une créance sur le marchand londonien.

Une lettre de change est une créance que le porteur peut céder à un tiers (le receveur) par endossement, c'est-à-dire par une inscription au dos de la lettre. Cette cession se fera normalement contre un paiement inférieur à la valeur faciale de la créance[4] : l'écart est l'escompte, qui dépend du temps qui reste à courir avant l'échéance de la créance (chap. II, « Des lettres de change considérées comme… », p. 107). Il y a des pièges dans la terminologie : l'escompte désigne à la fois la « compensation » (pour parler comme Thornton) dont on vient de parler, et la transaction (d'achat-vente) dans son ensemble. « Escompter » a trait en général à l'achat d'un effet, mais est parfois utilisé pour sa vente. Nous réservons les termes d'escompter et escompteur à l'achat et à l'acheteur de l'effet. Celui qui cède une traite pour la faire escompter en est le cédant.

Dans l'exemple du chapitre II, tous les paiements se font dans la même monnaie. Ce ne sera pas le cas si les deux places utilisent des monnaies différentes. Dans ce cas, un taux de change sera impliqué par les montants des paiements effectués dans les deux places[5].

Enfin, le montage d'une lettre de change ne fait pas nécessairement intervenir quatre parties distinctes. Par exemple, le remetteur et le bénéficiaire (ou preneur) peuvent être la même personne ; il y a alors trois parties distinctes. Un exemple en est fourni à la fin du chapitre X (« Preuve de la nécessité… », p. 453 *sq.*). Le propriétaire étranger de titres anglais (« donneur de valeur ») peut demander à son banquier londonien de tirer une lettre de change en sa propre faveur en échange des titres. Le paiement aura lieu dans le pays du propriétaire étranger par l'intermédiaire du correspondant local du banquier londonien.

Un autre exemple est celui de la lettre de change de complaisance évoqué à la fin du chapitre II. Il y a ici au départ deux parties : le tireur et le tiré. Il n'y a pas de donneur de valeur[6], et la lettre est tirée en faveur du tireur lui-même. Ceci rend la lettre de change de complaisance facilement reconnaissable. Bien entendu, comme l'explique Thornton,

---

4 Tout comme pour une obligation zéro-coupon.

5 Comme les deux paiements ne sont pas simultanés, le rapport entre les deux sommes reflétera aussi un intérêt. Comme Thornton, nous en faisons abstraction. À vrai dire, si le porteur fait escompter une lettre de change presque échue, la dimension « intérêt » de l'écart entre les deux sommes sera négligeable, et le rapport en question sera un taux de change presque à l'état pur. Cela semble bien être la situation que Thornton considère au chapitre V, quand il définit le change.

6 Le tireur écrit alors « valeur en moi-même » au lieu de « valeur reçue ».

le but est de faire escompter la lettre, ce qui fera intervenir un troisième larron. Les tirages croisés mentionnés à la fin du chapitre II sont quant à eux une succession de lettres de change de complaisance

Un aperçu très complet de cette technique de paiement, telle que pratiquée du temps de Thornton, est donné par Pierre Sénébier (1797). Thomas Ashton (1945) étudie l'utilisation des lettres de change comme moyen circulant, et Larry Neal (1991) évoque leur utilisation internationale.

ANNEXE III

Ricardo, Malthus et Thornton

On sait que la publication en janvier 1810 du *Cours élevé du lingot, preuve de la dépréciation des billets de banque* de Ricardo[1] a joué un rôle important dans les débats monétaires en Angleterre de la période 1809-1811. Cet ouvrage a pu laisser Thornton perplexe[2]. Certes, il est profondément influencé par le *Papier de crédit*, qu'il mentionne plus que tout autre écrit et paraphrase fréquemment. Mais il contient aussi une attaque en règle d'une thèse importante de Thornton : des exportations d'or peuvent s'expliquer par autre chose que des émissions excessives, comme une mauvaise récolte ou des subsides à l'étranger[3]. C'est Malthus qui prendra la défense de Thornton dans sa recension (anonyme) de Ricardo dans *l'Edinburgh Review* un an plus tard[4], suscitant en réplique l'inclusion d'une longue *Annexe* dans la quatrième édition du *Cours élevé du lingot*, publiée en avril 1811, à la veille du débat parlementaire sur le *Bullion Report.*

Voici quelques passages-clefs de la critique initiale de Ricardo :

> M. Thornton, qui a approfondi considérablement cette question, pense qu'une balance commerciale très défavorable peut être occasionnée par une mauvaise récolte et l'importation de blé qui en découle, et que le pays dont nous sommes débiteur, peut en même temps être peu disposé à recevoir nos biens en paiement ; le solde dû au pays étranger doit donc être payé à partir de la composante de notre circulation [Thornton dirait moyen circulant] qui consiste en pièces, d'où la demande d'or en lingots et le prix accru de celui-ci.

---

1 Ricardo (1951, vol. 3 ; 1991)

2 En 1810, Thornton et Ricardo pouvaient s'être déjà rencontrés, par exemple à la *London Institution*, une société scientifique principalement fréquentée par des hommes d'affaires, dont ils étaient membres depuis sa fondation en 1805. Thornton en était un administrateur, et Francis Baring le président.

3 Voir le chapitre v, en particulier p. 54.

4 Malthus (1811).

> M. Thornton ne nous a pas expliqué pourquoi il y aurait quelque réticence dans le pays étranger à recevoir nos biens en échange de son blé [...].
>
> Si nous consentons à échanger des pièces contre des biens, ce doit être par choix et non par nécessité. Nous ne devrions pas exporter plus de biens que nous n'en exportons, à moins que nous n'ayons une surabondance de circulation qu'il nous convient donc de ranger parmi nos exportations. L'exportation des pièces est causée par leur bon marché, et n'est pas l'effet mais la cause d'une balance défavorable[5] ; nous ne devrions pas les exporter si ce n'est pour les envoyer vers un marché plus favorable, ou si nous avions une marchandise que nous pourrions exporter avec plus de profit[6].

Quelle était la nature exacte des divergences entre Ricardo et Thornton, qui après tout s'inscrivaient tous deux dans une approche humienne modernisée pour tenir compte de la monnaie de papier (cette modernisation étant d'ailleurs largement l'œuvre de Thornton) ? On peut se demander si en dépit des apparences, c'est bien la nature exacte du lien causal entre quantité de papier d'une part, et exportations d'or et cours du lingot d'autre part, qui est en cause. Il n'y a pas de contradiction entre l'idée qu'une mauvaise récolte déclenche des exportations d'or, et celle que ces exportations sont associées à une surabondance relative du moyen circulant. Horner écrira à Malthus à propos du désaccord entre celui-ci et Ricardo : « Je soupçonne que sur cette question, la vérité se trouve entre vous [Ricardo et Malthus], et qu'on pourrait découvrir une façon d'exprimer et d'énoncer ce qui se passe à laquelle vous pourriez l'un et l'autre donner votre assentiment[7]. » Ceci semble pouvoir s'appliquer tout autant au désaccord entre Ricardo et Thornton.

La virulence de Ricardo s'explique peut-être moins par leur divergence sur ce point particulier, que par leur désaccord réel ou supposé sur la politique monétaire à suivre en cas de haut prix du lingot. Ricardo défend une réduction résolue, quoique graduelle, des émissions. Quand il rédige le *Cours élevé du lingot* fin 1809, il est plausible qu'il attribue à Thornton une certaine forme de laxisme monétaire, mais il ne l'écrit pas. A vrai dire, il ne dit pas un mot des raisons que Thornton pouvait

5 Contresens dans la traduction française (Ricardo, 1991).

6 Ricardo (1951, vol. 3, p. 59-61 ; 1991, p. 70-71). Nous nous écartons de la traduction française. Le lecteur attentif de Thornton aura remarqué qu'il répond par avance à certaines objections de Ricardo.

7 Lettre du 8 avril 1811 citée par l'éditeur Piero Sraffa dans Ricardo (1951, vol. 3, p. 11.)

avoir de prôner une politique monétaire accommodante en 1800-1801, raisons qu'il n'avait sans doute plus en 1809.

Thornton était dans une position inconfortable : il ne devait guère goûter le ton de « donneur de leçons » de Ricardo, tout en partageant *hic et nunc* son objectif d'une modération monétaire. On ne sait rien d'éventuels contacts entre les deux protagonistes par la suite, sauf qu'en décembre 1812, Ricardo cherche à organiser un déjeuner avec Thornton et Malthus, et écrit à ce dernier, comme pour préparer la rencontre :

> Je ne peux pas m'empêcher de penser qu'il n'y a pas de change défavorable qui ne puisse être corrigé par une diminution du montant de la circulation, et je considère que ceci fournit une preuve que la circulation doit être surabondante, au moins pour un temps. Tandis que le change est défavorable, il est toujours accompagné, *quoique pas toujours causé*, par un excédent de circulation[8].

Cette position est plus conciliante que celle du *Cours élevé du lingot*. On ignore ce que les trois compères se sont dit, et même si cette rencontre a jamais eu lieu.

8 Ricardo (1952, vol. 6, p. 101) ; nos italiques.

GLOSSAIRE

Le cas échéant, la page du texte anglais (édition Hayek) justifiant ou contextualisant la traduction est mentionnée. Voir aussi Beaugrand (1981, p. 16-17).

Bill (of exchange) : lettre de change ou traite.

Cash : espèces (p. 67) ou argent liquide (numéraire ou billets, p. 91). Le terme de *cash payments* est utilisé p. 101 pour des transferts entre comptes bancaires.

Cash account : compte courant.

Circulating medium : moyen circulant (numéraire, billets, traites et billets à ordre ; p. 92).

Coin : pièces (de monnaie) ; désigne en général les pièces d'or (guinées).

Confine : limiter (les émissions) ; parfois traduit par confiner ou borner.

Currency : moyen circulant, ou degré auquel un moyen circulant a cours (voire vitesse de circulation, p. 242) ; *cf. ready money*.

Current payment : paiement au comptant (en numéraire ou en billets, voire en traites presque échues (p. 93)).

Depreciate/depreciation : dépréciation (du moyen circulant par rapport au lingot ou aux monnaies étrangères) ; parfois altération des monnaies.

Discount : escompte (des lettres de change), ou décote (en général des billets de banque par rapport au numéraire ; s'oppose dans ce cas à l'interchangeabilité). Thornton parle parfois d'agio dans ce deuxième sens.

Distress : détresse (matérielle), ou pénurie (spécifiquement de numéraire et/ ou de billets). La distinction peut être ténue, car la détresse matérielle peut être le résultat de la pénurie.

Dividend : intérêts ou dividendes.

Exchange : cours du change (coté au certain : prix de la livre sterling en devises).

Exchangeability : échangeabilité (en général entre billets de la Banque d'Angleterre et de banques de province, p. 210).

Exchequer bill : billet de l'Échiquier (titre public à échéance initiale souvent inférieure à un an, renouvelable).

Failure of paper credit : discrédit du papier, à ne pas confondre avec *discredit* (discrédit au sens de perte de crédit d'une personne).

Government : gouvernement au sens d'autorité publique et non de cabinet.

Industry : activité.

Interchange : échange réciproque / échanger réciproquement (des billets et des pièces au prix de l'or à la Monnaie) ; traduit par « interchangeabilité » quand cela s'y prête.

Interchangeable : interchangeable (se réfère aux échanges entre billets et pièces au prix de l'or à la Monnaie).

Liberal/Liberality : libéral/libéralité au sens de généreux/générosité.

Mint : Monnaie (Hôtel des monnaies).
Mississippi scheme : Système de Law.
Money : numéraire, espèces ; dans de très rares cas « argent », dans un sens très général.

Paper credit : papier de crédit (p. 76, 101), ou crédit du papier (p. 101, 110, 129 p. ex.).

Paper currency / money : monnaie de papier.
Private bank : banque particulière (par opposition à une *public bank*).
Promissory note : billet à ordre.
Property : avoirs.
Public bank : société de banque (par opposition à une *private bank*).

Ready money : argent comptant (p. 91 ; synonyme d'argent liquide) ; *cf. current payment.*

Stocks : rentes sur l'État (titres de long terme), ou fonds (au sens de capital). Ce dernier sens apparaît en particulier dans les discussions d'Adam Smith.

BIBLIOGRAPHIE

PUBLICATIONS ÉCONOMIQUES D'HENRY THORNTON

Thornton, Henry (1802), *An Enquiry into the Nature and Effects of the Paper Credit of Great Britain*, Londres, Hatchard. [Reproduit notamment dans Thornton (1939a).]

Thornton, Henry (1802-1803), « Recherches sur la nature et les effets du crédit du papier dans la Grande-Bretagne » [1802], trad. attribuée à Charles Pictet-de Rochemont, *Bibliothèque Britannique*, vol. 21, p. 408-449 ; vol. 22, p. 25-75, 145-216, 307-332, et 413-464 ; et vol. 23, p. 3-31. [Reproduit dans Thornton (1803a).]

Thornton, Henry (1803a), *Recherches sur la nature et les effets du crédit du papier dans la Grande-Bretagne* [1802], trad. attribuée à Charles Pictet-de Rochemont, Genève et Paris, Manget, Paschoud et Magimel.

Thornton, Henry (1803b), *Der Papier-Credit von Großbritannien* [1802], trad. et commentaires par Ludwig Heinrich Jakob, Halle, Ruffschen Verlagshandlung.

Thornton, Henry (1807), *An Enquiry into the Nature and Effects of the Paper Credit of Great Britain* [1802], Philadelphie, James Humphreys.

Thornton, Henry (1811), *Substance of Two Speeches of Henry Thornton on the Bullion Report, May 1811*, Londres, Hatchard. [Reproduit dans Thornton (1939d).]

Thornton, Henry (1857), « An Enquiry into the Nature and Effects of the Paper Credit of Great Britain » [1802], *in* John Ramsay McCulloch éd., *A Select Collection of Scarce and Valuable Tracts on Paper Currency and Banking*, Londres, p. 137-340.

Thornton, Henry (1939a), *An Enquiry into the Nature and Effects of the Paper Credit of Great Britain* [1802], éd. Friedrich von Hayek, Londres, George Allen & Unwin. [Diverses réimpressions ultérieures, dont celle des éditions Augustus M. Kelley, New York, 1965.]

Thornton, Henry (1939b), « The evidence given by Henry Thornton before the Committees of Secrecy of the two Houses of Parliament, March and April 1797 » [1797], *in* Thornton (1939a).

Thornton, Henry (1939c), « Manuscript notes by Henry Thornton to Thoughts on the Effects of the Bank Restriction by Lord King » [1804], *in* Thornton (1939a).

Thornton, Henry (1939d), « Substance of Two Speeches of Henry Thornton on the Bullion Report, May 1811 » [1811], *in* Thornton (1939a).

Thornton, Henry (2001), « Un discours de M. Henry Thornton, 7 mai 1811 », trad. Marie-Thérèse Boyer-Xambeu et Robert Lazarevic, *Cahiers d'économie politique*, n° 38, p. 141-155. [Traduction partielle de Thornton (1811).]

Tous les textes ci-dessus sont disponibles sur la toile (oll.libertyfund.org dans le cas de Thornton (1939a)). Thornton a aussi participé à la rédaction du rapport de l'*Irish Currency Committee* de 1804, reproduit dans Fetter (1955), et à celle du *Bullion Report* de 1810, reproduit dans Cannan (1919), et traduit dans Coullet et Juglar (1865, vol. 1). On trouvera une liste d'autres publications de Thornton, souvent anonymes et principalement à caractère religieux, dans Meacham (1964). Thorne (1986) énumère les prises de position parlementaires de Thornton dans la notice qui lui est consacrée.

DOCUMENTS ET COMPTES RENDUS PARLEMENTAIRES

An Impartial Report of the Debates that occur in the two Houses of Parliament, par William Woodfall *et al.* (1800 [vol. 4, Parliament of Great Britain] et 1801-1802 [vol. 1-2, Parliament of the United Kingdom of Great Britain and Ireland]).

House of Commons (1794), *Report of the Commissioners for the Issue of certain Exchequer Bills* [16 juillet 1794], *in* House of Lords, *Sessional Papers 1801-1833*, Vol. 44, en annexe au *Report from the Select Committee on the State of Commercial Credit*, 7 mars 1811).

House of Commons (1803), *Third Report from the Committee of Secrecy, on the Outstanding Demands of the Bank of England; and on the Restriction on Payments in Cash, by Minute of Council 26 February last* [21 avril 1797], *in* House of Commons, *Reports from Committees of the House of Commons*, vol. XI.

House of Commons (1832), *Report from the Committee of Secrecy on the Bank of England Charter; with the Minutes of Evidence, Appendix and Index*, Londres.

House of Lords (1797), *Report of the Lords' Committee of Secrecy, ordered to be printed 28th April 1797*, Londres.

Journals of the House of Commons, vol. 56, 1801.

The Parliamentary Debates, from the year 1803 to the Present Times, vol. 23, 1812-1813.

The Parliamentary History of England, from the Earliest Period to the Year 1803, par William Cobbett, vol. 33, 35 et 36, 1818-1820.

The Parliamentary Register ; or, History of the Proceedings and Debates of the Houses of Lords and Commons, printed for J. Debrett, vol. 13 et 14, 1801.

Vice, John et Stephen Farrell (2017), *History of Hansard*, Londres, House of Lords Hansard.

Notez qu'il n'y avait pas à l'époque de compte rendu officiel des débats parlementaires (Vice et Farrell, 2017) ; il peut y avoir des différences entre les différentes sources énumérées ci-dessus : l'*Impartial Report* et le *Register* (contemporains), et la *History* et les *Debates* (largement postérieurs)

AUTRES PUBLICATIONS

Acaster, E.J.T. (1974-1975), « Henry Thornton – the Banker », *Three Banks Review*, nº 104, p. 46-57 ; nº 105, p. 38-58 ; nº 106, p. 46-57.

Antipa, Pamfili M. et Christophe Chamley (2019), *Regimes of Fiscal and Monetary Policy in England during the French Wars (1793-1821)*, Boston University, Institute for Economic Development dp-327.

Arnon, Arie (2011), *Monetary Theory and Policy from Hume and Smith to Wicksell*, Cambridge, Cambridge University Press.

Ashton, Thomas S. (1945), « The Bill of Exchange and Private Banks in Lancashire, 1790-1830 », *The Economic History Review*, vol. 15, p. 25-35.

Bailey, T. (1802), *A Correct Alphabetical List Containing All the Country Bankers Residing in England, Scotland, & Wales : with the Names of the Bankers in London Upon Whom They Draw*, 4e éd., Londres, Boosey.

Bank of England (1967), « Bank of England liabilities and assets : 1696 onwards », *Quarterly Bulletin*, nº 2, p. 159-163.

Baring, Francis (1801), *Observations on the Publication of Walter Boyd, Esq., M.P.*, Londres, Sewell, Cornhill & Debrett.

Baring, Francis (1967), *Observations on the Establishment of the Bank of England, and on the Paper Circulation of the Country* [1797], New York, Augustus M. Kelley.

Beaugrand, Philippe (1981), *Henry Thornton : un précurseur de J.M. Keynes*, Paris, Presses universitaires de France.

Bentham, Jeremy (1843), *The Works of Jeremy Bentham, vol. 10 (Memoirs Part I and Correspondence)*, éd. John Bowring, Edimbourg, William Tait.

Bentham, Jeremy (1952-1954), *Jeremy Bentham's economic writings*, éd. Werner Stark, 3 vol., Londres, George Allen & Unwin.

Bentham, Jeremy (1998), « Discussion sur le papier-monnaie à propos d'un ouvrage d'H. Thornton », trad. Étienne Dumont, *Cahiers d'économie politique*, n° 32, p. 149-157. [Reproduit dans Bentham (2019)].

Bentham, Jeremy (2019), *Writings on Political Economy, Volume V : Wealth, Money, and Prices*, éd. Michael Quinn, pre-publication version, The Bentham Project.

Berdell, John et Thomas Mondschean (2020), « Regulating banks versus managing liquidity : Jeremy Bentham and Henry Thornton in 1802 », *Journal of Economic Perspectives*, vol. 34, p. 195-209.

Bickerton, David M. (1986), *Marc-Auguste and Charles Pictet, the Bibliothèque britannique, 1796-1815, and the dissemination of British literature and science on the continent*, Genève, Slatkine.

Boug d'Orschwiller, François Henri (1775), *Recueil des édits, déclarations, lettres patentes, arrêts du Conseil d'État et du Conseil souverain d'Alsace...*, t. 1, Colmar, Jean-Henri Decker.

Boyd, Walter (1801), *Letter to the Right Honourable William Pitt on the Influence of the Stoppage of Issues in Specie at the Bank of England on the Prices of Provisions and other Commodities*, 2e éd., Londres, Wright & Mawman.

Boyer des Roches, Jérôme de (1992), « Les débats monétaires et le développement de la théorie monétaire en Grande-Bretagne dans la première moitié du XIXe siècle », *in* Alain Béraud et Gilbert Faccarello (éd.), *Nouvelle histoire de la pensée économique*, t. 1, Paris, La Découverte.

Boyer des Roches, Jérôme de (2003), *La pensée monétaire, histoire et analyse*, Paris, Les Solos.

Boyer des Roches, Jérôme de (2008), « Le rejet par Ricardo du mécanisme des points d'or », *Cahiers d'Économie Politique*, n° 55, p. 49-63.

Boyer-Xambeu, Marie-Thérèse (2001), « Henry Thornton devant le Parlement anglais en 1811 : les dangers d'un état monétaire "artificiel" », *Cahiers d'économie politique*, n° 38, p. 137-140.

Boyer-Xambeu, Marie-Thérèse, Jérôme de Boyer des Roches, Sylvie Diatkine et Laurence Scialom (2003), « Présentation », *Cahiers d'économie Politique*, n° 45, p. 7-17.

Boyer-Xambeu, Marie-Thérèse, Lucien Gillard et Ghislain Deleplace (1994), « Régimes monétaires, points d'or et serpent bimétallique de 1770 à 1870 », *Revue Économique*, vol. 45, p. 1139-1174.

Broadberry, Stephen, Bruce M.S. Campbell, Alexander Klein, Mark Overton et Bas van Leeuwen (2015), *British Economic Growth, 1270-1870*, Cambridge, Cambridge University Press.

Campbell-Kelly, Martin (2010), « Victorian Data Processing : Reflections on the first payment systems », *Communications of the ACM*, vol. 53, n° 10, p. 19-21.

Cannan, E. (1919), *The Paper Pound of 1797-1821*, Londres, P.S. King.

Chlepner, Boris (1926), *La Banque en Belgique*, t. 1, Bruxelles, Lamertin.

Clapham, John H. (1917), « Loans and Subsidies in Time of War, 1793-1914 », *Economic Journal*, vol. 27, p. 495-501.

Clapham, John H. (1944), *The Bank of England, A History*, 2 vol., Cambridge, Cambridge University Press.

Condorcet, Nicolas de (1790), *Sur la proposition d'acquitter la dette exigible en assignats*, Paris.

Cope, Sydney R. (1942), « The Goldsmids and the Development of the London Money Market during the Napoleonic Wars », *Economica*, New Series, Vol. 9, p. 180-206.

Cope, Sydney R. (1983), *Walter Boyd : A Merchant Banker in the Age of Napoleon*, Londres, Alan Sutton.

Coquelin, Charles et Gilbert-Urbain Guillaumin (1864), *Dictionnaire de l'économie politique*, 3e éd., 2 vol., Paris, Guillaumin.

Coullet, Paul-Jacques et Clément Juglar (1865), *Extraits des enquêtes parlementaires anglaises sur les questions de banque, de circulation monétaire et de crédit*, 8 vol., Paris, Furne et Cie.

Davenant, Charles (1699), *An essay upon the probable methods of making a people gainers in the balance of trade.*

Deleplace, Ghislain (2017), *Ricardo on Money, A Reappraisal*, Abingdon, Routledge.

Depoortère, Christophe (2002), « La recension du "Paper Credit" par Francis Horner, enjeux analytiques et politiques », *Cahiers d'économie politique*, n° 42, p. 131-135.

Diatkine, Sylvie (2002), *Les fondements de la théorie bancaire*, Paris, Dunod.

Diatkine, Sylvie (2003), « Théorie bancaire, théorie monétaire et prêteur ultime chez Thornton », *Cahiers d'économie politique*, n° 45, p. 41-60.

Duffy, Ian P.H. (1982), « The Discount Policy of the Bank of England during the Suspension of Cash Payments, 1797-1821 », *The Economic History Review*, vol. 35, p. 67-82.

Endres, Anthony M. (1987), « The King-Davenant "Law" in Classical Economics », *History of Political Economy*, vol. 19, p. 621-638.

Fetter, Frank Whitson (1955), *The Irish Pound, 1797-1826*, Londres, George Allen & Unwin.

Fetter, Frank Whitson (1965), *Development of British Monetary Orthodoxy 1797-1875*, Cambridge, Mass., Harvard University Press.

Floud, Roderick, Jane Humphries et Paul Johnson (éd.) (2014), *The Cambridge Economic History of Modern Britain, Volume 1 : 1700-1870*, 2e éd., Cambridge, Cambridge University Press.

Feinstein, Charles H. (1998), « Pessimism Perpetuated : Real Wages and the Standard of Living in Britain during and after the Industrial Revolution », *Journal of Economic History*, vol. 58, p. 625-658.

Fichte, Johann Gottlieb (1980), *L'État commercial fermé* [1800], trad. Daniel Schulthess, Lausanne, L'Âge d'Homme.

Forster, Edward Morgan (1956), *Marianne Thornton, 1797-1887, A Domestic Biography*, Londres, Edward Arnold.

Gårdlund, Torsten (1958), *The life of Knut Wicksell*, Stockholm, Almqvist & Wiksell.

Gillard, Lucien (2004), *La Banque d'Amsterdam et le Florin européen au Temps de la République néerlandaise (1610-1820)*, Paris, Éditions de l'EHESS.

Guggenheim, Thomas (1978), *Les théories monétaires préclassiques*, Genève, Droz.

Halévy, Élie (1913-1923), *Histoire du peuple anglais au XIXe siècle*, 3 vol., Paris, Hachette.

Halévy, Élie (1996), *La formation du radicalisme philosophique* [1901-1904], 3 vol., Paris, Presses universitaires de France.

Hawtrey, Ralph G. (1935), *La Circulation Monétaire et le Crédit* [1928], trad. Georges Gaussel et Léonard Rist, Paris, Sirey.

Hayek, Friedrich A. VON (1939), « Introduction », *in* Thornton (1939a), p. 11-63.

Helleiner, Karl F. (1965), *The Imperial Loans, A Study in Financial and Diplomatic History*, Oxford, Clarendon Press.

Hicks, John (1967), *Critical Essays in Monetary Theory*, Oxford, Clarendon Press.

Horner, Francis (1802), « Review of Henry Thornton : "Inquiry into the Nature and Effects of the Paper Credit of Great Britain" », *Edinburgh Review*, vol. 1, p. 172-201.

Horner, Francis (2002), « Recension du "Paper Credit" de Henry Thornton par Francis Horner » [1802], trad. Christophe Depoortère, *Cahiers d'économie politique*, n° 42, p. 137-162.

Hume, David (1955), *Writings on Economics*, éd. Eugene Rotwein, Edimbourg, Nelson.

Hume, David (1987), *Essays, Moral, Political, and Literary* [1777], éd. Eugene F. Miller, Indianapolis, Liberty Classics.

Hume, David (2001), *Essais moraux, politiques et littéraires et autres essais*, trad. et éd. Gilles Robel, Paris, Presses universitaires de France.

Humphrey, Thomas H. (1982), « The Real Bills Doctrine », *Federal Reserve Bank of Richmond Economic Review*, vol. 67, p. 3-10.

Huskisson, William (1790), *Discours prononcé par M. Huskisson, anglais et membre de la Société de 1789, à la séance de cette Société, le 29 août 1790, sur les assignats*, Paris.

Johnson, Harry G. (1949), « Malthus on the High Price of Provisions », *Revue canadienne d'Économique et de Science politique*, vol. 15, p. 190-202.

Kendall, Maurice G. (1969), « Studies in the History of Probability and Statistics, XXI. The Early History of Index Numbers », *Revue de l'Institut International de Statistique*, vol. 37, p. 1-12.

King, Peter (Lord) (1804), *Thoughts on the Effects of the Bank Restrictions*, 2e éd., Londres, Cadell & Davies et Debrett. [1re éd. en 1803.]

Locke, John (1991), *Locke on Money*, éd. Patrick Hide Kelly, Oxford, Oxford University Press.

Locke, John (2011), *Écrits monétaires*, éd. bilingue par André Tiran, Paris, Classiques Garnier.

Malthus, Thomas Robert (1803), *An Essay on the Principle of Population…*, 2e éd., Londres, J. Johnson.

Malthus, Thomas Robert (1811), « Publications on the Depreciation of Paper Currency », *Edinburgh Review*, vol. 17, p. 339-372.

Malthus, Thomas Robert (1897), « Letters of Malthus to Macvey Napier », *The Economic Journal*, vol. 7, p. 265-271.

Marmont du Hautchamp, Barthélemy (1739), *Histoire du Système des finances sous la minorité de Louis XV pendant les années 1719 et 1720*, t. 6, La Haye, Pierre de Hondt.

Matthews, P.W. (1921), *The Bankers' Clearing House : What it Is and What it Does*, Londres, Pitman.

Meacham, Standish (1964), *Henry Thornton of Clapham*, Cambridge, Mass., Harvard University Press.

Mésonnier, Jean-Stéphane (2007), « Interest rate gaps and monetary policy in the work of Henry Thornton : beyond a retrospective Wicksellian reading », *The European Journal of the History of Economic Thought*, vol. 14, p. 657-680.

Mill, John Stuart (1973), *Principles of Political Economy* [1848 (1909)], éd. William Ashley, Clifton, Augustus M. Kelley.

Mitchell, Brian R. et Phyllis Deane (1971), *Abstract of British Historical Statistics*, Cambridge, Cambridge University Press.

Montesquieu, Charles de (2011), *L'Esprit des lois* [1743], éd. Denis de Casabianca et Robert Derathé, 2 vol., Paris, Classiques Garnier.

Murphy, Antoin E. (2003), « Le "Paper Credit" et les multiples Mr Henry Thornton », *Cahiers d'économie politique*, n° 45, p. 19-40.

Murphy, Antoin E. (2008), *The Genesis of Macroeconomics, New Ideas from Sir William Petty to Henry Thornton*, Oxford, Oxford University Press.

Neal, Larry (1991), « A Tale of Two Revolutions : International Capital Flows 1789-1819 », *Bulletin of Economic Research*, vol. 43, p. 57-92.

Nolen, Mack Thomas (1977), *Agricultural Improvement in England and Wales and Its Impact on Government Policy, 1783-1801*, Bâton Rouge, LSU Historical Dissertations and Theses.

O'Brien, Patrick Karl (1967), *Government revenue, 1793-1815 : a study in fiscal and financial policy in the wars against France*, Thèse, Université d'Oxford.

O'Brien, Patrick Karl et Nuno Palma (2020), « Danger to the Old Lady of Threadneedle Street ? The Bank Restriction Act and the regime shift to paper money, 1797–1821 » *European Review of Economic History*, vol. 24, p. 390–426.

Paine, Thomas (1796), *The Decline and Fall of the English System of Finance*, Paris, Hartley, Adlard & Sons.

Palma, Nuno (2018), « Reconstruction of money supply over the long run : the case of England, 1270–1870 », *The Economic History Review*, vol. 71, p. 373-392.

Pappe, Helmut O. (1971), « Introduction », *in* Sismondi, Jean Charles Léonard Simonde de, *Statistique du Département du Léman*, éd. Helmut O. Pappe, Genève, Alex. Jullien.

Peake, Charles F. (1995), « Henry Thornton in the History of Economics : Confusions and Contributions », *The Manchester School*, vol. 63, p. 283-296.

Perlman, Morris (1986), « The Bullionist Controversy Revisited », *Journal of Political Economy*, vol. 94, p. 745-762.

Postlethwayt, Malachy (1774), *Universal Dictionary of Trade and* Commerce, 4e éd., Londres.

Presnell, Leslie S. (1956), *Country Banking in the Industrial Revolution*, Oxford, Oxford University Press.

Ricardo, David (1951-1973), *The Works and Correspondence of David Ricardo*, 11 vol., éd. Piero Sraffa, Cambridge, Cambridge University Press.

Ricardo, David (1991), *Écrits monétaires 1809-1811*, éd. Bernard Courbis et Jean-Michel Servet, Lyon, Association des Amis du Musée de l'Imprimerie et de la Banque.

Rist, Charles (1938), *Histoire des doctrines relatives au crédit depuis John Law jusqu'à nos jours*, Paris, Sirey. [Un chapitre relatif à Thornton avait été publié dans la *Revue d'Histoire Économique et Sociale*, vol. 23, 1936-1937.]

Rosier, Michel (1994), « Être ou ne pas être smithien en 1804. Le cas Lord Peter King. », *Revue économique*, vol. 45, p. 1227-1250.

Savary des Brûlons, Jacques, *Dictionnaire universel de commerce*, diverses éditions posthumes à partir de 1723.

Say, Jean-Baptiste (1803), *Traité d'économie politique, ou simple exposition de la manière dont se forment, se distribuent, et se consomment les richesses*, 2 vol., Paris, Deterville.

Say, Jean-Baptiste (1826), *Traité d'économie politique, ou simple exposition de la manière dont se forment, se distribuent, et se consomment les richesses*, 5e éd., 2 vol., Paris, Rapilly.

Say, Jean-Baptiste (2006), *Traité d'économie politique – Edition variorum*, Vol. 1 des *Œuvres complètes*, éd. Claude Mouchot, Jean-Pierre Potier, Jean-Michel Servet, Philippe Steiner et André Tiran, 2 t., Paris, Economica.

Schama, Simon (2005), *Rough Crossings, Britain, the Slaves, and the American Revolution*, Londres, BBC Books.

Sénébier, Pierre (1797 [an V]), *Traité des changes et des arbitrages*, Paris, Mourer et Pinparé.

Shin, Hiroki (2015), « Paper money, the nation and the suspension of payments in 1797 », *The Historical Journal*, vol. 58, p. 415-442.

Sherwig, John M. (1969), *Guineas and Gunpowder : British Foreign Aid in the Wars with France, 1793-1815*, Cambridge, Mass., Harvard University Press.

Sigot, Nathalie (1998), « Sur "Discussion sur le papier-monnaie à propos d'un ouvrage d'H. Thornton" : l'opinion de Bentham sur cet ouvrage », *Cahiers d'économie politique*, n° 32, p. 143-147.

Sigot, Nathalie (2001), *Bentham et l'économie*, Paris, Economica.

Sigot, Nathalie et Ghislain Deleplace (2012), « From "Annuity Notes" to Bank Notes, a Change in Bentham's Theory of Money », *History of Economic Ideas*, vol. 20, p. 45-74.

Silberling, Norman J. (1919), « British Financial Experience 1790-1830 », *The Review of Economics and Statistics*, vol. 1, p. 282-297.

Silberling, Norman J. (1923), « British Prices and Business Cycles, 1779-1850 », *The Review of Economics and Statistics*, vol. 5, Supplement 2, p. 223-261.

Silberling, Norman J. (1924a), « Financial and Monetary Policy of Great Britain During the Napoleonic Wars, I. Financial Policy », *The Quarterly Journal of Economics*, Vol. 38, p. 214-233.

Silberling, Norman J. (1924b), « Financial and Monetary Policy of Great Britain During the Napoleonic Wars, II. Ricardo and the Bullion Report », *The Quarterly Journal of Economics*, Vol. 38, p. 397-439.

Sismondi, Jean Charles Léonard Simonde de (1803), *De la richesse commerciale, ou Principes d'économie politique appliqués à la législation du commerce*, 2 vol., Genève, Paschoud.

Sismondi, Jean Charles Léonard Simonde de (1819), *Nouveaux Principes d'Économie Politique*, vol. 2, Paris, Delaunay.

Sismondi, Jean Charles Léonard Simonde de (2012-2018), *Œuvres économiques complètes*, éd. Pascal Bridel, Francesca dal Degan et Nicolas Eyguesier, 6 vol., Paris, Economica.

Skaggs, Neil T. (1995), « Henry Thornton and the Development of Classical Monetary Economics », *Revue canadienne d'Économique*, vol. 28, p. 1212-1227.

Smith, Adam (1976), *An Inquiry into the Nature and Causes of the Wealth of Nations* [1776], éd. R.H. Campbell, A.S. Skinner et W.B. Todd, Oxford, Oxford University Press.

Smith, Adam (1991), *Recherches sur la Nature et les Causes de la Richesse des Nations* [1776], trad. Germain Garnier, revue par Adolphe Blanqui, éd. Daniel Diatkine, 2 vol., Paris, Flammarion. [1re édition en 1802.]

Smith, Adam (2000-2005), *Recherche sur la Nature et les Causes de la Richesse des Nations* [1776], trad. et éd. Philippe Jaudel, Jean-Michel Servet *et alii*, 3 vol., Paris, Economica, 2000 (vol. 1), 2002 (vol. 2), 2005 (vol. 3).

Solar, Peter M. et Jan Tore Klovland (2011), « New series for agricultural prices in London, 1770–1914 », *The Economic History Review*, vol. 64, p. 72-87.

Standaert, Stan (1981), « Fichte as a development economist », *Cultures et Développement*, vol. 14, p. 681-694.

Stark, Werner (1954), « Introduction », *in* Bentham (1953-1954), t. 3, p. 7-59.

Stern, Walter M. (1964), « The Bread Crisis in Britain, 1795-1796 », *Economica*, New Series, vol. 31, p. 168-187.

Steuart, James (1767), *An Inquiry into the Principles of Political Œconomy*, Londres, Miller & Cadell.

Steuart, James (1966), *An Inquiry into the Principles of Political Œconomy* [1767], A.S. Skinner (éd.), Edimbourg, Oliver & Boyd.

The Anti-Jacobin Review & Magazine, vol. 12, 1802.

The British Critic, 1804, vol. 24 et 25, 1804-1805.

The Gentleman's Magazine, vol. 67, 1797.

The Monthly Magazine ; or British Register, vol. 13, 1802.

The Monthly Review, vol. 38, 1802.

Thomas, Ryland et Nicholas Dimsdale (2017), *A Millennium of UK Data*, Bank of England OBRA dataset.

Thorne, R.G. (1986) (éd.), *The History of Parliament : the House of Commons 1790-1820*, 5 vol., Londres, Secker & Warburg.

Viner, Jacob (1937), *Studies in the Theory of International Trade*, New York, Harper & Bros.

Wicksell, Knut (1935), *Lectures on Political Economy, Volume Two, On Money and Credit* [1906], trad. E. Classen, Londres, Routledge & Kegan Paul.

Wicksell, Knut (1936), *Interest and Prices* [1898], trad. Richard F. Kahn, Londres, Macmillan.

Wheatley, John (1803), *Remarks on Currency and Commerce*, Londres, Burton.

Wolffe, John (2015), « Clapham sect », *Oxford Dictionary of National Biography*, Oxford, Oxford University Press.

Young, Arthur (1792), *Travels in France during the years 1787, 1788 and 1789*, Bury St. Edmund's.

Young, Arthur (1800), *The Question of Scarcity Plainly Stated and Remedies Considered*, Londres, B. M'Millan.

Young, Arthur (1931), *Voyages en France en 1787, 1788 et 1789* [1792], trad. Henri Sée, 3 vol., Paris, Armand Colin.

INDEX DES NOMS CITÉS

INDEX DES MATIÈRES

TABLE DES MATIÈRES

AN ENQUIRY INTO THE NATURE AND EFFECTS OF THE PAPER CREDIT OF GREAT BRITAIN / RECHERCHE SUR LA NATURE ET LES EFFETS DU PAPIER DE CRÉDIT DE GRANDE-BRETAGNE

IMPRIM'VERT®

Achevé d'imprimer par Corlet,
Condé-en-Normandie (Calvados), en septembre 2021
N° d'impression : 173049 - dépôt légal : septembre 2021
Imprimé en France